Veröffentlichungen der Kommission für geschichtliche
Landeskunde in Baden-Württemberg

Reihe B

Forschungen

236. Band

VERÖFFENTLICHUNGEN DER
KOMMISSION FÜR GESCHICHTLICHE LANDESKUNDE
IN BADEN-WÜRTTEMBERG

REIHE B

Forschungen

236. Band

Redaktion:
Isabelle Löffler

Umkämpfte Erinnerungen im deutschen Südwesten

Herausgegeben von
Senta Herkle, Sabine Holtz und Sylvia Schraut

2024

JAN THORBECKE VERLAG OSTFILDERN

Diese Publikation ist auf alterungsbeständigem, säurefreiem Papier gedruckt.

Bibliografische Information der Deutschen Nationalbibliothek
Die Deutsche Nationalbibliothek verzeichnet diese Publikation in der Deutschen Nationalbibliografie; detaillierte bibliografische Daten sind im Internet über http://dnb.d-nb.de abrufbar.

Kommissionsverlag: Jan Thorbecke Verlag
Verlagsgruppe Patmos in der Schwabenverlag AG,
Senefelderstr. 12, 73760 Ostfildern
kundenservice@verlagsgruppe-patmos.de
www.thorbecke.de

Umschlagabbildung: Bildagentur: stock.adobe.com,
Urheber: Alla; Evgeniy Zimin
Gesamtherstellung: Memminger MedienCentrum, Memmingen
Printed in Germany

ISBN 978-3-7995-9601-5

Vorwort

Der Beginn unserer Tagung „Umkämpfte Erinnerungen im deutschen Südwesten“ war holprig, denn neuerlich notwendige Coronaschutzmaßnahmen hatten die für den 18. und 19. Februar 2022 geplante Tagung erst einmal auf Eis gelegt. Am 6. und 7. Mai des Jahres war es dann aber soweit. Die Tagung konnte im neuen, wunderschönen Vortragsraum in der Württembergischen Landesbibliothek beginnen. Dass wir den Saal unter den Augen des württembergischen Herzogs Carl Eugens, des Gründers der Landesbibliothek, mit unserer Tagung gleichsam einweihen konnten, dafür danken wir der Württembergischen Landesbibliothek unter der Leitung von Herrn Prof. Dr. Rupert Schaab herzlich. Zu unserer großen Freunde konnten sich alle zum Februartermin eingeladenen Referentinnen und Referenten den neuen Termin einrichten, so dass unsere Tagung wie geplant stattfinden konnte. Dafür, dass wir fast alle Beiträge nun auch im vorliegenden Tagungsband publizieren können, geht unser herzlicher Dank an die Autorinnen und Autoren. Sie haben mit ihren Beiträgen diesen Band möglich gemacht.

Die von der Kommission für geschichtliche Landeskunde in Baden-Württemberg organisierte Tagung fand in Kooperation mit der Abteilung Landesgeschichte des Historischen Instituts der Universität Stuttgart, der Württembergischen Landesbibliothek und des Vereins Frauen&Geschichte Baden-Württemberg e. V. statt. Dr. Petra Steymans-Kurz, der Leiterin der Abteilung Bildung und Wissenschaft der Württembergischen Landesbibliothek, danken wir für die Organisation und Betreuung der Tagung vor Ort. Die Drucklegung des Tagungsbandes wurde engagiert und kompetent von Mitarbeiterinnen und Mitarbeitern der Abteilung Landesgeschichte des Historischen Instituts der Universität Stuttgart vorbereitet. Herzlich zu danken ist hier Regina Fürsich, Marius Wieandt M. A. und Moritz Beeching B. A. Für die Aufnahme in die Reihe B: Forschungen sind wir der Kommission für geschichtliche Landeskunde in Baden-Württemberg zu Dank verpflichtet. Die redaktionelle Arbeit lag in den bewährten Händen von Frau Isabelle Löffler M. A., der wir für ihre umsichtige Betreuung unseren herzlichen Dank aussprechen. Dem Verein Frauen&Geschichte Baden-Württemberg e. V. danken wir für einen Beitrag zu den Druckkosten.

Stuttgart, im Juli 2024
Die Herausgeberinnen

Inhalt

Einleitung

Senta Herkle, Sabine Holtz und Sylvia Schaut

Im Mai 2022 veranstaltete die Kommission für geschichtliche Landeskunde in Baden-Württemberg in Kooperation mit der Abteilung Landesgeschichte des Historischen Instituts der Universität Stuttgart, der württembergischen Landesbibliothek, Stuttgart und dem Verein Frauen&Geschichte Baden-Württemberg e. V. eine Tagung zu umkämpften Erinnerungen im deutschen Südwesten. Die Veranstalter:innen griffen damit ein Thema auf, das aktuell hohe Wellen schlägt. Verwiesen sei auf die gegenwärtigen Debatten um die Umbenennung kolonialer Straßennamen oder die Rückgabe in der Kolonialära geraubter Kulturgüter. Doch die Geschichtswissenschaft befasst sich nicht erst seit den aktuellen Debatten mit Erinnerungskämpfen und Erinnerungsgeschehen. Forschungen zu individuellem und kollektivem Gedächtnis, zu Erinnerungskultur und Erinnerungspolitik haben in der Geschichtswissenschaft schon seit den 1980er-Jahren Konjunktur. Gedächtnis ist im Laufe des letzten Jahrzehnts zu einem Leitbegriff der Geschichtswissenschaft und kulturwissenschaftlicher Neuorientierung, darüber hinaus „zu einem *transdisziplinär* anschlussfähigen *Paradigma* geworden“[1]. Die Geschichtswissenschaft griff seit den 1980er-Jahren die frühen einschlägigen Forschungen der 1920er-Jahre auf, einerseits des Soziologen Maurice Halbwachs zum sozialen Gruppengedächtnis[2], andererseits des Kulturwissenschaftlers Abi Warburg zu seinem „Bilderatlas Mnemosyne“ und der langen Wirksamkeit eines unbewussten kollektiven europäischen Bildgedächtnisses[3]. Einflussreich waren auch der Ansatz Pierre Noras, nationalen Erinnerungsorten eine spezifisch Gemeinschaft erzeugende Bedeutung zuzumessen, und die Ausdifferenzierung des kollektiven Gedächtnisses zu kommunikativem und kulturellem Gedächtnis durch Jan Assmann, verstanden als das kollektive Wissen über die Vergangenheit, „auf das eine Gruppe ihr Bewusstsein von Eigenheit und Eigenart stützt“[4]. Die weitere breite Ausdifferenzierung der geschichtswissenschaftlichen Gedächtnisforschung kann hier nur kurz angerissen werden. Zu nennen sind beispielweise die Analyse erfundener Traditionen[5], die

---

[1] Aleida Assmann, Einführung in die Kulturwissenschaft. Grundbegriffe, Themen, Fragestellungen, Berlin [4]2017, S. 181 (Hervorhebung im Original).

[2] Vgl. Maurice Halbwachs, Das Gedächtnis und seine sozialen Funktionen, Frankfurt a. M. 2019 (Erstveröffentlichung 1966).

[3] Vgl. Aby Warburg, Der Bilderatlas Mnemosyne, Berlin [4]2012.

[4] Jan Assmann, Kollektives Gedächtnis und kulturelle Identität, in: Jan Assmann/Tonio Hölscher (Hg.), Kultur und Gedächtnis, Frankfurt a. M. 1988, S. 9–19; Jan Assmann, Das kulturelle Gedächtnis. Schrift, Erinnerung und politische Identität in frühen Hochkulturen, München 1992, S. 15. Vgl. auch Pierre Nora, Les lieux de mémoire, 3 Bde., Paris 1984–1993.

[5] Vgl. Eric J. Hobsbawm/Terence O. Ranger (Hg.), The invention of tradition, Cambridge 1983.

Differenzierung zwischen Funktions- und Speichergedächtnis[6], die theoretische Fundierung des kommunikativen Gedächtnisses oder der Blick auf Geschichtspolitik[7]. Es kennzeichnet die meisten geschichtswissenschaftlichen Ansätze, dass die gesellschaftliche Funktion von Erinnerung im Vordergrund steht. Zwar wird der Konstruktionscharakter von Gedächtnis und Erinnerung nicht bestritten, mitunter gar betont, doch das jeweilige kollektive Bezugssystem für Erinnerung – die soziale Gruppe, das Volk, die Nation – wird zumeist ohne kritische Distanz der sogenannten allgemeinen Geschichtsschreibung entnommen.
Daraus resultieren mehrere Befunde:

1. Hinter der Herausarbeitung der identitäts- und sinnstiftenden Funktionen der Erinnerung werden nicht selten die Kämpfe um Erinnerung vernachlässigt.
Festzuhalten ist aber auch: Erinnerung hat Konjunktur und auch das Interesse an Erinnerungskämpfen steigt, so fanden in jüngster Zeit Tagungen und Podiumsdiskussionen statt, die explizit mit der Formel der „umkämpfen Erinnerungen" arbeiteten und damit an ältere Forschungen anknüpften – hier ging es um die Herausforderungen der Migrationsgesellschaft oder das Verhältnis zwischen fachöffentlichem und öffentlichem Erinnern[8].

2. Wird in den wissenschaftlichen Untersuchungen zu Erinnerungskämpfen dezidiert ein räumlicher Bezug gewählt, dann geht es zumeist entweder um lokale Erinnerungen, etwa Kämpfe um ein Denkmal oder einen Gedächtnisort[9]. Oder

[6] Vgl. Aleida ASSMANN, Erinnerungsräume. Formen und Wandlungen des kulturellen Gedächtnisses, München 1999 (außerdem zahlreiche weitere Auflagen).

[7] Vgl. Harald WELZER, Das kommunikative Gedächtnis. Eine Theorie der Erinnerung, München 2002; Edgar WOLFRUM, Geschichtspolitik in der Bundesrepublik Deutschland. Der Weg zur bundesrepublikanischen Erinnerung 1948–1990, Darmstadt 1999.

[8] Vgl. etwa Universitätsklinikum Düsseldorf, Umkämpfte Erinnerung. Gelehrte in konkurrierenden Gedächtniskulturen zwischen Wissenschaft und Öffentlichkeit, https://www.uniklinik-duesseldorf.de/patienten-besucher/klinikeninstitutezentren/institut-fuer-geschichte-theorie-und-ethik-der-medizin/umkaempfte-erinnerung-gelehrte-in-konkurrierenden-gedaechtniskulturen-zwischen-wissenschaft-und-oeffentlichkeit (Letzter Zugriff: 17.04.2024); The Living Archives, Umkämpfte Erinnerungen – Erinnerungskultur in einer Migrationsgesellschaft, https://thelivingarchives.org/umkaempfte-erinnerungen/ (Letzter Zugriff: 17.04.2024); Sächsische Akademie der Wissenschaften zu Leipzig, Umkämpfte Erinnerung – wie mit Geschichte Politik gemacht wird, https://www.saw-leipzig.de/de/aktuelles/umkaempfte-erinnerung (Letzter Zugriff: 17.04.2024). Vgl. etwa Bernd ULRICH, Die umkämpfte Erinnerung. Überlegungen zur Wahrnehmung des Ersten Weltkrieges in der Weimarer Republik, in: Jörg DUPPLER/Gerhard P. GROSS (Hg.), Kriegsende 1918. Ereignis, Wirkung, Nachwirkung, München 1999, S. 367–375. Zu den auch in der Öffentlichkeit breit geführten Erinnerungskämpfen in den 1990er-Jahren vgl. Ulrike JUREIT, Erinnern als Überschritt. Reinhart Kosellecks geschichtspolitische Interventionen, Göttingen 2023. Zeitgenössisch etwa auch Peter REICHEL, Politik mit der Erinnerung. Gedächtnisorte im Streit um die nationalsozialistische Vergangenheit, München u. a. 1995.

[9] Als Beispiele seien genannt: Franziska DAVIES/Katja MAKHOTINA, Offene Wunden Osteuropas. Reisen zu Erinnerungsorten des Zweiten Weltkriegs, Darmstadt 2022; Heidemarie UHL/Richard HUFSCHMIED/Dieter A. BINDER, Gedächtnisort der Republik. Das

der räumliche Bezug beschränkt sich auf die Konkurrenz divergierender nationaler Erinnerungen meist im Zusammenhang mit dem Themenfeld Krieg[10]. Eine Typisierung regionaler Erinnerungskämpfe, etwa auf Landesebene, spielt nur selten oder so gut wie nie eine Rolle[11]. Offenbar orientiert sich die einschlägige Forschung an den Wertigkeiten der allgemeinen Geschichtsschreibung. Hinter der Nationalgeschichte muss die Regional- oder Landesgeschichte zurückstehen, umso mehr als aktuell die Forderung nach transnationaler, internationaler oder globaler Geschichte besondere Aufmerksamkeit genießt.

Aber können wir tatsächlich davon ausgehen, dass sich die Regionalgeschichte auch oder gerade in der Frage umkämpfter Erinnerungen nicht von der Nationalgeschichte unterscheidet? Jeder, der sich mit den Auswirkungen nationaler Ereignisse vor Ort und in der Region beschäftigt, wird daran Zweifel äußern. Nehmen wir beispielsweise die Erinnerungspolitik im 19. Jahrhundert zu den napoleonischen Kriegen. Sie wird in Preußen und im Südwesten des Deutschen Reiches zweifellos anders ausfallen und unterschiedliche Werte ins Zentrum der Betrachtung rücken[12].

3. Gender spielt in der Forschung zu Erinnerung und Erinnerungskämpfen nur eine begrenzte Rolle[13]. Feststellungen wie: „Die Interaktion zwischen Gender und kulturellem Gedächtnis findet nur zaghaft Eingang in die Forschung“ sind in den immer noch raren Publikationen bezogen auf den Forschungsstand zum Zusammenhang von Gedächtnis und Gender üblich[14]. Seit etwa 2000 kommt es vermehrt, wenn auch immer noch nicht häufig, zur Verbindung der beiden Analysezugriffe Erinnerung und Geschlecht. Doch die einschlägigen Forschungsüberblicke beziehen sich immer wieder auf die gleichen wenigen Publikationen, die

---

Österreichische Heldendenkmal im Äußeren Burgtor der Wiener Hofburg. Geschichte – Kontroversen – Perspektiven, Wien 2021.

[10] Als Beispiel sei genannt: Waldemar CZACHUR/Peter Oliver LOEW, Nie wieder Krieg! Der 1. September in der Erinnerungskultur Polens und Deutschlands zwischen 1945 und 1989, Wiesbaden 2022.

[11] In der Landesbibliographie zu Baden-Württemberg finden sich im Januar 2023 82 Einträge mit einem Titel, in dem das Wort „Erinnerungskultur“ vorkommt, 178 Beiträge unter dem Schlagwort „Erinnerungskultur“, kein Beitrag, der Erinnerung mit den Regionen Baden oder Württemberg verbindet.

[12] Vorrangig auf variierende nationale Erinnerungen ausgerichtet: Caroline KLAUSING/Verena VON WICZLINSKI (Hg.), Die Napoleonischen Kriege in der europäischen Erinnerung, Bielefeld 2017; mit regionalen Bezügen Karen HAGEMANN, Umkämpftes Gedächtnis: Die Antinapoleonischen Kriege in der deutschen Erinnerung, Paderborn 2019. Auf den Südwesten bezogen: Ute PLANERT, Der Mythos vom Befreiungskrieg. Frankreichs Kriege und der deutsche Süden. Alltag, Wahrnehmung, Deutung 1792–1841, Paderborn 2007.

[13] Vgl. zum Folgenden: Sylvia SCHRAUT, Historische Geschlechterforschung, in: Mathias BEREK u. a. (Hg.), Handbuch Sozialwissenschaftliche Gedächtnisforschung, Wiesbaden 2023, S. 1–9, https://doi.org/10.1007/978-3-658-26593-9_26-2. (Letzter Zugriff: 17.04.2024).

[14] Christian POETINI, Einleitung, in: Christian POETINI, (Hg.), Gender im Gedächtnis. Geschlechtsspezifische Erinnerungsdiskurse in der deutschsprachigen Gegenwartsliteratur. Beiträge zum Ehrenkolloquium für Mireille Tabah, Bielefeld 2015, S. 7–22, hier S. 8.

bereits im 20. Jahrhundert erschienen sind. Eine mögliche Schnittstelle zwischen Erinnerung, Erinnerungskämpfen, Region und Geschlecht ist bislang nicht systematisch erforscht worden. Der gängige dominante Bezug auf die Nation oder den begrenzten Erinnerungsort hat zur Folge, dass Gender bestenfalls als Randkategorie berücksichtigt, wenn nicht gar völlig vernachlässigt wird. Viele Arbeiten sind überdies dadurch gekennzeichnet, dass mit dem Bezug auf die Nation als Erinnerungsraum unversehens das bürgerliche Geschlechtermodell des 19. und 20. Jahrhunderts – die Unterscheidung von privatem, weiblich konnotierten kommunikativen Gedächtnis und öffentlichem, männlich konnotierten kulturellen Gedächtnis – als gegeben mittransportiert und der Blick auf gegenderte Erinnerung verstellt wird.

4. Der aktuelle Forschungsstand zum Thema Erinnerungskämpfe in der Geschichte weist nicht nur ein Defizit bezüglich Region und Geschlecht auf, es fehlt auch an Untersuchungen, die umkämpfte Erinnerungen systematisch in langer Zeitlinie untersuchen. Aber Erinnern und Erinnerungskultur waren und sind nicht erst im 20. und 21. Jahrhundert Gegenstand gesellschaftlicher Debatte. Zumindest seit der Frühen Neuzeit wurden stets aufs Neue Fragen rund um die Deutung der Vergangenheit und ihrer erinnerungspolitischen Indienstnahme im öffentlichen Gedenken aufgeworfen. Erst die epochenübergreifende Analyse wird ermöglichen, Formen des Erinnerns und des Kämpfens um Erinnerung in ihren jeweiligen zeittypischen Ausprägungen zu begreifen. Auf der Grundlage der benannten Befunde entstanden das Tagungskonzept und die Schwerpunkte des hier vorzustellenden Tagungsbandes.

Der erste Schwerpunkt widmet sich Erinnerungskämpfen in und um die Frühe Neuzeit. Die Reformation gilt als eines jener Ereignisse, die gemeinsam mit dem Buchdruck, der Entdeckung Amerikas, der Genese des frühmodernen Staats und frühen Formen des Kapitalismus die Epochenschwelle zwischen Mittelalter und Neuzeit markieren. Infolge der Reformation zerbrach die einheitliche westliche Christianitas. An die Stelle der einen allgemeinen katholischen Kirche traten neue Kirchen, die in spätmittelalterlicher Perspektive nur als Abspaltung gelten konnten. Reformatorische Änderungen in der theologischen Lehre spiegelten sich auch sichtbar in Kult und Riten. Unterschiedliche Erinnerungskulturen waren die Folge, Deutungen erfolgten in konfessioneller Lesart. Einen weiteren Einschnitt brachte das Ende des Alten Reichs 1806. Hier wurden traditionelle Loyalitäten durch Säkularisation und Mediatisierung zerschlagen, unter Napoleons Hegemonie entstanden im deutschen Südwesten neue Staaten. Sie standen vor großen Herausforderungen, hatte doch ein „Weltbild seine Welt verloren“[15]. Neue Welten mussten erschaffen werden. In den folgenden Beispielen wird deutlich, dass sich die Deutung und Gestaltung von Erinnerung als Aushandlungsprozesse abspiel-

[15] Vgl. Wolfgang Burgdorf, Ein Weltbild verliert seine Welt. Der Untergang des Alten Reichs und die Generation 1806 (bibliothek altes reich, Bd. 2), München 2006.

ten: Zwischen konfessionellen Lagern, zwischen Herrschenden und Beherrschten sowie nach Herausbildung einer bürgerlichen Öffentlichkeit auch zwischen politischen Lagern.

Mit dem reformatorischen „Bildersturm“ in der Reichsstadt Ulm und dessen Rezeption in der Frühen Neuzeit befasst sich **Gudrun Litz**. Wie sie zeigen kann, handelte es sich anfangs eher um einen „Bilderfrevel“, den Einzelne oder kleine Gruppen verübten. Dass sich sogar Frauen daran beteiligten, wurde in den Berichten eigens betont, teils sogar skandalisiert. Mit dem Beitritt zur Reformation 1531 nahm dann die Stadtobrigkeit die Entfernung der Bilder in ihre Hände und sorgte mithin für einen geregelten Verlauf. Die Rezeptionsgeschichte zeigt, dass zwei Elemente die Erinnerung das Bild der reformatorischen Aktivitäten bestimmen: Der noch heute gebräuchliche Begriff des „Bildersturms“ und die Bewertung der Zerstörungen als „Schandflecke“.

Mit dem zweiten Aspekt befasst sich der Beitrag von **Senta Herkle**. Sie untersucht die herrschaftliche Implementierung von Erinnerung und die Reaktion der Bevölkerung auf diesen Eingriff in den von Napoleon neu geschaffenen südwestdeutschen Staaten. Die Monarchen betrieben zur Bildung einer Identifikation mit dem neuen Herrscherhaus und zur Legitimierung ihrer eigenen Herrschaft eine ausgeprägte Erinnerungspolitik, die eine gemeinsame Geschichte generieren und so eine kollektive Identität stiften sollte. Dem stand der mitunter heftige Widerstand der Bevölkerung entgegen, die an alten Identitäten bzw. Loyalitäten festhielt.

In der Retrospektive literarischer Verarbeitung, als poetische Erinnerung, blickt der literaturwissenschaftliche Beitrag von **Stefan Knödler** auf die Zeit eines der umstrittensten württembergischen Herzöge zurück, Herzog Carl Eugens (1728–1793). Stefan Knödler zeigt am Beispiel dreier von württembergischen Demokraten verfasster historischer Romane: „Schillers Heimathjahre“ von Hermann Kurz (1843), „Schubart's Wanderjahre oder Dichter und Pfaff“ von Adolf Weißer (1855) und „Schiller. Culturgeschichtlicher Roman“ von Johann Scherr (1856) die Genese wirkmächtiger Erinnerungen. Trotz unterschiedlich gewählter Schwerpunkte der historischen Romane prägten sie das populäre Bild des Herzogs als eines Tyrannen, der das Genie der Dichter gewaltsam unterdrückte.

Der zweite Schwerpunkt des Tagungsbandes ist dem langen 19. Jahrhundert gewidmet. Es ist dasjenige Jahrhundert, in dem Erinnerungspolitik, Denkmal und Museum quasi „erfunden“ wurden[16]. Viele konkrete Themen wären für die Tagung und den nachfolgenden Tagungsband denkbar gewesen. Erwähnt seien nur die Auseinandersetzungen um die Bewertung des wilhelminischen Kaiserreiches. Lange von der Kontroverse um die Demokratieferne oder -nähe des Reiches gespeist – eine fast vergessene Debatte – sind die Bewertung des Kaiserreiches und die darauf bezogenen Erinnerungswege durch die Arbeit von Hedwig Richter aus dem

[16] Vgl. z. B. Aleida Assmann, Arbeit am nationalen Gedächtnis. Eine kurze Geschichte der deutschen Bildungsidee, Frankfurt a. M. 1993.

Jahr 2020 wieder in den Fokus geraten[17]. Insbesondere 2019 ging es in Forschung und Ausstellungen vor allem um das Ende des Ersten Weltkrieges und die Bewertung des Übergangs[18]. Doch gekämpft wird aktuell auch oder vielleicht vor allem um die Erinnerung an 1848. Wie soll man bewerten, dass der Parteigründer der AFD, Bernd Lucke, an den „Geist der bürgerlichen Revolution von 1848" appellierte?[19] Auch das Wartburgfest wird neuerdings in Erinnerungskämpfe eingebaut. Doch das 19. Jahrhundert liefert mit seiner intensiven Beschäftigung mit Gedenken auch vielfältiges Material für regionale Typen von Erinnerungskämpfen.

Die Beiträge des Tagungsbandes zum langen 19. Jahrhundert greifen ein über Baden hinaus kaum bekanntes, aber in der badischen Erinnerung virulentes Ereignis des frühen 19. Jahrhunderts auf, widmen sich dem in der regionalen Erinnerungskultur tief verankerten Erinnern an die Revolution von 1848/49 und liefern einen Vergleich der Erinnerung an den Ersten Weltkrieg in der Region und transnational.

Der Beitrag von **Wolfgang M. Gall** greift die Erinnerungskämpfe um 1848/49 im „langen 19. Jahrhundert" bis zum Beginn der Weimarer Republik mit einem besonderen Fokus auf die Offenburger Entwicklung auf. Er verweist darauf, wie aktuelle politische und gesellschaftliche Ereignisse, die Positionen der einzelnen Akteure oder unterschiedliche politische Lager die Erinnerung prägten und dass diese nicht nur durch politische Indienstnahme tradiert wurde, sondern die kommunikative Ebene über Beziehungsgeflechte – und dies gilt besonders für die weibliche Erinnerung – eine große Rolle spielte.

Oliver Sänger beschäftigt sich mit den bis in die Gegenwart reichenden Deutungsversuchen um den jungen Menschen Kaspar Hauser, der im Jahr 1828 körperlich geschwächt in Nürnberg auftauchte und sich schwer artikulieren konnte. Unterschiedliche Deutungen über seine Herkunft und sein Leben kursierten bereits kurz nach seinem Tod 1833 und fanden in variierenden Ausgestaltungen Eingang in viele (Schauer-)Geschichten besonders im 19. Jahrhundert. Im Kontext antimonarchistischer Propaganda wurde die These, Kaspar Hauser sei ein verstoßener Spross des badischen Fürstenhauses, politisch instrumentalisiert. Die sogenannte „Erbprinzentheorie" stellte nicht nur die Legitimation der Großherzöge in Frage, sondern verweist auch auf ein wachsendes Misstrauen gegen „ererbte" Herrschaft.

Judith Lichtenberger hat sich in ihrer 2021 erschienen Dissertation mit deutschen und britischen Ausstellungsprojekten zum Ersten Weltkrieg des Jahres 2014

[17] Vgl. Hedwig Richter, Demokratie. Eine deutsche Affäre, Bonn 2020.

[18] Zur Ersten Weltkriegsforschung vgl. International Encyclopaedia of the First World War, Bibliography, https://encyclopedia.1914–1918-online.net/bibliography/ (Letzter Zugriff: 17.04.2024).

[19] Vgl. Kay-Alexander Scholz, Geschichtsdeutung. Wie die AfD nationale Symbole kapert, in: DW vom 16.6.2018, https://www.dw.com/de/wie-die-afd-nationale-symbole-kapert/a-44202905 (Letzter Zugriff: 17.04.2024); Melanie Amann, Hambacher Fest. Wie sich das AfD-Milieu die deutsche Geschichte zurechtbiegt, in: Spiegel Politik vom 23.4.2018, https://www.spiegel.de/spiegel/neues-hambacher-fest-wie-sich-die-afd-die-deutsche-geschichte-zurechtbiegt-a-1204211.html (Letzter Zugriff: 17.04.2024).

vergleichend auseinandergesetzt. Ihr Beitrag liefert eine komprimierte Zusammenfassung ihrer Ergebnisse. Am Beispiel des deutschen Überfalls auf Belgien und der dort verübten Kriegsverbrechen untersucht sie die national eingefärbten musealen Betrachtungsweisen im Imperial War Museum, London, dem Haus der Geschichte Baden-Württemberg, Stuttgart, sowie dem Historischen Museum der Pfalz, Speyer. Aber sie fragt auch, welche Botschaften diese Ausstellungen in Hinblick auf ein europäisches Gedenken vermittelten. Es zeigt sich, dass in allen Ausstellungen das Leid der Zivilbevölkerung großen Raum einnimmt, doch die daraus zu ziehenden Schlüsse variieren beträchtlich. Während in den deutschen Ausstellungen das Leid der Bevölkerung als Mahnung, Krieg zu vermeiden und als Aufforderung zur Völkerverständigung verstanden werden kann, dient es in der britischen Ausstellung zur Legitimierung des britischen Eintritts in den Ersten Weltkrieg. Begleitet von politischen Reden mit ähnlichen Inhalten zeigen die Ausstellungen beides: Die Betonung nationaler Identität stiftender Erinnerung wie die Versuche, ein gemeinsames europäisches konsensfähiges Erzählmuster zum Ersten Weltkrieg zu konstruieren.

Der dritte Schwerpunkt des Tagungsbandes ist der Erinnerung an den Nationalsozialismus gewidmet. Die heftigen Debatten seit den 1970er-Jahren zur Aufarbeitung des Nationalsozialismus und zur Ausgestaltung eines demokratischen Gedenkens an die Verbrechen zur Zeit der NS-Diktatur schienen selbst schon Geschichte zu sein. Aber derzeit gerät insbesondere die Erinnerung an den Holocaust wieder verstärkt unter Druck[20]. Das Sterben der letzten Zeitzeug:innen und das Erstarken rechter Bewegungen mit eigenen rechtsextremen Geschichtskampagnen, die sogenannte Freiheit des Internet, das für Antisemitismus, gerade auch in Verbindung mit Antifeminismus einen breiten Boden bietet, sind Symptome dafür, dass die einige Jahrzehnte übliche Selbstverständlichkeit des Gedenkens an den Holocaust in Frage gestellt ist. Wie sieht es mit den Erinnerungskämpfen über den Nationalsozialismus im deutschen Südwesten aus? Die Kritik an der Erinnerung an den Holocaust, anitfeministisch untermauert, kommt oft subtil daher.

Angela Borgstedt befasst sich in ihrem Beitrag mit der „zweiten Geschichte" des Nationalsozialismus. Diese Geschichte ist neben der historischen Aufarbeitung ganz wesentlich von kulturgeschichtlichen Zugängen zum Thema geprägt, die nach Wahrnehmung, Deutung und Erinnerung an die NS-Zeit fragen. Deutungskonflikte, aber auch verweigerte Erinnerungen, die aus ganz unterschiedlichen Erfahrungen mit Diktatur und Unrecht resultieren, sind die Folge. Auch wenn sich in der Zwischenzeit ein Gesamtnarrativ herausgebildet habe, so Borgstedt, werde heute vieles erneut in Frage gestellt, teils durch eine sich immer weiter

[20] Vgl. z.B. Volkhard KNIGGE (Hg.), Jenseits der Erinnerung – Verbrechensgeschichte begreifen. Impulse für die kritische Auseinandersetzung mit dem Nationalsozialismus nach dem Ende der Zeitgenossenschaft, Göttingen 2022; Saul FRIEDLÄNDER u.a., Verbrechen ohne Namen. Anmerkungen zum neuen Streit über den Holocaust, München 2022.

ausdifferenzierende Forschung, teils aber auch durch erstarkende rechte Parteien oder die Gruppe der Querdenker. Borgstedt sieht die Gedenkkultur vor neue Herausforderungen gestellt und fordert ein differenziertes (trans-)nationales Erinnern, das auch Aspekte wie Gender, Herkunft und Generation berücksichtigt. Wichtig sei zudem, dass Erinnern nicht nur an gleichsam fernen Orten wie dem Bendlerblock oder dem Haus der Wannseekonferenz, sondern auch im nahen Raum stattfinden könne. Hierzu sei eine neue Topographie der Erinnerung entstanden, wie u.a. im Stuttgarter Hotel Silber, dem Stuttgarter Nordbahnhof oder dem Georg Elser-Denkmal auf dem Rathausplatz in Hermaringen.

Konflikte um die Deutungshoheit des Erinnerns im lokalen Raum greift **Franziska Blum** am Beispiel Mössingens in ihrem Beitrag auf. Der am 31. Januar 1933 im Rahmen eines reichsweiten Streiks der Kommunisten auch in Mössingen organisierte Generalstreik gegen die Ernennung Hitlers zum Reichskanzler, an dem sich auch viele Frauen beteiligten, fand in der Ortsgeschichte lange Zeit keine Erwähnung. Knapp fünfzig Jahre später riefen Tübinger kulturwissenschaftliche Forschungen den Generalstreik ins (über-)örtliche Gedächtnis zurück. Nun begann ein langes Ringen um die Beurteilung des Generalstreiks, das nicht frei von politischen Standpunkten war und sich auch gegen Einmischungen in innerörtliche Angelegenheiten verwahrte. Am Ende stand die Einrichtung eines Erinnerungsorts im Mössinger Rathaus, der sich offiziell in die Gedenkstättentopographie Baden-Württembergs einreiht.

Der vierte Schwerpunkt des Bandes ist der Erinnerung und den Erinnerungskämpfen im kommunalen Raum gewidmet. Bislang steckt eine breit und methodisch reflektiert geführte geschichtswissenschaftliche Diskussion noch in den Kinderschuhen, die mit kommunaler Perspektive das nationale Projekt Erinnerungskultur hinterfragt. Dieser Befund ist eigentlich erstaunlich: Denn kommunale Erinnerung stellt eine zentrale Schnittstelle zwischen privatem kommunikativem Gedächtnis und öffentlicher (nationaler) Erinnerungskultur dar. Nationale Gedächtnisorte sind in der Regel nicht im virtuellen Gedächtnisraum angesiedelt, sondern höchst konkret kommunal verankert. Daraus lässt sich folgern: Letztlich muss die Konstruktion einer nationalen, selbst einer europäischen Erinnerungskultur, vom konkreten Ort als unmittelbarem Erfahrungsraum ausgehen[21]. Dabei scheint eines besonders wichtig: Die Analyse kommunaler Erinnerungskultur liefert nicht nur Bausteine für das nationale Erinnerungsprojekt. Zwar nimmt kommunale Erinnerungskultur Teil an der Konstruktion des nationalen Gedächtnisses. Doch vor Ort werden nationale Erinnerungsprojekte regional eingefärbt. Kommunale Erinnerungsorte und Denkmäler liefern damit neben dem hegemonial natio-

---

[21] Vgl. Sylvia SCHRAUT, Der schwierige Umgang mit dem kommunalen Gedenken an die Kriegstoten, in: Stadtarchiv Karlsruhe (Hg.), Der Zweite Weltkrieg – Last oder Chance der Erinnerung? Wiederspruch gegen das Ehrenmal der 35. Infanterie-Divison in Karlsruhe, Karlsruhe 2015, S. 83–92.

nal verdichteten Raum Nebengeleise des Erinnerns. Hier blieben und bleiben nicht nur regionale Besonderheiten, sondern auch abgebrochene und unterdrückte konkurrierende Erinnerungen zur durchgesetzten nationalen Deutung erhalten. Kommunale, über Erinnerung gestiftete Identität kann so Nebenstränge der Geschichte in den Vordergrund rücken und damit kommunales Selbstverständnis, kommunale Orientierung, Lokalpatriotismus und Gemeinschaftssinn historisch verankern. Es ist auch zu vermuten, dass im kommunalen Raum die marginalisierte Kategorie Gender fruchtbar angewendet werden kann[22].

Drei Beiträge des Bandes greifen Erinnerung im kommunalen Raum auf. **Elisabeth Fendl** beschäftigt sich mit den Heimatstuben der Vertriebenen, die in der jungen Bundesrepublik im Allgemeinen und in Baden-Württemberg im Besonderen eingerichtet wurden. Orte des Festhaltens an der Alten Heimat, erinnerungspolitische Mahnmale an das Leid der Vertriebenen, kommunikative Räume für das gemeinsame (nostalgische) Erinnern – die Funktionen der Heimatstuben waren und sind vielfältig. Als ihnen gemeinsames Charakteristikum lässt sich festhalten, dass die Zeitzeugengeneration und damit die Träger dieser Einrichtungen aus dem kollektiven Gedächtnis verschwinden. Elisabeth Fendl zeigt in ihrem Beitrag auf, wie unterschiedlich die Lösungswege sind, die in den einzelnen Kommunen eingeschlagen werden. Von der musealen Archivierung im Depot, über die Erweiterung der Funktionen der Heimatstuben bis zur Rückführung der Erinnerungsgegenstände in die alte Heimat reichen die Maßnahmen der Kommunen, die mit der Frage konfrontiert sind, was aus dem Heimatstuben werden soll. Der Beitrag zeigt den erstaunlich großen Spielraum, der auf kommunaler Ebene vorhanden ist, wenn ein in der Kommune verankertes Erinnerungsgeschehen seine aktuelle Bedeutung verliert.

Susanne Asche untersucht in ihrem Beitrag den Stellenwert der Frauen- und Geschlechtergeschichte für die kommunale Erinnerungskultur am Beispiel von Karlsruhe. Ihre Ausgangslage ist der Befund, dass sich bis in die 1980er-Jahre hinein Frauengeschichte in den Kommunen jenseits der Herrscher:innengeschichte in der Benennung von Straßen, öffentlichen Gebäuden oder mit Denkmälern kaum manifestierte. Schon diese Beobachtung verdeutlicht die nachfolgende impulsgebende Wirkung der Frauen- und Geschlechtergeschichte, die sich seit den 1980er-Jahren entwickelte. Auch in Karlsruhe bedurfte es erst einer Ausstellung und der zugehörigen Publikation zur Frauengeschichte Karlsruhes im Jahr 1992, um die marginale Sichtbarkeit von Karlsruherinnen im öffentlichen Raum zu ändern. Susanne Asche erläutert die enge Verzahnung von lokaler Geschichtsforschung und -schreibung im städtischen Erinnerungsraum mit der jeweiligen Kommunalpolitik. Es bedarf

---

[22] Vgl. Sylvia Schraut/Sylvia Paletschek, Erinnerung und Geschlecht – auf der Suche nach einer Transnationalen Erinnerungskultur in Europa. Beitrag zum Themenschwerpunkt „Europäische Geschichte – Geschlechtergeschichte“, in: Themenportal. Europäische Geschichte. 2009, https://www.europa.clio-online.de/searching/id/fdae-1510 (Letzter Zugriff: 17.04.2024).

kommunalpolitischen Engagements, um beides zu befeuern: Genderforschung und gezielte Politik zur Sichtbarmachung von Frauen im öffentlichen Raum. Erfolge solchen Engagements mögen sich im „kleinen“ kommunalen Raum rascher manifestieren als auf nationaler Ebene.

Am Beispiel typischer Medien städtischer Geschichtskultur fragt **Isabelle Luhmann** nach dem Umgang der beiden sogenannten Stauferstädte Göppingen und Schwäbisch Gmünd mit dem staufischen Erbe. Er könnte unterschiedlicher nicht sein. In der Industriestadt Göppingen lässt sich seit den 1950er-Jahren ein intensive staufische Erinnerungskultur beobachten, der im Stauferjahr 1977 eine kulturtouristische Nutzung an die Seite getreten ist und in deren Programm seit den 2000er-Jahren die Frauen der Staufer einbezogen wurden. In den 2010er-Jahren wurde nun auch die europäische Dimension der Staufer für das Marketing entdeckt. Ganz anders hingingen in Schwäbisch Gmünd. Erst anlässlich des 850-jährigen Stadtjubiläums 2012 traten die Staufer ins historische Bewusstsein und machten die Stadt zur „ältesten Stauferstadt“. Bestehende performative Geschichtspraktiken (Ritterturnier, historischer Markt) wurden 2012 und 2016 um eine „Staufersaga“ ergänzt, deren Mitmachangebote bei den Aufführungen stark integrativ in die Stadtgesellschaft wirkten. 2012 zunächst als einmaliges Ereignis gedacht, hat sich um den jungen Verein Staufersaga e. V. ein gemeinschaftliches Projekt entwickelt, dessen Ziel es ist, die Stadtgeschichte lebendig zu halten[23].

Der letzte Schwerpunkt des Bandes greift aktuelle Fragen rund um Erinnerung und Erinnerungskämpfe auf: Kolonial- und Migrationsgeschichte. „In vielen Regionen Ozeaniens, Asiens und Afrikas ist die koloniale Vergangenheit seit Jahrzehnten nicht nur an Universitäten, sondern auch an Erinnerungsorten genauso wie im Alltag der Familie und des öffentlichen Raums präsent“, schreiben Bettina Brockmeyer und Rebekka Habermas in der Einleitung zum 2022 publizierten Heft der historischen Anthropologie zur Kolonialgeschichte[24]. Einen solchen Befund kann man für die historische Aufarbeitung und Erinnerung an die eigene Kolonisierungsgeschichte in den ehemaligen Kolonialmächten nicht benennen[25]. Aber auch wenn es lange gedauert hat: Die Erinnerung an die Kolonialgeschichte und die Auseinandersetzungen mit ihr sind mittlerweile in der Mitte der Gesellschaft angekommen. Ein solcher Bedeutungsgewinn ist für die Migrationsgeschichte bislang nicht in gleichem Maße feststellbar. Sie wird in einschlägigen Forschungsnischen intensiv betrieben, aber sie gehört noch nicht zum Standardthema allgemeiner Ge-

---

[23] Vgl. Verein Staufersaga e. V., Startseite, https://www.staufersaga.de/ (Letzter Zugriff: 17.04.2024).

[24] Bettina Brockmeyer/Rebekka Habermas, Editorial, in: Erinnern postkolonial, Historische Anthropologie 30/1 (2022), S. 5–11, hier S. 5.

[25] Vgl. Ann Laura Stoler, Duress. Imperial Durabilities in Our Time, Durham/London 2016; Robert N. Proctor, Agnotology. A Missing Term to Describe the Cultural Production of Ignorance (and Its Study), in: Ders./Londa Schiebinger (Hg.), Agnotology. The Making and Unmaking of Ignorance, Stanford 2008, S. 1–36.

schichtsdarstellungen[26]. Dabei beeinflussen Wanderungsprozesse das gesellschaftliche Geschehen nicht erst seit den großen Fluchtbewegungen der letzten Jahre. Migrationsgeschichte und Erinnerungskämpfe rund um Wanderung sind sperrig, lässt sich doch die Geschichte von Ein- und Auswanderung nicht eindimensional erzählen. Sie bedarf der Multiperspektivität. Aber gerade darin liegt ihre Chance für die Erinnerungskultur. Denn Migrationsgeschichte liegt quer zur Nationalgeschichte und ist daher bestens geeignet, die nationalen Engführungen von Erinnerungskultur aufzubrechen[27].

Sabine Liebig verbindet in ihrem Beitrag zwei für die Beschäftigung mit Erinnerungskultur und -kämpfen wichtige Themen: Die Einspeisung der Erinnerungen von Migrant:innen in das kollektive Gedächtnis und die Rolle des worldwideweb (WWW) für die Präsentation von „angewanderter Geschichte", die auch und gerade vom mainstream-Gedenken abweicht. Ausgehend von der noch immer häufig anzutreffenden Ausgrenzung der Geschichten von Migrant:innen an der nationalen Erinnerungskultur verweist sie auf die große identitätsstiftende Bedeutung der gemeinsamen Erzählungen und Geschichtsdeutungsmuster in Migrant:innenkreisen und auf die Erinnerungsräume öffnende Rolle des WWW. Durch die neuen Medien kann Erinnerungskultur diverser, multiperspektivischer, intersektionaler und transnationaler werden. Aber hierin liegt, so die Autorin, nicht nur eine Chance für Migrant:innengruppen, sondern auch für die Aufnahmegesellschaft. Zwar ist davon auszugehen, dass es zunehmend schwieriger wird ein homogenes konsensfähiges kollektives Gedächtnis zu gestalten, doch die Integration diverser Erinnerungen in dialogischen Prozessen spiegelt die Veränderung unserer Gesellschaft.

Bernd-Stefan Grewe befasst sich in seinem Beitrag mit dem Kolonialismus im deutschen Südwesten. Ausgehend von der Beobachtung, dass zwar einerseits die Black-Lives-Matter-Demonstrationen auch im deutschen Südwesten Zehntausende mobilisierten, andererseits aber Debatten um das koloniale Erbe kaum über die lokale Berichterstattung hinausgelangten, fragt er nach den Gründen dieses unterschiedlichen Interesses. Einen Grund sieht er u.a. darin, dass das Thema bislang vor allem auf der Ebene des Reiches verortet wird, trotz auch im deutschen Südwesten ansässiger Kolonial- und Missionsvereine. Aktuell sind es vor allem Initiativen von unten und im lokalen Raum, die dem Thema zunehmend Aufmerksamkeit verschaffen. In der musealen Landschaft fehlt hingegen, von wenigen Ausnahmen abgesehen, eine Aufarbeitung von Rassismus in den ethnologischen Sammlungen.

[26] Vgl. die Publikationsreihe Jochen Oltmer (Hg.), Studien zur historischen Migrationsforschung; Michael G. Esch/Patrice G. Poutrus, Zeitgeschichte und Migrationsforschung. Eine Einführung, in: Zeithistorische Forschungen/Studies in Contemporary History, Online-Ausgabe 2/3 (2005), https://zeithistorische-forschungen.de/3–2005/4467 (Letzter Zugriff: 17.04.2024).

[27] Vgl. Rainer Ohliger, Immigration, Museums and Textbooks in Europe, in: Christiane Hintermann/Christina Johansson (Hg.), Migration and Memory. Representations of Migration in Europe since 1960, Innsbruck/Wien/Bozen 2010, S. 13–30.

Überdies genügt es nicht, nach kolonialen Spuren zu suchen, die aufgefundenen Spuren müssten auch qualitativ bewertet werden, um eine Veränderung noch immer dominanter kolonialer Denkmuster herbeiführen zu können. Hierzu müsste auch der schulische Geschichtsunterricht seinen Teil beitragen, wobei es wesentlich wäre, einen weiten Begriff von Kolonialismus zugrunde zu legen, der deutlich mehr umfasst als die faktische Kolonialherrschaft.

Resümierend lässt sich festhalten: Die Beiträge des Bands machen das Potential des diachronen Zugriffs im regionalen Kontext sichtbar, auch wenn nur exemplarisch gearbeitet werden konnte. Sie reichen von der Landes- bis hin zur kommunalen Ebene und schließen die Ebene des musealen Umgangs ebenso ein wie Fragen nach dem Umgang mit umstrittener kolonialer Erinnerung in den Schulen bzw. den Herausforderungen einer Migrationsgesellschaft. Speziell auf kommunaler Ebene kam der Gender-Aspekt in den Blick. Durchgängig zeigten sich die auf verschiedenen Ebenen geführten Kämpfe um die Deutungshoheit des Geschehens. Zugleich verweisen die Beiträge auf die Wirkmächtigkeit und Beständigkeit einmal eingeprägter Erinnerung. Der Band macht aber auch auf die Möglichkeiten und Schwierigkeiten aufmerksam, die mit einem chronologischen Längsschnitt verbunden sind, in welchem der Untersuchungsraum, trotz geographischer Einheitlichkeit, kein politisch einheitlicher Herrschaftsraum war. Deshalb mussten stets die jeweils herrschenden territorial-staatlichen, herrschaftlich-politischen und konfessionell-kulturellen Bedingungen in die Analysen einbezogen werden. Untersuchungen in weiteren Regionen werden den Umgang mit umkämpften Erinnerungen gewiss weiter schärfen.

Erinnerungskämpfe in und um die Frühe Neuzeit

Ikonoklastische Aktionen im Reformationsjahrhundert und deren Rezeptionsgeschichte in der Frühen Neuzeit am Beispiel Ulms

Gudrun Litz

1. Einleitung

Bis heute werden unter den häufig gebrauchten Schlagworten „Ikonoklasmus" oder „Bilderstürmerei" gewaltsame Aktionen gegen Bilder oder Statuen und ihre medialen Inszenierungen beschrieben, die sich von der Antike bis in unsere Gegenwart[1] beobachten lassen. Bei näherer Betrachtung ist es allerdings gar nicht so einfach, eine eindeutige Terminologie für solche vielfältigen Phänomene des Umgangs mit Bildern zu finden[2].

Wenden wir uns dem christlichen Kontext zu, so war die entscheidende Frage diejenige nach dem rechten Gebrauch des religiösen Bildes. Einigkeit bestand darüber, dass gegen den Missbrauch des Bildes, d.h. gegen eine falsche Verehrung, die als Götzendienst gelten müsse, konsequent einzuschreiten sei. Dieses Grundmuster des „usus" und „abusus" der Bilder durchzieht die Bilderfrage im Christentum von der Antike über das Mittelalter und die Reformationszeit bis heute; die Definitionen und Lösungsvorschläge für den rechten Gebrauch und Missbrauch können allerdings sehr unterschiedlich ausfallen[3].

---

[1] Als Beispiele aus jüngerer Vergangenheit seien nur die Sprengung der großen Buddha-Statuen in Bamiyan/Afghanistan durch die Taliban 2001 erwähnt, vgl. den Artikel von Sven Felix KELLERHOFF, Islamistischer Hass zerstörte die Buddhas von Bamiyan, in: Die Welt vom 12. März 2021, oder die Aktion gegen die Statue des Sklavenhändlers Edward Colston in Bristol, die Demonstranten im Zusammenhang der Black-Lives-Matter-Protesten im Juni 2020 im Fluss Avon versenkten, vgl. den Artikel von Milena ZWERENZ, Demonstrierende in Bristol versenken Sklavenhändler-Statue im Wasser, in: Die Zeit vom 8. Juni 2020.

[2] Zur aktuellen Diskussion um den Naumburger Marienaltar, dessen Mittelteil in der Reformation zerstört, von Michael Triegel neu geschaffen und mit den Seitenflügeln Lucas Cranachs d.Ä. vereint wurde, vgl. den Artikel von Evelyn FINGER, „Diesen Altar zu entfernen ist Frevel!", in: Die Zeit Nr. 49 vom 1. Dez. 2022, S. 68; Georg HABENICHT, Der Naumburger Bilderstreich zum Triegel-Cranach-Altar. Ein Kunststück in fünf Aufzügen, Petersberg 2023.

[3] Zu den verschiedenen Theorien des Bilderkults vgl. Jean WIRTH, Soll man Bilder anbeten? Theorien zum Bilderkult bis zum Konzil von Trient, in: Cécile DUPEUX/Peter JEZLER/Jean WIRTH (Hg.), Bildersturm – Wahnsinn oder Gottes Wille?, Bern 2000, S. 28–37; WIRTH, Aspects modernes et contemporains de l'iconoclasme, in: Peter BLICKLE u.a. (Hg.), Macht und Ohnmacht der Bilder. Reformatorischer Bildersturm im Kontext der europäischen Geschichte (Historische Zeitschrift. Beiheft, Bd. 33), München 2002, S. 455–481.

Wendet man sich nun dem 16. Jahrhundert zu, das hier vorrangig betrachtet werden soll, kann man unter dem „Phänomen Bildersturm" verschiedenste Aktionen zusammenfassen, die sich – wie es Peter Jezler formuliert hat – auf Objekte des Kultes beschränkten, d.h. „jegliche Objektzerstörung, die im Bewusstsein vollzogen worden ist, dass sie aus Gründen der Glaubenserneuerung notwendig sei"[4]. Der Begriff „Kultbild"[5] oder „religiöses Bild", gegen das sich die reformatorische Bildkritik richtete, ist dabei recht weit zu fassen und kann sich auf Altäre, Heiligenstatuen aus Holz und Stein, Wandmalereien, Chorgestühle, Taufsteine, Glasfenster, bemalte Orgeln, Abendmahlsgeräte, aber auch auf die kunstvoll gestalteten Ölberge, Kreuzigungsgruppen und Bildstöcke bis hin zur Anlage von Kreuzwegen sowie aufwändigen Bildinszenierungen in Gottesdiensten oder Prozessionen (sog. „Handelnde Bilder") beziehen[6]. Von der Vorgehensweise her können die Aktionen sowohl den heimlichen Frevel an einzelnen Bildern, den spontanen, wilden Sturm auf Kirchen und Klöster wie auch die von der Obrigkeit verordneten und kontrollierten Bilderentfernungen mittels damit beauftragter Personen umfassen. Diese von dem Kunsthistoriker Sergiusz Michalski[7] vorgenommene Differenzierung in „Bilderfrevel – Bildersturm – Bilderentfernung" ermöglicht meines Erachtens einen besseren Zugriff auf die „Bilderfrage"; gleichwohl war und ist der Terminus „Bildersturm" fest in der Sprache und im Denken verankert und kann auch für die Bezeichnung des Gesamtphänomens weiter gelten.

Auf die um die Mitte des 19. Jahrhunderts einsetzende theologiegeschichtliche, geschichts-, kunst-, sozial- und kulturwissenschaftliche Erforschung der bilderstürmerischen Vorgänge im Heiligen Römischen Reich Deutscher Nation und den benachbarten Ländern kann hier nicht näher eingegangen werden[8]. Jedoch kann man konstatieren, dass die Erinnerung an die reformatorischen Vorgänge um die

---

[4] Vgl. Peter JEZLER, Von den Guten Werken zum reformatorischen Bildersturm – Eine Einführung, in: DUPEUX/JEZLER/WIRTH (wie Anm. 3), S. 20–27, hier S. 27.

[5] Vgl. Hans BELTING, Bild und Kult. Eine Geschichte des Bildes vor dem Zeitalter der Kunst, München [5]2000; DERS., Das echte Bild. Bildfragen als Glaubensfragen, München 2005; David GANZ/Georg HENKEL, Kultbilder im konfessionellen Zeitalter. Historischer Überblick und Forschungsperspektiven, in: DIES. (Hg.), Rahmen-Diskurse. Kultbilder im konfessionellen Zeitalter (KultBild, Bd. 2), Berlin 2002, S. 9–38.

[6] Zeitgenössische Illustrationen zu ikonoklastischen Aktionen vermitteln den Eindruck barbarischer, gewaltsamer Akte und zeigen meistens Männer, seltener Frauen und Jugendliche, die mit Äxten, Pickeln oder anderen Geräten bewaffnet sind, die Heiligenfiguren von ihren Sockeln werfen, Tafelmalereien zerschlagen oder den Kirchenschmuck verbrennen, vgl. dazu DUPEUX/JEZLER/WIRTH (wie Anm. 3), S. 304–315 mit Abbildungen.

[7] Sergiusz MICHALSKI, Das Phänomen Bildersturm. Versuch einer Übersicht. in: Bob SCRIBNER/Martin WARNKE (Hg.), Bilder und Bildersturm im Spätmittelalter und in der frühen Neuzeit (Wolfenbütteler Forschungen, Bd. 46), Wiesbaden 1990, S. 69–125; MICHALSKI, The Reformation and the Visual Arts. The Protestant Image Question in Western and Eastern Europe, London/New York 1993 ([4]2001).

[8] Vgl. SCRIBNER/WARNKE (wie Anm. 7); Gudrun LITZ, Die reformatorische Bilderfrage in den schwäbischen Reichsstädten (Spätmittelalter und Reformation. Neue Reihe, Bd. 35), Tübingen 2007, hier S. 8–14 (Lit.).

religiösen Bilder bis heute nicht nur im wissenschaftlichen Kontext durch Tagungen und Vorträge, sondern auch in einem breiteren öffentlichen Raum aufrechterhalten wird. Letzteres zeigt sich vor allem in Ausstellungen zu Reformations-, Kirchen- oder Künstlerjubiläen oder anderen Anlässen, etwa 1983 in der Ausstellung „Luther und die Folgen für die Kunst" in der Hamburger Kunsthalle[9] oder 2000/2001 in der von Peter Jezler und Jean Wirth initiierten Ausstellung „Bildersturm – Wahnsinn oder Gottes Wille?" in Bern und Straßburg[10] oder in der 2020 im Basler Kunstmuseum 2020 gezeigten Präsentation „Bildersturm und Bildpropaganda im Zuge der Reformation".

Im Folgenden soll aber nicht der aktuelle Umgang mit der „Bilderfrage" im Zentrum stehen, sondern der Frage nachgegangen werden, wie die Rezeption in den unmittelbar folgenden Jahrhunderten nach der Reformation aussah. Konkret möchte ich mich dabei dem deutschen Südwesten zuwenden, speziell den südwestdeutschen Reichsstädten[11]. Nach einigen grundsätzlichen Bemerkungen zu den dort anzutreffenden Phänotypen der „Bilderfrage" soll anschließend anhand der Reichsstadt Ulm und der dortigen Vorgänge 1531 das Beispiel einer obrigkeitlichen Bilderentfernung geschildert und schließlich in den Ulmer frühneuzeitlichen Quellen der Frage der Rezeption nachgespürt werden.

2. Phänotypen der Bildentfernungen

In dieser „Bildersturmlandschaft" im Südwesten zeigte sich ein differenziertes Erscheinungsbild, das ich nun in den drei Kategorien Michalskis Bildersturm – Bilderfrevel – vom Rat ver- und geordnete Entfernung skizzieren möchte. Überall gingen den Bildentfernungen die gegen die religiösen Bilder gerichteten Predigten auf den städtischen Kanzeln voraus, wesentlich beeinflusst von der Bildtheologie der führenden Reformatoren eines Huldrych Zwingli (Zürich), Martin Bucer (Straßburg) oder Ambrosius Blarer (Konstanz). Die Veränderungsperspektive der oberdeutschen Reformatoren umfasste ein vierstufiges Idealprogramm von reformatorischer Erneuerung: 1. Predigt des Gotteswortes, 2. Abschaffung der Messe, 3. Reinigung von den „gotteslästerlichen" Bildern und schließlich 4. die Heiligung des Lebens in Nächstenliebe und Sittenzucht.

Im Folgenden soll nun an wenigen Beispielen gezeigt werden, wie dieses Transformationsprogramm auf die anderen Faktoren des innerstädtischen Interessensgeflechts traf. Stellte sich doch die Bilderfrage konkret immer so: Wie stark konnte sich die Feindschaft gegen die Bilder in der Stadt geltend machen und wie wurden

---

[9] Werner Hofmann (Hg.), Luther und die Folgen für die Kunst, Hamburg 1983.

[10] Dupeux/Jezler/Wirth (wie Anm. 3).

[11] Vgl. Gudrun Litz, Die Problematik der reformatorischen Bilderfrage in den schwäbischen Reichsstädten, in: Blickle/Holenstein/Schmidt u.a. (wie Anm. 3), S. 99–116, hier S. 100–103.

die Reinigungswünsche aufgenommen? Wer waren ihre Wortführer:innen und welche Kräfte widersprachen aus welchen Gründen einer Entfernung und Zerstörung der Bilder? Welche religiösen, politischen und familiären Interessen waren an diesem Meinungsbildungsprozess beteiligt, und wer bestimmte letztlich das Gesetz des Handelns?

2.1 Bildersturm

Wirkliche Bilderstürme als spontane Aktionen mehrerer Personen gegen verschiedene Bildwerke bleiben in den schwäbischen Reichsstädten die Ausnahme. Die Vorfälle in Memmingen am Weihnachtsfest 1524 gehören dazu: Vorausgegangen waren die Reformationspredigten des aus St. Gallen stammenden Prädikanten Christoph Schappeler, der im Sinne Zwinglis auch eine generelle Feindseligkeit gegen religiöse Bilder im Kirchenraum geschürt hatte. Sie fielen nun unter das Verdikt des Götzendienstes und des alttestamentlichen Bilderverbots. Schappelers schärfster Widersacher war der altgläubige Pfarrer an der Frauenkirche, Johann Megerich, mit dem es zu häufigen Auseinandersetzungen kam.

Vom Weihnachtfest des Jahres 1524 wird in einem chronikalischen Bericht ein Tumult in der Frauenkirche geschildert: Nachdem Megerich den St. Georg-Altar zum Gottesdienst gerichtet hatte, wurde er von den anwesenden, offenbar reformationsgesinnten Frauen in die Sakristei gejagt, beschimpft, sogar geschlagen und mit Steinen beworfen. Es wurden die *gläßer* [= Kirchenfenster] *zerrissen und erschlagen, die bildtlin an den tafeln gebrochen, die amplen* [= Öllampen] *erworfen, Kertzen auff dem altar abgebrochen und hinweg getragen, sollich gewalt von 4 bis 6 getriben unnd gehalten*[12]. Weiterhin berichtet der Chronist, dass Megerich lediglich mit Hilfe des herbeigeeilten Bürgermeisters Hans Keller und sechs weiterer Ratsmitglieder die Frauenkirche verlassen konnte, als Gegenleistung dafür aber seine Teilnahme an einer Disputation mit Schappeler zusagen musste.

Der Vorfall zeigt, dass die Polemik Schappelers gegen die altgläubige Partei auf fruchtbaren Boden – in diesem Falle bei den reformationsgesinnten Memminger Frauen – gefallen war; und er kann als Beispiel dafür dienen, welchen Einfluss die Predigt von den städtischen Kanzeln auf die Sensibilisierung von Teilen der Bürgerschaft in der Bilderfrage nehmen und geradezu agitatorisch wirken konnte[13].

---

[12] Stadtbibliothek Memmingen, Chroniken 2° 2,20, Chronik des Hans Löhlin, Memmingen o.J. [17. Jh.], fol. 158r; LITZ, Bilderfrage (wie Anm. 8), S. 141.

[13] Problematisch ist es, die Handlungen gegen Bildwerke im Bauernkrieg 1525, etwa in Memmingen oder Kempten, als „Bildersturm" zu bezeichnen. Auch wenn eine religiöse Motivation der Bauern nicht auszuschließen ist, kann sie anhand schriftlicher Quellen nicht belegt werden. Anders als in manch anderen Bauernschriften wird in den Programmen der oberschwäbischen und Allgäuer Bauern (Allgäuer Artikel, Memminger Bundesordnung, Zwölf Artikel) die Bilderfrage nicht problematisiert. Die Aggressionen richteten sich in den meisten Fällen wohl eher ganz allgemein gegen das gegnerische Heiltum, ohne auf einer dezidierten Feindseligkeit gegenüber Kultbildern zu beruhen, vgl. LITZ, Bilderfrage (wie Anm. 8), S. 142, 216–219, 235, 244f.

2.2 Bilderfrevel

Wesentlich häufiger als richtige Bilderstürme ereigneten sich hingegen Bilderfrevel einzelner Personen oder kleiner Gruppen gegen einzelne Bildwerke. Sie finden sich oft in der Frühphase des jeweiligen Reformationsprozesses, also bevor die Obrigkeit selbst die Bildentfernungen anordnete. Einige dieser Vorfälle geschahen aber auch unmittelbar vor oder während der entscheidenden Phase des obrigkeitlichen Vorgehens[14].

Auffallend häufig sind die Frevel gegen die Ölberge gerichtet, jene plastische Darstellung des Gebetes Christi in Gethsemane (Mt 26,36–46), etwa 1523 in Memmingen, wo Anfang 1523 der Rat die beiden Patriziersöhne Ulrich Geßler und Raphael Sättelin bestrafte, weil sie eine Figur aus der Ölberggruppe der Frauenkirche herausgenommen, durch die Straßen gezogen und ihren Spott damit getrieben hatten[15]. Auch in Ulm kam es offensichtlich zu Attacken auf den Ölberg, der erst 1514 auf der Südseite des Münsterplatzes errichtet worden war. Doch welchen Bilderfrevel die beteiligten Frauen in der Fastenzeit des Jahres 1529 dort wirklich begangen haben, ist nicht sicher zu klären: In der Urgicht[16] schildert Anna Mentzen aus Tomerdingen, dass sie nach dem Besuch der Spinnstube *(Gunckelhaus)* in Begleitung von Anna Braitinger zum Ölberg gelaufen seien, die Christusfigur an sich genommen und zu einer anderen Spinnstube gebracht, dort die Christusfigur auf die Probe gestellt, diese beschädigt (Hand abgeschlagen), verspottet (*Bist Paulus, so helff dir*) und anschließend wieder zum Ölberg gebracht hätten. Allerdings stimmen ganz praktische Hinweise nachdenklich. Betrachtet man nämlich die Größe und das Gewicht der fünf erhaltenen Prophetenfiguren des Ölbergs im Museum Ulm und rechnet auf der Grundlage des erhaltenen Risses von Matthäus Böblinger das Gewicht der deutlich größeren Christusfigur hoch, kommt man schätzungsweise auf einige Tonnen. Es bleibt ein Rätsel, wie Anna Mentzen und ihre Begleiterin diese schwere Christusfigur durch Ulm getragen haben sollen; offen bleiben muss auch, ob es sich um eine andere Figur handelte oder ob das in sich widersprüchliche Geständnis unter Druck erfolgte. Jedenfalls blieb der Ölberg auch nach dem Ratsbeschluss des Sommers 1531 über die Bilderentfernungen vorerst unangetastet. Dass manche Ulmer:innen trotzdem weiterhin am Ölberg beteten und Kerzen anzündeten, geht aus dem Ratsprotokoll am Montag nach Ostern (6. April) 1534 hervor, als der Rat schließlich die Entfernung aller Figuren anordnete. Die seines sakralen Inhalts beraubte Architektur des Ölberges blieb erhalten, wo sie bis

---

[14] In einem Fall – nämlich in Leutkirch 1614 – bildeten solche Einzelaktionen die einzigen quellenmäßig belegbaren Feindseligkeiten gegen die Bilder, vgl. LITZ, Bilderfrage (wie Anm. 8), S. 277.

[15] Stadtarchiv Memmingen A Ratsprotokoll vom 9. Feb. 1529; Hans ROTT, Quellen und Forschungen zur südwestdeutschen und schweizerischen Kunstgeschichte im 15. und 16. Jahrhundert, Bd. 2: Alt-Schwaben und die Reichsstädte, Stuttgart 1934, S. 116.

[16] Die Urgicht befindet sich im Stadtarchiv Ulm, A [5444] (alte Signatur: U 5327), dort auch die folgenden Zitate. Dazu ausführlich LITZ, Bilderfrage (wie Anm. 8), S. 104–107.

zum kompletten Abbruch 1807 aus Anlass der Verschönerung des Münsterplatzes stand.

Nicht nur Ölberge, sondern auch andere Bildwerke wie Kruzifixe (Lindau 1529), Passionsdarstellungen (Biberach 1531), Grabsteine (Reutlingen 1532), Sakramentshäuschen (Isny 1534) oder sog. handelnde Bilder wie Himmelfahrtstauben oder Palmesel konnten Ziele eines Bilderfrevels sein.

Die Motive für bilderfrevlerisches Handeln sind komplex: Neben einer reformatorischen Gesinnung konnte jugendlicher Übermut beteiligt sein; auch ist ein gelegentlicher Zusammenhang mit judenfeindlichen Stimmungen nicht auszuschließen (Ulm 1518, Memmingen 1523). Unter den Bilderfrevlern finden sich Männer und Frauen, Jugendliche und Erwachsene, Handwerker und Patrizier, Bader, Bürgermeister, Täufer und Lehrer. Gelegentlich konnten sogar Bilderstifter selbst zu „Bilderstürmern“ werden, wie das Memminger Beispiel der Patrizierfamilie Zangmeister im Jahr 1531 zeigt. Sie ließ die Deckenfresken in ihrer Familienkapelle mit Darstellungen aus dem Leben der Heiligen Eberhard und Elisabeth[17] im südlichen Seitenschiff der Pfarrkirche St. Martin übertünchen und durch Spruchbänder mit Zitaten aus der Lutherbibel ersetzen. Hier wird also ein Bildmedium nicht einfach zerstört, sondern zum reformatorischen Schriftmedium umgewandelt.

2.3 Vom Rat ver- und geordnete Entfernung der Bilder

Das Bemerkenswerte an den untersuchten schwäbischen Reichsstädten ist aber, dass die charakteristische Form und das häufigste Modell der Problemlösung die von der städtischen Obrigkeit planmäßig durchgeführte „Bildentfernung“ war. In den meisten Fällen forcierten die reichsstädtischen Räte, die prinzipiell Gegner von Chaos, Tumult und Gewaltaktionen waren, das geordnete Wegräumen der Bilder aus den Gotteshäusern. Bilderfeindliche Aktionen wurden verboten und bestraft, bis der Rat selbst – oft nach langer Überlegung – die Bildentfernung anordnete. So geschah es in Lindau, Reutlingen, Ulm, Memmingen, Biberach, Esslingen, Isny, Kempten, Kaufbeuren und Ravensburg; seltener kam es zur Ablehnung solcher Entfernungen, wie in Giengen an der Brenz. Gerade das Beispiel Giengen[18] zeigt, dass es für den städtischen Rat nicht zwingend war, gegen die Bilder einzuschreiten, auch wenn der vor Ort anwesende Prädikant Martin Rauber diese Maßnahme jahrelang gefordert hatte und die nach oberdeutschem Vorbild eingeführte Reformation dies nahegelegt hätte.

Von der chronologischen Abfolge her kann man die Reichsstädte in vier Gruppen einteilen:

---

[17] Die übertünchten Fresken an den Wänden und am Gewölbe wurden bei der Restaurierung 1963 wieder freigelegt, vgl. Gertrud OTTO, Die freigelegten Fresken in der Zangmeisterkapelle der St. Martinskirche, in: Memminger Geschichtsblätter 1963/64 (1964), S. 17–21.

[18] Vgl. LITZ, Bilderfrage (wie Anm. 8), S. 228–232.

1. Zur ersten Gruppe, gehören Lindau und Reutlingen 1530/31, die sich von sich aus und ohne großen Einfluss auswärtiger Faktoren und Personen für die Bilderentfernung entschieden.
2. Es folgte eine Gruppe von Reichsstädten, die sich nicht nur in politischer, wirtschaftlicher und kultureller Hinsicht, sondern auch bei der Neuordnung des Kirchenwesens stark am Ulmer Vorbild von 1530/31 orientierten: dazu zählten Biberach, Memmingen, Esslingen und Isny 1532.
3. Als „Sonderformen" der geordneten Bildentfernung können drittens die in Kempten 1533 und im reichsunmittelbaren Benediktinerkloster Isny 1534 bezeichnet werden. Hier beraumten die Räte für ihr Vorgehen gegen die Bilder eigens ein Plebiszit an.
4. Eigens sind als vierte Gruppe solche Obrigkeiten zu nennen, die wie in Kaufbeuren und Ravensburg erst sehr spät, 1545 bzw. 1546, die Entfernung der Bildwerke aus den Kirchen veranlassten.

3. Ulm 1531 als Beispiel für eine obrigkeitlich angeordnete Bilderentfernung[19]

Sind erste Einflüsse der reformatorischen Bewegung in der Reichsstadt Ulm schon seit 1520/21 belegt, passierte trotz der Predigten gegen das „Götzenwerk" des seit 1524 dort wirkenden Zwingli-Anhängers Konrad Sam bis Ende der 1520er Jahre nichts Wesentliches in der Bilderfrage. Lediglich zwei Begebenheiten aus dem Frühjahr 1529 sind erwähnenswert, der bereits erwähnte Vorfall am Ölberg einerseits, zum anderen ordnete der Rat am 18. Januar 1529 *nach gehaltener umbfrag* an, den beim Predigtstuhl im Münster befindlichen Marienaltar *hinweg zu thun*[20]. Offensichtlich meinte man, der Altar störe die Sicht auf die Kanzel bzw. die Andacht der Zuhörer.

Zu Beginn des Jahres 1531 drängte Konrad Sam erneut den Ulmer Rat, Messe und Bilder abzuschaffen und gegenüber den Bilderverehrern nicht nachsichtig zu sein. Der Rat ließ sich jedoch nicht auf die Argumente seines Prädikanten ein und bestimmte, zunächst noch aus *kainer kirchen tafeln, bilder oder glesern, nicht* [zu] *nemen*[21]. Allerdings leitete der Rat nach dem Abschluss der Bündnisverhandlungen mit den Schmalkaldenern ab April konkrete Schritte für die Reform des Kirchenwesens ein. Ein Neunerausschuss für Religionsfragen wurde gebildet, mit Martin Bucer aus Straßburg, Johannes Oekolampad aus Basel und Ambrosius Blarer aus Konstanz renommierte Theologen in die Stadt geholt. Am 21. April 1531 beschloss der Rat auf Antrag der Religionsverordneten, die silbernen Bilder – gemeint sind damit vermutlich nicht nur die silbernen Pax-Täfelchen, sondern auch die wert-

[19] Ausführlich dazu LITZ, Bilderfrage (wie Anm. 8), S. 99–122 (Lit.).
[20] Stadtarchiv Ulm A 3530, Bd. 9, fol. 405v, Ratsprotokoll vom 18. Jan. 1529.
[21] Stadtarchiv Ulm A [1553], Verkündzettel und Rufe Nr. 11.

vollen silbernen (und vermutlich auch goldenen) liturgischen Geräte – zur Aufbewahrung ins Steuerhaus bringen zu lassen. Mit den Patriziern und Stiftern sollte über die Eigentumsfragen ihrer Stiftungen im Münster erst noch verhandelt werden. Nur eine Woche später, am 28. April 1531, sollte das Kruzifix am Herdbruckertor mit einem Tuch verhängt und anschließend abgenommen, schließlich die freie Fläche durch eine Darstellung des Kaisers und der Kurfürsten ersetzt werden.

Bucer, Oekolampad und Blarer trafen am 21. Mai 1531 in Ulm ein und übten scharfe Kritik an denen, welche die Abgötterei weiter beschirmten. Nur zwei Tage später beantragten die Prädikanten, dass die Ulmer Untertanen auf dem Landgebiet dringend und gründlich durch sie – Bucer, Oekolampad und Blarer – unterrichtet werden sollten und *ain ersamer Rat* [...] *mit abthun der götz und messen etc.* beginnen sollte[22]. Der einflussreiche Patrizier und Bürgermeister Bernhard Besserer, der gerade zur Kur in Bad Überkingen weilte, wurde am 24. Mai 1531 über die Vorstellungen der Theologen informiert, plädierte allerdings in einem Gutachten vom 25. Mai 1531 für ein gemäßigteres Vorgehen: Die Prädikanten hatten es seiner Meinung nach viel zu eilig. Vor allem die Forderung, vor der Stadt- zunächst die Landbevölkerung zu unterrichten, missfiel ihm, würden doch dadurch *die Roß hinten an* [den] *wagen gesetzt*[23]. Vielmehr sollten die von auswärts geholten Prädikanten zuerst in der Stadt zehn bis zwölf Tage lang gegen die Bilder predigen, ohne aber Entfernungen vorzunehmen, bevor dann der Rat die Entscheidung über Messe und Bilder in die Hände der Zünfte legen, ihnen die möglichen Konsequenzen ihrer Entscheidung vor Augen führen und ihre Meinungsbildung abwarten sollte.

Offenbar konnte sich Bernhard Besserer aber mit dieser Forderung nicht ganz durchsetzen, denn zu einer weiteren Abstimmung über die Messe und die Bilder sollte es nicht kommen. Auf Betreiben seines Sohnes Georg Besserer, der 1531 das Bürgermeisteramt innehatte und zusammen mit den „Fünf Geheimen“ am 27. Mai 1531 den Beschluss gefasst hatte, das Vorhaben der Theologen zu unterstützen, konnte mit der Unterrichtung der Landgemeinden über die Pfingsttage begonnen werden. Bucer, Oekolampad, Sam und Blarer predigten in Geislingen, Langenau, Leipheim und Ulm. Grundlage für die Unterweisung wie auch für das vom 5. bis 7. Juni 1531 auf die Ulmer Ratsstube anberaumte Examen der Geistlichen sollte die v. a. von Martin Bucer ausgearbeitete „Denkschrift Christliche Leern, Ceremonien und Leben“ werden, die der Rat am 2. Juni 1531 genehmigte[24]. Der erste Teil dieser

[22] Stadtarchiv Ulm A [8984/III], fol. 779–781 (Bericht der Religionsverordneten vom 22. Mai 1531) und fol. 783–785v (Bericht vom 24. Mai 1531); vgl. auch Hans Eugen Specker/Gebhard Weig (Hg.), Die Einführung der Reformation in Ulm. Geschichte eines Bürgerentscheids (Forschungen zur Geschichte der Stadt Ulm. Reihe Dokumentation, Bd. 2), Ulm 1981, Kat.-Nr. 157 und 158.

[23] Stadtarchiv Ulm A [8984/III], fol. 787v; Friedrich Keidel, Ulmische Reformationsakten von 1531 und 1532, in: Württembergische Vierteljahrshefte für Landesgeschichte N. F. 4 (1895), S. 255–342, hier S. 258, Nr. 4; vgl. auch Specker/Weig (wie Anm. 22), Kat.-Nr. 159.

[24] Zum Inhalt der „Denkschrift“ und zum Anteil Bucers an ihr vgl. Berndt Hamm, Faszination der Ordnung. Martin Bucer und der reformatorische Umbruch in der Reichsstadt Ulm 1531, in: Ulm und Oberschwaben 62 (2021), S. 59–78, hier S. 65–75.

aus drei Teilen bestehenden „Denkschrift“ über die christliche Lehre war wiederum in 18 Artikel untergliedert, die, wie Bucer selbst vermerkte, als zentrale Glaubenssätze den Geistlichen zur Stellungnahme vorgehalten werden sollten. Artikel 9 regelte den Umgang mit den Bildern: *Bilder und götzen in der kirchen haben erschrecklich ergernuß, unleuckbare abgötterey bracht und gefürdert, wie sy auch anders nit wol bringen und fürdern konden, wa sy zu vereerung, das gott so hell und theür verpotten* [...] *fürgestellet, darumb sollen sy in kirchen nit geduldet werden, und würt der gewisse abgöttery beschirmen, der die bilder in kirchen vertedigen wölte*[25].

Darüber hinaus forderte Bucer[26] in einem Nachtrag zu Art. 9 auch noch die Entfernung der *schilt und helm*[27] der Patrizier aus dem Münster. Denn niemand sollte sich darüber beklagen, dass nur der Heiligen Bildnisse aus den Kirchen geräumt werden und die nur zur Pracht und zum Ruhm in der Kirche hängenden Totenschilde und Wappen nicht.

Die Geistlichen, Ordensleute und der Landklerus mussten vom 5.–7. Juni 1531 auf dem Rathaussaal erscheinen, wo sie über ihre Einstellungen zu den „18 Artikeln“ verhört wurden. Das Ergebnis muss für die Theologen um Bucer allerdings ernüchternd gewesen sein: Von den 35 Stadtgeistlichen votierten nur fünf für die „18 Artikel“, andere fanden die Artikel zu lang oder zu scharf, wieder andere verstanden sie überhaupt nicht, und einige wollten bei der alten Lehre bleiben. Ein ähnliches Bild zeigte sich bei den Ordensleuten und den 67 Landgeistlichen. Größere Schwierigkeiten bereiteten der Dominikanerprior Ulrich Köllin und der Geislinger Pfarrer Dr. Georg Oßwald, der sogar eine Gegenschrift gegen die „18 Artikel“ formulierte[28]. Bucer setzte sich daraufhin am 27. Juni 1531 in einer öffentlichen Disputation mit Oßwald auseinander; dieser erschien zwar, ging aber nicht auf die Argumente Bucers ein und beharrte auf seinem Standpunkt.

Neben den Geistlichen mussten die drei Theologen v.a. aber auch die politisch Verantwortlichen von ihren Vorschlägen überzeugen. Die Religionsverordneten beratschlagten in Abwesenheit der Prädikanten über die „18 Artikel“, brachten ihre Bedenken zu Papier und machten hinsichtlich der Bilder folgende Vorschläge: Die Kirchenpfleger sollten eine Liste mit den Namen der Stifter:innen aller Altäre, Bilder und Tafeln erstellen und die Stifter:innen dann benachrichtigen, damit sie

---

[25] Robert Stupperich (Hg.), Martin Bucers Deutsche Schriften, Bd. 4: Zur auswärtigen Wirksamkeit 1528–1533, Gütersloh 1975, S. 377,13–18 (Entwurf zur Ulmer Kirchenordnung) und S. 303,1–6 (Gemein Ausschreiben).

[26] Zu Bucers Bilderverständnis vgl. Litz, Bilderfrage (wie Anm. 8), S. 32–39.

[27] Stadtarchiv Ulm, A [8983/I], fol. 213v; Julius Endriss, Das Ulmer Reformationsjahr 1531 in seinen entscheidenden Vorgängen, Ulm 1931, S. 52. Zu den Ulmer Totenschilden vgl. Albrecht Rieber, Totenschilde im Ulmer Münster, in: Hans Eugen Specker/Reinhard Wortmann (Hg.), Sechshundert Jahre Ulm Münster. Festschrift (Forschungen zur Geschichte der Stadt Ulm, Bd. 19), Ulm 1977, S. 330–376.

[28] Seinen Widerstand gegen Art. 9 begründete Oßwald damit, dass weder im Alten noch im Neuen Testament die Bilder verboten seien, *so man sie* [= die Bilder] *recht versteht*, d.h. solange man sie nicht verehrt; Endriss (wie Anm. 27), S. 34.

ihre Gegenstände *hinwegtun* konnten; auswärtige Stifter:innen sollten erst vom Rat angeschrieben werden. Die Bilder, die nicht von den Eigentümer:innen abgeholt werden, sollte der Rat in *ordentlicher und fügsamer Weise mit Zuschließung der Kirchen ab- oder hinwegtun und das alles in das Spital oder an einen andern bequemen Ort führen*[29] lassen. Die Forderung der Prädikanten, Schilde und Helme aus dem Münster zu entfernen, wurde ganz zurückgewiesen; die Gedächtnistafeln der Patrizier hielten die Religionsverordneten nicht für Götzen. Mit der Abschaffung von Messe und Bildern im Ulmer Territorium sollte man ebenfalls nichts überstürzen und auf eine passende Gelegenheit warten. Bucer und seine Kollegen beschwerten sich daraufhin beim Rat und drängten diesen zu einem konsequenteren und härteren Vorgehen, denn sonst könnte neue „Götzerei" mit den Bildern oder Tafeln entstehen.

Nun war es der Rat, der eine Entscheidung treffen musste, um mit der Umgestaltung des Kirchenwesens voranzuschreiten. Nachdem am 16. Juni 1531 der Befehl zur Abschaffung der Messe erfolgt war, behandelte man in der Ratssitzung vom 19. Juni 1531 erneut die Bilderfrage, offenbar auf Antrag der Besserer im Rat, da es zunächst um die *Beßerische bilder und tafflen in der pfarrkirchen ging*[30]. Der Rat entschied, dass alle wie die Familie Besserer verfahren sollten, nämlich nach der Anzeige der Gegenstände beim Rat sollten die Stifter einen Termin mit den Pflegern vereinbaren und ihre Bilder aus der Pfarrkirche nehmen. Dann sollten sich der „Murr" (Polizeidiener) und die „Ainunger" (Vertreter der unteren Polizeibehörde) an den Eingang des Münsters stellen und den Unbefugten unter Androhung von Strafen während der angeordneten Ausräumung den Zugang verwehren. Diese Maßnahmen des Rates sollten also jegliche Form von Aufruhr und Unruhe von vornherein unterbinden und lassen nicht, wie oft behauptet wird, auf tumultuarische Szenen zu Beginn des „Ulmer Bildersturms" schließen, die von der Obrigkeit in geordnete Bahnen gelenkt werden mussten.

Über die Dauer der Ausräumung im Münster gibt es unterschiedliche Angaben. Aber selbst, wenn die Handwerker sofort am 19. Juni angefangen hätten, wären sie mit dem Wegräumen der nicht von ihren Stiftern abgeholten Bilder vermutlich länger beschäftigt gewesen als drei bis vier Tage, von denen die Theologen sprachen. Denn was seit der Grundsteinlegung des Münsters von 1377 bis zur Reformationszeit an sakraler Kunst in die Pfarrkirche gestiftet worden war, konnte wohl kaum so schnell und dazu noch „ordentlich" weggeräumt werden. Manche Bildwerke, etwa der riesige Hochaltar, eine Stiftung des Rats und ein Gemeinschaftswerk von Jörg Syrlin d. Ä. und Michel Erhart[31], wurden dabei völlig

---

[29] Ebd., S. 58f.

[30] Stadtarchiv Ulm A 3530, Bd. 11, fol. 97r, Ratsprotokoll vom 19. Juni 1531.

[31] Vgl. Anja Schneckenburger-Broschek, Der Riss des Ulmer Hochaltarretabels. Zur Rekonstruktion und Ikonographie des Altars, in: Brigitte Reinhardt/Stefan Roller (Hg.), Michel Erhart & Jörg Syrlin d. Ä. Spätgotik in Ulm (Katalog zur Ausstellung des Ulmer Museums vom 8. Sept.–17. Nov. 2002), Stuttgart 2002, S. 76–85; Württembergisches Landesmuseum (Hg.), Meisterwerke – Massenhaft. Die Bildhauerwerkstatt des

zerstört. Heute noch sichtbares Zeichen der destruktiven Energie im Münster ist der Rest des steinernen, in die Ostwand des Südseitenschiffes eingetieften Hall-Karg-Retabels. Trotz der Verstümmelungen kann man noch heute die Reste der alten Bemalung, die Künstlerinschrift des Hans Multscher und die Datierung in das Jahr 1433 erkennen[32]. Andere Bildwerke wurden von den Stiftern oder den vom Rat beauftragten Handwerkern an einen Aufbewahrungsort verbracht und kamen zu einem späteren Zeitpunkt wieder ins Münster oder in eine andere Kirche oder gelangten an einen musealen Ort. So kehrte etwa der erst 1520/21 fertiggestellte Hutz-Altar von Martin Schaffner bereits Anfang des 17. Jahrhunderts wieder ins Münster zurück[33]. Heute steht er – etwas verloren wirkend – als Hochaltar im Chor des Münsters. Der Palmesel, den Hans Multscher 1464 fertiggestellt hatte, stand funktionslos bis 1817 in der Rothschen Kapelle im Münster, bevor er 1844 durch den Verein für Kunst und Altertum vor der Zerstörung gerettet wurde und später ins Ulmer Museum kam[34]. Ein Fallbeispiel dafür, dass ein Altar aus der Pfarrkirche nach Jahren der „Nichtnutzung" im Münster einer „Um- oder Weiternutzung" in einer Kirche des Ulmer Territoriums zugeführt wurde, ist der Georgsaltar in der evangelischen Pfarrkirche St. Laurentius in Scharenstetten. Wie das Dankesschreiben des Pfarrers und des Amtmannes berichtet, wurde der Georgsaltar 1760 den Scharenstettenern vom Münsterbaupflegamt geschenkt[35].

Weitere Gegenstände wie der Dreisitz oder das ebenfalls in den Werkstätten Syrlins und Erharts gefertigte Chorgestühl (1467–74) im Chor blieben unangetastet. Zu Kunstwerken, die nicht zerstört wurden, aber zu einem – nicht immer bekannten – Zeitpunkt das Münster verließen, gehören etwa das spätgotische Kruzifix aus dem Umkreis Michel Erharts, das ursprünglich im Triumphbogen des Münsters hing, heute allerdings die katholische Pfarrkirche St. Martin in Wiblingen schmückt. Daneben verblieben auch allerlei Kunstwerke, so etwa das 1471 vollendete Sakramentshaus, der Taufstein und das Weihwasserbecken (um 1507). Den Schmerzensmann von Hans Multscher hatte der Rat ausdrücklich von einer Zerstörung ausgenommen und bestimmt, dass er an seinem angestammten Platz am Westportal bleiben sollte. Des Weiteren wurden auch die Glasfenster und die reichlich im Münster vorhandenen Wandmalereien nicht angegriffen. Dass im Ulmer Münster viele Marienbildnisse vorhanden waren, ist nicht weiter verwunderlich, war doch die Pfarr-

---

Nikolaus Weckmann und die Malerei in Ulm um 1500, Stuttgart 1993, Kat.-Nr. 25 mit Abb. 469 und 479 (Riss des Hochaltar-Retabels).

[32] Vgl. Brigitte Reinhardt/Michael Roth (Hg.), Hans Multscher. Bildhauer der Spätgotik in Ulm (Katalog zur Ausstellung des Ulmer Museums und des Württembergischen Landesmuseums Stuttgart im Ulmer Museum 7. Sept. – 16. Nov. 1997), Ulm 1997, S. 306–311, Kat.-Nr. 17 (Abb.)

[33] Vgl. Manuel Teget-Welz, Martin Schaffner. Leben und Werk eines Ulmer Malers zwischen Spätmittelalter und Renaissance (Forschungen zur Geschichte der Stadt Ulm, Bd. 32), Ulm/Stuttgart 2008, S. 442–463, A-21 mit Abb. 55–58.

[34] Vgl. Multscher (wie Anm. 32), S. 390–395, Kat.-Nr. 48 (Abb.).

[35] Vgl. Litz, Bilderfrage (wie Anm. 8), S. 118 mit Anm. 91–93.

kirche der Muttergottes geweiht; erstaunlich ist aber die Tatsache, dass sich trotz der Bilderentfernung im Sommer 1531 so viele mittelalterliche Beispiele erhalten haben.

Nach der Beseitigung des „Götzenwerks“ im Münster befasste sich der Rat in seiner Sitzung vom 23. Juni 1531 erneut mit den Bildern und verfügte, auch die Bildwerke in den anderen Ulmer Kirchen zu entfernen. Blarer blieb noch zur weiteren Unterstützung von Sam in Ulm. Und auch da zeigt sich im Befund, dass aus diesen Kirchen und den zahlreichen Kapellen in der Stadt einige sakrale Kunstwerke aus vorreformatorischer Zeit erhalten sind.

Bereits in den Beratungen des Rates mit den auswärtigen Theologen im Sommer 1531 war die Abschaffung der Messe und Bilder in den drei Landstädten und ca. 80 dörflichen Siedlungen, die zum reichsstädtischen Territorium gehörten, angesprochen worden. Der Umsetzung dieser Aufgabe widmeten sich der Rat und die dazu verordneten Ratsherren des Pfarrkirchenbaupflegamtes dann nach Beendigung der Maßnahmen in der Stadt. Wie mühsam sich diese Aufgabe für die Ulmer Verantwortlichen gestaltete, kann man in den Visitationsprotokollen und Synodalberichten bis in die zweite Hälfte des 16. Jahrhunderts verfolgen. Dort finden sich auch genügend Beispiele, die deutlich machen, dass die Abschaffung der „Götzen“ einen erheblich längeren Zeitraum beanspruchte und keineswegs ganz unproblematisch von statten ging. In den Akten einer im Frühjahr 1532 abgehaltenen Synode taucht dann verstärkt die Bilderproblematik auf. Im April 1532 folgte ein schriftlicher Befehl für die Herrschaft, Abgötterei und andere Laster betreffend: *die Götzen* sollte man *wegthun, es soll aber still und bescheidenlich geschehen*[36], d.h. unnötiges Aufsehen sollte vermieden sowie Rücksicht auf die Rechtsverhältnisse, Adelige und Gäste genommen werden. Die Akzeptanz in den Gemeinden, die in den kommenden Jahren dem Befehl des Rates zur Bilderbeseitigung nachkamen, stieg zwar bei den weiteren Visitationen 1539, 1543, 1557 und 1567 an, aber es gab auch immer noch erheblichen Widerstand oder unerwünschte Entwicklungen. Immer wieder wird berichtet, dass die Menschen zu Messe und Bildern in altgläubige Dörfer und Orte liefen[37], und auch bei der Einführung des Interims zeigten sich sichtbar viele Anhänger der traditionellen Bilderverehrung.

4. Rezeption

Nach dem bisher Geschilderten können wir insgesamt von einer gut organisierten, ohne nennenswerte Zwischenfälle verlaufenden, konsequent von der Obrigkeit kontrollierten Bilderentfernung in mehreren Phasen ausgehen, bei der der

[36] Keidel, Ulmische Reformationsakten (wie Anm. 23), S. 327, Nr. 148.

[37] Zum Phänomen des „Auslaufens“ vgl. Gudrun Litz, Altgläubiges Leben in Ulm 1531–1548, in: Dies./Susanne Schenk/Volker Leppin (Hg.), Vielstimmige Reformation in den Jahren 1530–1548 (Forschungen zur Geschichte der Stadt Ulm. Reihe Dokumentation, Bd. 16), S. 131–149, Ulm/Stuttgart 2018, S. 131–149.

Ratsbeschluss, die religiösen Bilder „abzutun", im Stadt- und Landgebiet umsetzt wurde.

Dass sich die Schilderung bei Nicolaus Thoman (um 1457–1545) nur fünf Jahre später schon etwas dramatischer anhört, verwundert nicht: Der Kaplan an St. Leonhard und aus eigenem Erleben schreibende Chronist im etwa 20 km südöstlich von Ulm entfernten Weißenhorn war ein überzeugter Anhänger des alten Glaubens und Gegner der Reformation. Thoman komprimiert die „Erstürmung des Münsters" auf einen Tag (20. Juni 1531), bei der komplett alle Bilder und Gemälde zerstört worden seien: *In summa wan der türck da gewesen were, hette er nit gröber mit uncristenlichen wortten und wercken, auch gespött mügen handlen.* Neu hinzu kommt die – allerdings schon in den theologischen Abhandlungen der Reformatoren über die Bilderproblematik (Luther, Karlstadt, Zwingli etc.) zu findende – Anklage, dass man das zerschlagene Holz den Armen zum Brennholz gegeben habe: *Die tafflen und bilder zerscheitet armen leuten geben, verprennt, Gott erbarmß! Und dise wollen frum ewangelische leut genannt werden*[38]*!* Dieser Aspekt wird in fast allen Darstellungen als Stereotyp – sei es bei den Bildergegnern oder den Bilderbefürwortern – tradiert; inwieweit es tatsächlich zutraf, muss offenbleiben.

Nicht viel dramatischer als die Ratsprotokolle und Aktenberichte hören sich hingegen die ersten Ulmer Chronisten um 1550 an, die die Vorgänge im Münster vermutlich noch selbst miterlebt haben dürften. Der Ringmacher Christian Löschenbrand, Bruder des letzten vorreformatorischen Münsterpfarrers Sebastian Löschenbrand, bemerkt äußerst knapp, dass am 20. Juni 1531 *alle althar und waß für Götzen in der Kirchen abgebrochen* wurden, danach in allen anderen Kirchen der Stadt und im Landgebiet. Fast wichtiger scheint ihm die Erwähnung zu sein, dass dies alles unter dem Patrizier Georg Besserer geschah, der 1531 zum ersten Mal als regierender Bürgermeister fungierte[39]. Der reformationsgesinnte Schuhmachermeister Sebastian Fischer fügt seiner Erzählung, dass alle Bilder und Altäre

[38] Stadtarchiv Ulm G 1 Nr. 004, Weissenhornische Chronic, zueszammengetragen von R. D. Nicolao Thomanno, capellan zu sanct Leonhart allda, 1536, S. 431 f. Vgl. auch die Edition der Chronik in Ludwig Baumann (Hg.), Quellen zur Geschichte des Bauernkrieges in Oberschwaben (Bibliothek des Litterarischen Vereins in Stuttgart, Bd. 129), Tübingen 1876, S. 1–240, hier S. 177 und zum Verfasser S. 232–235.

[39] Stadtarchiv Ulm G 1 Chroniken Nr. 012, Christian Löschenbrand, Verzeuchnuß viler dünkhwurdiger historiens, welche sich inner- vnd außerhalb der stadt Vlm vor vilen jarhen zugetragen haben, um 1550(?), fol. 18v: *Anno 1531. Hat man zu Ulm die meß ab, auch hat man in der Pfarkirchen dz Scramentheußlin ausgeraumbt am grünen Donnerstag.* [...] *Und in disem jar den 20. Tag Juni wurden hie zu Ulm in der Pfarrkirchen alle althar und waß für Götzen in der kirchen weren abgebrochen und sonst in allen kirchen auch uff dem land. Und geschah alles under Jerg Beserer, der war dz 1 jar burgermeister und den 16. Tag Juli warden nachtmal zum ersten gehalten.* So auch – meist wortwörtlich – Stadtarchiv Ulm G 1 Chroniken Nr. 213, Johann Wilhelm Diez, Ulmische Händel. Kleine Chronik der Stadt Ulm von den ältesten Zeiten bis 1649, S. 12 f.

vernichtet worden seien, aber immerhin den Tatbestand hinzu, dass die Stifter ihre Bildwerke *haimfieren* oder *haim tragen* und *behalten durften*[40].

In weiteren Chroniken des 16. Jahrhunderts und des beginnenden 17. Jahrhunderts werden die geschilderten Ausführungen wiederholt[41] oder auch die Bilderfrage gar nicht eigens thematisiert[42], wie etwa bei dem in den 1530er Jahre in Ulm lebenden Spiritualisten Sebastian Franck (1499–1542)[43].

In der zweiten Hälfte des 16. Jahrhunderts wandelte sich mit dem Übergang zum Luthertum, unermüdlich vorangetrieben durch den aus Straßburg nach Ulm berufenen Prediger und streitbaren Superintendenten Ludwig Rabus[44], erneut die Einstellung zur religiösen Kunst[45]. Der Rat erlaubte wieder Stiftungen im Sinne der

---

[40] Karl Gustav Veesenmeyer (Hg.), Sebastian Fichers Chronik besonders von Ulmischen Sachen, in: Ulm und Oberschwaben. Mitteilungen 5–8 (1896), Bl. 47v: *uff den 19 tag brauchmonat ist guttemtag gwesen, da schlug man darnyde alle getzen, und altar in* [Bl. 48r] *der pfarrkirchen, wer ain altar oder haylgen in der kirchen hett, den ließ man es haimfieren aber wa haylgen oder altar waren des sych niemants annam des zerscheytet man und gab mans armen leyten zu ainem brennholtz das that man hernach auch in allen kirchen das geschach im 1531 jar*; [Bl. 114v]: [...] *Nun will ich beschreyben die kirchen die man hie zu ulm hat abgebrochen. Als man zalt 1531 jar an ainem guttemtag ist der 19 tag brachmonat gwesen warden hinweg gethon die alter und die haylgen in der pfarrkirchen und wer bilder oder alter haut (so) ghebt hat der hats wol migen haim tragen oder behalten deßgleichen in allen kirchen, was aber da ist bliben, das hat ain ersamer radt allen so lassen zerschlahen und armen leytten zum brenholtz geben.* So auch – meist wortwörtlich – Stadtarchiv Ulm, G 1 Chroniken Nr. 155, S. 12; Nr. 222, fol. 86r (mit Quellenangabe: *auß einem geschribnen büchlin*); Nr. 223, S. 40.

[41] Z.B. Stadtarchiv Ulm G 1 Chroniken Nr. 030, Bartholomäus Gundelfinger (1554–1624, Kaufmann), Volgt hernach die Vlmische cronica anno 1597, fol. 28r: *Alhie will ich anzaigen, was man für Kürchen in der Statt Ulm hatt abgebrochen. Anno 1531 an Sannct Johannes abendt* [falsch!] *im summer hatt man die Pfarrkürchen alhie zue Ulm ausgeraumpt mit den Bildern und Verbilder und Altär gehpt hatt denen hatt man zugeben, das sie es haimtragen oder solche sachen behalten mögen. Dises gleychen in allen kürchen waß aber weytter da ist bliben, dz hatt ein Ehrsamer Rath alles zerschlagen lassen und armen leuthen zum brenholz gebn.*

[42] So z. B. Stadtarchiv Ulm G 1 Chroniken Nr. 006 Chronikalische Berichte zum Schmalkaldischen Krieg und der Verfassungsänderung in Ulm, 1543–1553; G 1 Chroniken Nr. 007 Bericht über Schmalkaldischen Krieg 1546–1552, undatiert; G 1 Chroniken Nr. 008 Notamina, Hand 17./18. Jh.

[43] Sebastian Franck, Germaniae Chronicon, von des gantze[n] Teutschlands aller Teutschen völcker herkommen, Namen, Händeln, Guten vnd bösen Thaten [...] Völcker vn[d] sitten [...] Von Noe biß auff Carolum V., Augsburg: Alexander Weyssenhorn und Henrichen Stainer 1538.

[44] Zu Ludwig Rabus vgl. Bernhard Appenzeller, Die Münsterprediger bis zum Übergang Ulms an Württemberg 1810 (Veröffentlichungen der Stadtbibliothek Ulm, Bd. 13), Weißenhorn 1990, S. 49–62, Nr. 46; Stephanie Armer, Friedenswahrung, Krisenmanagment und Konfessionalisierung. Religion und Politik im Spannungsfeld von Rat, Geistlichen und Gemeinde in der Reichsstadt Ulm 1554–1629 (Forschungen zur Geschichte der Stadt Ulm, Bd. 35), Ulm/Stuttgart 2015, S. 95–101.

[45] Vgl. dazu allgemein Martin Warnke, Ansichten über Bilderstürmer: Zur Wertbestimmung des Bildersturms in der Neuzeit, in: Scribner/Warnke (wie Anm. 7), S. 299–325. Warnke geht bei der Umbewertung des Bildersturms davon aus, dass „nach den nieder-

neuen Lehre und förderte nun u.a. Darstellungen der Werke der Barmherzigkeit oder Kunstwerke mit biblischen Motiven, z.B. Passionsdarstellungen. Als Beispiel dieser protestantischen Kirchenausstattung sei nur die Ulmer Almosentafel erwähnt, die der Maler Georg Riederer d.Ä. 1562 anfertigte[46]. Die Betrachter:innen der Almosentafel werden zum Spenden aufgefordert, und wie knapp 50 Jahre zuvor auf dem Hutz-Retabel wurden der Künstler und der Stifter, der Ratsherr Eitel Eberhard Besserer (1501–1575), porträtiert. Gegen Ende des 16. Jahrhunderts ließ der Rat sogar den Hutz-Altar auf seine Kosten vom Stadtmaler Philip Renlin gegen den Antrag des damals rechtmäßigen Besitzers und Erben Eitel Hans Laupin zu Herrenberg erneuern und wieder ins Münster bringen.

Wie sehr sich auch auf theologischer Seite die Einstellung zu den Bildern geändert hatte, zeigen auch die Stellungnahmen des 1614 von der Universität Gießen in die Donaustadt gewechselten Lutheraners Konrad Dietrich[47], die vor allem im Kontext des Erinnerns an den Tag der Grundsteinlegung des Münsters, dem 30. Juni 1377, und der hundertjährigen Wiederkehr der Publikation von Luthers „95 Thesen" 1517 stehen. Zunächst ist bemerkenswert, dass sich Dieterich in seinem „Katechismus" ganz der lutherischen Bildtheologie anschließt[48], für die das Bilderverbot zum ersten der zehn Gebote gehört, das verbietet, neben Gott noch andere Götter zu verehren. Zu denen zählte man auch solche religiösen Schnitzwerke und Bilder, die verehrt wurden. Laut Dieterich sind aber nicht alle Statuen und Bildwerke zu verwerfen: Werden sie recht eingesetzt 1. zur Erinnerung, 2. zur Erbauung, 3. *auch, daß man die Historien fassen, und 4. im Gedächtnuß behalten möge, so dann auch 5. zur* [reinen] *Zierde*, dann kann man sie dulden[49]. Dabei sind in seinen Äußerungen zwei Argumentationsstränge zu erkennen, die sich vermeintlich gegenüberstehen:

1. Die Spannung zwischen Bejahung der Bildentfernungen und Bedauern über die Bilderstürmerei. In seiner am 30. Juni 1615 gehaltenen „Ulmischen Münsterpredigt, darin von Ursprung und Kirchengebew" spricht er einerseits vom Glanz

ländischen Bilderstürmen eine Wertumkehrung, eine Negativierung des Bildersturmes einsetzt, so daß dieser jetzt als ein pejoratives Zeichen oder als ein Attribut eingesetzt wird, das seine Bezugsperson stigmatisiert"; ebd., S. 301.

[46] Vgl. Wolfgang Schürle, Betteln verboten? Über Strukturwandel und Organisation der offenen Armenhilfe in Ulm, Konstanz und Württemberg im 15. und 16. Jahrhundert, in: Ulm und Oberschwaben 60 (2017), S. 159–248, hier S. 191–202 mit Abb. 13.

[47] Zu Konrad Dieterich vgl. Appenzeller (wie Anm. 44), S. 107–177, Nr. 76; Armer (wie Anm. 44), S. 104–108 u.ö.

[48] Vgl. Thomas Kaufmann, Die Bilderfrage im frühneuzeitlichen Luthertum, in: Peter Blickle u.a. (wie Anm. 3), S. 407–454; zur kunst- und kulturwissenschaftlichen Perspektive auf die neuen Bild- und Altarstiftungen im Luthertum sei exemplarisch auf die Studie von Thomas Packeiser, „Reformation beobachten". Ikonologische Probleme protestantischer Bildkultur zwischen Reformation und Konfessionalisierung, Diss. Humboldt-Universität Berlin 2018, hingewiesen (Lit.).

[49] Konrad Dieterich, Kurtzer Auszug der Catechismus Unterweisung, so der ehrnwürdige und hochgelahrte Herr Conradus Dieterich [...] publiciret [...], Gießen: Hampel 1619, S. 4–8, hier S. 7f. (benutztes Exemplar: Stadtbibliothek Ulm, Smr 516; VD17 32:665669B).

und der Schönheit des Kirchengebäudes, dessen *Inneres mit schönen gehauwenen Bildern von Alters gezieret*, findet es andererseits aber *sonderlich*, dass *da unsere liebe Vorfahren hie in dieser Kirchen mit der Papistischen Finsternuß unnd Grewel umgeben* waren, von der die Ulmer aber glücklicherweise durch die Gnade Gottes befreit – Dieterich spricht von *erledigt* – worden seien[50].

In seiner „Jubelpredigt" im Münster 1617 bezeichnet er die Abschaffung der abergläubischen päpstlichen Missbräuche durch die Reformation sogar als ein *nützliches* Werk, bewertet die Bilderbeseitigung also völlig positiv, wiederholt aber erneut sein Unverständnis über *die vnzeitige Bilderstürmerey* die / *die Altär zerstöret / die Bilder gestürmet / die Orgeln abgethan / unnd alle Zier der Kirchen hiedurch vertilget* und *dem schönen Edlen herzlichen Münster Gebew* einen solchen *Schandfleck angekleckert* habe, *welcher in Ewigheit darvon nicht wird können außgewischt werden*[51]. Diese Argumentation Dieterichs mit dem „Schandfleck" (Abb. 1) wird für die nächsten 250 Jahre fast in allen Schilderungen weitergetragen werden![52]

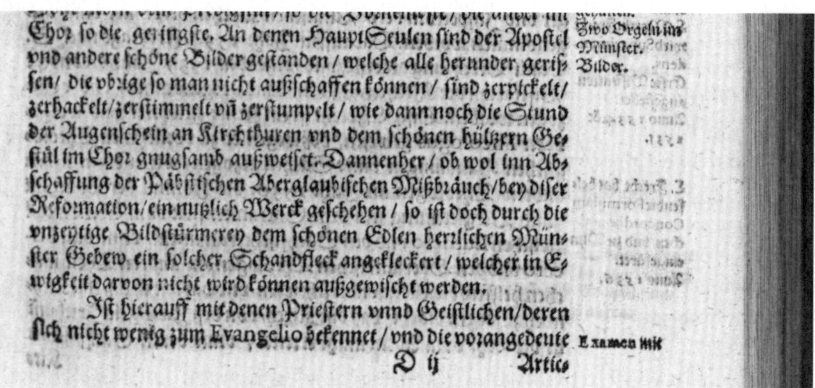

Chor so die geringste. An denen HauptSeulen sind der Apostel vnd andere schöne Bilder gestanden / welche alle herunder gerissen / die vbrige so man nicht außschaffen können / sind zerpickelt / zerhackelt / zerstimmelt vnd zerstumpelt / wie dann noch die Stund der Augenschein an Kirchthuren vnd dem schönen hülzern Gestül im Chor gnugsamb außweiset. Dannenher / ob wol inn Abschaffung der Päbstischen Aberglaubischen Mißbräuch / bey diser Reformation / ein nutzlich Werck geschehen / so ist doch durch die vnzeytige Bildstürmerey dem schönen Edlen herzlichen Münster Gebew ein solcher Schandfleck angekleckert / welcher in Ewigkeit darvon nicht wird können außgewischt werden.

Ist hierauff mit denen Priestern vnnd Geistlichen / deren sich nicht wenig zum Evangelio bekennet / vnd die vorangedeute

D ij Artic-

Zwo Orgeln im Münster.

Bilder.

Examen mit

Abb. 1: Konrad Dieterichs Äußerungen zur „Bilderstürmerei" in seiner Jubelpredigt zum Reformationsjubiläum 1617. (Stadtbibliothek Ulm, 705)

---

[50] Konrad DIETERICH, Ulmische Münsterpredigte, darin von Ursprung der Tempel und Kirchengebeuw [...] sonderlich aber die erste Erbauwung, Form, Gestald und Gebrauch deß herrlichen wohlbenambten und weitberühmbten Münsters [...] Gehalten daselbst zu Ulm im Münster am 30. Juni 1615, Ulm: Johann Meders Witwe 1623, Bl. C3a (benutztes Exemplar: Stadtbibliothek Ulm, 30283).

[51] Konrad DIETERICH, Zwo Ulmische Jubel und Danckpredigten bey dem auff Christliche Anordnu[n]g eines Ehrsamen Raths den 2. Novemb. 1617. Jahrs hochfeyrlich begangenem Evangelischen Jubelfest/ daselbsten im Münster gehalten [...] Die Ander den 6. Novemb. Von der Frag/ Ob die Evangelische Lutherische Lehr ein Newe nuhr hundertjärige Lehr seye?, Ulm: Johann Meder 1618, S. 19 (benutztes Exemplar: Stadtbibliothek Ulm, 705; VD17 1:075013F).

[52] So auch Stadtarchiv Ulm G 1 Chroniken Nr. 010, fol. 3v (spätes 17. oder 18. Jh.); Nr. 167, S. 42; Nr. 190, S. 361.

2. Die zweite Spannung liegt bei Dieterich in der zwischen Karlstadt'scher und zwinglischer Herleitung.

In seiner Münsterpredigt von 1615 weist Dieterich die einstigen Zerstörungen in Ulm den Karlstadt-Anhängern zu. Man kann sagen, dass er den Wittenberger Konflikt zwischen Luther und Karlstadt, der in Wittenberg im Winter 1521/22 begann und Anfang Februar 1522 in einem Bildersturm in der dortigen Pfarrkirche eskalierte und Luther zur Rückkehr von der Wartburg veranlasste[53], nach Ulm transferierte, obwohl in der Donaustadt so früh gar nichts passierte, sondern erst gut zehn Jahre später. Wörtlich heißt es bei Dieterich: *Stehen auff sechs unnd dreyssig starcken wolgezierten Quadersteinen Seulen je neun in der Länge und vier in der Breitte gegeneinander gesetzt. Deren innere mit schönen gehauwenen Bildern vor Alters gezieret, so aber nachgehendts von den Carolstadischen Sturmgeistern zerstöhret.* [...] *Sechs Thoren hat es dadurch man auß und eingehet, welche von aussen mit stadtlichen Steinernen Bildwerck und Pfosten gezieret, uber welchem aber, wie in gleichem andern mehr, besagte Carlstadische Stürmer mit ihren Bickelhauben gewessen, sie jämmerlich zerstückelt unnd zerstümmelt*[54].

Daneben hat Dieterich auch maßgeblich die Eingabe von acht Ulmer Geistlichen vom 4. November 1617 formuliert, die sich für ein vermehrtes Glockenläuten an Sonn- und Feiertagen einsetzen, das angeblich neben der *unzeitigen Bilderstürmerey des Münsters* bei Einführung der Reformation ebenfalls *vff zwinglische manier abgeschaffet*[55] worden sei. Es ist erstaunlich, dass Dieterich bei seiner Begründung, wer für die Bilderstürmerei in Ulm eigentlich verantwortlich ist, gar nicht auf Martin Bucer verweist, der ja 1531 in Ulm war, die Bilderproblematik theologisch argumentativ begleitet hat und dabei sogar noch radikaler als Zwingli dachte. Aus seinem lutherischen Blickwinkel jedoch sieht Dieterich die Verantwortlichen vermutlich bei den Hauptgegnern Luthers, Karlstadt und Zwingli[56].

Die folgenden Chroniken und Berichte zur Bilderfrage tradieren die bislang erwähnten Argumentationslinien unter gelegentlichem Hinzufügen oder Weglassen von Details weiter. Markus Wollaib, Pfarrer von Urspring, zieht in seinem „Para-

---

[53] Und Luther in den „Invocavitpredigten" zur Stellungnahme in der Bilderfrage bewog. Vgl. Norbert Schnitzler, Wittenberg 1522 – Reformation am Scheideweg in: Dupeux/Jezler/Wirth (wie Anm. 3), S. 68–74; Natalie Krentz, Ritualwandel und Deutungshoheit. Die frühe Reformation in der Residenzstadt Wittenberg (1500–1533) (Spätmittelalter, Humanismus, Reformation, Bd. 74), Tübingen 2014, hier S. 141–242; Ulrich Bubenheimer, Wittenberg 1517–1522. Diskussions-, Aktionsgemeinschaft und Stadtreformation (Spätmittelalter, Humanismus, Reformation, Bd. 134), Tübingen 2023.

[54] Dieterich, Ulmische Münsterpredigte (wie Anm. 50), Bl. C2b; Ders., Jubel und Danckpredigten (wie Anm. 51), S. 19: *An denen HauptSeulen sind der Apostel und andere schöne Bilder gestanden / welche alle herunder gerissen / die ubrige so man nicht außschaffen können / sind zerpickelt / zerhackelt / zerstimmelt und zerstumpelt / wie dann noch die Stund der Augenschein an Kirchthuren und dem schönen hültzern Gestühl im Chor gnugsamb außweiset* („Jubelpredigt" 1617).

[55] Stadtarchiv Ulm A [5464].

[56] Vgl. dazu Kaufmann (wie Anm. 48), S. 424–448.

dysus Ulmensis“ von 1714 folgenden Vergleich: Wie Christus im Neuen Testament die gotteslästerlichen Gesetze und Sitten, die die Juden errichtet hatten, hinweggefegt hat, so sei es den Altären, die das römische Papsttum errichtet hatte, in der Reformationszeit ergangen[57]. Zum zweiten großen Reformationsjubiläum 1717 wiederholt Münsterprediger Johann Caspar Funck in seiner „Reformations-Historie“ fast wortwörtlich Dieterichs Argumentation zu den Vorgängen um die Bilder 1531[58]. Es fehlen bei Funck lediglich die Hinweise auf Karlstadt und Zwingli. Der Professor für Geschichte am Ulmer Gymnasium und Stadtbibliothekar David Stölzlin referiert in seiner „Historia patriae“, einer 1717/18 gehaltenen Geschichtsvorlesung[59], Funcks und damit indirekt Dieterichs Ausführungen. Funcks Kollege im Münster, Elias Frick, seit 1712 Münsterprediger und später gleichzeitig Professor für Katechese am Ulmer Gymnasium, fügt in seiner Beschreibung „Templum Parochiale Ulmensium“ von 1718 noch die – bis heute unter den Gästeführern beliebte – Ausschmückung hinzu, dass bei der Entfernung der beiden Orgeln Stricke und Ketten darum gebunden worden seien, *spannte sodann Pferde an diese, und riß vermittelst derselben mit größter Gewalt alles herunter; alle Heiligenbilder an Säulen und Wänden, dem Kanzeldeckel und der Kanzel selbst, um den Tauffstein, und zwey vom Sakramentshäuslein, und die obersten im Chor wurden ebenfalls von hinen hinweg und zur Kirche hinaus geschafft*[60]. Frick gebührt das Verdienst, dass er erstmals im Zusammenhang der Bildentfernungen das Wirken von Bucer, Oekolampad und Blarer in Ulm erwähnt, die er als *schweizerische Lehrer* bezeichnet.

Am Ende des 18. Jahrhunderts ist bei dem Professor am Gymnasium und Stadtbibliothekar Georg Veesenmeyer in seinen reformationsgeschichtlichen Studien wieder ganz deutlich das Unbehagen an der vom *zwinglischen Geist* getriebenen

[57] Stadtarchiv Ulm G 1 Chroniken Nr. 105 Markus Wollaib, Paradysus Ulmensis, S. 103: *Den Altären ist es in der Reformationszeit ergangen wie in Geschichten der Apostel Ca. 6 v. 14 geschrieben stehte: welches die Juden für eine Lästerung gehalten, die Stephanus wider die heilig stette und das Gesetz solle geredet haben, daß Jesus von Nazareth werde diese stette zerstören (die altär) und ändern die sitten, die uns Moses (der römisch pabst) gegeben hat.*

[58] Johann Caspar Funck, Kurtz-gefaßte Reformations-Historie, Ulm: Wagner 1717 (benutztes Exemplar: Stadtbibliothek Ulm, 17627), S. 684: Funck beruft sich auf Dieterichs Jubel-Predigt von 1617. Zu Funck vgl. Appenzeller (wie Anm. 44), S. 340–344, Nr. 106.

[59] Stadtarchiv Ulm G 1 Nr. 009: David Stölzlin, Historia patriae. Diese Vorlesung ist in zahlreichen Exemplaren überliefert, dabei dürfte es sich zumeist um Mitschriften von Stölzlins Schülern handeln. Zu ihrer Bedeutung für die Ulmer Historiographie vgl. Volker Pfeifer, Die Geschichtsschreibung der Reichsstadt Ulm von der Reformation bis zum Untergang des Alten Reichs (Forschungen zur Geschichte der Stadt Ulm, Bd. 17), Stuttgart 1981, S. 88–92.

[60] Elias Frick, Templum Parochiale Ulmensium oder eigentliche Beschreibung von Anfang, Fortgang, Vollendung und Beschaffenheit deß herrlichen Münster-Gebäudes zu Ulm; mit eingeruckter Nachricht, was sich besonders merckwürdiges dabey ereignet; auß sicheren Urkunden zusammen getragen und außgefertiget, Ulm: Schuhmacher 1718, S. 84 (benutztes Exemplar: Stadtbibliothek Ulm, 25735). Zu Frick vgl. Appenzeller (wie Anm. 44), S. 333–340, Nr. 105.

Aktionen zu spüren: *Die Messe ist also in der Stadt auf immer abgeschafft, die Bilder und Altäre werden innerhalb drey Tagen in der Pfarrkiche zerstört* [...] *Das bedauerlichste bey diser Handlung ist, daß unsere Kirchen, besonders das Münster, durch den mit einigem Ungestümme vorgenommenen Bildersturm, mancher Zierde beraubt wurde. Mehrere aus der Bürgerschaft waren auch nicht damit zufrieden, ob man sie gleich im 9 Artikel des Reformationsausschreibens zu belehren gesucht hatte, daß man gute Gründe und Absichten dabey gehabt habe. Denn man war zu sehr an der Pracht der Kirche und bey dem Gottesdienste gewöhnt, als daß man das Vorurtheil so leichte besiegen könnte*[61].

In seinen drei Predigten zum Reformationsjubiläum 1817 widmet sich Prälat Christoph von Schmid mehr den Leistungen Luthers im Allgemeinen für die Reformation und geht kaum mehr auf die Ulmer Vorgänge ein, die Verehrung der Bilder wird nur noch als ein Beispiel für den vorreformatorischen Aberglauben erwähnt[62]. Und im zweiten Band seiner „Denkwürdigkeiten der wirtembergischen und schwäbischen Reformationsgeschichte", die die Ulmer Reformationsgeschichte enthält und ebenfalls zum Jubelfeste 1817 erschien, schreibt er, dass die Ulmer 1531 mutig *zur Ausführung des Werks* gingen [...] *nach den milden* [Sic!] *Ansichten Blaarers, Butzers und Oekolampads* [...] *und nach den behutsamen politischen Grundsätzen Besserers* [...] *die Bilder hinweggeschafft, Kapellen abgebrochen oder verkauft, die Orgel abgetragen, und alles hinweggeräumt, was besonders nach der Meinung der helvetischen und oberländischen Theologien abgöttisch war oder zur Abgötterei Anlaß geben konnte. Wenn gleich hier und da etwas, das nicht leicht wegzunehmen war, mit Gewalt zerstört wurde, so ist doch der Name Bilderstürmer, welchen sich diese Männer nicht nur von den Katholiken, sondern auch von den augsburgischen Confessionsverwandten zuzogen, zu hart* [Sic!][63].

---

[61] [Georg Vessenmeyer], Reformationsgeschichte in Ulm, in: Johann Herkules Haid, Ulm mit seinem Gebiete, Ulm: Christian Ulrich Wagner 1786 (ND Ulm 1984), S. 157–201, hier S. 181–186. Veesenmeyer beruft sich dabei auf ein Schreiben Oekolampads an Zwingli vom 22. Juli 1531 und auf Funcks Reformations-Historie, S. 709–711, die belegen, dass Bucer, Blarer und Oekolampad die Reformation *ganz nach Zwingels Sinn* ausgeführt hätten. Das handschriftliche Konzept dazu befindet sich in Stadtarchiv Ulm H Veesenmeyer, Georg Nr. 18 (Kurzer Entwurf der Ulmischen Reformationsgeschichte, 1785). Vgl. auch ebd., H Veesenmeyer, Georg Nr. 15 (Kurze Geschichte von Ulm, 1802), Nr. 19 (Collectanea ad Annales Historiae Reformationis Ulmensis, 1782) sowie Nr. 21 (Studien und Auszüge zur Reformationsgeschichte).

[62] Johann Christoph von Schmid, Dritte Jubelfeyer der Reformation in Ulm begangen 1817, Ulm: Wohler 1817 (benutztes Exemplar: Stadtbibliothek Ulm, AV 837). Zu Schmid vgl. Appenzeller (wie Anm. 44), S. 422–428, Nr. 136.

[63] Johann Christoph von Schmid, Denkwürdigkeiten der wirtembergischen und schwäbischen Reformationsgeschichte, 2 Bde., Tübingen: Heinrich Laupp 1817 (benutztes Exemplar: Stadtbibliothek Ulm, 19589,1–2). Im ersten Band erwähnt Schmid lediglich den Uracher Götzentag und im Abschnitt über Ambrosius Blarer die Bilderfrage; der zweite Band ist der Ulmer Reformationsgeschichte gewidmet, bei der er sich auf Dieterich, Frick, Funck und Georg Veesenmeyer beruft.

5. Fazit

Zusammenfassend lässt sich im Rückblick auf die Äußerungen und Rezeption der reformatorischen Bilderfrage bei den Ulmer Autoren in der Frühen Neuzeit Folgendes beobachten: Auffallend ist an den protestantischen Darstellungen der Lokalgeschichte Ulms zwischen 1550 und 1817 eine gewisse Ambiguität gegenüber den Bildentfernungen und -zerstörungen von 1531. Einerseits sieht man darin eine Überwindung des „papistischen Aberglaubens" und seiner an äußerer Kirchenpracht hängenden Devotion. Andererseits bedauert man den Verlust an Schönheit des Münsterinnern, der den Anhängern Karlstadts oder Zwinglis zuzuschreiben sei. Meist wird dabei auch nur noch pauschal von der „Bilderstürmerei" oder den „Bilderstürmern" gesprochen, die einzelnen Ereignisse nicht näher betrachtet. Wie die erwähnten Beispiele aber deutlich gemacht haben, waren oft auch Frauen und Jugendliche an den Aktionen beteiligt.

Auffallend ist darüber hinaus, dass auch noch die erste wissenschaftliche Darstellung der Ulmer Reformationsgeschichte aus der Feder Theodor Keims von 1851 der konfessionellen Tendenz zu einer apologetisch-verständnisvollen Darstellung der bilderfeindlichen Aktionen als Befreiung vom altgläubigen Bilderkult verpflichtet bleibt[64].

Bis in die neueste Geschichtsschreibung hinein ist eine Tendenz zu beobachten, die von Apologetik, Verharmlosung oder Marginalisierung der eliminierenden Feindseligkeit gegen Bilder im Zuge der Reformation bestimmt ist[65].

---

[64] Theodor KEIM, Reformation der Reichsstadt Ulm, Stuttgart 1851, S. 231 und S. 246f. Keim beruft sich ebenfalls auf Konrad Dieterich, denn beim „Schandfleck [...] bewährte sich hier der gutzwinglische Geist der Bevölkerung unzweideutig, und der Rath selber, der so vorsichtig in seinem diplomatischen Verkehr auf Reichstagen und evangelischen Bundestagen den Verdacht des Zwinglianismus von sich abzulenken suchte, war nicht gemeint, diesem Eifer zu steuern, er gönnte der Bürgerschaft die Gelegenheit, dem lange angesammelten Haß gegen den katholischen Kultus vollen Ausdruck zu leihen. Recht nüchtern zwinglisch war nun der evangelische Kultus, der an die Stelle des Meß- und Ceremoniendienstes war. [...] Der Handwerksleute, die der Rath zu diesem Zwecke aufbot, bedurfte es freilich nicht; so hitzig ging die Bürgerschaft von freien Stücken ans Werk, und bewies damit ihr volles Einverständnis mit der Reformation, auch ohne ausdrücklich darüber befragt zu seyn. Alle die Meßaltäre, gegen sechzig an der Zahl, wurden abgebrochen [...], damit sie nicht den Platz versperren. [...] Wie billig machte dieser Bildersturm unter Katholiken und Lutheranern schlimmen Eindruck; die Katholiken Ulms sahen in einem Hagelwetter, das am 24. Juli die Kirchenfenster im Münster zerschlug, den deutlichen Beweis des göttlichen Zorns."

[65] So etwa Herbert WIEGANDT, Ulm. Geschichte einer Stadt, Weißenhorn 1977, S. 106f.: Bei den Ereignissen um die Bilder 1531 habe es sich um „Akte von überspringendem Fanatismus und entfesseltem Zerstörungstrieb vor allem der niederen, die Tragweite des Ganzen nicht überschauenden Gesellschaftsschichten" gehandelt.

Zwischen Tradition und Integration. Südwestdeutsche Loyalitätskonflikte nach dem Ende des Alten Reichs (1800–1820)

Senta Herkle

Die Jahrzehnte um 1800 waren eine Zeit des Umbruchs in politischer, sozialer, ökonomischer und kultureller Hinsicht. Diese „Sattelzeit" (Reinhart Koselleck) zwang die Menschen zu permanenten Adaptionsleistungen, um die sich in rascher Folge einstellenden Veränderungen zu bewältigen. Für den süddeutschen Raum wirkte sich insbesondere das imperiale Ausgreifen Frankreichs unter Napoleon Bonaparte aus, denn seine Feldzüge und politischen Maßnahmen veränderten in kurzer Zeit nicht nur die politische Landkarte, sondern forderten althergebrachte Vergemeinschaftungs- und Loyalitätskontexte heraus. An diesem Punkt setzt der vorliegende Beitrag ein, denn die napoleonische Politik wirkte sich besonders stark auf die territorialen und politischen Verhältnisse im deutschen Süden aus. Bayern und Württemberg wurden als Koalitionspartner Frankreichs von Napoleon zu Königreichen erhoben, Baden zum Großherzogtum. Die Rangerhöhungen standen dabei in enger Verbindung mit der Gebietserweiterung der jeweiligen Territorien. Zahlreiche ehemalige reichsständische, reichsritterschaftliche und vorderösterreichische Gebiete gingen in den neuen Staaten auf[1]. Um eine Identifikation mit dem neuen Herrscherhaus oder zumindest eine emotionale Bindung an die neue Obrigkeit herbeizuführen und die eigene Herrschaft zu legitimieren, betrieben die Monarchen eine ausgeprägte Erinnerungspolitik, die – im Sinne einer „invention of tradition"[2] eine gemeinsame Geschichte konstruieren und so eine kollektive Erinnerung stiften sollte, die jenseits von aufkommenden Vorstellungen einer „deutschen Nation" lag[3]. Deshalb entwickelte sich beispielsweise in Württemberg,

[1] Vgl. z.B. Volker Press, Südwestdeutschland im Zeitalter der Französischen Revolution und Napoleons; in: Württembergisches Landesmuseum (Hg.), Baden und Württemberg im Zeitalter Napoleons (Katalog zur Sonderausstellung des Württembergischen Landesmuseums), Bd. 2, Stuttgart 1987, S. 9–24; Ute Planert, Der Mythos vom Befreiungskrieg. Frankreichs Kriege und der deutsche Süden. Alltag – Wahrnehmung – Deutung 1792–1841 (Krieg in der Geschichte, Bd. 33), Paderborn 2007; Paul Sauer, Napoleons Adler über Württemberg, Baden und Hohenzollern. Südwestdeutschland in der Rheinbundzeit, Stuttgart 1987.

[2] Hobsbawms Konzept der „invention of tradition" kann laut Wolfgang Burgdorf für das frühe 19. Jahrhundert fruchtbar gemacht werden, allerdings verweist Burgdorf darauf, dass in diesem Zeitraum weniger Traditionen erfunden wurden als vielmehr „anders betont und neu codiert", um der Bevölkerung Identifikationsangebote machen zu können. Wolfgang Burgdorf, Ein Weltbild verliert seine Welt. Der Untergang des Alten Reiches und die Generation 1806 (bibliothek altes Reich, Bd. 2), München ²2009, S. 231.

[3] Vgl. zum Beginn nationaler Vorstellungen in dieser Zeit Ute Planert, Wann beginnt

Bayern und Baden ein „Kampf um die Deutungshoheit über die lokale Geschichte“[4]. Schlösser, Straßen und ganze Städte wurden im Sinne der neuen Herrschaft umbenannt, Regierungsjubiläen und historische Feiern wie auch die Geschichtsschreibung dazu genutzt, die eigene Herrschaft in ihren neuen Grenzen zu legitimieren und ein Vergemeinschaftungsangebot an die neue Bevölkerung zu machen. Der vorliegende Beitrag fragt einerseits nach dieser staatlichen Implementierung von Erinnerung in den ersten rund 20 Jahren des 19. Jahrhunderts, greift andererseits aber auch die Reaktionen der Bevölkerung auf diese erinnerungspolitischen Bemühungen um eine gemeinsame Geschichte auf und fragt nach Initiativen „von unten“. In einem ersten Schritt werden hierzu die Reaktionen der Bevölkerung in ehemaligen vorderösterreichischen Gebieten auf den Herrscherwechsel aufgegriffen. Die Bevölkerung Vorderösterreichs galt dabei zeitgenössisch als besonders loyal gegenüber dem habsburgischen Kaiser – mit dem Frieden von Pressburg im Jahr 1805 wurde Vorderösterreich unter Baden, Bayern, Württemberg und der Schweiz aufgeteilt. In einem zweiten Schritt wird exemplarisch das Reformationsjubiläum des Jahres 1817 im Königreich Württemberg untersucht und damit vor allem der Umgang ehemaliger (protestantischer) Reichsstädte mit den Vorgaben der württembergischen Regierung zur Gestaltung der Feierlichkeiten. Die Reformationsgeschichte dieser im Zuge der napoleonischen Eingriffe in die Landkarte Europas an Württemberg gefallenen Gebiete wich zum Teil erheblich von der württembergischen ab. Mit dieser Herangehensweise lässt sich ein Aushandlungsprozess, ein Kampf um „Erinnerung“ und damit auch um das von Jan Assmann beschriebene „kulturelle Gedächtnis“[5], das integrativ und identitätsstiftend wirken sollte, in den neu geschaffenen Südstaaten in dieser Frühphase des 19. Jahrhunderts beobachten.

1. „dabej hat niemand kein Freid gehabt“. Umkämpfte Erinnerung im ehemaligen Vorderösterreich

Nach dem Frieden von Pressburg im Jahr 1805, in dem Vorderösterreich im Wesentlichen auf die drei Südstaaten und die Schweiz aufgeteilt worden war, schickten die begünstigten Monarchen Bevollmächtigte und Soldaten in die ehemaligen und nun mediatisierten vorderösterreichischen Gebiete, um dort die neuen Besitz-

---

der „moderne“ deutsche Nationalismus? Plädoyer für eine nationale Sattelzeit, in: Jörg Echternkamp/Sven Oliver Müller, (Hg.), Die Politik der Nation. Deutscher Nationalismus in Krieg und Krisen 1760–1960, München 2002, S. 25–59; Andreas Fahrmeir, Die Deutschen und ihre Nation. Geschichte einer Idee, Ditzingen 2017, S. 53–68.

[4] Burgdorf (wie Anm. 2), S. 227.

[5] Vgl. zum Begriff des kulturellen Gedächtnisses Jan Assmann, Das kulturelle Gedächtnis, Schrift, Erinnerung und politische Identität in frühen Hochkulturen, München 1997; Jan Assmann, Kollektives Gedächtnis und kulturelle Identität; in: Kultur und Gedächtnis, Frankfurt 1988, S. 9–19; Jan Assmann, Der Begriff des kulturellen Gedächtnisses; in: Thomas Dreier/Ellen Euler (Hg.), Kulturelles Gedächtnis im 21. Jahrhundert. Tagungsband des internationalen Symposiums 23. April 2005, Karlsruhe 2005, S. 21–29.

verhältnisse bekannt zu machen und die Herrschaft durchzusetzen. Wappen und Zeichen der habsburgischen Herrschaft wurden abgeschlagen und die der neuen angebracht, an zentralen öffentlichen Orten wurden Besitzergreifungspatente aufgehängt. Dieser Akt führte zumindest bei einem Teil der Bevölkerung zu Unmut: Aus dem nun württembergischen Ehingen ist beispielsweise überliefert, dass bereits in der Nacht nach deren Anbringung einige Besitzergreifungspatente beschädigt wurden[6]. In Günzburg, das an Bayern gefallen war, reagierte die Bevölkerung auf den Anschlag der Besitzergreifungspatente durch die neue Herrschaft und während der dazugehörigen feierlichen Proklamation mit *eisigem Schweigen*[7], wie in einer Chronik berichtet wird. Dasselbe Bild lässt sich von den Huldigungsfeierlichkeiten für die neue Herrschaft zeichnen. Beispielsweise berichtet Maria Agatha Zimmermann aus Villingen, das nach der Mediatisierung zu Württemberg zählte, dass der Huldigungsakt der Stadt *vühl unkösten gemacht, und dabej hat niemand kein Freid gehabt innerlich nur leid*[8].

Neue Hoffnung auf eine Rückkehr unter österreichische Herrschaft schürten bei den Betroffenen die Ereignisse des Jahres 1813, als Napoleon in der sogenannten Völkerschlacht bei Leipzig besiegt und der Rheinbund aufgelöst worden war. In Freiburg im Breisgau, das über Jahrhunderte ein Zentrum der vorderösterreichisch-habsburgischen Gebiete im deutschen Süden bildete und das mit dem Pressburger Frieden Ende des Jahres 1805 an Baden gefallen war, ließen Unbekannte eine Medaille mit folgender Inschrift prägen: (Vorderseite) *Zum Andenken der Wiedervereinig*[ung] *Breisgaus mit Oestreich, Freyburg 1814.* (Rückseite) *Treue und Liebe. Unsere Wünsche sind erfüllt.*[9]

Eindrücklich dokumentiert die Medaille die Hoffnung der Freiburger Bürger, wieder in das Habsburgerreich eingegliedert zu werden. Zu dieser Hoffnung trug auch der österreichische Kaiser Franz I. bei, der auf der Rückreise von der Pariser Friedensverhandlungen im Juli 1814 gegenüber Freiburger Deputierten in Basel in Aussicht stellte, den Breisgau wieder in sein Herrschaftsgebiet aufnehmen zu wollen[10]. Dieser Vorgang blieb der neuen badischen Herrschaft nicht verborgen – es

---

[6] Vgl. Ludwig Ohngemach, Mit allen Oberlehenherrlichkeits- als Eigenthums- und Souveränitäts-Rechten ... Der Übergang Ehingens an das Königreich Württemberg 1805, in: Volker Himmelein/Hans Ulrich Rudolf (Hg.), Alte Klöster, neue Herren. Die Säkularisation im deutschen Südwesten 1803. Große Landesausstellung Baden-Württemberg 2003 in Bad Schussenried vom 12. April bis 5. Oktober 2003, Bd. 2.2, Ostfildern 2003, S. 959–978, hier S. 960.

[7] Vgl. Franz Reissenauer, Günzburg. Geschichte einer schwäbischen Stadt, Bd. 2: Von 1806 bis zur Gegenwart, Augsburg 2009, S. 439.

[8] StadtA Villingen, BBB 10, Chronik der Maria Agatha Zimmermann, fol. 71.

[9] Zit. nach Gerhard Dangel, Eine hochverräterische Medaille aus dem Jahre 1814, in: Blickfang – Das besondere Objekt 11 (2004), o.S.

[10] Vgl. Jan Gerchow/Hans Schadek, Rückzug der „milden österreichischen Hand". Freiburg wird badisch (1806–1815), in: Heiko Haumann/Hans Schadek (Hg.), Geschichte der Stadt Freiburg im Breisgau, Bd. 3: Von der badischen Herrschaft bis zur Gegenwart, Stuttgart 1992, S. 19–60, hier S. 51 f.

wurde gar ein Volksaufstand befürchtet. Zumal sich die Loyalität der ehemaligen vorderösterreichischen Bevölkerung mit dem österreichischen Herrscherhaus etwa schon bei einem Besuch Kaiser Franz' I. Ende des Jahres 1813 ausgedrückt hatte, als er von den Bürgern Freiburgs stürmisch empfangen worden war. Fürst Metternich, der den Kaiser begleitet hatte, kommentierte den Empfang folgendermaßen: [...] *seine Majestät seien mit einem an Tollheit grenzenden Jubel empfangen worden.*[11] Die so zum Ausdruck gebrachte Loyalität der ehemaligen österreichischen Untertanen hatte sich dabei durch alle Bevölkerungsschichten gezogen. Gerhard Dangel geht deshalb von einer Beteiligung offizieller Freiburger Stellen an der Prägung der Medaille aus, denn auch die beiden Medaillenstempel sind in der städtischen Sammlung überliefert[12]. Während die Medaille für die ehemaligen vorderösterreichischen Untertanen ein Symbol der Hoffnung darstellte, deklarierte die badische Regierung sie zur Hochverrätermedaille. Als solche ist sie noch heute im Augustinermuseum in Freiburg zu sehen.

Während die Freiburger Bürger fest mit einer Rückkehr unter die österreichische Herrschaft rechneten, war diese Hoffnung für Maria Agatha Zimmermann in Villingen, die Tochter eines Hutmachers[13], Gewissheit, wenn auch „entgegen aller politischen Realität“[14]. Sie notierte nach der Auflösung des Rheinbunds im November 1813 in ihr „Büchlein“: *Sind mir widerum Kaiserlich worden.*[15] Ihr Eintrag belegt, dass in der politisch unübersichtlichen Situation nach der ersten Vertreibung Napoleons Raum für Gerüchte war und eine Rückkehr zu den alten Verhältnissen der Bürgerschaft nicht unwahrscheinlich schien. Die Aufzeichnungen Maria Agatha Zimmermanns sind auch deshalb interessant, weil aus diesem Zeitraum einerseits wenige Selbstzeugnisse von Frauen aus dem städtischen Handwerkermilieu überliefert sind[16]. Ihre Aufzeichnungen unterscheiden sich andererseits von denjenigen von Männern in der Hinsicht, dass sie nicht nur die sexuellen Gewalttaten von Soldaten während der Koalitionskriege beschrieb, die in Villingen stationiert waren. Maria Agatha Zimmermann ging auch darauf ein, wie die Einwohnerschaft Soldaten zu unverheirateten Frauen brachte und damit versuchte, „die sexuelle Gewalt zu kanalisieren“[17]. Die Thematisierung der Vergewaltigungen und des Verhaltens der Villinger Einwohnerschaft deutet Ute Planert dahingehend, dass von einer Frau nicht erwartet wurde, andere Frauen vor Übergriffen zu schützen: „Sie [Maria Agatha Zimmermann] hatte sich kein Versagen vorzuwerfen und unterlag daher auch nicht dem kollektiven Zwang zur Schweigsamkeit, mit denen männ-

---

[11] Zit. nach Dangel (wie Anm. 9), o.S.
[12] Dangel (wie Anm. 9), o.S.
[13] StA Freiburg, L 10 Nr. 5503, Sterbebuch Villingen 1841–1850, fol. 448.
[14] Vgl. Planert (wie Anm. 1), S. 607.
[15] Vgl. Planert (wie Anm. 1), S. 607, StadtA Villingen BBB 10, Chronik der Maria Agatha Zimmermann, fol. 79.
[16] Vgl. Planert (wie Anm. 1), S. 31.
[17] Vgl. Planert (wie Anm. 1), S. 189.

liche Einwohner Geschehenes ungeschehen zu machen suchten."[18] Maria Agatha Zimmermann schuf mit ihrem „Büchlein" damit andere Erinnerungen an die Zeitumstände, als es vergleichbare Aufzeichnungen von Männer vermochten.

Nach diesem Befund aus Villingen scheint es zunächst erstaunlich, dass Bürger und Stadtrat in Freiburg – der nach der Eingliederung nach Baden im Amt verblieben war – bereits kurz nach der Mediatisierung, den Bau eines Ehrenmals für den neuen Herrscher, den badischen Großherzog Karl Friedrich, in Auftrag gaben. Dieser sogenannte Bertolds-Brunnen ersetzte dann seit dem Jahr 1807 den an zentraler Stelle gelegenen Fischbrunnen. Die vier Seiten des Brunnens ehrten dabei drei Personen der Freiburger Geschichte. Erstens Bertold, den dritten Herzog von Zähringen als Gründer der Stadt Freiburg. Zweitens Konrad von Zähringen, der das Freiburger Münster zu bauen begann. Drittens Großherzog Karl Friedrich von Baden, der als direkter Nachfahre und als Förderer der Freiburger Universität angeführt wurde. Die Ehrung dieser drei Personen hielt damit drei konstitutive Elemente einer Freiburger Identität fest: die Stadtgründung, den Bau des Münsters sowie die Universität. Hierzu nutzte die ehemalige vorderösterreichische Funktionselite eine Legitimationsstrategie der neuen Herrscher, indem sie Karl Friedrich in die Reihe lokal bedeutender Zähringer aufnahm. Das Großherzogtum Baden versuchte nämlich eigens eine Identifikation der neuen Untertanen mittels Rückkopplung an die „gemeinsame" zähringische Vergangenheit zu suggerieren[19]. Nun nutzten die neuen Untertanen dieselbe Strategie – mit welcher Absicht?

Das Großherzogtum Baden hatte durch die Mediatisierung mit Freiburg und Heidelberg gleich zwei Universitäten erhalten, die – nachdem sie verstaatlicht worden waren – unterhalten werden mussten. In diesem Zusammenhang gab es bereits mit der Mediatisierung Überlegungen, die Freiburger Universität zu schließen, die zu diesem Zeitpunkt im Schatten Heidelbergs stand. Um die Schließung zu verhindern, nutzten Bürgermeister und Stadtrat nun eine Legitimationsstrategie der neuen badischen Herrschaft und setzten Karl Friedrich als Förderer der von Erzherzog Albrecht VI. von Österreich gegründeten Universität ein Denkmal. Dementsprechend war der Bau des Bertolds-Brunnens nicht auf veränderte Loyalitäten oder vorauseilenden Gehorsam zurückzuführen, sondern ein strategisch geschickter Schachzug, um die Universität vor der Schließung zu bewahren[20]. Bezeichnenderweise fand der habsburgische Gründer der Universität keinen Platz auf dem Brunnen, stattdessen wurde die Bedeutung der Zähringer für die Stadt und die verwandtschaftliche Beziehung dieser Familie zum badischen Großherzog hervorgehoben. Eine Provokation der neuen Herrschaft und damit die Gefahr, die identitätsstiftende Einrichtung der Hohen Schule einzubüßen, sollte damit verhindert werden. Das Beispiel passt also durchaus zum eingangs geschilderten Verhalten der Freiburger Bürgerschaft im Vorfeld des Wiener Kongresses.

---

[18] Vgl. Planert (wie Anm. 1), S. 186.
[19] Vgl. Gerchow/Schadek, (wie Anm. 10), S. 46 f.
[20] Vgl. Gerchow/Schadek (wie Anm. 10), S. 47.

Besonders bedrohlich entwickelte sich die Lage in den ehemaligen vorderösterreichischen Gebieten allerdings im Jahr 1809, als umfangreiche Reformen in Kraft traten. Die Bevölkerung erwies sich als besonders sensibel für Eingriffe in Religions-, Kirchen- und Kulturangelegenheiten und damit für die religiöse, symbolische und kulturelle Integration. Deshalb lag hier ein Konfliktpotential, das speziell für die ursprünglich protestantischen Herrscherhäuser Baden und Württemberg eine Herausforderung bei der Integration neuer katholischer Untertanen darstellte[21]. Diese Reformen eröffnen den Blick auf die Wechselwirkung zwischen Staat und Bevölkerung. Denn hier griff die neue Herrschaft in die soziale Praxis kollektiver Identitätsstiftung ein, indem sie etwa Wallfahrten oder die Fastnachtsfeierlichkeiten verbot. Mit diesen Verboten sollte ein Teil der kollektiv erinnerten Vergangenheit[22], die identitätsstiftend war, ausgelöscht werden. Die Reaktion der Bevölkerung lässt sich beispielsweise in Stockach ablesen, das zunächst an Württemberg gefallen war, als der dortige Oberamtmann nach den Reformen im Jahr 1809 aufgrund der üblen Stimmung versetzt und durch einen württembergischen Beamten ersetzt wurde[23]. In diesen Zeitraum fällt eine Reihe von Reformen und Anweisungen, die sich erheblich auf die Bevölkerung auswirkten. Neben der Entwaffnung der württembergischen Untertanen, steuerlichen Belastungen und Rekrutierungen erließ die württembergische Regierung ein Dekret, in dem Fastnachtsfeierlichkeiten wie auch Narrengerichte *als unstatthaft* verboten wurden[24]. Damit sollte auch das Stockacher Narrengericht abgeschafft werden, das eine lange Tradition aufweist, die bis ins Mittelalter zurückreicht und bis heute Teil der kollektiven Identität Stockachs ist. Als nun Österreich Frankreich im Frühjahr 1809 den Krieg erklärte, mussten Baden und Württemberg als Verbündete Napoleons Truppen im Kampf gegen Österreich stellen, die sie auch aus den frisch eingegliederten vorderösterreichischen Territorien rekrutierten. Damit sollten ehemals österreichische Untertanen gegen das geliebte ehemalige Herrscherhaus antreten. Die Gefahr durch den Kriegszug Österreichs Desintegrationstendenzen

---

[21] Vgl. dazu z.B.: PLANERT (wie Anm. 1) S. 363–380; Dominik BURKARD, Katholisch-protestantisch: Mentalitätsgeschichtliche Ausprägungen in Deutschland nach 1806, in: Peter Claus HARTMANN/Florian SCHULLER, (Hg.), Das heilige Römische Reich und sein Ende 1806. Zäsur in der deutschen und europäischen Geschichte, Regensburg 2006, S. 122; Ina Ulrike PAUL: „Catholiken und Protestanten ... nunmehr zu Brüdern umgewandelt"? Das Ringen um faktische Parität der Konfessionen zwischen Staat und katholischer Kirche in Württemberg im 19. Jahrhundert, in: Matthias BLUM/Rainer KAMPLING (Hg.), Zwischen katholischer Aufklärung und Ultramontanismus. Neutestamentliche Exegeten der „Katholischen Tübinger Schule" im 19. Jahrhundert und ihre Bedeutung für die katholische Bibelwissenschaft (Contubernium, Bd. 79), Tübingen 2012, S. 9–42.

[22] Vgl. u.a. ASSMANN, Kollektives Gedächtnis und kulturelle Identität (wie Anm. 5).

[23] Vgl. HStAS E 146 Bü 2693.

[24] Königl. Verordnung vom 29. Jan/1. Febr. 1809. Die Fastnachtslustbarkeiten betreffend, in: Königlich-Württembergisches Staats- und Regierungsblatt Nr. 6 vom 4. Februar 1809, S. 41 f. Zu den Eingriffen vgl. PLANERT (wie Anm. 1), S. 363–380; BURKARD (wie Anm. 16), S. 122–139.

und Aufstände gewärtigen zu müssen, war den neuen Landesherren durchaus bewusst. König Friedrich von Württemberg sprach einem (nicht näher bestimmten) *Bauersvolk* wie auch den neuen Untertanen aus dem ehemaligen Vorderösterreich ein besonderes Gefahrenpotential zu: [...] *daß sonderlich das Bauersvolk und das vormalige Vorderöstreich sehr zum Auffstand geneigt sey, und nur abwarte, bis die Insurgenten weiter vordringen, um sodann die Waffen ergreiffen und sich an dieselbe anschließen zu können*[25].

König Friedrich I. von Württemberg hatte die neuen Untertanen keineswegs zu Unrecht im Verdacht: Denn im Kontext der Aufstände in Tirol und Vorarlberg entwickelten sich beispielsweise in Stockach und Konstanz Aufstandsherde; einige Vertreter des mediatisierten niederen Adels verhalfen österreichischen Gefangenen zur Flucht oder spionierten für Österreich[26]. Die Fragmentierung der vormalig vorderösterreichischen Gebiete kam den neuen Herrschern dabei zugute: Sie konnten die lokalen Aufstandsherde eindämmen und eine Vernetzung weitgehend verhindern. Zwar brachten die neuen Herrscher die Aufstände und Widerstandsaktionen der neuen Untertanen im Jahr 1809 unter Kontrolle, allerdings blieb die Lage in den Gebieten des ehemaligen Vorderösterreich bis zum Wiener Kongress 1815, der nochmals die Hoffnung auf die Rückkehr in das Habsburgerreich schürte, angespannt[27].

Die Wiederangliederung an Österreich gelang weder 1809 noch 1815, die ehemalige vorderösterreichische Bevölkerung hielt aber auch in den Folgejahren an der Erinnerung an das alte Herrscherhaus fest. In Günzburg wurde etwa die Bürgerschaft aktiv, wie das Beispiel der Umbettung der Gebeine des Markgrafen Karl von Burgau (1560–1618) aus dem Hause Habsburg zeigt. Der Markgraf hatte seine letzte Ruhe in der Kirche der Günzburger Kapuziner gefunden, die im Zuge der Säkularisation aufgelöst und abgebrochen wurde. Die Gruft, in der die Gebeine Markgraf Karls und seiner Ehefrau Sybille (1557–1627) lagen, wurde anschließend notdürftig verschlossen. Auf die Initiative einiger Bürger wie auch des Fürsten Anselm von Fugger-Babenhausen (1766–1821) hin, der die Gebeine zunächst in Babenhausen beisetzen lassen wollte, wurden die sterblichen Überreste des Markgrafenpaares im Jahr 1821 in die Günzburger Pfarrkirche St. Martin überführt[28]. Im Jahr 1830 ließ

---

[25] Johann Konrad KRAIS, Fortsetzung des Tagebuchs über diejenigen Begebenheiten welche die vormalige Reichsstadt Biberach während des französischen Kriegs vom Jahr 1802 bis zum Jahr 1815 erfahren hat, mit beständiger Hinsicht auf die übrigen Kriegsbegebenheiten der damaligen Zeit, Buchau 1822, S. 113.

[26] Vgl. Senta HERKLE, Und groß ist die Vorliebe für das bedrängte Haus Österreich. Das Jahr 1809 im ehemaligen Schwäbisch-Österreich, in: Raphael GERHARDT (Hg.), Die Habsburger in Schwaben. Fragestellungen – Methoden – Perspektiven (Schwäbische Geschichtsquellen und Forschungen, Bd. 32), Augsburg 2022, S. 271–290.

[27] Besonders einschneidend waren hierbei der Russlandfeldzug wie auch das Jahr 1813, vgl. PLANERT (wie Anm. 1), S. 578–584, hier S. 599.

[28] Vgl. zu dieser komplexen Situation: Gerhard HETZER, Vorderösterreich nach 1805 – Nachleben, Verblassen, Historisierung, in: Carl A. HOFFMANN/Rolf KIESSLING (Hg.), Die Integration in den modernen Staat. Ostschwaben, Oberschwaben und Vorarlberg im

Bürgermeister Alban Haan eine Tafel mit folgender Inschrift anbringen: *Unter deinem sanften Herrscher-Stabe/ Blühte freudig deines Landes Glück,/ Darum denkt der Enkel hier an deinem Grabe,/ Segnend edler Karl noch an dich zurück,/ Und der Bürger nie erlosch'ne Dankbarkeit/ Hat dir dieses Monument geweiht.*[29]

2. „ein allgemeines Gedächtnisfest der Reformation". Das Reformationsjubiläum 1817 im Königreich Württemberg

Als ein *allgemeines Gedächtnisfest der Reformation*[30] sollte das Reformationsjubiläum des Jahres 1817 im gesamten Königreich Württemberg einer Verordnung König Wilhelms I. zufolge begangen werden.[31] In der umfangreichen Verordnung war unter anderem die Verlesung eines Aufsatzes zur württembergischen und allgemeinen Reformationsgeschichte, die im Gegensatz zu früheren Reformationsjubiläen nicht die Biographie des Reformators ins Zentrum der Feierlichkeiten stellte, sondern in aufgeklärtem Sinne auf das gesellschaftliche Wirken Luthers zugeschnitten war[32]. Die Umsetzung der Vorgaben war vom jeweiligen Pfarrer zu dokumentieren und sollte mittels Visitationen überprüft werden.

Die Konzentration auf die württembergische Reformationsgeschichte hebt die Intention des gemeinsamen Festes hervor: die Schaffung einer kollektiven Erinnerung in den protestantischen Gebieten des Königreichs oder um einen Begriff Jan Assmanns zu verwenden, die Formung des „kulturellen Gedächtnisses"[33], das

19. Jahrhundert (Forum Suevicum. Beiträge zur Geschichte Ostschwabens und der benachbarten Regionen, Bd. 7), Konstanz 2007, S. 125–156, hier S. 144–146; Klaus KRAFT, Landkreis Günzburg, Bd. 1: Stadt Günzburg (Die Kunstdenkmäler von Bayern, Teil Schwaben IX) München 1993, S. 74, 177f.

[29] Heinrich MENGES, Aus Günzburgs Vergangenheit, Günzburg 1927, S. 53.

[30] Überliefert z.B. im Landeskirchlichen Archiv Stuttgart (im Folgenden LKAS) LKAS G 504 (PfA Plüderhausen) Nr. 56.

[31] Zum Reformationsjubiläum 1817 vgl. Senta HERKLE, Identitätsstiftung durch gemeinsame Erinnerung? Reformationsfeierlichkeiten im Königreich Württemberg 1817, in: Blätter für württembergische Kirchengeschichte 118 (2018), S. 69–84; Wichmann VON MEDING, Jubel ohne Glauben? Das Reformationsjubiläum 1817 in Württemberg; in: Zeitschrift für Kirchengeschichte 93 (1982), S. 119–160.

[32] Vgl. LKAS A 26 Nr. 542 1–2, Nr. 8/10, Concept Anbringen des k. Synodus an das Königl. Ministerium des Kirchen und Schulwesens das Sekularfest der Reformation betreffend. Dorothea Wendebourg weist auf die zentrale Bedeutung des Wirkens Luthers beim Reformationsjubiläum 1817 hin, das im Gegensatz zu früheren Reformationsjubiläen stand, die Luthers Biographie in den Mittelpunkt stellten; hier sei die aufklärerische Tendenz deutlich zu erkennen, vgl. Dorothea WENDEBOURG, Die Reformationsjubiläen des 19. Jahrhunderts: Bernd Moeller zum 80. Geburtstag; in: Zeitschrift für Theologie und Kirche 108 (2011), S. 270–335, hier S. 291. Zu Reformationsjubiläen in der Frühen Neuzeit vgl. Sabine HOLTZ, Reformationsjubiläen und Lutherfeiern im Herzogtum Württemberg, in: Blätter für württembergische Kirchengeschichte 118 (2018), S. 13–32.

[33] Jede Gesellschaft und jede Epoche verfügt Jan Assmann zufolge über einen „eigentümlichen Bestand an Wiedergebrauchs-Texten, -Bildern und -Riten […], in deren ‚Pflege' sie

integrativ und identitätsstiftend wirken, ein gemeinsames Bewusstsein und damit eine württembergische Gemeinschaft konstituieren sollte.

Die überlieferten Pfarrarchive lassen es zu, einerseits die Vorbereitungen und Anordnungen im Rahmen der Jubiläumsfeierlichkeiten von herrschaftlicher Seite aus zu ermitteln und diese andererseits mit der lokalen Ausrichtung und Umsetzung der königlichen Verordnung in den mediatisierten protestantischen Städten und Gebieten abzugleichen. Denn in diesen Gebieten unterschied sich die Reformationsgeschichte zum Teil erheblich von der württembergischen. Dementsprechend ist hier zu fragen, welche Abweichungen von den herrschaftlich-württembergischen Verordnungen in diesen Gebieten festzustellen sind respektive, ob es König Wilhelm I. von Württemberg gelang, das kulturelle Gedächtnis der neuen protestantischen Untertanen im Sinne einer gemeinsamen Erinnerung an die württembergische Reformationsgeschichte zu formen. Besondere Aufmerksamkeit erhielt in der Verordnung der katholische Teil der württembergischen Bevölkerung, der durch die Feierlichkeiten nicht *gereizt*[34] werden sollte. Denn durch den Gebietsgewinn ergab sich eine weitere Problemlage: Der katholische Teil der Bevölkerung – der vor der Neuordnung verschwindend gering war (0,8 %) – wuchs auf insgesamt ein Drittel der Gesamtbevölkerung an[35].

Die Ausgestaltung des Festes sollte den *Local-Umständen*[36] in den Gemeinden angepasst werden, also an die vorhandene Infrastruktur und die lokalen Abläufe angepasst werden. So lag die Entscheidung bei den Gemeinden, weitere besondere Veranstaltungen oder Prozessionen in den Ablauf zu integrieren. In den Anweisungen verbanden sich also herrschaftliche Steuerungsimperative, die einen Rahmen vorgaben, mit Freiräumen für Initiativen „von unten", die den jeweiligen Gemeinden die Möglichkeit boten, sich selbstständig in die Feierlichkeiten einzubringen. Die Umsetzung der Anweisung musste dokumentiert und zum Zwecke der Kontrolle wieder „nach oben" geschickt werden. Indem die württembergische Herrschaft die Umsetzung ihrer Anordnungen überprüfte, überprüfte sie auch die Loyalität ihrer neuen Untertanen.

Zwar unterschied sich Württemberg nicht von anderen Staaten, indem es das Reformationsjubiläum mittels Verfügung anordnete.[37] Hervorzuheben ist allerdings

ihr Selbstbild stabilisiert und vermittelt, ein kollektiv geteiltes Wissen vorzugsweise [...] über die Vergangenheit, auf das eine Gruppe ihr Bewußtsein von Einheit und Eigenart stützt." Assmann, Kollektives Gedächtnis und kulturelle Identität (wie Anm. 5), S. 15.

[34] Die Verordnung inklusive der Materialien ist überliefert im Landeskirchlichen Archiv Stuttgart z.B. LKAS G 504 (PfA Plüderhausen) Nr. 56; G 134 (PfA Rot am See) Nr. 135; F 50 (Dekanatamt Waiblingen) Nr. 96.

[35] Vgl. Bernhard Mann, Württemberg 1800 bis 1866; in: Hansmartin Schwarzmaier (Hg.), Handbuch der Baden-Württembergischen Geschichte, Bd. 3, Stuttgart 1992, S. 235–331, hier S. 248.

[36] Die Verordnung inklusive der Materialien ist überliefert im Landeskirchlichen Archiv Stuttgart z.B. LKAS G 504 (PfA Plüderhausen) Nr. 56; G 134 (PfA Rot am See) Nr. 135; F 50 (Dekanatamt Waiblingen) Nr. 96.

[37] Vgl. Wendebourg (wie Anm. 31), S. 278.

der Umfang der offiziellen württembergischen Verordnung und besonders der umfassenden Vorgaben für den Gottesdienst. Durch die minutiösen Regelungen blieb in Württemberg kaum Spielraum für eine eigene Interpretation des Reformationsjubiläums. Gerade durch den Eingriff in die lokalen Feierlichkeiten und die Überprüfung derselben wird aber auch die „Formung" des kulturellen Gedächtnisses durch die neue Herrschaft sichtbar.

Die Umsetzung der Vorgaben geht aus den Pfarrarchiven und Drucken hervor, die im Nachgang zu den Feierlichkeiten erschienen. So bietet eine Beschreibung in der „Allgemeinen Chronik der dritten Jubel-Feier der deutschen evangelischen Kirche" ein feierliches, konfliktfreies Bild der württembergischen Festveranstaltungen[38]. Dies steht im Kontrast zu den Initiativen in einigen ehemaligen Reichsstädten, in denen der zugestandene Handlungsspielraum ausgeschöpft wurde und auf die im Folgenden beispielhaft hingewiesen werden soll. So korrigierte Pfarrer Marx Friedrich Heinrich Jäger aus Isny die Angaben in den vorgegebenen Texten zugunsten der Reformationsgeschichte Isnys[39]. Der Ulmer Prälat Johann Christoph Schmid veränderte ebenfalls die Vordrucke, ging aber noch einen Schritt weiter als sein Kollege aus Isny und publizierte die neue Variante[40].

Hingewiesen sei in diesem Kontext nur auf den Vergleich zweier einleitender Textpassagen, wie ihn Wichmann von Meding vorgenommen hat: So lautet der Text der Verordnung: *Zwar nahm unsere vaterländische Kirche erst 17 Jahre später, im Jahr 1534, in welchem der vertriebene Herzog Ulrich in sein Erbland zurückkehrte, und die evangelische Religion einführte, Antheil an der Reformation.*[41] Prälat Schmid veränderte die Stelle folgendermaßen: *Schon zehen Jahre, bevor die vaterländische Kirche, der wir nun einverleibt sind, Antheil an der Reformation nahm, wurde die Predigt des Evangeliums von der Bürgerschaft von der hiesigen Stadt verlangt.*[42] Damit stellte der Ulmer Pfarrer nicht nur den eklatanten Unterschied des Zeitpunkts der Reformation in Württemberg und der Reichsstadt Ulm heraus, er betonte darüber hinaus den Bürgerentscheid, der zur Annahme der Reformation in Ulm führte und sich damit von der obrigkeitlich eingeführten Reformation in Württemberg unterschied.

In vielerlei Hinsicht interessant erscheint der ausführliche Bericht des Stadtpfarrers Felix Buttersack aus Bopfingen am Ipf – ebenfalls vormalige Reichsstadt – über das dort begangene Reformationsjubiläum[43]. Selbstbewusst wies der Pfarrer darauf hin, wie er bereits im Frühgottesdienst auf die Reformationsgeschichte *hiesiger*

[38] Christian Schreiber/Valentin Carl Veillodter/Wilhelm Hennings (Hg.), Allgemeine Chronik der dritten Jubel-Feier der deutschen evangelischen Kirche. Im Jahre 1817. Nebst einigen Nachrichten von dieser Feier in auswärtigen Ländern, Bd. 1 Erfurt/Gotha 1819.

[39] Vgl. Meding (wie Anm. 31), S. 126f.

[40] Vgl. Meding (wie Anm. 31), S. 126f.

[41] Zitiert nach Meding (wie Anm. 31), S. 127.

[42] Zitiert nach Meding (wie Anm. 31), S. 127.

[43] Vgl. LKAS G 2 (PfA Bopfingen) Nr. 223.

Stadt[44] eingegangen sei und neben den Bildnissen Luthers und Melanchthons gerahmte Bilder derjenigen seiner Amtsvorgänger in der Kirche aufgestellt habe, die sich um die Reformation Bopfingens verdient gemacht hatten. Die pflichtschuldigen Ausführungen des Pfarrers geben außerdem einen Hinweis darauf, wie weit das württembergische Königshaus von Bopfingen entfernt war. Denn der Adressat des Berichts war König Friedrich I. von Württemberg, der zu diesem Zeitpunkt bereits über ein Jahr verstorben war und dessen Sohn Wilhelm mittlerweile den württembergischen Königsthron übernommen hatte. In Bopfingen scheinen die württembergischen Vorgaben wie auch das gesamte württembergische Königshaus also keine große Relevanz gehabt zu haben.

Ganz anders lief das Reformationsjubiläum in der ehemaligen katholischen Reichsstadt Buchhorn ab[45]. Buchhorn fiel im Jahr 1810 an Württemberg und wurde im Zuge des Zusammenschlusses mit dem Dorf und Kloster Hofen im Jahr 1811 in Friedrichshafen umbenannt, Namenspatron war der württembergische König Friedrich I.[46] Bereits ein Jahr später wurde hier eine evangelische Gemeinde eingerichtet, in der Magister Karl Planck seit März 1817 im Pfarramt war und dementsprechend mit dem Reformationsjubiläum betraut war[47]. Offenbar war die Lage in der Stadt besonders heikel, so dass im Gegensatz zu vielen anderen Orten keine Prozessionen oder ähnliches angeordnet wurden. Dennoch nahmen die ansässigen Katholiken Anstoß an der Feierlichkeit und hier besonders an den verlesenen vorgegebenen Schriften, die sie als die Worte des Pfarrers einstuften. Es kam zum Eklat, als sich der katholische Pfarrer wenige Tage nach den Reformationsfeierlichkeiten in seiner Predigt folgendermaßen äußerte: *Das Christenthum bedarf keiner Reformation, wäre Luther ein Christ geblieben, so würdet ihr nicht von einem unverständigen Prediger in der Sclaverey Schmachtende und Irrende genannt worden seyn.*[48] Planck beschwerte sich daraufhin beim Dekanat und dem Oberkonsistorium und bat um seine Versetzung.

Dieses Beispiel markiert den Höhepunkt dessen, was von Meding der württembergischen Ausrichtung der Jubiläumsfeierlichkeiten zuspricht: „[...] man feiert die Freiheit vom Katholizismus“[49]. Die Reaktion der katholischen Einwohner Friedrichshafens ist demnach durchaus nachvollziehbar, nimmt man außerdem hinzu, dass gerade in diesem Fall sicher die Mediatisierung und Umbenennung der Reichsstadt Buchhorn und die damit verbundene Lösung der Einwohnerschaft von ihrer traditionsreichen Vergangenheit als katholische Reichsstädter einen großen

[44] Vgl. LKAS G 2 (PfA Bopfingen) Nr. 223.
[45] Vgl. Meding (wie Anm. 31), S. 129–132.
[46] Vgl. Jürgen Oellers, Moderne Stadtplanung: Wie aus Buchhorn Friedrichshafen wurde, in: Stefan Feucht (Hg.), 1810. Die vergessene Zäsur. Neue Grenzen in der Region Bodensee-Oberschwaben (Südseite, Kultur und Geschichte des Bodenseekreises, Bd. 1), S. 105–119.
[47] Vgl. Meding (wie Anm. 31), S. 129.
[48] Zitiert nach Meding (wie Anm. 31), S. 148.
[49] Meding (wie Anm. 31), S. 122.

Einschnitt für die Stadt und ihre Bewohner darstellte. In keiner anderen Reichsstadt war die Mediatisierung wohl derart drastisch ausgefallen.

3. Fazit

Die neu geschaffenen Staaten im deutschen Süden standen nach den territorialen Gewinnen vor der Herausforderung, die herrschaftlich wie konfessionell vielfältigen Gebiete zu integrieren. Die neuen Herrscher versuchten mittels der Umformung des kulturellen Gedächtnisses der neuen Untertanen, diese für sich einzunehmen – wie die Fallbeispiele aus den ehemaligen vorderösterreichischen Gebieten gezeigt haben. Allerdings gelang es ihnen nicht, die Loyalität der Bevölkerung zur ehemaligen habsburgischen Herrschaft zu brechen. Im Kampf um die Erinnerung machten sich Bürgermeister und Stadtrat in Freiburg gar die Legitimationsstrategie der neuen badischen Herrschaft zu Eigen und versuchten damit, die Universität mit habsburgischer Gründungsgeschichte vor der Schließung zu bewahren.

Das Reformationsjubiläum sollte ebenfalls für die Konstituierung einer gemeinsamen württembergischen Identität instrumentalisiert werden. Allerdings stießen die Versuche, die Erinnerung anzupassen und zugunsten der neuen Herrschaft zu verändern, bei der Gegenseite nicht nur auf Gegenwehr, sondern förderten vielmehr die schriftliche Fixierung der eigenen Geschichte. Die Betonung und Veröffentlichung der eigenen Geschichte und die Abgrenzung[50] gegenüber dem württembergischen Herrscherhaus zeigen den Aushandlungsprozess, den Kampf um die eigene Geschichte und um die eigene Erinnerung. Die staatlich implementierte Erinnerungspolitik in dieser Frühphase des 19. Jahrhunderts stand dem eigensinnigen, teils strategischen, teils offensiven Agieren der Bevölkerung in den neu hinzugekommenen Gebieten entgegen.

---

[50] Die Abgrenzung dient der „Identitätskonkretheit", die laut Assmann ein Merkmal des kulturellen Gedächtnisses darstellt, ASSMANN, Kollektives Gedächtnis und kulturelle Identität (wie Anm. 5), S. 15.

Die Dichter und der Herzog. Die schwierige Erinnerung an Herzog Carl Eugen im historischen Roman des 19. Jahrhunderts

Stefan Knödler

Heute scheint die geschichtswissenschaftliche Erinnerung an den württembergischen Herzog Karl Eugen (1728–1793) wenig umstritten zu sein: Seine Verdienste als Aufklärer und Modernisierer des Landes werden gewürdigt, seine Fehler, besonders im Umgang mit seinen Untertanen, benannt[1]. Die populäre Meinung war indes seit seinen Lebzeiten kritischer als die der Geschichtsschreiber. In der Erinnerung des Volkes prägen die zahllosen Skandale, die mit seinem Namen verbunden sind, seine Neigungen zur Ausschweifung und zum Exzess, seine Sprunghaftigkeit und seine Impulsivität, sein rücksichtloses Verhalten gegenüber seinen Landeskindern sein Bild. Einen Kult, wie in Preußen um Friedrich den Großen, mit dem sich Karl Eugen verglichen hat, gab es um ihn in Württemberg auf jeden Fall nicht, Denkmale hat man ihm keine errichtet. Karl Eugen spielt jedoch eine wichtige Rolle in der Geschichte der deutschen (und nicht nur in der württembergischen) Literatur. Und gerade hier kommt er nicht gut weg, ist doch sein Name fast ausschließlich mit denen von Christian Friedrich Daniel Schubart (1739–1791) und Friedrich Schiller (1759–1805) verbunden[2]. In beiden Fällen lässt sich das Verhältnis zwischen Herrscher und Dichter in einem prägnanten historischen Moment konzentrieren: Bei Schubart ist das seine Verhaftung in Blaubeuren am 23. Januar 1777[3], zu der er auf Geheiß des Herzogs vom sicheren reichsstädtischen Ulmer Gebiet in das württembergische Blaubeuren gelockt worden war. Es folgte eine zehnjährige Haftstrafe auf dem Hohenasperg, ohne Prozess, ohne Begründung, unter zunächst harten und nur nach und nach gelockerten Haftbedingungen – ein Freiheitsentzug auf allen Ebenen, ein Versuch, Schubart mit Gewalt und Gehirnwäsche in den Glauben und in ein bürgerliches Leben zurückzuzwingen. Der Anlass für die große Wut des Herzogs auf Schubart ist verschiedentlich diskutiert worden; wahrscheinlich haben viele Kleinigkeiten dazu beigetragen: der Hinweis in Schu-

[1] Vgl. die jüngsten Biographien: Karlheinz WAGNER, Herzog Karl Eugen von Württemberg. Modernisierer zwischen Absolutismus und Aufklärung, Stuttgart/München 2001; Jürgen WALTER, Carl Eugen von Württemberg. Ein Herzog und seine Untertanen, Mühlacker 1987.

[2] In den beiden jüngsten Karl Eugen-Biographien spielen die beiden verfolgten Dichter ebenfalls eine zentrale Rolle: zu Schubart vgl. WALTER (wie Anm. 1), S. 307–314, zu Schiller vgl. ebd., S. 325–335 passim; zu Schiller vgl. WAGNER (wie Anm. 1), S. 174–206, zu Schubart vgl. ebd., S. 174–206.

[3] Vgl. dazu den Katalog Bernd BREITENBRUCH (Hg.), Christian Friedrich Daniel Schubart bis zu seiner Gefangensetzung 1777, Ulm 1789, S. 173–175.

barts Zeitschrift „Deutsche Chronik“ auf die Tatsache, dass Karl Eugen Landeskinder an die Engländer für den Krieg gegen die Amerikaner verkauft hat; der Schubart irrtümlich zugeschriebene Spottvers *Als Dionys von Syrakus / Aufhören muß / Tyrann zu sein, / Da war er ein Schulmeisterlein!*[4]; Lästereien über Franziska von Hohenheim („Donna Schmergelina“), Fehlverhalten am Ludwigsburger Hof bei seiner dortigen Anstellung als Organist zwischen 1769 und 1773; die irrtümliche Meldung vom Tod Kaiserin Maria Theresias von Österreich in der „Chronik“ und sicherlich auch mündlicher Klatsch, der Karl Eugen zugetragen worden ist[5]; Schubarts 1782 aus der Haft heraus veröffentlichtes Gedicht „Die Fürstengruft“, das sich die tyrannischen Fürsten in ihren Särgen vorstellt, dürfte seine frühere Freilassung verhindert haben.

Im Falle Schillers ist der historische Moment seine Flucht nach Mannheim am 17. September 1782. Schiller entzog sich damit dem Zugriff des Herzogs, unter dessen Drill er an der Karlsschule gelitten hatte, und der ihm nun nach der Mannheimer Uraufführung von „Die Räuber“ und dem sogenannten „Graubündner Protest“ – die Graubündner hatten Anstoß an einer Stelle in dem Stück genommen[6] – verboten hatte, sich weiterhin als Dichter zu betätigen. In Mannheim führte Schiller dann sein neues Stück, „Don Karlos“, auf, in dem sich Karl Eugen in dem tyrannischen Vater von Carlos, Philipp II., wiedererkennen konnte.

Beide Ereignisse hatten die jüngeren Zeitgenossen, besonders natürlich die Dichter unter ihnen, elektrisiert und in Schrecken versetzt: Die Anteilnahme war groß, die Solidaritätsbekundungen zahlreich. Viele hielten das, was Schubart und Schiller erlebt hatten, auch für ihre eigene Person denkbar; man erkannte, dass die beiden für die Freiheit zu leiden hatten, die auch sie für sich in Anspruch nehmen wollten[7].

---

[4] Vgl. ebd., S. 174 f. Vgl. auch grundsätzlich Barbara POTTHAST: „Ich lobe nicht, was er ist, sondern was er seyn sollte.“ Carl Eugen in den Schriften des Dichters Christian Friedrich Daniel Schubart, in: Wolfgang MÄHRLE (Hg.), Aufgeklärte Herrschaft im Konflikt. Herzog Carl Eugen von Württemberg 1728–1793, Stuttgart 2017, S. 84–104.

[5] Vgl. ebd.

[6] Dort heißt es in der dritten Szene des zweiten Aktes, Graubünden sei das „Athen der heutigen Jauner“; vgl. Peter André ALT, Schiller. Leben – Werk – Zeit, Bd. 1, München 2000. S. 302–309.

[7] Als Beispiel für einen solchen jungen Dichter mag der in Sulz am Neckar geborene Johann Michael Armbruster (1761–1814) dienen, der zum Freundeskreis Schillers in der Karlsschule zählte und nach dessen Flucht, selbst ein Opfer des Herzogs, der ihn aus disziplinarischen Gründen in die Gärtnerei versetzt hatte, die Hintergründe dazu in der von ihm herausgegeben Zeitschrift „Schwäbisches Museum“ mit einem „Beytrag zu einem schwäbischen Martyrologium“ (Bd. 1, S. 225–228) öffentlich machte: Er nennt darin auch denjenigen – seinen Vorgesetzten, den württembergischen Garteninspektor Walter, – der die inkriminierte Stelle nach Graubünden gemeldet hat und dessen (allerdings abgelehntes) Ersuchen um die Graubündner Bürgerwürde nach Schillers Bestrafung. Was Schubart angeht, so hat Armbruster diesen während seiner Haftzeit mehrmals besucht: Von ihm stammt die erste (und schnell populär gewordene) Sammlung von Schubarts Gedichten: Johann Michael ARMBRUSTER, Chr. Dan. Friedr. Schubarts Gedichte aus dem Kerker, Zürich 1785.

Dass Schiller bereits 1793 nach Württemberg zurückkehrte[8], just zu der Zeit, in der Karl Eugen starb, wurde allgemein als eine Versöhnung verstanden – einer Vereinnahmung seines Talents auch in seinem Heimatland Württemberg stand spätestens nach dem Tod des Dichters im Jahr 1805 nichts mehr im Wege, wobei er nach und nach zum württembergischen Nationaldichter erhoben wurde: Dies geschah mit Werkausgaben – alle bei Cotta in Stuttgart verlegt, der schon zu Lebzeiten sein Verleger war[9], – mit Theateraufführungen, Anthologien, Biographien, schließlich mit dem feierlich eingeweihten Denkmal vor dem Stuttgarter Schloss zum 80. Geburtstag im Jahr 1839[10] und einer noch größeren Schiller-Feier zum 100. Geburtstag 1859[11].

Die Rezeption Schubarts, in Deutschland wie in Württemberg, ist mit der Schillers in nichts zu vergleichen. Schubart war, als er im Mai 1787 aus der Haft entlassen wurde, ein gebrochener Mann. Der Herzog, der während der Haft noch eine Ausgabe von Schubarts Gedichten veröffentlicht und daran verdiente hatte[12], erlaubte ihm zwar, die „Chronik“ unter seiner Aufsicht weiterzuführen und sich schriftstellerisch zu betätigen, stellte ihn sogar als Theaterdirektor an, aber Schubarts Spätwerk kann mit der Frische und dem Schwung seiner früheren Texte selten mithalten. Ein „offizielles“ Andenken an Schubart gab es nicht. Zunächst war es vor allem Schubarts Sohn Ludwig, der sich um dessen Andenken kümmerte und die Autobiographie „Leben und Gesinnungen. Von ihm selbst, im Kerker aufgesetzt“ (1791) und anderes, schließlich eine Ausgabe „Vermischter Schriften“[13], veröffentlichte.

In den 1830er-Jahren wurden indes gerade in Württemberg beide, der frühe Schiller wie Schubart, zu Identifikationsfiguren und zu Vorbildern für die eigenen revolutionären Impulse einer Generation, die nach dem Tod der beiden Dichter ge-

---

[8] Vgl. die Dokumentation Bernhard ZELLER (Bearb.), Schillers Schwabenreise. Bilder – Briefe – Berichte, Stuttgart 1959.

[9] Friedrich SCHILLER, Sämmtliche Werke, 12 Bde., Stuttgart/Tübingen 1812–1815; DERS., Sämmtliche Werke, 12 Bde. Stuttgart/Tübingen 1835–1836; DERS., Nachlese zu Schillers sämmtlichen Werken nebst Variantensammlung. Hg. von K. Hoffmeister, 4. Bde. Stuttgart/Tübingen 1840–1841.

[10] Vgl. Carl Thodor GRIESINGER, Stuttgart am achten Mai, Stuttgart 1839; [Anonym], Das Schillerfest in Stuttgart am 8. Mai 1839. Der Ertrag zum Besten des Denkmals, Stuttgart 1839. Zu den Schiller-Denkmalen in Württemberg als Akte bürgerlicher Vereinnahmung vgl. Friedemann SCHMOLL, Verewigte Nation. Studien zur Erinnerungskultur im württembergischen Denkmalkult des 19. Jahrhunderts, Tübingen/Stuttgart 1995, S. 129–148.

[11] Vgl. dazu das Kapitel (deutschlandweit) „Das Schillerfest 1859: Deutschland und sein Klassiker“, in: Rainer NOLTENIUS, Dichterfeiern in Deutschland. Rezeptionsgeschichte als Sozialgeschichte am Beispiel der Schiller- und Freiligrath-Feiern, München 1984, S. 71–192; vgl. auch Ute GERHARD, Schiller als „Religion“. Literarische Signaturen des XIX. Jahrhunderts, München 1994. Vgl. zu der Stuttgarter Feier Otto ELBEN, Das Schillerfest in Schillers Heimath. Stuttgart, Ludwigsburg und Marbach den 9., 19. und 11. November, Stuttgart 1859.

[12] Christian Friederich Daniel SCHUBART, Christian Friederich Daniel Schubarts sämtliche Gedichte. Von ihm selbst herausgegeben, 2 Bde., Stuttgart 1785/86.

[13] Ludwig SCHUBART (Hg.), Chr. Fr. D. Schubart's vermischte Schriften, 2 Bde., Zürich 1812.

boren wurde. Die Dichter dieser Generation identifizierten sich offensichtlich mit den beiden großen Vorgängern und sie identifizierten Karl Eugen mit den politischen Führern ihrer Zeit, ihren eigenen Gegnern. In den Zeitraum, um den es hier gehen soll, fallen die Julirevolution von 1830 und die Revolution von 1848, fallen literaturhistorisch die demokratisch geprägten Epochen des Jungen Deutschlands und des Vormärz. In diesem Zeitraum erscheinen eine erste einigermaßen vollständige Werkausgabe Schubarts[14] sowie die von David Friedrich Strauß herausgegebene Sammlung „Christian Friedrich Daniel Schubart's Leben in seinen Briefen“[15]. Über Schiller erschienen die Erinnerungen seiner Karlsschulfreunde Andreas Streicher[16] (bei Cotta) und Friedrich Wilhelm von Hoven[17], die gerade die Episode mit Karl Eugen markant gestaltet haben, sowie die erste württembergische Schiller-Biographie von Gustav Schwab. Außerdem fallen in diese Zeit die drei Romane von Hermann Kurz (1813–1873), Adolf Weißer (1815–1863) und Johann Scherr (1817–1886), um die es nun gehen soll. Ihre Verfasser sind alle drei Württemberger, Altersgenossen – ihre Geburtsdaten liegen nur vier Jahre auseinander –, alle drei haben in Tübingen studiert, alle drei sind Protestanten, alle drei sind überzeugte Demokraten und damit in Württemberg in der Opposition – zwei davon, Weißer und Scherr, sind ins Schweizer Exil gegangen –, alle drei haben ihre eigene Geschichte mit den Nachfolgern und Nachfahren von Karl Eugen, und alle drei haben dicke Romane über Schubart, Schiller oder beide geschrieben.

1. Hermann Kurz: „Schiller's Heimathjahre“ (1843)

Hermann Kurz wurde 1813 in Reutlingen geboren, 1873 ist er in Tübingen gestorben; er hat in Tübingen am Evangelischen Stift Theologie studiert, im Grunde gegen den eigenen Willen und krisenhaft, mit klaren dichterischen Ambitionen, wie so viele Stiftler vor und nach ihm. Nach dem Vikariat hat er sich entschlos-

[14] C. F. D. Schubart's des Patrioten, gesammelte Schriften und Schicksale, 8 Bde., Stuttgart 1839/40; sie basiert zum großen Teil auf den Vorarbeiten Ludwig Schubarts.

[15] David Friedrich Strauss (Hg.), Christian Friedrich Daniel Schubart's Leben in seinen Briefen, 2 Bde., Berlin 1849.

[16] Andreas Streicher, Schiller's Flucht von Stuttgart und Aufenthalt in Mannheim von 1782 bis 1785, Stuttgart und Augsburg 1836. Neuausgaben u. a. Herbert Kraft (Hg.), Andreas Streichers Schiller-Biographie (Forschungen zur Geschichte Mannheims und der Pfalz, N. F. Bd. 5), Mannheim/Wien/Zürich 1974.

[17] Friedrich Wilhelm von Hoven, Biographie des Doctor Friedrich Wilhelm von Hoven, [...] Von ihm selbst geschrieben und wenige Tage vor seinem Tode noch beendiget, herausgegeben von einem seiner Freunde und Verehrer [Dr. Merkel]. Mit einem Titelkupfer und einem Anhang von 18 Briefen Friedrich Schillers, Nürnberg 1840; Neuauflage: Lebenserinnerungen. Textrevision und Anmerkungen von Hans-Günther Thalheim und Evelyn Laufer, Berlin 1984. Zu Hoven vgl. Sabine Häusner, Der Arzt und Medizinalrat Friedrich Wilhelm von Hoven (1759–1838). Sein Leben und seine Freundschaft zu Friedrich Schiller (Würzburger medizinhistorische Forschungen, Bd. 81), Würzburg 2003.

sen, in Stuttgart als freier Schriftsteller zu leben. Es erschienen erste Erzählungen und Gedichte, Gelegenheitsarbeiten in Stuttgarter Zeitschriften wie „Europa" oder Cottas „Morgenblatt für gebildete Stände". Schiller und Schubart werden in diesen frühen Texten immer wieder zum Thema. In einem seiner ersten etwa, einer Rezension von Andreas Streichers „Schillers Flucht aus Suttgart und Aufenthalt in Mannheim von 1782 bis 1785" in der kleinen Zeitschrift „Der Spiegel", heißt es über *den Dichter des deutschen Volkes* in Württemberg: *Eine Welt von Gemeinheit, Schmutz, Neid und Kabalen umlagert ihn, Schuldbriefe und gebrochene Verheißungen liegen zu seinen Füßen, aber sein Haupt ragt in den Olymp, und morgenrothe Wolken legen sich zwischen ihn und die Erde, die ihm das Häßliche verdecken, so daß er nur die riesigen Gestalten der Götter und Heroen vorüberschreiten sieht. Aber ganz frei bleibt er nicht: die Dünste der niedrigen Atmosphäre dringen hindurch und betäuben ihm das Haupt mit irdischem Kopfschmerz! Schillern gebührt, wenn wir Dies erwägen, eine doppelte Bewunderung: das Große, was er geleistet hat, ist sein Werk, und seine Mängel sind nicht seine Schuld, sondern die Schuld fast vernichtender Verhältnisse, eine Nationalschuld, welche durch späte, wenn gleich schöne Opfer noch nicht bezahlt ist*[18].

In den dreißiger Jahren begann Kurz, sich gründlicher mit der Zeit Karl Eugens zu beschäftigen und schloss mit dem Stuttgarter Verleger Georg von Cotta einen Vertrag über einen Roman mit dem Titel „Heinrich Rollers Wanderungen" ab[19], der, so schrieb es Kurz an seinen Freund Adelbert Keller, ein *dreibändighistorischKarlHerzoglichSchillerSchubartischSchieferdeckerischnationalsechzigbogenRoman*[20] werden sollte. Als Kurz jedoch seinem Verleger einen ersten Teil des Manuskripts übersandte, reichte dieser aus *großen Bedenklichkeiten in puncto*

---

[18] [Hermann KURZ,] Schillers Flucht aus Stuttgart und Aufenthalt in Mannheim [...], in: Der Spiegel, Nr. 4 vom 14. Januar 1837, S. 16. Neben einzelnen separat veröffentlichten Kapiteln erschienen in dieser Zeit ein eher unkritischer Bericht von der Einweihung des Denkmals am 8. Mai 1839 in der Zeitschrift „Europa" (Hermann KURTZ, Der achte Mai, in: Europa. Chronik der gebildeten Welt 1839, Bd. 2, S. 385–397.) – wobei das Unkritische durch seine Freundschaft mit dem Festredner Gustav Schwab wie mit dem Verfasser der Festkantate, Eduard Mörike, erklärt werden kann: Er schildert es als ein Bürgerfest – sowie ein kleiner Text für das „Morgenblatt für gebildete Leser" mit dem Titel „Nach Marbach auf Schillers Spuren" (Nr. 153–155 vom 28.–30. Juni 1843, S. 611–628 passim; Neudruck als 5. Schön- und Widerdruck, Marbach 2000), ein kleines Reisefeuilleton, das den Weg Schillers von Stuttgart über Ludwigsburg nach Marbach nachzeichnet und auf der dortigen Schillerhöhe mit einem Ausblick auf sein zukünftiges Andenken schließt.

[19] Einen Überblick über den zukünftigen Roman gibt ein kurzer Entwurf, den Hermann Fischer veröffentlicht hat: Hermann FISCHER, Der älteste Entwurf zu Hermann Kurz' Roman „Schillers Heimatjahre", in: Beilage zu Allgemeinen Zeitung, Nr. 50 (1903), S. 397–399. Zu den Vorabdrucken von verschiedenen Auszügen aus dem Roman vgl. die Bibliographie zu Hermann Kurz, in: Helmuth MOJEM/Stefan KNÖDLER (Hg.), Ludwig Uhland. Das Stylisticum, Bd. 2: Die Beiträger. Biographien und Dokumente, bearb. von Helmuth MOJEM, Göttingen 2022, S. 389–404, hier S. 393, 395.

[20] Hermann Kurz an Adelbert Keller, Februar 1837, in: Hermann FISCHER, Beiträge zur Literaturgeschichte Schwabens, Tübingen 1899, S. 235.

loyalities[21] das Manuskript beim Hof ein, um es dort prüfen zu lassen. Das Urteil des Geheimen Legationsrates Lehr lautete, dass zwar die angebliche Niedertracht Carl Eugens schon vielfach *zum Teil greller, verletzender* ausgesprochen worden sei, dass aber *die Literatur um ein elendes Buch* reicher würde, sollte der *Heinrich Roller* erscheinen[22]. Cotta lehnte das Manuskript ab und Kurz war verzweifelt. Auch andere Verlage in Stuttgart trauten sich nicht, es zu drucken, ebenso Brockhaus in Leipzig, Sauerländer in Frankfurt und Löwenthal in Mannheim. 1840 erschien Gustav Schwabs Schiller-Biographie, die das Interesse an dem einheimischen Dichter wieder weckte, sodass Kurz das nun vollständige Manuskript erneut Cotta vorzulegen wagte, der es zwar sehr lobte, aber erneut ablehnte. Der vollständige Roman erschien schließlich 1843 bei Franckh, doch in Stuttgart, mit dem Titel „Schiller's Heimathjahre. Vaterländischer Roman". Schiller, der im Roman im Grunde nur eine Nebenrolle hat, war auf Wunsch des Verlegers im Titel gelandet.

Das Vorbild von „Schiller's Heimathjahre" waren die Romane von Walter Scott, dem Begründer des historischen Romans als Form, die Wilhelm Hauff 1826 mit „Lichtenstein" in die deutsche Literatur gebracht hatte – der erste deutsche historische Roman ist ein Württemberg-Roman[23]. Kurz orientiert sich offensichtlich an Hauffs „Lichtenstein": Wie er (und Scott vor ihm) wählt er mit Heinrich Roller einen fiktiven „mittleren Helden", das heißt eine eher durchschnittliche Figur ohne herausragende heroische Fähigkeiten, mit der sich das Lesepublikum gut identifizieren kann, der in die historischen Ereignisse gesetzt wird und darin seine eigene Geschichte erlebt. Wie Hauff geht es Kurz um die Darstellung seiner Heimat, räumlich, historisch und kulturell: So kommt Heinrich Roller auf seinen „Wanderungen" nach Stuttgart, Tübingen, Reutlingen, Grafeneck, Ulm; nach Murrhardt, in den Schwarzwald, auf den Hohenasperg und immer wieder nach Stuttgart zurück. Dabei lernt er verschiedene Menschen, Sitten, Gebräuche ebenso kennen wie verschiedene Lebensbereiche: den Hof, die Politik, das Militär, die Karlsschule – wo er mit Schiller Freundschaft schließt – und das Stuttgarter Theater; aber auch die Gegenwelten dazu: das Pfarrhaus, das Tübinger Studentenleben, die Reichsstadt Reutlingen und die Räuberbande des Hannickel im Schwarzwald (hier ist die Parallele zu Schillers „Räubern" greifbar). Verschiedene Sprachregister von der Sprache des Hofes und der Dichter bis zu der der einfachen Leute und den Räubern lernt er (und mit ihm der Leser) ebenso kennen wie Sagen, Lieder und Gebräuche des Volkes und dessen Erinnerungen an historische Ereignisse. Die Motti, die Kurz jedem der Kapitel vorgesetzt hat, Zitate aus Werken von Schubart, Schiller, Uhland, Kerner

---

[21] Ebd., S 237.

[22] Einen weiteren Grund liefert Matthias SLUNITSCHEK, … daß was vergessen ist, auch vergessen bleibe …. Als Gräfin Amalie von Uexküll, geb. Freiin von Gölnitz, Zigeunerin wurde und Hermann Kurz keinen Verleger fand – eine Geschichte aus dem Württemberg des 19. Jahrhunderts, in: Reutlinger Geschichtsblätter N.F. 55 (2016), S. 215–237, hier S. 230–234.

[23] Vgl. das Kapitel zu „Lichtenstein" in Barbara POTTHAST, Die Ganzheit der Geschichte. Historische Romane im 19. Jahrhundert, Göttingen 2007, S. 90–117.

und anderen, bilden darüber hinaus auch eine kleine württembergische Literaturgeschichte. Insofern ist das Buch als Ganzes eine „bedeutende kulturgeschichtliche Quelle“[24]. Roller ist sowohl bei der Verhaftung Schubarts als auch bei Schillers Flucht aus Stuttgart dabei; der Roman endet am Grab Karl Eugens.

„Schiller's Heimathjahre“ funktioniert nach einem alten Erzählprinzip: Es ist ein Stationenroman, wie es im Grunde Homers „Odyssee“ schon war: Sein Held kommt durch das Unterwegssein an Orte, an denen er Abenteuer bestehen muss, bis er am Ende zurückehren darf in die Arme seiner Verlobten, Lottchen, der Pfarrerstochter von Illingen. Gleichzeitig ist es auch ein Erziehungsroman: Heinrich Roller ist zu Beginn jung und unbedarft, im Verlauf der Geschichte macht er Erfahrungen und bewährt sich. Die höhere Instanz, die sowohl die Reise als auch den Bildungsprozess Heinrichs in Gang setzt, ist Herzog Karl Eugen – denn Heinrich will die Pfarrstelle seines Schwiegervaters[25] in spe übernehmen und dieser schickt ihn nach Stuttgart, um beim Konsistorium dessen Einverständnis einzuholen. Auf dem Weg dorthin begegnet Roller dem Herzog, den er zunächst für einen Wilderer hält!: Dieser rät ihm vom Pfarramt ab und beginnt sein eigenes Erziehungsprojekt an dem naiven Landeskind, getreu seinem Konzept einer Erziehung *mitten in der Welt*[26]. Am Ende ist Heinrich, wie vom Herzog gewünscht, kein Pfarrer geworden, auch wenn er die Pfarrerstochter geheiratet hat; stattdessen ist er ein *Schulmeister*[27] geworden, zu dem ihn der Herzog durch die Anstellung an der Karlsschule wie an der École des dames bestimmt hat.

Am Ende des Romans aber findet man die alten Freunde Roller, Schiller, Petersen, Zumsteeg im Gespräch ihre Erinnerungen austauschen. Dem Herzog gegenüber gibt man sich versöhnlich. Zwar spricht Petersen seine *Tyrannenlaunen*, seine Ungerechtigkeit gegen Schubart, seine Eitelkeit an[28]; die Freunde aber weisen ihn zurecht, und gerade Heinrich hebt *den unermüdlichen Eifer* und *die stets nachdenkende Sorgfalt* in den herzoglichen Erziehungsanstalten hervor[29]. Aber es ist Schiller, der am Ende das Fazit formuliert: *Er hatte große Fehler als Regent, noch größere als Mensch, und dennoch muß man ihm zugestehen, daß aus seinem tyrannischen Eigenwillen, aus seiner oft lächerlichen Eitelkeit ein nachhaltiges, anerkennungswertes Streben hervorleuchtet.* [...] *Obgleich er ein Kind der alten Zeit ist,* [...] *so hat er doch nach dem Maße seiner Einsicht das Land für die Aufgabe des kommenden Jahrhunderts vorbereitet, das ihm nicht vergessen wird, wie er neben*

---

[24] Slunitschek (wie Anm. 21), S. 219.

[25] Der hier namenlos bleibende Pfarrer hat mit Elias Dillmann (1794–1877) ein reales Vorbild, vgl. C[hristian] Dillmann, Der Schulmeister von Illingen. Ein Zeit- und Sittenbild des neunzehnten Jahrhunderts. Stuttgart 1901.

[26] Hermann Kurz, Schillers Heimatjahre, Kirchheim 1986, S. 90, 358; vgl. Tilman Krause, Hermann Kurz' Erziehungsroman „Schillers Heimatjahre“ – ein Grundbuch der Weltläufigkeit und des Diesseitsglaubens, in: Reutlinger Geschichtsblätter 45 (2006), S. 121–138.

[27] Kurz, Schillers Heimatjahre (wie Anm. 26), S. 876.

[28] Vgl. ebd., S. 911–913.

[29] Ebd., S. 914.

der Beförderung des Ackerbaues, der alten Hauptkraft des Landes, dem Gewerbe und dem Handel, den Kräften der Zukunft, dieses Brachfeld aufgepflügt hat[30].

Im Land sah man dies wesentlich kritischer, wie etwa die Reaktion Friedrich Theodor Vischers auf den Roman zeigt: *Man kann und darf wohl das Rokoko anmutig schildern, das Patriarchalische, was da noch in Heimlichkeit lebt, den freieren Raum für Individuen usw.* [...]*; aber man soll dann auch die Guillotine in die Perspektive stellen, man soll Mann genug sein, den Qualm des Höllengestanks aufzudecken*[31]. Allerdings hat Kurz' Milde der Wirkung des Romans gutgetan, ähnlich wie die positive Zeichnung des durchaus problematischen Herzog Ulrich in Hauffs „Lichtenstein". Gerade das „Vaterländische", die Mischung zwischen an den Quellen orientierter Geschichtsschreibung, Sittengeschichte und Landschaftsbeschreibung einerseits, Abenteuer und Leidenschaften andererseits, trug zu beider Wirkung erheblich bei, und die Romane – Victor von Scheffels „Ekkehard" und David Friedrich Weinlands „Rulaman" wären hier noch zu nennen – wurden in illustrierten und schön gestalteten Ausgaben ab der Jahrhundertwende zu beliebten Konfirmationsgeschenken für die württembergische Jugend.

Der Roman erschien noch vor Kurz' Wandel zum radikalen Demokraten. Dieser erfolgte in Karlsruhe, wo er mit den führenden Liberalen wie Friedrich Daniel Bassermann, Friedrich Hecker, Karl Mathy oder Ludwig Pfau Freundschaft schloss. 1845 erschien sein Plädoyer für Meinungs- und Pressefreiheit, „Die Fragen der Gegenwart und das freye Wort", nach seiner Rückkehr nach Stuttgart 1848 wurde er Redakteur, schließlich verantwortlicher Redakteur des „Beobachters", der Zeitung der radikalen Demokraten in Württemberg. 1855 veröffentlichte er seinen zweiten großen Roman, „Der Sonnenwirth", der ebenfalls einen historischen Fall erzählt – auch Schiller hat ihn in seiner Erzählung „Der Verbrecher aus verlorener Ehre" gestaltet – und der sich ebenfalls als ein vaterländischer Roman lesen lässt, welcher nun aber eindeutig die Partei des einfachen Volkes gegen die Institutionen der Herrschaft – Politik wie Kirche – ergreift; auch hier wird mit den „Zigeunern" eine bessere, aber nicht fehlerfreie, Alternativgesellschaft der Dorfgesellschaft von Ebersbach, wo der Roman spielt, entgegengestellt.

2. Adolf Weißer: „Schubart's Wanderjahre oder Dichter und Pfaff" (1855)

Im selben Jahr 1855 erschien auch – und das ist kein Zufall – der zweite Roman über Karl Eugen und die Dichter. Sein Autor ist Adolf Weißer, der aus Unterjettingen bei Herrenberg stammt, wo er 1815 geboren wurde. Er war der Vorgänger

[30] Ebd., S. 916. Nach diesem Satz erreicht die Freunde die Nachricht vom Tod des Herzogs, der Roman endet mit einer *stillen Feier*, die die Freunde an seinem Grab begehen.

[31] Friedrich Theodor Vischer an David Friedrich Strauß, 18. März 1847, in: Adolf Rapp (Hg.), Briefwechsel zwischen Strauß und Vischer, Stuttgart 1952/53, Bd. 1, S. 187.

von Hermann Kurz als Chefredakteur des „Beobachters", musste aufgrund seines politischen Engagements jedoch ins Schweizer Exil gehen; 1873 ist er in Göppingen gestorben.

Sein in der Schweiz geschriebener Roman „Schubart's Wanderjahre oder Dichter und Pfaff"[32] erschien in Hamburg bei Hoffmann und Campe, dem Verlag des Jungen Deutschlands und der Schriftsteller des Vormärz: Gutzkow, Heine, Immermann, Weerth oder Wienbarg veröffentlichten dort. „Schubart's Wanderjahre" ist ein Roman, der Name sagt es, über Schubart, und die analoge Titelbildung zu „Schiller's Heimathjahre" zeigt den Bezug zu dem Roman von Weißers Freund Hermann Kurz. Das Buch ist ohne die Briefausgabe von David Friedrich Strauß nicht denkbar[33], aus der Weißer verschiedentlich Zitate in seinen Text einmontiert.

Vor dem Roman veröffentlichte Weißer eine mit dem Namen Schubarts überschriebene Sammlung von „Schwäbischen Charakterbildern", die aus seinem Schweizer Exil heraus im Laufe des Jahres 1850 in dem mittlerweile von Kurz verantworteten „Beobachter" erschienen ist. Aus der dortigen *ruhigen, selbstzufriedenen Welt* angesichts des politischen *Aufderstelletretens* in Württemberg, so heißt es, wolle er an Schubart, diesen *genialen Mann* erinnern, in dem *die kantigen Eigenthümlichkeiten der ‚schwäbischen' Natur mit allen ihren Vorzügen und Fehlern zu vollblütiger Erscheinung gekommen sind*[34]. Dass er, indem er über Schubarts Verfolgung und Haft schreibt, auch an sich und die württembergischen Revolutionäre von 1848 denkt, macht er bereits zu Beginn deutlich[35]. Anders als Kurz und Strauß jedoch sieht Weißer hier weniger Karl Eugen als den Antagonisten Schubarts, sondern die württembergische Gesellschaft in ihrer Gesamtheit. So geht es in den „Schwäbischen Charakterbildern" unter anderem, um die weltfremde Enge

---

[32] Adolph Weisser, Schubart's Wanderungen oder Dichter und Pfaff. Roman, 2. Bde., Hamburg 1855.

[33] Worum es Strauß geht, erfährt man aus dessen Vorrede: *Ein deutsches Dichterleben* [...] *ist was, was dem deutschen Publicum hier geboten wird; einer aus jenem Titanengeschlechte, dessen maßloser Ungestüm, ihm selbst verderblich und ohne bleibende Frucht für das Allgemeine, der milden Herrschaft der Weimarischen Olympier voranging. Doch ist es dießmal nicht sowohl die eigene Unordnung, an welcher das regellose Talent zu Grunde geht, auch nicht der Drang oder Widerstand der äußeren Weltverhältnisse überhaupt; sondern ein Fürst drängt sich unberufen herzu, gegen den vom Schicksal noch Verschonten die Execution zu übernehmen. Also ein doppeltes Schauspiel: die Geschichte eines verunglückten Genies auf der einen, und ein Stück deutscher Fürstenwillkür auf der anderen Seite.* Christian Friedrich Daniel Schubart's Leben in seinen Briefen, Bd. 1, S. IVf. Man sieht: Anders als bei Kurz ist die Parteinahme in der Auseinandersetzung zwischen Karl Eugen und Schubart bei Strauß eindeutig; mit größerem Recht als jener fürchtete daher auch Strauß, dass *die Herausgabe* [seiner Briefsammlung] *der* [württembergischen] *Regierung unangenehm sein könnte*, Vischer an Strauß, 11. Januar 1843, in: Briefwechsel (wie Anm. 31), Bd. 1, S. 123, – die beiden Bände sind schließlich in Berlin erscheinen.

[34] Vgl. Adolph Weisser, Christian Friedrich Daniel Schubart. Schwäbische Charakterbilder, 1. Hohen-Asperg, in: Der Beobachter, Nr. 94 vom 20. April 1850, S. 373–375.

[35] Adolph Weisser, Schubart, 2. Politische Schuld, in: Der Beobachter, Nr. 96 vom 23. April 1850, S. 382f.

des Landes, um die Macht der Bürokratie, um die Mittelmäßigkeit, die das Genie nicht zur Entfaltung kommen lässt, um die schädliche Macht der Geistlichkeit, um die Tatsache, dass Schubart nicht aus einer der etablierten württembergischen Familien – der Ehrbarkeit – stammt und darüber hinaus aus der Reichstadt Aalen, nicht aus dem eigentlichen Württemberg kommt – beides Karrierehindernisse, beides macht ihn zum Außenseiter; außerdem geht es um *die Tortur kontinuierlicher Examina*, die Allgegenwärtigkeit von Denunziationen, Gepetze und Sozialkontrolle, um das *ekelhafte Leben*[36] am Ludwigsburger Hof, schließlich um Schubarts eigene Veranlagung, die dazu führt, dass er den dortigen Versuchungen erliegt und sich den Zorn des Herzogs zuzieht, der ihn verbannt und ihn später verhaften lässt. Weißer ist bemüht, Schubarts charakterliche Schwäche zu zeigen, das Hauptaugenmerk liegt aber auf seinen Gegnern: eine *Geordnete Staatsverwaltung*[37], wie Weißer sie ironisch nennt, in der Willkür, Übelwollen und Intrige herrschen, und *fürstliche Grausamkeit und raffinirter Eigennutz* in der Person Karl Eugens[38].

Weißers Roman „Schubart's Wanderjahre" knüpft in vielfacher Weise an diese „Schwäbischen Charakterbilder" an, erweitert aber den Fokus. In seiner Wertung der politischen Verhältnisse in Württemberg wie im deutschen Süden im letzten Drittel des 18. Jahrhunderts ist Weißer erbarmungsloser als Kurz, aber Karl Eugen gerät ihm dabei aus dem Blick – er kommt kaum vor: Genannt wird er erstmals auf Seite 258, nachdem Schubart des Ludwigsburger Hofes verwiesen wird. Auch die Beteiligung des Herzogs an Schubarts Verhaftung wird heruntergespielt. Das mag mit der möglichen Aufnahme des Romans in Württemberg zu tun haben, wohin Weißer zurückzukehren hoffte[39]. Der Roman identifiziert – darin durchaus Schubarts Autobiographie folgend – einen anderen Hauptgegner: Sein Untertitel „Dichter und Pfaff" bereits stellt Schubart – dem *Dichter* – einen *Pfaff* entgegen, und das ist der katholische Geistliche und Exorzist Johann Joseph Gassner (1727–1779)[40], der zu Schubarts Zeit durch seine inszenierten Heilungen und Teufelsaustreibungen im gesamten süddeutschen Raum eine ungeheure Popularität genossen hat. Auch er ist Teil eines Systems, nämlich intrigiert er im Namen der Jesuiten auf mehreren Ebenen: So versucht er etwa, den Züricher Pfarrer und Schriftsteller Johann Kaspar Lavater (1741–1801) vom katholischen Glauben zu überzeugen (was scheitert), oder den Pfälzischen Kurfürsten Karl Theodor (1724–1799) auch zum

---

[36] Adolph Weisser, Schubart, 17. Schubart als Hofmann, in: Der Beobachter, Nr. 214 vom 7. September 1850, S. 857.

[37] So der Titel der 28. Fortsetzung, in: Der Beobachter, Nr. 257 vom 27 Oktober 1850, S. 1025–1027.

[38] Adolph Weisser, Schubart, Schluß, in: Der Beobachter, Nr. 261 vom 1. November 1850, S. 1041.

[39] Andererseits wird man aber, gerade wenn man seine „Schwäbischen Charakterbilder" aus dem „Beobachter" kennt, das dort am Beispiel Schubarts kritisierte System leicht wiedererkennen.

[40] Zu Gassner vgl. H.C. Erik Midelfort, Exorcism and Enlightenment. Johann Joseph Gassner and the Demons of Eighteenth-Century Germany, New Haven/London 2005, zur Auseinandersetzung mit Schubart s. S. 131–137.

Bayerischen Kurfürsten zu machen, um dann dessen gesamtes Herrschaftsgebiet den Österreichern untertan zu machen (was nur halb gelingt). Schubart spielt in diesem System den weitgehend ahnungslosen und naiven Gegner, der gegen den gerissenen Gassner den aufrichtigen Hass des Aufklärers hegt. Zu diesem Gegner gesellen sich vereinzelt auch andere Vertreter der Geistlichkeit wie der Ludwigsburger Dekan Georg Sebastian Zilling (1725–1799).

Dieser von vornherein ungleiche Kampf geht im Roman ohne Sieger aus. Zwar wird Gassner die Hauptschuld an der Intrige, die zu Schubarts Verhaftung in Blaubeuren geführt hat, zugeschrieben, aber Gassners Sieg ist zweifelhaft: Der Roman endet damit, dass Gassner, mittlerweile Hofkaplan in Regensburg, von den dortigen Bürgern bei einer kläglich misslingenden inszenierten Totenerweckung mit einem Lied verjagt wird – und dieses Lied stammt von Schubart: *O Gott im Himmel, mach' uns frei / Aus dieser Höllentäuscherei!*[41]

Der Fokus von Weißers Roman ist geographisch breiter als der von Kurz' „Schillers Heimatjahre", reicht über Württemberg hinaus in die Pfalz und in die Schweiz, nach Bayern und Österreich; er bietet nicht mehr nur „Schwäbische Charakterbilder", sondern „Südwestdeutsche Charakterbilder". Ähnlich wie Kurz versucht auch er, die gesamte Breite der Gesellschaft abzubilden. An das Modell des historischen Romans, wie es Hauff und Kurz geliefert haben, hält sich Weißer indes nicht mehr. Sein „mittlerer Held" ist nun eine historische Gestalt, die, wie Georg von Sturmfeder im „Lichtenstein" und Heinrich Roller in Kurz' „Schillers Heimatjahre", eher getrieben wird als selbst handelt: Seine Irrfahrten unternimmt Schubart nicht freiwillig. Es gelingt ihm nicht – nicht nur wegen der Intrigen seiner Gegner, sondern auch wegen seines eigenen Charakters –, irgendwo sesshaft zu werden. Die antiklerikale und demokratische Tendenz des Romans ist wesentlich schärfer als bei Kurz, man merkt die Verbitterung des exilierten 1848ers deutlich.

3. Johannes Scherr: „Schiller. Culturgeschichtlicher Roman in sechs Büchern"

Johannes Scherr, 1817 geboren in Rechberg-Hinterweiler, 1886 in Zürich gestorben[42], hat in Tübingen Philologie und Geschichte studiert, war Abgeordneter im Württembergischen Landtag für den Wahlkreis Geislingen; nach der Revolution musste er, wie Weißer, in die Schweiz fliehen. Hier veröffentlichte er in schneller Folge die erste Ausgabe seiner „Geschichte deutscher Cultur und Sitte" (1852), die später unter dem Titel „Deutsche Kultur- und Sittengeschichte" noch viele Auf-

---

[41] Weisser, Schubart's Wanderjahre (wie Anm. 32), Bd. 2, S. 283. Es handelt sich dabei um die leicht variierten Schlussverse von Schubarts Gedicht „Frage", vgl. Schubart, Sämtliche Gedichte, Bd. II, S. 161 f., hier S. 162.

[42] Vgl. Willibald Klinke, Johannes Scherr. Kulturhistoriker, Thayngen-Schaffhausen 1943; Andrew Cusack, Mediating Culture in the German Nineteenth Century, Rochester/New York 2021.

lagen erleben sollte und als sein wichtigstes Werk gilt; einen Roman, „Michel" (1858) – das ist natürlich der deutsche Michel –, außerdem gleich zwei umfangreiche Werke über Schiller: 1856 eben „Schiller. Culturgeschichtlicher Roman in sechs Büchern" und 1860 die Biographie „Schiller und seine Zeit".[43]

Scherrs Schiller-Roman beginnt in der Gegenwart mit einem historisch interessierten Touristen, der Ludwigburg besucht. Die Stadt ist leer und öde, das Schloss heruntergekommen, seine Gänge verlassen. Die erhofften Reste einer „guten alten Zeit" findet er dort nicht mehr[44]. Der Erzähler erbarmt sich und zaubert ihn um hundert Jahre zurück, in die Glanzzeit Ludwigsburgs. Er zeigt uns Schubart im Gespräch mit einem Herrn Bechtold, der seinen Sohn auf der *Sklavenplantage*, also der Karlsschule, untergebracht hat[45]. Dieser Bechtold ist der Onkel von Friedrich Schiller, ebenfalls ein zukünftiger Karlsschüler.

Im ersten Teil des Romans gibt es mehrere Gespräche zwischen Schubart und dem jungen Schiller, der in Ludwigsburg ebenso unter dem Dekan Zilling leidet wie Schubart selbst. Beide sehen den Ausmarsch des württembergischen Kapregiments, das Karl Eugen nach Holland verkauft hat. Schubart hatte für diesen Anlass die Musik und die Verse zu liefern. Während dieses Ausmarsches – und also während Schubarts Komposition – tötet sich einer der jungen Soldaten selbst, um, wie es heißt *mit Wegwerfung seines Lebens gegen jenen Menschenschacher zu protestiren, der, wie Jedermann weiß, einer der größten Schandflecken der Geschichte Deutschlands im achtzehnten Jahrhundert war, wenn nicht der größte überhaupt*[46]. Die Szene verstört Schiller: *Der Sturm, welcher in seiner Seele wühlte, machte seine Lippen beben, seine Hände ballten sich krampfhaft und mit dem Blitz, welcher seinen Augen entfunkelte, brach zugleich aus seinem Munde der Aufschrei: ‚In tyrannos'*[47] –

„Gegen die Tyrannen" also, das Motto der „Räuber". Unter den Umstehenden erkennt nur Schubart, was in Schiller in diesem Moment vorgegangen ist – es handelt sich dabei nicht nur um eine politische Erkenntnis, sondern auch um die Erkenntnis seiner eigenen Bestimmung.

Insgesamt ist Scherrs „Schiller", was die Kritik an den württembergischen Verhältnisse angeht, der schärfste der drei Romane. Gleichzeitig ist er schmissig erzählt und von der Grundstimmung eher heiter; der Erzähler beschäftigt sich viel mit den Kabalen und Diskussionen der Karlsschüler und zunehmend mit Schillers Frauengeschichten, die er bis zur Heirat mit Charlotte verfolgt, mit der der Roman endet. Es folgt ein *Nachspiel*, das, allerdings in einem weniger literarischen als referierenden Stil, den Rest von Schillers Leben erzählt. Der Roman präsentiert seinen Lesern eine Erfolgsgeschichte, bei der naturgemäß Württemberg und der Her-

---

[43] Johannes SCHERR, Schiller. Culturgeschichtlicher Roman in sechs Büchern, Prag/Leipzig 1856; Johannes SCHERR, Schiller und seine Zeit. In drei Büchern, Leipzig 1859.

[44] SCHERR, Schiller (wie Anm. 43), Bd. 1, S. 14.

[45] Ebd., S. 20.

[46] Ebd., S. 73.

[47] Ebd., S. 75.

zog Karl dann aus dem Blick geraten, wenn Schiller beide verlässt. Aber im letzten Moment durchfährt ihn – und damit auch den Leser – noch ein Schauer, wenn er bei seiner Wanderung aus dem Land einem Einsiedler begegnet, der ihm erzählt, dass ein Tübinger Student auf Geheiß der Geistlichkeit in seiner Heimat verhaftet, geköpft und verbrannt worden sei, weil er mit Schubart Umgang gehabt und die Schriften der Aufklärer gelesen habe[48]. In diesem – vielleicht etwas zu drastischen und historisch nur wenig wahrscheinlichen Beispiel – zeigt sich noch einmal der Schrecken der Verhältnisse.

Die drei Romane erzählen die gegensätzlich verlaufenden Biographien zweier Dichter, die einen entscheidenden Moment in der Auseinandersetzung mit Herzog Karl Eugen haben. Schubart, der gegen die eigene Zeit, aber auch mit dem eigenen Charakter ringt, ist in dieser Konfrontation ein Verlierer. Schiller dagegen geht als Sieger aus ihr hervor, muss dazu allerdings das Land verlassen. Schubart steht dabei für das Alte, für eine Zeit, der es nicht gelingt, sich aus ihrer *selbstverschuldeten Unmündigkeit*, wie es bei Kant heißt, zu befreien, es aber immerhin versucht. Ein abschreckendes, aber wenigstens sympathisches Beispiel. Schiller dagegen steht für das Neue, für die Befreiung aus den alten Zuständen, aus der Unterdrückung, für moralische Festigkeit, für das Gelingen im Leben wie im Werk. Den Stolz, Schiller als Landsmann zu haben, merkt man allen drei Romanen an.

In den Romanen von Weißer und von Scherr gibt es jeweils eine Szene, in der das Alte und das Neue miteinander konfrontiert werden. Bei Weißer findet die Szene bei Schubarts Weggang von Ludwigsburg statt, wo er oberhalb von Neckarweihingen zwei Jungen begegnet, von denen der eine *mit sonderlich lebhaften Gestikulationen, besonders der Hände, die gleich den Armen eines Telegraphen auf- und niederbaumelten, eine sehr pathetische Deklamation* in das Tal hinab richtet[49]. Dieser Junge – es ist Schiller – und sein Freund leiden ebenfalls unter dem Dekan Zilling, der auch an Schubarts Ausweisung aus Ludwigsburg maßgeblich beteiligt war. Aber, dass sie leicht darüber reden und sich trotz Zillings Drohungen, sie *durch und durch zu peitschen*, einen *lustigen Tag gemacht* haben, daraus schöpft Schubart *eine außerordentliche Ermuthigung*[50].

In Scherrs Roman wird ein ähnlicher Moment weitaus prägnanter als eine Art Stabübergabe inszeniert. Auch hier ist Schubart bereits aus Ludwigsburg ausgewiesen, als er Schiller trifft, der hier aber auf dem Weg ist, in die Karlsschule zu gehen – beide müssen also auf Geheiß des Herzogs fort aus Ludwigsburg. Das Gespräch kommt auf das sklavenhafte Dasein der Landeskinder. Dabei wird die Zukunft der beiden Dichter gezeigt: Für Schubart ist das der Hohenasperg, der unverhofft in der Ferne auftaucht, und den Schubart mit *einem plötzlichen dunkeln Angstgefühl ergriffen*[51] erblickt; für Schiller entwirft Schubart die Zukunft in einer

[48] Vgl. ebd., S. 137.

[49] Vgl. Weisser, Schubart's Wanderjahre (wie Anm. 32), Bd. 1, S. 261 f.

[50] Ebd. S. 266 f.

[51] Scherr, Schiller (wie Anm. 43), Bd. 1, S. 144.

fast entrückten Rede, bevor sich die Wege der beiden trennen: *Ja, Friedrich Schiller,* [...] *es ist schön ein Dichter zu sein. Aber die heilige Flamme will mit reinen Händen gewartet sein, wenn sie groß und herrlich himmelan steigen soll* [...]. *Knabe, mir ist, als sähe ich den göttlichen Funken in Deiner Seele glühen. Wenn er erwacht unter dem Hauche des Lebens, dann warte und mehre ihn, hörst Du?* [...] *besser und treuer als ich es gethan. Folge mir nicht nach auf der Bahn der Thorheit, auf welcher ich, ich fürchte es nur allzusehr, mein bestes Herzblut vergeudet, meine beste Kraft verzettelt habe* [...]. *Fühle edel, denke frei und groß, halte fest am Ideal!* [...] *Stelle dich auf Dich selbst, Junge, und biete der Welt Trotz! Um groß zu werden, darf man sich nicht mit ihr abfinden, nein, man muß sie bekämpfen, auf Leben und Tod. Laß von ihrer Gemeinheit nie die Schwingen Deines Geistes beschweren und beschmutzen, wenn sie Dich zur Sonne tragen sollen* [...]*!*[52]

Das ist eine Initiation: Schubart entwirft hier einen Dichter und Menschen, der er gerne gewesen wäre und nicht werden konnte, der Schiller aber werden wird. Er macht ihn zu seinem eigenen, besseren Nachfolger.

Die Überhöhung Schillers, die in Schubarts Rede deutlich wird, und die im Laufe des 19. Jahrhunderts mit viel Pomp auf vielen Ebenen realisiert wird, konvergiert mit einer Tendenz zur Heldenverehrung in der Gesellschaft des 19. Jahrhunderts generell. Die Theorie dazu stammt vor allem aus dem angelsächsischen Raum, etwa aus Thomas Carlyles 1840 gehaltenen Vorlesungen „On heroes, hero-worship and the heroic in history", in denen sich auch ein Kapitel über „The hero as poet" befindet. Carlyles Beispiele sind hier Dante und Shakespeare, aber bereits 1825 hat er eine Schiller-Biographie verfasst, „The Life of Friedrich Schiller", die 1830 – also vor den hier besprochenen Romanen – auch auf Deutsch erschienen ist[53]. Bereits die Schillerfeiern von 1839 stehen vor dem Hintergrund einer Debatte, die davon unabhängig und zunächst ganz unabsichtlich von David Friedrich Strauß angestoßen worden war, der in einem Aufsatz über „Vergängliches und Bleibendes im Christenthum" – 1838 in der Altonaer Zeitschrift „Der Freihafen" erschienen – festgestellt hatte, dass angesichts *dem religiöse Zerfalle dieser Zeit* nichts mehr übrig bleibe als der *Cultus des Genius*[54], also die Verehrung der großen, in der Geschichte der Menschheit epochemachenden Geister, in denen sich das Göttliche am reinsten zeige. Während Strauß als des „Cultus" würdige Dichter Homer und Shakespeare nennt, geschieht die Anwendung seiner Ideen auf Schiller postwendend, und zwar im Zusammenhang mit der Schiller-Feier von 1839. In einem offenen Brief an Gustav Schwab – der dabei die Festrede gehalten hatte – nennt dessen Freund, der

---

[52] Ebd., S. 145f.

[53] Thomas CARLYLE, Leben Schillers. Aus dem Englischen. Eingeleitet durch Goethe, Frankfurt a.M. 1830 vgl. vor allem den Schluss, S. 299–301. Zur Rezeption dieser Konzepte im realistischen Roman vgl. Bettina PLETT, Problematische Naturen? Held und Heroismus im realistischen Erzählen, Paderborn u.a. 2002.

[54] David Friedrich STRAUSS, Vergängliches und Bleibendes im Christenthum. Selbstgespräche von Dr. Strauß, in: Der Freihafen. Galerie von Unterhaltungsbildern aus den Kreisen der Literatur, Gesellschaft und Wissenschaft 3 (1838), S. 1–48, hier S. 32.

Theologe Carl Christian Ullmann (1796–1865), das Schillerfest die *offenkundige und nationale Inauguration dieses* von Strauß propagierten „Cultus" und sieht in Schwab, der im Begriff war, die maßgebliche Biographie Schillers zu veröffentlichen, dessen *würdige*[n] *Priester*[55]. Der Brief und Schwabs Replik darauf (über *Schiller und sein Verhältniß zum Christenthum*) wurden unter dem Titel „Der Cultus des Genius" veröffentlicht und damit war ein Schlagwort geschaffen, das die Ideengeschichte des 19. Jahrhunderts nachhaltig geprägt hat.

Eine solche Vereinnahmung – und erst recht einen „Cultus" – hat Schubart nie erfahren. Sein Andenken, wenn auch nur sporadisch, hat allerdings nie völlig aufgehört. Es war in erster Linie eine Sache von Liberalen, Demokraten und Linken[56], meist auch auf den deutschen Südwesten beschränkt. Während Schiller sehr früh über Karl Eugen hinausgewachsen ist, blieb die Wahrnehmung Schubarts in der Regel auf sein Verhältnis zu dem württembergischen Herzog und auf die Gefangenschaft auf dem Hohenasperg fixiert. Erst in den letzten Jahren deutet sich eine weniger ideologische Wahrnehmung Schubarts an, bei der er endlich auch als selbstständiger Dichter und Schriftsteller gewürdigt wird. Karl Eugens Verdienste um die Literatur sind, das muss man wohl so sagen, auch wenn er gerade das Gegenteil beabsichtigt hatte, auf jeden Fall groß.

---

[55] C. Ullmann/G. Schwab, Der Cultus des Genius, mit besonderer Beziehung auf Schiller und sein Verhältniß zum Christenthum. Theologisch-ästhetische Erörterungen, Hamburg 1840, S. 5f.

[56] Vgl. Bernd Jürgen Warneken, Unser Schubart. Aneignungen, in: Barbara Potthast (Hg.), Christian Friedrich Daniel Schubart – Das Werk, Heidelberg 2016, S. 13–34, hier S. 23f.; zur ambivalenten Rezeption in der NS-Zeit vgl. ebd., S. 25–30.

Erinnerungskämpfe im langen 19. Jahrhundert

Männer, Frauen und die Erinnerungskämpfe um 1848/49 in der zweiten Hälfte des „langen 19. Jahrhunderts“

Wolfgang M. Gall

1. Die Dynamik der Erinnerung

Die Erinnerung an die Revolution von 1848/49, einer „wichtigen Epochenschwelle der Moderne“[1], war in Deutschland seit der Restaurationszeit stets politisch geprägt. Dies betraf die Errichtung einer Begräbnisstätte, das Totengedenken, die offizielle Geschichtspolitik sowie die populare und professionelle Historiographie[2]. In besonderem Maße galt dies für das Großherzogtum Baden, „das nicht ein wichtiger Revolutionsschauplatz unter mehreren, sondern Heimstatt der wahren Revolutionäre schlechthin [war], die keine Scheu zeigten, das Prinzip der Volkssouveränität konsequent umzusetzen, und sich nicht der Illusion hingaben, ihre Ziele und Weg der Verständigung mit den Fürsten erreichen zu können, sondern gewaltbereit waren“.[3]

Vor diesem Hintergrund ist es bemerkenswert, dass das große landesweite Jubiläum zum 150. Jahrestag der revolutionären Ereignisse, aus Offenburger Sicht die Zeitspanne zwischen 1847 und 1849, eine nachhaltige erinnerungspolitische Wende hervorgebracht hat. Stefan Hupkas Leitartikel „Schlachten der Vergangenheit“ im Nachklang zu dem dreitägigen „Offenburger Freiheitsfest“ vom 12./13. September 1997 brachte es auf den Punkt. Entscheidendes habe im Gegensatz zu früher bei den 1848/49er-Feierlichkeiten gefehlt: „[...] der bisher übliche Parteienstreit, wenn es um die Interpretationen und Vereinnahmungen von Revolutionen bzw. Demokratiebewegungen ging.“[4] Offensichtlich sei es in Baden-Württemberg zu einem teuren Bündnis von Repräsentationsdrang regierender Rechtsparteien und Geltungsdrang

---

1 Rüdiger Hachtmann, Epochenschwelle der Moderne. Einführung in die Revolution von 1848/49, Tübingen 2002, S. 17.

2 Michael Wettengel, Erinnern an die Revolution von 1848/49, in: Bernd Braun/Frank Engehausen/Sibylle Thelen u. a. (Hg.), Demokratie erinnern (Schriften zur politischen Landeskunde Baden-Württembergs, Bd. 53), Stuttgart 2023, S. 39–82, hier S. 42; vgl. zudem Dieter Langewiesche, Populare und professionelle Historiographie zur Revolution von 1848/49 im Jubiläumsjahr 1998, in: Zeitschrift für Geschichtswissenschaft 47 (1999), S. 615–622.

3 Frank Engehausen, Kleine Geschichte der Revolution 1848/49 in Baden, Karlsruhe 2010, S. 8.

4 Stefan Hupka, Schlachten der Vergangenheit, in: Badische Zeitung vom 13. September 1997, S. 4; weitere Pressekommentare siehe: Wolfgang Reinbold, Die 48er Revolution in Baden im Spiegel der Medien – Geschichtliche Wahrheiten und ihre Darbietung in der Gegenwart. Eine erste Bestandsaufnahme anlässlich der Berichterstattung zum Offenburger Freiheitsfest vom 12. bis 14. September 1997, in: Die Ortenau 78 (1997), S. 133–146.

linker Oppositionsparteien gekommen. Ein Berliner Zeitungsjournalist konstatierte, dass seit 1998 der Revolution von 1848/49 nicht mehr kritisch nachgetragen werde, dass sie ihre Ziele nicht erreichte. Denn dieses Scheitern sei mittlerweile in den Schatten gestellt von der Überzeugung, „daß mit ihr der Anfang für einen verfassungsrechtlichen Weg gelegt wurde, dessen Durchsetzung und Befestigung den Stolz der deutschen Nachkriegsgeschichte bildet [...]. Irgendwie hat die Revolution schließlich offenbar doch gesiegt – in den Köpfen wie im Bild der Geschichte, das die Deutschen haben".[5] Zu einem ähnlichen Urteil kommt Wolfram Siemann, der rückblickend feststellt, dass anders als zu früheren Revolutionsjubiläen „die Gedenkveranstaltungen 1998 weitgehend frei von Kontroversen oder Vereinnahmungen der verschiedenen politischen Parteien"[6] blieben. „Man könnte den Eindruck gewinnen, daß die Deutschen auf dem Weg über die Erinnerung an 1848 ein Stück zu einer Identität fanden, die sich in ihrer sonst so problematischen Vergangenheit verankern ließ und bejaht werden konnte." Die veränderte Haltung zur Revolution von 1848/49 und ihren demokratischen Protagonistinnen und Protagonisten zeigt sich gut am Umgang mit der Person Friedrich Hecker. Galt er 1968 konservativen Politikern gewissermaßen als Vordenker der RAF und musste als Namensgeber eines DKP-Buchladens in Freiburg herhalten, wurde im Jubiläumsjahr 1997 alles anders: Bei seiner Festrede beim Offenburger Freiheitsfest trug der damalige Ministerpräsident Erwin Teufel stolz einen Heckerhut auf seinem Kopf[7]. Dem damaligen Vorsitzenden des Landesvereins Badische Heimat, Alois Schmid, war diese Umdeutung ein Gräuel. Ihm floss nicht nur „zu viel Aristokratenblut", auch war ihm zu häufig von „Barrikadenbau" die Rede. In seiner Festrede bei der Jahrestagung des Historischen Verein für Mittelbaden e.V. im Jahr 1999 griff er mit Vehemenz und Sarkasmus eine Aussage des damaligen Ministers für Wissenschaft, Forschung und Kunst, Klaus von Trotha, an, wonach die Feierlichkeiten zum 150. Jubiläum für den Südweststaat „identitätsbildenden Charakter" hätten: „Über dieses Ministerwort ließe sich trefflich streiten. Wie erklärt sich übrigens, daß 1978 die „linken" Gruppen mit ihrem Gedenken noch ziemlich allein waren, unter sich bei ihren Aktionen, als sie z.B. in Freiburg die Straßen umbenannten nach Hecker, Struve, Dortu, Gerhard Kromer – statt Leopold und Friedrich und Kaiser Joseph, als sie so wenig Zustimmung, aber viel Häme und Spott erfuhren?"[8] Im Vergleich zu den

[5] Berliner Tagesspiegel vom 17. Mai 1998, zit. nach Hachtmann (wie Anm. 1), S. 9.

[6] Wolfram Siemann, 1848/49 in Deutschland und Europa. Ereignis – Bewältigung – Erinnerung, Paderborn 2006, S. 267.

[7] Vgl. Heinz Siebold, Vorzeigbar wurde 1848 erst nach dem Ende der DDR, in: Badische Zeitung vom 21. April 2008: „Ministerpräsident Erwin Teufel (CDU) zeigt sich mit dem Heckerhut und lobt die Revolution in höchsten Tönen, zum Wohlgefallen seines Parteifreunds Wolfgang Schäuble: Das war am 12. September 1997 beim Freiheitsfest in Offenburg, das den Auftakt zu den 150-Jahr-Feierlichkeiten der Badischen Revolution gab." Vgl. Engehausen (wie Anm. 3), S. 206ff.; Hachtmann (wie Anm. 1), S. 199–202. Vgl. auch Kurt Hochstuhl, Friedrich Hecker, Stuttgart 2011, S. 5.

[8] Adolf Schmid, Reformen, ja; aber Revolution? Das obere Wolftal war 1848/49 kein potentieller Brandherd, in: Die Ortenau 79 (1999), S. 341–371, hier S. 341. Das Zitat von Minis-

Gedenkjahren zuvor beruhte das popularisierte Erinnern an 1848/49 beim 150. Gedenken in Baden-Württemberg, bei dem 500 Kommunen über 800 Veranstaltungen auf die Beine gestellt hatten, von Beginn an zumeist auf der Initiative aus der Zivilgesellschaft oder von Kulturinstitutionen[9]. Die beim 150. Jubiläum beobachtete neu ausgerichtete Wahrnehmung und Deutung der Ereignisse von 1848/49 in Richtung einer parteiübergreifenden Popularisierung bestätigt Claudia Klemms Einschätzung, wonach es die Erinnerung an 1848/49 politischen Akteur:innen zu allen Zeiten ermöglicht hat, unabhängig von der jeweiligen Regierungsform Anknüpfungspunkte der Erinnerung an dieses Ereignis zu finden[10]. Sie erkennt als Besonderheit der Revolution von 1848/49 deren Vielschichtigkeit und interpretiert das als Stärke und Schwäche zugleich. Die Fülle der Anknüpfungspunkte könne zwar viele Interpretationsmöglichkeiten anbieten, verhindere aber damit eine unumstrittene Interpretation, die einen uneingeschränkten Rückbezug ermögliche. Dies sei auch ein Grund, warum sich das Erinnern und Gedenken an 1848/49 bis heute nicht statisch, sondern dynamisch verhalte und ermögliche es etwa trotz unterschiedlicher politischer Strukturen, Teilbereiche zu aktualisieren und zu erinnern[11].

Welche seltsamen Blüten Interpretationssprünge aus lokalhistorischer Perspektive treiben konnten, führt uns das Beispiel des Offenburger Historikers, Journalisten und Verlegers Franz Huber (1868–1958) vor Augen. Als junger Mann bejubelte er 1920 in einem Beitrag die revolutionären Ereignisse als Grundlage für die junge Weimarer Verfassung. Huber hatte zuvor staatliche Archivquellen aus der Revolutionszeit ausgewertet und darüber publiziert. Ein Jahr nach dem Erscheinen von Veit Valentins zweibändigem Werk „Geschichte der deutschen Revolution von 1848–1849"[12] publizierte er 1931 ein Büchlein mit dem Titel „Der 47er Ruf aus Offenburg. Die Versammlung entschiedener Verfassungsfreunde am 12. Sep-

---

ter von Trotha entnahm Schmid der Presseerklärung des Stuttgarter Ministeriums für Wissenschaft, Forschung und Kunst, Nr. 150/1998.

[9] Zur Rolle Offenburgs vgl. Wolfgang M. GALL, Erinnert und nicht vergessen? Zur Offenburger Rezeptionsgeschichte der Revolutionsereignisse 1847 bis 1849, in: Sylvia SCHRAUT u.a. (Hg.), Menschenrechte und Geschichte. Die 13 Offenburger Forderungen des Volkes von 1847 (Schriften zur politischen Landeskunde Baden-Württembergs, Bd. 43), Stuttgart 2015, S. 41–78; 150 Jahre Deutsche Revolution. Ergebnisse des Offenburger Kolloquiums vom 8. Oktober 1993, hg. von Hans-Joachim FLIEDNER/Michael FRIEDMANN/Wolfgang M. GALL, Offenburg 1994.

[10] Vgl. Claudia KLEMM, ERINNERT – umstritten – gefeiert. Die Revolution von 1848/49 in der deutschen Gedenkkultur, Göttingen 2007, S. 587ff.

[11] Nach Pierre Nora gilt diese Feststellung prinzipiell für das „Gedächtnis". Es ist offen für alle möglichen Manipulationen, anfällig für lange Schlummerzeiten und zu plötzlichem Wiederaufleben fähig. Durch das dialektische Wechselspiel von Vergessen und Erinnern bildete sich eine Dynamik heraus, die in Umbruchsituationen wie 1873, 1923 und 1948 Wünsche nach historischer Verortung, „nach einem gewachsenen Fundament und weit zurückreichenden Wurzeln wach werden ließen." Pierre NORA, Zwischen Geschichte und Gedächtnis, Frankfurt 1998, S. 13ff.

[12] Veit VALENTIN, Geschichte der deutschen Revolution von 1848–1849, 2 Bde., Berlin 1930/31.

tember 1847 in Offenburg"[13]. Es handelt sich um das erste seriöse Werk, das sich mit der Veranstaltung vom 12. September 1847 im Offenburger Salmen auseinandersetzt. Stand der Autor zu dieser Zeit als DVP-Liberaler der aufkommenden nationalsozialistischen Bewegung noch kritisch gegenüber, ließ er sich nach 1933 wie viele seiner Zeitgenossen von den außenpolitischen „Erfolgen" Hitlers blenden. Nach der Eingliederung Österreichs schrieb Huber am 18. März 1938 als Herausgeber der „Ortenauer Rundschau": *Die deutschen Stämme sind einig, zusammengeschlossen in einem einzigen großdeutschen Reich. Der Führer und Reichskanzler hat diesen Traum der 48er verwirklicht.*[14] Zudem lieferte er mit einem Auszug aus Artikel 6 des Offenburger Programms[15] von 1847 die passende Formulierung, um die Ideen von 1847 an die neue politische Konstellation anzupassen, und zwar *eine feste Stellung dem Auslande gegenüber gebührt uns als Nation.* Mit dieser Interpretation wurden aus den entschiedenen Freunden der Verfassung von 1847 Vorkämpfer im nationalsozialistischen Sinne[16]. Allerdings übersah er geflissentlich den ersten Halbsatz der ursprünglichen Forderung: *Gerechtigkeit und Freiheit im Innern.* Neun Jahre später, im Jahr 1947, passte Huber seine politische Deutung der Jahre von 1847 bis 1849 erneut den neuen politischen Zeitverhältnissen an, als er sich an den damaligen Offenburger Bürgermeister Ernst wandte, um für den

---

[13] Franz HUBER, Der 47er Ruf aus Offenburg. Die Versammlung entschiedener Verfassungsfreunde am 12. September 1847 in Offenburg (Baden), Offenburg 1931. Huber schrieb ferner einen Beitrag mit dem Titel „Geschichtsblätter aus der Frühzeit der Turnvereine in Baden und Offenburg", in dem er auf die Ereignisse von 1848/49 ausführlich eingeht: *Wir sind rund 80 Jahre über die Zeit, deren Geschichtsblätter wir hier aufgeschlagen hinweg. Vieles von dem, was wir an Ideen vernehmen, ist aber so jung, so frisch, als ob es von heute wäre. Und die Besonnenheit und Energie der Offenburger Stadtväter, sie nötigen höchste Achtung ab, sind Erziehungsfaktor,* DERS., Offenburg in der Zeit des Vormärz und den Revolutionsjahren 1848–49. Verteidigungsschrift des Bürgermeisters Rée für sich und die Gemeinderäthe, o. O., o. J., S. 52.

[14] Ortenauer Rundschau vom 18. März 1938.

[15] Stadtarchiv Konstanz Q III 95/7 Flugblatt „Die Forderungen des Volkes", Offenburg 12. September 1847, daraus: *Artikel 6. Wir verlangen Vertretung des Volkes beim deutschen Bunde. Dem Deutschen werde ein Vaterland und eine Stimme in dessen Angelegenheiten. Gerechtigkeit und Freiheit im Innern, eine feste Stellung dem Auslande gegenüber gebühren uns als Nation.*

[16] Im Heimatbrief Nr. 4 (1944), einer von der Stadt Offenburg an die Offenburger Soldaten herausgegebenen Schrift, sammelte Franz Huber Zitate von allen historischen Offenburger Lokalgrößen und interpretierte sie zu Durchhalteparolen um. Auch hier zitiert er die Forderungen von 1847: *Den Deutschen werde EIN VATERLAND und eine Stimme in dessen Angelegenheiten. Gerechtigkeit und Freiheit im Innern, eine FESTE STELLUNG DEM AUSLAND GEGENÜBER, gebühren und als Nation.* Ebenso führt er die Forderung nach *volksthümlicher Wehrverfassung* an, ergänzt durch andere Auszüge aus dem Forderungskatalog von 1847. Selbst Passagen aus dem Programm des Offenburger Volksvereins vom 22. Februar 1849 benutzte Huber in der Propagandaschrift. Auch Adolf Hitler kommentierte in Frankfurt am 31. März 1938: *Das Werk, für das vor neunzig Jahren unsere Vorfahren bluteten, kann nunmehr als vollbracht angesehen werden.* Vgl. SIEMANN (wie Anm. 6), S. 250, zit. nach Guenter MICK, Die Paulskirche. Streiten für Einigkeit und Recht und Freiheit, Frankfurt a. M. 1988, S. 336.

12. September des Jahres eine große Gedenkveranstaltung zum 100. Jahrestag der Versammlung von 1847 vorzuschlagen[17]. Dem Präsidenten des Staatssekretariats, Leo Wohleb, schlug Huber ebenso vor, im ganzen Land „Gedächtnisstunden" abzuhalten. Damit sollte dem Volk bewusst werden, welche Verpflichtungen es „aus der Zeit seiner Großväter" habe.

Der folgende Beitrag beschäftigt sich mit den Erinnerungskämpfen um 1848/49 in der zweiten Hälfte des „langen 19. Jahrhundert". Er umfasst die Zeitspanne zwischen der Niederschlagung der badischen Republik im Juli 1849 und dem Beginn der Weimarer Republik; eine Zeitspanne, in der einige der damaligen politischen Akteurinnen und Akteure noch lebten, die mit zumindest der folgenden Generation zusammen unterschiedliche, auch umkämpfte Erfahrungs-, Erinnerungs- und Erzählgemeinschaften bilden konnten[18].

Verschiedene Faktoren beeinflussten die Erinnerungskämpfe um 1848/49. Die wichtigsten von ihnen sind:

(1) Auf politisch-gesellschaftlicher Ebene die Zeitläufte mit den politischen und gesellschaftlichen Gegebenheiten sowie die geschichtspolitischen Vorstellungen der verschiedenen politischen Gruppen,

(2) auf der individuellen Ebene die sich unterschiedlich entwickelnden Positionen und Ziele der „erinnernden" Achtundvierziger:innen und deren politischen Gegner:innen und

(3) auf der Geschlechterebene die Tatsache, dass die Auseinandersetzung mit dem öffentlichen Gedenken in der Regel ohne nennenswerte Bezüge zum Geschlecht der Akteure geführt werden, wie Sylvia Paletschek und Sylvia Schraut in ihrem Beitrag „Erinnerung und Geschlecht" 2009 kritisch feststellen[19].

Im ersten Teil des Beitrags geht es um die Deutungsversuche aus der Sicht politisch handelnder Akteur:innen unmittelbar nach der Niederschlagung der badischen Republik 1849, konkret um deren Bewertung und politischen Einordnung der für die Demokratiegeschichte bedeutsame Offenburger Versammlung vom 12. September 1847, bei der mit den „13 Forderungen des Volkes in Baden" das erste demokratische Programm Deutschlands verabschiedet wurde[20]. Es blieb über

---

[17] Vgl. hierzu ausführlicher Kurt HOCHSTUHL, In Erfüllung des Vermächtnisses. Revolutionsgedenken und Politik 1948 in Baden, in: Oberrheinische Studien 20 (2002), S. 317–326; GALL, Zur Offenburger Rezeptionsgeschichte (wie Anm. 9), S. 68; Stadtarchiv Offenburg (im Folgenden StadtA Offenburg) 5/1109.

[18] Vgl. Aleida ASSMANN/Jan ASSMANN, Das Gestern im Heute. Medien und soziales Gedächtnis, in: Klaus MERTEN u. a. (Hg.), Die Wirklichkeit der Medien. Eine Einführung in die Kommunikationswissenschaft, Opladen 1994, S. 114–140, hier S. 118 f.

[19] Sylvia SCHRAUT/Sylvia PALETSCHEK, Erinnerung und Geschlecht – auf der Suche nach einer Transnationalen Erinnerungskultur in Europa. Beitrag zum Themenschwerpunkt „Europäische Geschichte – Geschlechtergeschichte", in: Themenportal. Europäische Geschichte. 2009, https://www.europa.clio-online.de/searching/id/fdae-1510 (Letzter Zugriff: 22.04.2024).

[20] Sylvia SCHRAUT, Demokratie – von der Herrschaft des Volkes über sich selbst, in: DIESS. (wie Anm. 9), S. 17–24, hier S. 19.

lange Jahrzehnte hinweg bestimmend und die deutsche Verfassungsentwicklung nahm 1919 und 1949 viel davon auf[21]. Anschließend geht es um die Bewertung der eigenen politischen Niederlage durch die Demokrat:innen.

Im zweiten Teil setzt sich der Beitrag mit den Veranstaltungen zum 25., 50. und 75. Gedenken an die Revolution von 1848/49 auseinander. Im Fokus stehen die Erinnerungskämpfe im Revolutionszentrum Offenburg im Vergleich zu den Städten Berlin, Frankfurt und Rastatt. Welche gesellschaftlichen Gruppierungen wurden in die Erinnerungsgemeinschaft eingeschrieben, welche ausgegrenzt? Welche erinnerungspolitischen Brüche und Kontinuitäten setzten sich unter welchen Umständen durch? Welche Rolle spielte Gender im Kampf um die Erinnerung? Auf die Debatten innerhalb der Historiografie, Erinnerungsorte und Revolutionsmythen (z. B. Heckerkult) geht der vorliegende Beitrag nicht ein[22].

2. Deutungsversuche aus Sicht der politisch handelnden Akteur:innen unmittelbar nach der militärischen und politischen Niederlage 1849 in Baden

Die erste Phase des individuellen und kollektiven Erinnerns setzte in Baden im August 1849 nach der vollständigen Niederlage der ersten demokratischen Republik ein. Auf politischer Ebene begannen die geschichtspolitischen Kontroversen um die Deutung der gerade zurückliegenden Ereignisse und über das Revolutionserbe[23]. Die Konservativen adlig-monarchischer Provenienz suchten die Erinnerung an 1848 durch schlichtes Verschweigen zu tilgen, was ihnen großenteils auch gelang. Sobald sie dieses Ereignis zur Kenntnis nehmen mussten, verteufelten sie die Revolution als Werk von Agenten und Irregeführten und verteidigten die unbedingte Vorherrschaft der Krone. Die Liberalen rechtfertigten zwar die Vereinbarungspolitik der Parlamente in der Revolution, näherten sich aber zunehmend den konterrevolutionären Siegern an: nicht ein gewähltes, souveränes Nationalparlament, sondern vielmehr die preußische Königsmacht sei entscheidend für die auf einen deutschen Einheitsstaat zielende Nationalbewegung. Allein die Demokraten und die Sozialisten bekannten sich klar zur Revolution und suchten die Erinnerung an sie – allerdings getrennt – wachzuhalten. Für sie galt revolutionäre Gewalt zunächst noch als legitimes Mittel zur Durchsetzung eines demokratisch-parlamentarischen Systems in einem vereinten Deutschland. In der Regel hoben sich zwei Lager von Traditionsbildnern voneinander ab: „Wer die gewalthafte März-

[21] Ebd.

[22] Vgl. dazu auch Franzjörg BAUMGART, Die verdrängte Revolution: Darstellung und Bewertung der Revolution von 1848 in der deutschen Geschichtsschreibung vor dem Ersten Weltkrieg (Geschichte und Gesellschaft, Bd. 14), Düsseldorf 1976.

[23] Wolfgang SCHMIDT, Die Revolution 1848/49 in einer sich wandelnden Geschichtskultur. Vortrag für einen „Akademischen Abend" der Rosa-Luxemburg-Stiftung Berlin, am 18. Mai 2000, hier S. 4.

revolution mit ihren Barrikadenkämpfen in Berlin und Wien feierte, kommentierte die Arbeit der Frankfurter Nationalversammlung als ‚Verrat' oder ‚Versagen' des Bürgertums. Wer die Frankfurter Nationalversammlung in der Paulskirche als Anfang deutscher Einheit feierte, versuchte die blutigen Märzaufstände gegen die Monarchie als Irrweg und Handikap auf dem Weg zu bürgerlicher Reform abzuwerten."[24] Der Umgang mit der Vergangenheit, insbesondere der persönlichen Niederlage, war für die 48er-Demokrat:innen von großer lebenspraktischer Bedeutung. Der politische Kampf wurde zum Geschichtskampf[25]. Die handelnden Personen ließen ihre Erinnerungen nicht als bloßes Geschehen hinter sich, vielmehr wurden sie zu einem Teil ihres Gedächtnisses, ihrer Psyche und zentraler Fixpunkt ihrer Biografie[26].

3. Die Offenburger Versammlung vom 12. September 1847 aus Sicht politisch handelnder Akteure unmittelbar nach 1849

1847 war den badischen Demokraten um den Vordenker und Initiator Gustav Struve (1805–1870) ein überzeugender „Propagandacoup"[27] gelungen. Genau eine Woche nach dem Treffen der „entschiedenen Freunde der Verfassung" hatten die einflussreichsten Zeitungen in Deutschland über die 13 Offenburger Forderungen des Volkes berichtet. Doch welchen Platz nahm die Versammlung von 1847 in der Erinnerung der Akteur:innen ein? War ihnen damals bewusst, dass die Offenburger Versammlung von 1847 „nicht nur in der deutschen Geschichte, auch im europäischen Vergleich [...] die Offenburger Verfassungsfreunde mit ihren Forderungen an der Spitze der damaligen bürgerlichen Reformbewegungen"[28] standen?

Die schriftlichen Aussagen in den 1850 erschienen Schriften der beiden Initiatoren Friedrich Hecker und dessen „Alter Ego"[29] Gustav Struve sind eher ernüchternd. Der eigentliche Vordenker der Versammlung, der Obergerichtsadvokat und Journalist Struve, der überdies das Offenburger Programm von 1847 weitgehend selbst formulierte, erwähnt die Versammlung mit keinem Wort. Hecker, der das Publikum mit seiner begeisternden Rede („Magna Carta des Volkes") zum Schwur

---

[24] SIEMANN (wie Anm. 6), S. 244.

[25] Dieter LANGEWIESCHE, Kulturelle Nationsbildung im Deutschland des 19. Jahrhunderts, in: Manfred HETTLING/Paul NOLTE (Hg.), Nation und Gesellschaft in Deutschland. Historische Essays [Hans-Ulrich Wehler zum 65. Geburtstag], München 1996, S. 46–64, hier S. 46.

[26] Wolfgang M. GALL, Feste Feiern? Zur demokratischen Traditionsbildung im „Demagogensitz" Offenburg, in: Badische Heimat 78 (1998), 1, S. 47–59, hier S. 51 f.

[27] Rainer SCHIMPF, Offenburg 1802–1847. Zwischen Reichsstadt und Revolution, Karlsruhe 1997, S. 278. Zu Struve: Clemens REHM/Annette R. HOFMANN (Hg.), Gustav Struve. Turner, Demokrat, Emigrant, Heidelberg 2020.

[28] Dieter LANGEWIESCHE, Die Bedeutung der 13 Forderungen des Volkes in Baden im europäischen Umfeld, in: SCHRAUT (wie Anm. 9), S. 25–40, hier S. 39.

[29] HOCHSTUHL (wie Anm. 7), S. 35.

Abb. 1: Amalie Struve in Offenburg (um 1848). (Stadtarchiv Offenburg 26/02/316)

auf die 13 Forderungen aufgerufen hatte[30], tat dies lediglich in wenigen dürren Zeilen und verwechselt bezeichnenderweise das Versammlungsdatum vom 12. September: *Nun war es an der Zeit die Forderungen des Volkes aufzustellen und mit Nachdruck zu verfolgen, welche schon am 12. Februar* [sic! eigentlich September] *1847 auf der Versammlung zu Offenburg gestellt, die Runde durch halb Europa gemacht und mit Hochverratsprozessen verfolgt worden waren*[31].

Reflektierter und mitunter auch emotional aufgewühlt lesen sich die Erinnerungen von Amalie Struve aus dem Jahr 1850, gehörte sie doch zu den wenigen Frauen, die auf der Galerie im Salmen an der Versammlung teilnahmen. Amalie Struve (1824–1862) widmet dem Salmen-Geschehen einen ganzen Abschnitt und stellt die Veranstaltung erstmals in einen größeren politischen Kontext. In Offenburg habe die erste „wahre" Volksversammlung stattgefunden: *Die Männer des ernsten Widerstandes begnügten sich nicht damit, Reden zu halten, sie drangen darauf, dass Beschlüsse gefasst werden, welche die Bedeutung des Tages erhöhen*

30 Vgl. SCHIMPF (wie Anm. 27), S. 263–277.

31 Friedrich HECKER, Die Erhebung des Volkes in Baden für die deutsche Republik im Frühjahr 1848, Basel 1848, S. 17.

und sichern sollten. Die Forderungen des Volkes, die damals in Offenburg geschlossen wurden, sind allgemein bekannt. Sie bildeten die Grundlage von allen jenen Forderungen, welche bald aller Orten auftauchten. Die Offenburger Versammlung vom 12. September 1847 war gewiß von großen Folgen. Sie trug einen edlen, großherzigen Charakter. Sie war ein Volksfest im schönsten Sinn des Wortes [...]. *Nie werde ich jene schönen Augenblicke vergessen, da diese Männer, gleich Seher, dem Volke seine Zukunft vorhersagten und es zur Thatkraft, zur Entschiedenheit, Festigkeit und Kühnheit aufforderten. In Offenburg wurde die erste wahre Volksversammlung gehalten. Unverhüllt wurde dem Volk die Wahrheit gegeben, unverhüllt wurde es zur That aufgefordert, nachdem so lange gesprochen worden war*[32]. Mit der expliziten Hervorhebung der Offenburger Versammlung von 1847 stimmte sie erstaunlicherweise in ihrem Urteil mit dem katholisch-konservativen Adligen Heinrich von Andlaw (1802–1871) überein, der Offenburg in seinem ebenfalls 1850 erschienen Werk ein eigenes Kapitel widmet. Offenburg habe, so von Andlaw, *durch wiederholte Volksversammlungen in dem Verlaufe der badischen Revolution eine Bedeutung erhalten, welche ihm die erste Stelle in der Reihe der Begebenheiten einräumt*[33]. Für von Andlaw war alles, was die späteren Programme aussprechen und was im Mai 1849 erstrebt wurde, bereits ausführlich in den 13 Artikeln enthalten. Der Unterschied bestehe nur darin, *dass die Vertreibung des Großherzoges nicht ausgesprochen und der Name ‚Republik' nicht genannt wurde, aber als Endziel und nothwendige Folge lagen beide schon in diesen Bestimmungen*[34]. Bestätigt fühlte sich von Andlaw durch die Reaktionen und Kommentare der Presse auf die Versammlung. So habe beispielsweise das Mannheimer Morgenblatt betont, *die Offenburger Versammlung, war nichts weniger als für die Verfassung, sondern man hielt sein zweites Hambacher Fest und predigte Revolution*[35]. Hecker und Struve wurden als „Aufwiegler“ bezeichnet und des Umsturzes beschuldigt, wogegen sich beide gerichtlich wehrten.[36]

Auch der aus Renchen stammende Organisator der badischen Volksvereine und zeitweilige Finanzkommissar der Provisorischen Regierung, Amand Goegg (1827–1897), schrieb in seiner 1851 gedruckten, konfiszierten und 1876 nochmals veröffentlichten Schrift: *Der radikale Teil der Opposition verpflanzte die Agitation in's Land selbst hinein, indem er schon auf den 12. September 1847* [also mehrere

---

[32] Amalie Struve, Erinnerungen aus den badischen Freiheitskämpfen: Den deutschen Frauen gewidmet, Hamburg 1850, S. 14; vgl. Irmtraud Götz von Olenhusen/Thea Bauriedl, Heftiges Feuer. Die Geschichte der badischen Revolution 1848 erzählt von Amalie und Gustav Struve, Freiburg 1998.

[33] Heinrich Bernhard von Andlaw, Der Aufruhr und Umsturz in Baden, als eine natürliche Folge der Landesgesetzgebung, mit Rücksicht auf die „Bewegung in Baden“ von J. B. Bekk, damaligem Vorstand des Ministeriums des Innern, Bd. 1, Freiburg 1850, S. 109–122. Der Autor widmet ein ganzes Kapitel den Offenburger Versammlungen.

[34] Andlaw (wie Anm. 33), S. 111.

[35] Mannheimer Morgenblatt Nr. 218, 14.9.1847. Rainer Schimpf geht ausführlich auf die große Presseresonanz zur Versammlung ein: Schimpf (wie Anm. 27), S. 277–281.

[36] Andlaw (wie Anm. 33), S.112.

Monate vor der französischen Februarrevolution] *nach* OFFENBURG *eine Volksversammlung berief, in welcher Forderungen wie Preßfreiheit, Schwurgerichte, volksthümliche Wehrverfassung, gerechte Besteuerung, Abschaffung aller Vorrechte und Ausgleichung des Missverhältnisses zwischen Arbeit und Kapital beschlossen wurden. In diesem frühzeitigen Vorgehen Badens als Richtschnur für ganz Deutschland hat jedoch nicht blos die radicale Fraction der Kammeropposition beigetragen. Außerhalb der Kammer wirkten seit Jahren zahlreiche Männer in Schrift und Wort in gleicher, ja selbst in entschiedener, weiter gehender Weise*[37].

Der Revolutionär Johann Philipp Becker[38] schrieb im Vorwort seiner „Geschichte der süddeutschen Mai-Revolution des Jahres 1849“: *Durch die großen Volks- und Landesversammlungen, welche man schon früher hier abgehalten hatte, weil hier die ersten demokratischen Vereine existierten, war die Bevölkerung politisch gebildeter, als anderswo. Hier waren schon am 12. September 1847 eine große Volksversammlung gewesen, in welcher die bekannten Offenburger Beschlüsse, die im nächsten Jahre das Programm der Märzbewegungen in Baden, Frankfurt, Hanau und Köln und anderswo bildeten, festgestellt wurden*[39]. Beckers Verweis auf die Weiterentwicklung der Offenburger Thesen in anderen deutschen Städten lässt vermuten, dass das „Vergessen von 1847“ durch prominente Protagonisten wie Friedrich Hecker und Gustav Struve mehrere Gründe haben könnte: zum einen die revolutionäre Dynamik der gesamteuropäischen und deutschen Vorgänge seit März 1848, zum anderen die erdrückenden Erlebnisse während des badisch-pfälzischen Aufstands von 1849. Ebenso muss bedacht werden, dass die revolutionären Ereignisse in den Großstädten Berlin und Frankfurt kommunikativ mehr Gewicht bekamen als die Vorgänge in einer kleinen südwestdeutschen Stadt. Für Amalie Struve hingegen bedeutete ihre für damalige Verhältnisse außergewöhnliche Anwesenheit als Frau bei einer politischen Versammlung einen höheren persönlichen Stellenwert. Aber es ist nicht auszuschließen, dass für die damaligen Organisatoren Friedrich Hecker und Gustav Struve die politische Bedeutung der Offenburger

---

[37] Amand GOEGG, Nachträgliche authentische Ausschüsse über die Badische Revolution von 1849, deren Entstehung, politischen und militärischen Verlauf, Zürich 1876. Die Schrift ist nach Goeggs Angaben 1851 in Paris im Verlag des „Völkerbund“ erschienen, jedoch in ihrer ganzen Auflage von der damaligen französischen Regierung konfisziert worden; siehe auch: Friedrich LAUTENSCHLÄGER, Amand Goegg, ein badischer Achtundvierziger. Zur Hundertjahr-Feier der deutschen Revolution von 1848/49, in: Zeitschrift für die Geschichte des Oberrheins NF 57 (1948), S. 2–38.

[38] Johann Philipp Becker (1809–1886) war einer der maßgeblichen Organisatoren der badischen Volkswehr. Später Schweizer Sozialdemokrat und führendes Mitglied der I. Internationalen sowie Redakteur von deren Schweizer Presseorgan. Seit den 1860er-Jahren verband ihn eine enge Freundschaft mit Karl Marx, insbesondere aber mit Friedrich Engels. Vgl. Karl GRIEWANK, Art. Becker, Johann Philipp, in: Neue Deutsche Biographie, Bd. 1, Berlin 1953, S. 717–718, https://www.deutsche-biographie.de/pnd116104198.html#ndbcontent (Letzter Zugriff: 22.04.2024).

[39] Johann Philipp BECKER, Geschichte der süddeutschen Mai-Revolution des Jahres 1849, 1. Teil: Die Vorbereitung der Revolution, ihr Ausbruch und die politische Leitung derselben bis zum Ausbruch des Krieges, Genf 1849, S. 62.

Versammlung von 1847 im Vergleich zu den zahlenmäßig wesentlich größeren Offenburger Versammlungen von 1848 und 1849 geringer war, als es heute rückblickend scheint.

4. Die Bewertung der eigenen politischen Niederlage aus der individuellen Sicht der Akteur:innen

Die militärische Niederlage am 2. Juli 1849 hatte für die kämpfenden Männer und Frauen, aktiven Sympathisant:innen und Anhänger:innen der Revolution, in Offenburg nach Schätzungen des Historikers Franz X. Vollmer ein Achtel der Bevölkerung, traumatische und harte existentielle Folgen[40]. Das Ende der Offenburger Republik war am 2. Juli 1849 nur noch eine Frage von Stunden. Es ging jetzt alles recht schnell. Nachdem der im Hotel Fortuna weilende General Ludwik Mieroslawski (1814–1878) im Kriegsrat für eine Entscheidungsschlacht keine Unterstützung mehr erhielt, erklärte er seinen Rücktritt. Gegen 4 Uhr ertönte das Signal zum Ausbruch. Trommelwirbel, Trompetengeschmetter. Jeder suchte seine Fahne und bewegte sich aus der Stadt hinaus in Richtung Kinzigtal. Abends wirkten die Straßen verödet, wie ausgestorben – Totenstille. Am Tag darauf zogen die ersten preußischen blauen Husaren mit gespannten Pistolen und gezogenen Säbeln in die Stadt, darunter der Prinz von Preußen. Nach und nach rückten etwa 11.000 Mann in die 4000 Einwohner:innen zählenden Revolutionshochburg ein. Für die verbliebenen Revolutionäre und ihre Familien müssen diese letzten Stunden und Minuten der untergehenden Republik dramatisch abgelaufen sein.

Die unter dem Eindruck dieses Ereignisses wenig später entstandenen Ego-Dokumente hatten für die Autor:innen mehrere Intentionen zu verfolgen:

- eine psychische Aufarbeitung der Niederlage
- das Sichern eines „Platzes in der Geschichte“
- das Ziehen von Lehren aus der Niederlage
- das Eingestehen von Fehlern, aber auch Korrektur von Anschuldigungen
- eine erste politische Neupositionierung und Neuausrichtung
- und das Hinterlassen eines Vermächtnisses für nachfolgende Generationen

Eine exemplarische Erlebnisschilderung, die im Folgenden kurz vorgestellt wird, ist mit den zwischen 1844 und 1850 verfassten 70-seitigen Aufzeichnungen des revolutionär gesinnten Mathematiklehrers und Direktors des Gymnasiums Gebhard

[40] Vgl. Franz Xaver Vollmer, Offenburg 1848/49. Ereignisse und Lebensbilder aus einem Zentrum der badischen Revolution, Karlsruhe 1997, S. 262f. Zum Führungskern zählten 25 Männer. Hinzu kamen mehr als 200, die später als *kompromittiert* bezeichnet wurden. Das demokratische Lager insgesamt umfasste ca. 500 Personen bei 4000 Einwohner:innen. Den Kern bildeten Kleinbürger:innen wie Gewerbetreibende, Händler und Jungakademiker sowie Tagwerker.

Gagg (1802–1866)[41] erhalten. Dessen Name stand auf der ersten Seite der 25 Personen umfassenden berüchtigten „Rebellen- und Gaunerliste“[42], die ein Anonymus den preußischen Truppen überreicht hatte. Gagg wurde unmittelbar danach als politischer Gefangener ins Offenburger Amtsgefängnis gebracht und erhielt am 27. Oktober 1849 das Urteil des Bruchsaler Hofgerichts, ein Jahr gemeine Zuchthausstrafe, Schadensersatz an die Staatskasse und Erstattung der Untersuchungs- und Straferstehungskosten. In seinen Aufzeichnungen hielt Gagg fest: *Dieses ebenso ungerechte als schmachvolle Urteil vernahm ich mit Fassung und erklärte sogleich, dass ich dagegen Rekurs beim Oberhofgericht ergreifen werde.* [...] *Diese unnötige Barbarei des Gerichtshofes* [...] *überraschte und enttäuschte mich aufs äußerste. Die Überraschung und Entrüstung teilte der größte Teil der Bewohner Offenburgs. Alle Bessergesinnten waren über die schmachvolle Behandlung empört*[43]. Gagg wurde später rehabilitiert und konnte am Konstanzer Gymnasium in den Schuldienst zurückkehren. Die Ereignisse von 1848/49 bewertete er für sich persönlich als einen abgeschlossenen Lebensabschnitt: *Es schließt eine an unerwarteten Ereignissen und vielen Leiden inhaltsschwere Periode meines Lebens. Meine rücksichtslose Begeisterung für die Freiheit des Volkes – die unglücklich endende Erhebung desselben. Ich habe dabei vieles verloren, doch die Ehre meines festen Charakters gerettet*[44]. An anderer Stelle drückte er sich deutlicher aus, rechnete mit dem revolutionären Radikalismus ab und gab die Schuld an der Niederlage den *Rotrepublikanern*[45] und dem *unmündigen, charakterlosen Volk*[46]. Durch das Bündnis mit den sozialen Unterschichten hätten die Demokraten die Besitzenden in das Lager der Reaktion getrieben. Und er ging noch einen Schritt weiter, indem er die Niederlage als gottgewolltes Schicksal betrachtete: Die Reaktion bewertete er als *das blinde Werkzeug in den Händen der Vorsehung, welche durch den übergroßen Sprung in der Volksentwicklung zum naturgemäßen Fortschritte ermäßigen will*[47]. Damit stimmte Gagg interessanterweise mit der Meinung seines ehemaligen Schülers Leopold Kist überein, der knapp fünfzig Jahre später die dramatische Situation von 1849 rückblickend in seinen Memoiren festhielt. Obwohl der ultramontan gesinnte Pfarrer Kist die letzten Stunden der Republik mit unverhohlen sarkastischem Unterton beschrieb, vermochte er es, die Atmosphäre von damals bildhaft festzuhalten. So schreibt er, wie sich die in der Stadt verbliebenen Revolutionäre in

[41] Vgl. StadtA Offenburg, Bestand 9, Nachlass Gebhard Gagg, Aufzeichnungen eines Offenburgers 1848/49. Mehr zu Gagg: Manfred Merker, Wie der Direktor des Offenburger Gymnasiums als Hochverräter 1849 ins Zuchthaus kam. Gebhard Gagg (1802–1866), der Gymnasiumsdirektor in der Offenburger Revolutionszeit 1844–1849, in: Die Ortenau 92 (2012), S. 319–362; Ders., Gebhard Gagg – „Aufzeichnungen eines Offenburgers 1848/49“, in: Die Ortenau 92 (2012), S. 363–394.

[42] Generallandesarchiv Karlsruhe 247 Nr. 397.

[43] Nachlass Gebhard Gagg (wie Anm. 41).

[44] Ebd.

[45] Ebd.

[46] Ebd.

[47] Ebd.

Windeseile ihrer imposanten Hecker-Bärte entledigten, denn sie konnten ahnen, dass sie mit Heckerhut und Heckerbart sofort als Demokraten zu erkennen waren. *Jener Bart wurde* [...] *ein gravierender Belastungszeuge für Direktor G.* [...] *Die Preußen rückten im Mittelrheinkreise sehr schnell, fast im Sturmschritt, vor und überraschten durch ihr unerwartetes Erscheinen gar manchen Revoluzzer noch in seinem Barte oder mitten im Barbiergeschäfte. Nachdem Direktor G. den Einmarsch der Preußen erfahren hatte, hatte er nichts eiligeres zu tun, als seinen martialischen Bart abzunehmen. Da solches aber in heftiger Angst geschah und mit großer Eile vollzogen werden musste, schnitt er sich mit dem Rasiermesser kreuz und quer und so tief in Wangen und Kinn*[48]. Die Rasur des körperlichen Ausdrucks revolutionärer Gesinnung steht als Symbol für das Ende eines für 50 Tage herrschenden Traums von der Republik. Die sogenannten „tollen Tage" gingen innerhalb weniger Stunden zu Ende. Es begann die Zeit der Abrechnung, der psychischen und physischen Verarbeitung, der Selbstreflexion über die eigene Rolle, des Nachdenkens: War man auf der richtigen Seite? Wie steht es um die eigene Zukunft? Die Schnittstellen in den Männergesichtern standen symbolisch für die kommenden kleinen und großen Lebensschnitte, die dem Scheitern des „Traums von der Freiheit" folgten, aber auch für die der später selbstzugefügten Verletzungen und Manipulationen am eigenen Gedächtnis[49]. Für die Hauptverantwortlichen der Revolution war es nicht ratsam, auf das Wohlwollen der Sieger zu vertrauen, wie die rasch gefällten Todesurteile in Rastatt, Mannheim und Freiburg beweisen[50]. *Die biederen Revolutionsanhänger, die in ihrer Heimatstadt geblieben waren, weil sie Familie und Beruf nicht im Stich lassen wollten und glaubten, als weniger Belastete ungeschoren zu bleiben, wurden nun denunziert und nach und nach im Offenburger Amtsgefängnis eingesammelt*[51]. Nach Einzug der Militärs vollzog sich der Machtwechsel mit dem Rücktritt und der Absetzung des demokratischen Bürgermeisters Gustav Rée und der in der Stadt noch befindlichen Gemeinderäte. Die postrevolutionäre kommunalpolitische Riege um den neuen Bürgermeister August Wiedemer (1810–1869) bestand aus verlässlichen Revolutionsgegnern[52]. Der martialische Auftritt der siegreichen Militärs sollte jede Gegenwehr unterdrücken und den liberalen demokratischen Teil der Bevölkerung einschüchtern und lastete als „bleischwerer Druck auf dem Gemüt"[53]. Neben der physischen Militärpräsenz setzten die Militärs ein Maßnahmenbündel um, mit dem Ziel, „den politischen Au-

48 Leopold Kist, Studium und Studienleben vor vierzig bis fünfzig Jahren und eine schwere Prüfung nach absolviertem Universitäts-Studium. Ein Beitrag zur Kulturgeschichte des XIX. Jahrhunderts, Innsbruck 1891, 286f.

49 Vgl. Gall (wie Anm. 26), S. 36ff.

50 Vgl. Vollmer (wie Anm. 40), S. 237.

51 Ebd.

52 Vgl. Wolfgang M. Gall, Bleischwerer Druck auf den Gemütern? Offenburg nach der Revolution von 1848/49, in: Die Ortenau 78 (1998), S. 115–132; Ders., Gustav Rée: Ein Bürgermeister zwischen Barrikaden und Parlament, in: Die Ortenau 78 (1998), 102–114.

53 Zitat von Adolf Geck in D'r Alt Offeburger vom 14. November 1909. Mehr zu Geck: vgl. Anm. 91.

giasstall Baden" zum Musterland der Reaktion auszubauen, die Deutungshoheit über die zurückliegenden Ereignisse von 1848/49 zu erlangen und den demokratischen Offenburger Geist auszutreiben. Öffentliche Stimme der Revolutionsgegner wurde das Offenburger Wochenblatt, dass sich vor dem Einmarsch der preußischen Truppen als Verkündigungs- und Propagandaorgan der Volksvereine verstanden hatte. Das gewendete Blatt betrachtete die gescheiterte Revolution als Sündenfall schlechthin und suchte nach Sündenböcken. An einer konstruktiven Kritik, nach Gründen von Fehlentscheidungen und Scheitern des Versuches, mehr Freiheit und Modernität in Baden zu verwirklichen, zu fragen, bestand von Seiten des Verlags kein Interesse[54]. Stattdessen veröffentlichte die Zeitung verbissene und schadenfrohe Beiträge ultramontaner Katholiken, die Moderne, Aufklärung und Liberalismus als Hauptübel für die damalige Situation betrachteten.

Der erste Jahrestag des Revolutionsendes durch die Preußen wurde an mehreren Orten gefeiert. In Offenburg gab es am 2. Juli 1850 einen Dankgottesdienst mit Abendessen. Am 29. August folgte die feierliche Würdigung des 60. Geburtstages von Großherzog Leopold. Am 13. September 1850, nahezu zeitgleich zum zweiten Jahrestag der Offenburger Versammlung von 1847, weilte Prinz Wilhelm von Preußen, der spätere deutsche Kaiser Wilhelm I., in der Stadt und nahm auf den Offenburger Kinzigwiesen eine eindrucksvolle Truppenschau ab. Der überregional bekannte Offenburger SPD-Politiker, Journalist und Verleger Adolf Geck kommentierte das Ereignis mit folgenden Worten: *Im Salmensaal tanzte der Prinz mit den Bürgerstöchtern und Offenburg war vom Taumel der Knechtseligkeit ergriffen*[55]. Doch die preußische Machtdemonstration traf auf eine Bevölkerung, unter der sich noch viele Revolutionsanhänger befanden. In einem Polizeibericht im zweiten Jahr nach Niederschlagung der Revolution wird berichtet, dass die Stärke der *Umsturzpartei* im Amtsbezirk Offenburg allgemein und in Offenburg beunruhigend hoch sei[56].

5. Und die Frauen?[57]

Während der Kern der revolutionären Männer ins Ausland flüchtete, verblieben die meisten ihrer Ehefrauen, teilweise mit ihren Kindern, und die unverheirateten Revolutionärinnen in der Stadt. Sie mussten wesentlich stärker unter den vielen preußischen Besatzungssoldaten leiden, wurden öffentlich durch in der Tageszeitung abgedruckte Spottgedichte verhöhnt, sicherlich sexuell gedemütigt und waren

---

[54] VOLLMER (wie Anm. 40), S. 254.
[55] Ebd. S. 262.
[56] Ebd. S. 260f.; vgl. Staatsarchiv Freiburg B 728 Nr. 4, S. 134–137.
[57] Zum Engagement von Frauen während der Revolution von 1848/49 im allgemeinen vgl. Kerstin WOLFF, Frauen und die Revolution 1848 als Frauenaufbruch, Aus Politik und Zeitgeschichte 2023; https://www.bpb.de/shop/zeitschriften/apuz/1848-49-2023/518140/frauen-und-die-revolution/ (Letzter Zugriff: 22.04.2024)

durch die Vermögensbeschlagnahme ihrer revolutionären Ehemänner finanziell ruiniert. Frauen wie die Offenburgerinnen Amalie Hofer (1820–1872) und Nannette Rehmann (Lebensdaten unbekannt) wurde wegen Teilnahme am Hochverrat vor Gericht gestellt[58]. Hofer und Rehmann hatten begeistert und eifrig Sammlungen für das kämpfende Offenburger Erste Wehraufgebot organisiert[59].

Die folgende Restauration traf politisierte Frauen besonders hart, untersagte doch das 1850 in Preußen und manchen anderen deutschen Ländern erlassene Koalitionsverbot dem weiblichen Geschlecht jegliche öffentliche Betätigung in politischen Fragen oder die Vereinsgründung zu solchen Zwecken.

Betrachten wir die im Exil verfassten Erlebnisdokumente von Akteurinnen der Revolution, die sich an den revolutionären Kämpfen beteiligt hatten, wie Emma Herwegh (1817–1904), Amalie Struve und Mathilde Franziska Anneke (1817–1884), findet sich bei allen – trotz vieler Unterschiede – eine Gemeinsamkeit: Sie fielen weniger weinerlich aus als die Tagebucheinträge des Direktors des Gymnasiums Gebhard Gagg, sie blieben den Idealen der Demokratie treu, übrigens im Gegensatz zu Gagg, der im Alter zum glühenden Nationalisten mutierte. So schreibt Emma Herwegh: *Es gibt ein junges, demokratisches Deutschland. Ein Deutschland, das mit der alten Welt und ihren Sünden abgeschlossen hat, das nicht eher die Waffen niederlegen wird, bis Polen, bis Böhmen, bis Italien, bis ganz Europa frei, der letzte Kerker geöffnet, die letzte Kette gesprengt ist* [...]. *So viel Kämpfe ihm auch noch bevorstehen mögen, so viel seiner besten Kinder auch noch als Opfer des Despotismus fallen werden, ehe es Sieger bleibt* [...]*! L'avenir est à moi. Vive la Republique démocratique et sociale!*[60]

Vielleicht lag es daran, dass sich alle drei Frauen bereits während des Revolutionsgeschehens bewusst waren, was für einen Bruch ihr Engagement mit traditionellen Rollenvorgaben bedeutete[61]. Die unmittelbar nach 1849 erschienen Memoiren sind einerseits als Dokumente der Aufstandsbewegung zu betrachten, andererseits sollen sie neben den Männern vor allem Frauen als „Sympathieträgerinnen und Unterstützerinnen der Revolution sichtbar machen und ihnen ein Denkmal setzen"[62]. Die Autorinnen verteidigten ihre Haltung als Revolutionsakteurinnen und die Bereitschaft, auch mit Hilfe von Gewalt ihre politischen Ideale zu erreichen. Sie engagierten sich ebenso als Geschichtsstrateginnen und beabsichtigten neben der Ereignisdokumentation auch eine Korrektur der Gesamtdarstellung der zu-

[58] Vgl. Anne Junk, „Ihr werdet für ewige Zeiten Euch ein rumvolles Denkmal setzen". Wie die Frauen 1848/49 die Revolution unterstützten (Werkstattberichte aus Archiv & Museum, Bd. IV), Offenburg 1999, hier insb. die Beiträge von Ruth Jansen-Degott, Amalie Hofer, geb. Weissenrieder: Auf den Spuren einer politisch engagierten Frau, S. 58–63 und von Cornelia Roth, Nannette Rehmann, S. 64–67.

[59] Vgl. Vollmer (wie Anm. 40), S. 243 f.

[60] Emma Herwegh, Zur Geschichte der demokratischen Legion aus Paris. Von einer Hochverräterin, Grünberg 1849, S. 56.

[61] Vgl. Marion Freund, „Mag der Thron in Flammen glühn!", Schriftstellerinnen und die Revolution von 1848/49, Königstein 2004, S. 333.

[62] Ebd. S. 336.

rückliegenden Revolutionsereignisse, die von Revolutionsgegnern dominiert war. Sie werteten die Niederlage als „Schmach in der Geschichte". Amalie Struve sparte nicht mit Kritik an der Indifferenz der männlichen Protagonisten, die sie als Charakterschwäche und Verantwortungslosigkeit wertete und deren Handeln sie in Gegensatz zu den als prinzipientreu und kompromisslos bezeichneten Republikanerinnen stellte. Mathilde Franziska Anneke schreibt: *Lebe wohl, armes Vaterland, was sich in seiner Verblendung brüstet mit dem gefeierten Triumph seiner Lüge, mit dem schmachvollen Sieg seiner gedungenen Schergen und Henkersknechte, dessen Leidenschaften Dich aussaugen werden bis auf den letzten Blutstropfen, bis auf den Schweiss Deines ehrlichen Anlitzes, den du bei der qualvollen Arbeit Deiner fleissigen Hände vergossen hast, vergossen für Deine Peiniger nur, für Deine Fürsten und Tyrannen.*[63]

Die 48er-Bewegung der Frauen hinterließ Spuren im Gedächtnis ihrer Nachfolgebewegungen. In ihrem Beitrag über die Geschichte der deutschen Frauenbewegung nimmt Gertrud Bäumer Bezug auf Louise Otto: *Wenn die Zeiten gewaltsam laut werden, so kann es nicht fehlen, dass auch die Frauen ihre Stimme vernehmen und ihr gehorchen,* und sie folgert, *Diesem ‚Lautwerden der Frauen', seinen Ursachen und seinem Charakter muss man nachgehen, um die Entstehung der Frauenbewegung zu verstehen*[64]. Es finden sich nicht nur einzelne Akteurinnen der Revolution wie Louise Aston (1814–1871), Mathilde Franziska Anneke oder Louise Otto (1819–1895) als Mitbegründerin des „Allgemeinen deutschen Frauenvereins" in der sich neuformierenden Frauenbewegung in den 1860er-Jahren wieder, sondern viele der von ihnen um 1848/49 formulierten Ansprüche wurden aufgegriffen und über die Jahrhundertwende hinaus überliefert. Aus dieser Perspektive war die Frauenbewegung durchaus Erbin der 1848/49er-Zeit. Zudem blieb das Gedenken an die Toten von 1848/49 eine Aufgabe der Frauen. Amalie Struve schrieb: *An uns Frauen ist es diesen Märtyrern deutscher Freiheit Blumen und Kränze auf ihre Todtenhügel zu streuen. Ihre Namen sollen eindringen in das innerste der Familie. Sie sollen als Vorbilder der Jugend vorgehalten werden*[65]. Ungeachtet der Beschönigungen des bewaffneten Kampfes gaben sie sich als prinzipientreue Demokratinnen zu erkennen, *die in der Konsequenz ihrer politischen Kompromisslosigkeit die militante Durchsetzung der von ihnen verfochtenen neuen staats- und Gesellschaftsordnung*

[63] Mathilde Franziska Giesler-Anneke, Memoiren einer Frau aus dem badisch-pfälzischen Feldzuge, and a Sketch of her career, in: German American Annals, contination of the Quarterly Americana Germanica, 16 (1918), S. 83; vgl. Joey Horsley, Mathilda Franziska Anneke, in: Fembio Frauen.Biographieforschung, https://www.fembio.org/biographie.php/frau/biographie/mathilde-franziska-anneke/ (Letzter Zugriff: 22.04.2024).

[64] Gertrud Bäumer, Geschichte der Frauenbewegung in Deutschland, in: Dies./Helene Lange (Hg.), Handbuch der Frauenbewegung, Bd. 1: Die Geschichte der Frauenbewegung in den Kulturländern, Berlin 1901, S. 1–166, hier S. 27; vgl. Angelika Schaser, Helene Lange und Gertrud Bäumer als Historiographinnen der Frauenbewegung, in: Dies./Sylvia Schraut/Petra Steymans-Kurz (Hg.), Erinnern, vergessen, umdeuten? Europäische Frauenbewegungen im 19. und 20. Jahrhundert, Frankfurt 2019, S. 170–197.

[65] Struve (wie Anm. 32), S. 122.

nicht nur befürworten, sondern darüber hinaus – den weiblichen Rollenvorgaben völlig entgegen – auch aktiv unterstützen[66]. Marion Freund widerspricht deshalb Clara Zetkins Urteil, *daß in dem revolutionären Sturm und Drang von 1848/49 in Deutschland nur wenige einzelne Frauen, noch weniger fordernde Frauenmassen handelnd hervorgetreten sind*[67]. Die 48er-Bewegung der Frauen habe Spuren im Gedächtnis ihrer Nachfolgebewegungen hinterlassen. Freund spricht von einer „mehr oder weniger versteckten Fortschreibung der Werte einer demokratischen Freiheits- und weiblichen Emanzipationsbewegung“[68].

6. Konfliktlinien beim 25.-, 50.-, und 75-jährigen Gedenken im Vergleich

Hatten die Liberalen vor 1871 noch mit der Forderung nach nationaler Einheit die bestehenden Verhältnisse in Frage gestellt, integrierten sie nach 1871 die 1848er-Forderung nach nationaler Einheit in das offiziöse Geschichtsbild des Kaiserreichs, distanzierten sich umso entschiedener von dem liberal-demokratischen Verfassungsprogramm von 1848 und übernahmen ebenso das monarchische Prinzip statt des früher unterstützten Prinzips der Volkssouveränität[69]. Welche Folgen hatte dies für die ersten runden Gedenkjahre und -tage an die Jahre 1848/49 auf Seiten der Demokraten und Liberalen?

Zum prinzipiellen Sinn von Gedenktagen historischer Ereignisse schreibt Aleida Assmann: „Gedenktage, auch wenn sie von nichts anderem diktiert werden als von der Wiederkehr der Zahl Null, sind weit mehr als ein leerer Ritus, sondern haben Funktionen und erfüllen Bedürfnisse. Mit ihnen versichert sich eine Gesellschaft der zentralen Schlüsselereignisse und bleibenden Impulse ihrer Geschichte“[70]. Sie besitzen sowohl ein kritisches als auch ein gemeinschaftsstiftendes Potential. Für einen Großteil der Männer und Frauen der Revolution von 1848/49 war dies der Kampf um eine würdige Totenehrung sowie die Setzung von Gedenksteinen und Denkmalen.

Das erste runde Revolutionsjubiläum zum 25-jährigen Jubiläum in den Jahren 1872, 1873 und 1874 stand noch unter dem unmittelbaren Eindruck der Reichsgründung im März 1871. Die Nationalliberalen sahen jetzt einen Großteil ihrer

---

[66] Freund (wie Anm. 61), S. 325.

[67] Clara Zetkin, Zur Geschichte der proletarischen Frauenbewegung, S. 15, zit. nach Freund (wie Anm. 61), S. 575.

[68] Freund (wie Anm. 61), S. 576.

[69] Vgl. Baumgart (wie Anm. 22), S. 179.

[70] Susanne Wegner, „Die Zukunft beginnt mit erinnern.“. Die Kultur- und Literaturwissenschaftlerin Aleida Assmann über den Zusammenhang von Medien und Vermittlung von Geschichte, S. 432–439, hier S. 432, https://www.nomos-elibrary.de/10.5771/0010-3497-2020-4-432/die-zukunft-beginnt-mit-erinnern-aleida-assmann-ueber-den-zusammenhang-von-medien-und-der-vermittlung-von-geschichte-jahrgang-53–2020-heft-4?page=1 (Letzter Zugriff: 22.04.2024).

Forderungen realisiert, arbeiteten mit Bismarck beim Ausbau des Kaiserreichs zusammen und näherten sich zunehmend den Konservativen an[71]. Die Revolution war für sie jetzt nur noch Teil der Vorgeschichte von 1870/71 und die Reichseinigung fortan für Konservative wie Liberale der Höhepunkt der Geschichte. Die Konservativen suchten die Erinnerung an 1848 durch schlichtes Verschweigen zu tilgen, was ihnen großenteils auch gelang. Sie verteufelten die Revolution als Werk von Agenten und Irregeführten und verteidigten die unbedingte Vorherrschaft der Monarchie. Der Tag des Sieges über Frankreich in der Schlacht von Sedan (2. September 1870) wurde neben des Kaisers Geburtstag zum Feiertag erklärt. An den Feierlichkeiten beteiligten sich nicht nur die Konservativen, sondern fast alle Bevölkerungskreise. Die Revolution von 1848 hatte hier keinen Platz. Der neue Staat wurde in eine weit zurückreichende Tradition gestellt, „die bereits bei den Germanen begann und in der nahen Vergangenheit bis zu den Freiheitskriegen reichte“[72]. Als die übrig gebliebenen legitimen Träger des 1848er-Gedenkens empfanden sich Linksliberale, Demokraten und Sozialisten, die insbesondere die fehlenden Freiheitsrechte kritisierten. Allerdings fanden die verschiedenen politischen Gruppen keine gemeinsame Ebene, um zu feiern und zu gedenken.

Wie gedachten die Städte Frankfurt, Berlin und Rastatt? Neben den Märzfeiern der Sozialdemokraten organisierte der Demokratische Verein Frankfurt am Main am 30. März 1873 eine Feier unter dem Motto, die „Ideen von 1848 aufzufrischen und die Haltung auf bessere Zeiten aufrecht zu erhalten“[73]. Es war jener Tag, an dem 25 Jahre zuvor sich das Vorparlament in Frankfurt versammelt hatte[74]. Weniger die Revolution als die Verfassungsdebatten der Paulskirche standen im Mittelpunkt der Erinnerungsfeierlichkeiten. Einer der Festredner, Karl Mayer, der Vorsitzende der württembergischen Demokraten, hob die Defizite beider Reichsbildungen von 1849 und 1871 hervor.

In Berlin zogen am 18. März 1873 mehr als 10 000 Menschen nach einem Aufruf des Allgemeinen Deutschen Arbeitervereins zu den Gräbern der „Märzgefallenen“. Dabei kam es zu schweren Auseinandersetzungen mit der Polizei. Schwerpunkt des 1848er-Gedenkens war das Anliegen, den 1849 erschossenen Revolutionären ein ordentliches Grab zu widmen. In Berlin hatte sich bereits 1848/49 ein volkstümlicher Kult um die Märzgefallenen vom 18. März 1848 gebildet, der zunächst von keiner Partei inszeniert oder gelenkt wurde. Nach dem Scheitern der demokra-

---

[71] Vgl. Thomas MERGEL, Sozialmoralische Milieus und Revolutionsgeschichtsschreibung. Zum Bild der Revolution von 1848/49 in den Subgesellschaften des deutschen Kaiserreichs, in: DERS./Christian JANSEN (Hg.), Die Revolution von 1848/49. Erfahrung – Verarbeitung – Deutung, Göttingen 1998, S. 247–267, hier S. 248 ff.

[72] SCHMIDT (wie Anm. 23), S. 47.

[73] Wolfram SIEMANN, Großdeutsch-kleindeutsch Österreich in der deutschen Erinnerung zu 1848/49, in: Barbara HAIDER/Hans Peter HYE (Hg.), 1848 Ereignis und Erinnerung in den politischen Kulturen Mitteleuropas, Wien 2003, S. 97–111, hier S. 100.

[74] Vgl. SIEMANN, (wie Anm. 73); vgl. auch Otto HÖRTH, Gedenkfeiern 1873 – 1898 – 1923 (Die Paulskirche. Eine Schriftenfolge, Bd. 13), Frankfurt a. M. 1925, S. 10 ff.

tischen Bewegung verbanden sich im Opferkult „das Bekenntnis zur politischen Neuordnung und die Trauer um deren Scheitern, verschmolzen politische Aussage und politische Emotion miteinander“[75]. In den späten 1860er-Jahren nahm sich die Sozialdemokratie des „volkstümlich-plebejischen Totenkultes“ an und vereinnahmte ihn erfolgreich als eigene politische Tradition. Alljährlich organisierten sie in Berlin Trauerzüge und Kranzniederlegungen an den Märzgräbern im Friedrichshain. Die Arbeiterbewegung entwickelte mit den Märzfeiern, die bis 1914 zu ihren wohl wichtigsten historischen Gedenktagen wurden, erfolgreich eine Gegentradition zum preußisch-deutschen Sedantag, ein Stück demokratischer Geschichtskultur, die national und international verankert war. Denn es wurde bewusst an zwei Ereignisse zugleich erinnert: an den Berliner „18. März 1848“ und den Pariser „18. März 1871“, dem Tag der Ausrufung der Pariser Kommune. Die Arbeiterbewegung konterkarierte so die staatsoffizielle Franzosen-Erbfeindschaft durch eine demokratische Solidarität mit dem französischen Volk[76]. Die Sieger von 1848 hingegen „verschwiegen die Toten oder denunzierten sie als Pöbel und rechtlose Aufständische“[77].

Inzwischen gab es im Großherzogtum Baden mehrere Denkmalstiftungen zu 1848/49. Das erste Revolutionsdenkmal in Mannheim für fünf Revolutionäre, die 1849 standrechtlich erschossen wurden, konnte am 13. September 1874 als Stiftung deutscher Emigranten aus St. Louis (Missouri) ermöglicht werden und trägt die Inschrift *Den Märtyrern der Freiheit aus dem Jahre 1849.* Anwalt Heinrich von Feder hielt die Festrede. Mehrere Häuser waren schwarz-rot-gold beflaggt[78]. In Rastatt scheiterte die Denkmalinitiative des ehemaligen Finanzministers der Provisorischen Regierung und Pazifisten Amand Goegg am Widerstand des preußischen Militärgouvernements. Der Obelisk für die 19 in Rastatt erschossenen Revolutionäre sollte die Inschrift erhalten: *Den Vorkämpfern für Deutschlands Einheit und Freiheit 1849.* Drei ehemalige Ortenauer Achtundvierziger, der Arzt und spätere Bürgermeister Franz Volk sowie die beiden Anwälte Johann Hofer (1810–1880)[79] und Max Werner (1815–1875)[80] engagierten sich in dem „Ausschuss zur Errichtung eines Grabdenkmals“. Der Versuch, den Obelisken nach dem Verbot auf dem Of-

[75] Manfred HETTLING, Totenkult statt Revolution. 1848 und seine Opfer, Frankfurt a. M. 1998, S. 12.

[76] Vgl. SCHMIDT (wie Anm. 23), S. 5 f.

[77] HETTLING (wie Anm. 75), S. 188.

[78] Vgl. MARCHIVUM, 13. September 1874, https://www.marchivum.de/de/chronikstar/13-september-1874 (Letzter Zugriff: 24.04.2024). 1870 wurde auf Initiative von J. G. Uehlin ein Gedenkstein in Dossenheim errichtet zum Gedenken an das Gefecht bei Niederdossenbach vom 27. April 1848.

[79] Vgl. Michael FRIEDMANN/Wolfgang M. GALL, Offenburg, Hofer, Johann. in: Arbeitsgemeinschaft der hauptamtlichen Archivare im Städtetag Baden-Württemberg (Hg.), Revolution im Südwesten. Stätten der Demokratiebewegung 1848/49 in Baden-Württemberg, Karlsruhe 1997, S. 468.

[80] Vgl. Alexander WERNER, Maximilian Werner und die badische Revolution, in: Die Ortenau 73 (1993), S. 354–368.

fenburger Friedhof aufzustellen, wurde staatlicherseits ebenfalls untersagt. Nachdem das Denkmal zwischenzeitlich in einer Scheune eingelagert wurde, erwarb es Goegg für seinen Geburtsort Renchen. Der Obelisk wurde am 30. Jahrestag der Erschießung der Revolutionäre zu Ehren des in Renchen verstorbenen Barockdichters Christoph von Grimmelshausen aufgestellt. Mit der Inschrift klangen Töne an, die zwar auf den Dreißigjährigen Krieg gemünzt waren, aber sich im Sinne der Revolutionäre von 1848 auf Deutschlands Gegenwart bezogen waren:[81]

Belogen und betrogen.
Im Streit um hohes Ideal

Erwähnenswert ist die Herausgabe der 1876 in New York erschienenen Schrift Goeggs „Nachträgliche authentische Aufschlüsse über die Badische Revolution von 1849, deren Entstehung, politischen und militärischen Verlauf". Anlass war, dass von vielen Veranstaltungsteilnehmern bedauert wurde, wie Goegg im Vorwort schreibt, dass keine Schrift existiere, *welche die heutige Generation über jene denkwürdige Bewegung aufklären könnte, die mit Aussicht auf Erfolg, der erste wohlorganisierte, von einer stehenden Armee unterstützte Anlauf zu der leider noch nicht verwirklichten freiheitlichen Constituierung Deutschlands gewesen*[82].

Aus Offenburg gab es zum 25-jährigen Jubiläum wenig zu berichten. Einzig der Besuch Friedrich Heckers (1811–1881) in der Stadt am Rande seiner spektakulären Deutschlandreise fand 1873 als journalistische Fußnote Platz in der örtlichen Presse[83]. Hecker, der vor seinem Deutschlandbesuch Bismarck und die Reichseinigung positiv beurteilt hatte, reiste vom Mai bis August 1873 durchs Land und wurde dort begeistert empfangen. *Als Hecker aber dann 1873 des preußischen Polizeistaates Freiheit aus eigener Wahrnehmung – z. B. in Frankfurt – kennen gelernt hatte, kehrte der Enttäuschte unzufrieden mit seinem Schicksal über den Ozean zurück*[84]. In Offenburg wurde mit dem Arzt Franz Volk (1823–1890)[85] ein engagierter Unterstützer Heckers zwei Jahre später zum Bürgermeister gewählt. Mittlerweile waren

---

[81] Amand Goegg war der einzige verbliebene Zeitzeuge in jenen Jahren, der sich zur Offenburger Versammlung von 1847 äußerte; Goegg (wie Anm. 37), S. 12f.

[82] Goegg, (wie Anm. 37), S. 12; vgl. Werner (wie Anm. 80).

[83] Vgl. Hochstuhl, Friedrich Hecker (wie Anm. 7), S. 116ff. Unweit des Bahnhofes traf er seine alten Mitstreiter Josef Nonn (inzwischen Direktor der Offenburger Volksbank) und Franz Volk (inzwischen Bürgermeister) in einer naheliegenden Gastwirtschaft. Am 23. Juni 1873 besuchte Hecker auf der Rückreise aus der Schweiz sein einstmals hochgeschätztes „Demokratenlager" Offenburg. Vgl. D'r Alt Offeburger vom 8. Juli 1923.

[84] D'r Alt Offeburger vom 8. Juli 1923.

[85] Vgl. Art. Franz Volk, in: Friedrich von Weech (Hg.), Badische Biographien, Bd. 4, Karlsruhe 1891, S. 480–482. Volk studierte zunächst Rechtswissenschaften. Er war Vorsitzender des Volksvereins. Franz Volk wurde 1848 nach Beteiligung am Heckeraufstand wegen Hochverrats verhaftet. 1849 wurde er von der Badischen Revolutionsregierung zum Zivilkommissar für Offenburg ernannt und am 3. Juni in die Badische verfassunggebende Versammlung von 1849 gewählt. Nach der Niederschlagung der Revolution floh er in die Schweiz und studierte in Zürich Medizin. Volk kehrte 1859 in seine Heimatstadt Offenburg zurück und beendete sein Medizinstudium in Heidelberg. 1875 wurde er in Offen-

viele öffentliche Ämter von Alt-48ern besetzt. Zwischen den um 1820 geborenen ehemaligen Jungrevolutionären hatte ein Wettbewerb um die Besetzung kommunaler Ämter stattgefunden und die alten persönlichen Netzwerke waren durch die Niederlage von 1849 nicht gestört worden. Auffällig häufig mischten sie bei der Gründung der Offenburger Feuerwehr, der Volksbank (damals noch „Vorschussverein") mit, ebenso präsent waren sie in den Vorständen des Gewerbe-, Schützen- und Männergesangvereins sowie im Gemeinderat[86].

Spätestens beim 50-jährigen Jubiläum in den Jahren 1897, 1898 und 1899 präsentierte sich die SPD als „wahre Hüterin des demokratischen Erbes von 1848". Die SPD hatte im Kaiserreich die Geschichte ihrer Partei entdeckt und war dabei, sich eine Tradition zu erschaffen, die nicht direkt aus Barrikadenkämpfen bestand, sondern das Gedenken an die Märzgefallenen in den Vordergrund stellte. Nicht mehr der Kampf, sondern die Trauer um die Opfer stand im Mittelpunkt.

Die Veranstaltungen und Feiern zum 50. Gedenken blieben weiterhin nach Parteien getrennt. In Berlin strömten am 18. März 1898 mehr als 15000 Menschen zum Friedrichshain und die SPD organisierte abendliche Gedenkfeiern. Am gleichen Tag kam es im Reichstag zu einer heftigen Debatte, die in einem politischen Schlagabtausch um die Bewertung der revolutionären Ereignisse eskalierte. Während der Sozialdemokrat August Bebel die Märzrevolution verteidigte, waren die Berliner Barrikadenkämpfe für den Nationalliberalen Rudolf von Bennigsen eine „peinliche Episode", die die Erlangung der deutschen Einheit eher behindert habe. Die Konservativen sahen in der Revolution weiterhin nur einen von „Gesindel" angezettelten Aufstand gegen die Obrigkeit. Für die Volkspartei bezeichnete August Munckel die Verfassungsgebung als den eigentlich bedeutsamen Vorgang der Revolutionszeit und bedauerte das Blutvergießen. In Berlin beabsichtigten die linksliberalen Freisinnigen sowie die Sozialdemokraten auch die Errichtung eines Denkmals für die Märzgefallenen. Dies wurde jedoch ebenso wie eine Kranzniederlegung durch Mitglieder der Stadtverordnetenversammlung von der Regierung verhindert[87].

Die 50-jährigen Märzfeiern in Frankfurt fanden eine erheblich größere Öffentlichkeit als 1873, allerdings blieben sie weiterhin nach Parteien getrennt. Neben dem von Sozialdemokraten organisierten Besuch der Gräber der Märzgefallenen am 18. März 1898 fand die zentrale liberale Veranstaltung am 30. März 1898 zum Gedenken an die Eröffnung der Paulskirche statt. Ferner gab es eine historische Ausstellung zur Revolution von 1848 im Historischen Museum. Am 18. Mai folgte eine offizielle Gedenkfeier der Stadt Frankfurt zur ersten Zusammenkunft der

burg zum Bürgermeister gewählt. In den Jahren 1881 und 1887 wurde er jeweils in seinem Amt als Bürgermeister bestätigt.

[86] Mehr hierzu GALL, Bleischwerer Druck (wie Anm. 52), S. 115–132. Das Offenburger Beispiel bestätigt Siemann, „daß nur ein Jahrzehnt nach der Revolution die Bewegung wieder zu den gleichen Formen drängte", Wolfram SIEMANN, Gesellschaft im Aufbruch, Deutschland 1849–1871, Frankfurt a.M. 1990, S. 196.

[87] WETTENGEL (wie Anm. 2), S. 45.

Frankfurter Nationalversammlung mit fünf noch lebenden Abgeordneten. Die Redner beklagten insbesondere die Wahlgesetze in Preußen und die Zensur von Kranzschleifen, die auf den Gräbern der Märzgefallenen in Berlin niedergelegt wurden. Bei der Abendveranstaltung verlas man Zuschriften und Telegramme, darunter eines, das Hans Kudlich und Karl Schurz in New York aufgegeben hatten. Sie telegrafierten ihren Gruß nach Deutschland und Österreich von einer von 600 Deutsch-Amerikanern besuchten Märzfeier in New York[88]. Bereits im Januar 1898 hatte die Frankfurter Stadtverordnetenversammlung die Errichtung eines Obelisks auf dem Paulsplatz am Eingang der Paulskirche beschlossen. Eingeweiht wurde er am 18. Oktober 1903, dem Tag der Völkerschlacht[89]. Der Verleger und Abgeordnete der DVP Leopold Sonnemann und der linksliberale Politiker und spätere Friedensnobelpreisträger Ludwig Quidde hielten Reden[90]. Ihr gemeinsamer Tenor: Ohne 1848 hätte kein Reichstag, kein Deutsches Reich, keinerlei nationale Errungenschaft und keine bürgerlichen Freiheiten bestanden, die es zu verteidigen gelte. Quidde begründete sogar das Recht auf Revolution, hob die Bedeutung der Grundrechte hervor und kritisierte scharf das Bürgertum wegen seines Versagens, 1848 nicht gemeinsam mit der Arbeiterschaft gegangen zu sein.

In Baden kam es erneut zu Auseinandersetzungen um das Totengedenken. Die erste Initiative starteten Sozialdemokraten, die ihre Forderungen nach Aufstellung eines Gedenksteines für die Toten von 1849 erneuerten. Mit einem Teilerfolg: Am 20. August 1899 konnte ein Gedenkstein in Rastatt mit großer Unterstützung des Offenburgers SPD-Politikers Adolf Geck (1854–1942)[91] unter strengen Auflagen in Form eines grob behauenen Findlings errichtet werden. Nur die Namen der Erschossenen durften auf Beschluss des badischen Innenministeriums auf der Tafel erscheinen. Eine Widmung war ebenso wie Feierlichkeiten untersagt. Es sollten weitere 25 Jahre ins Land gehen, bis Geck anlässlich der 75-jährigen Feier im Jahr 1924 eine Ansprache vor dem mit einer Widmung versehenen Denkmal halten konnte.

---

[88] Klemm (wie Anm. 10), S. 204.

[89] Siemann (wie Anm. 86), S. 103.

[90] Vgl. Schmidt (wie Anm. 23), S. 7; Siemann (wie Anm. 86), S. 250.

[91] Adolf Geck bekam nach dem Tod seines Vaters, des revolutionären Zähringerhofwirts Johann Baptist, 1864 Amand Goegg als Adoptivvater. Seit 1890 gehörte Adolf Geck zur Führung der sozialdemokratischen Landesorganisation. Von 1897 bis 1903 und 1905 bis 1918 war er Mitglied des badischen Landtags, 1898 bis 1912 und 1920 bis 1924 des Reichstages. Gemeinsam mit seiner Frau Marie gab er die kritische belletristische Zeitung „D'r Alt Offeburger" heraus. Vgl. Jörg Schadt, Art. Geck, Adolf, in: Neue Deutsche Biographie, Bd. 6, Berlin 1964, S. 123–124, https://www.deutsche-biographie.de/pnd118538047.html#ndbcontent (Letzter Zugriff: 24.04.2024); Erwin Dittler, Adolf Geck (1854–1942). Von der „Roten Feldpost" zum Arbeiterrat, in: Die Ortenau 62 (1982), S. 212–301. In Rümmingen untersagte das Bezirksamt Lörrach 1898 eine Gedenkfeier am Grab des in Freiburg erschossenen Revolutionärs Friedrich Neff. In Bruchsal konnte 1900 eine Gedenkfeier für sechs gefallene Revolutionäre stattfinden; vgl. Badische Neuesten Nachrichten vom 13.10.1997.

Abb. 2: Rastatter Gedenkstein für die Toten von 1849. (Stadtarchiv Offenburg 19/GF/315)

Zum 50-jährigen Gedenken fanden in Offenburg wie in anderen Städten politisch getrennte Gedenkveranstaltungen statt, allerdings mit umgekehrten Schwerpunktsetzungen. Die SPD lud am 12. September 1897 zur Erinnerung an die Volksversammlung von 1847 zu einem Gedenkabend ein, auf dem der Stuttgarter Reichstagsabgeordnete Wilhelm Blos (1849–1927) eine Einführungsrede hielt[92]. Blos

[92] Vgl. Paul Sauer, Art. Blos, Wilhelm, in: Badische Biographien, NF Bd. 1, Stuttgart 1982, S. 62–68. In seiner Publikation „Die Deutsche Revolution. Geschichte der Deutschen Bewegung von 1848 und 1849“ (Stuttgart 1893) verweist Blos auf Seite 64 auf die besondere Bedeutung der Offenburger Versammlung von 1847, wenn auch nur mit wenigen Zeilen: *Zum ersten Mal waren die Forderungen der bürgerlichen Demokratie und des Liberalismus bündig formuliert. Obschon die soziale Frage nur gestreift war, oder vielleicht gerade deswegen, machten die Offenburger Beschlüsse einen mächtigen Eindruck nicht nur in*

nutzte den Rückblick auf 1848/49, um das kritische sozialdemokratische Statement zum Kaiserreich erinnerungspolitisch zu untermauern und ging bewusst auf Distanz zum bürgerlichen geschichtspolitischen Mainstream.

Offenburg (Michelhalle).
Samstag, den 11. September, Abends 8 Uhr,
zur Erinnerung an die
Einheits- und Freiheitsbewegung des badischen Volkes 1848/49
Volks-Versammlung.
Thema:
Die Offenburger Volksversammlung vom 12. Septbr. 1847.
Eine
historisch-kritische Einleitung zur 50jähr. bad. Revolutionsfeier.
Referent: Wilhelm Blos,
Reichstagsabgeordneter und Geschichtsschreiber in Stuttgart.
Wir laden zu diesem für die Offenburger Einwohnerschaft sehr interessanten Abend Jedermann freundlichst ein. Wir bitten, auch die Familienangehörigen mitzubringen. 4635.2.2.
Der Vertrauensmann der sozialdem. Partei.

Abb. 3: Ankündigung der Gedenkveranstaltung mit Wilhelm Blos in Offenburg vom 12.9.1897 (Ortenauer Bote v. 10. September 1897)

Die liberale Gedenkveranstaltung fand ein Jahr später, interessanterweise am 12. März des Jahres 1898 statt. Der profilierte linksliberale Offenburger Kammerabgeordnete Oskar Muser (1850–1935) lud im Gasthaus Engel zu einem Vortrag ein. Wie bereits in seiner bemerkenswerten Karlsruher Kammerrede zum 50. Revolutionsgedenken kritisierte Muser offen die Haltung seiner politischen Gegner, wohl in Anlehnung auf die von August Bebel im Reichstag eingeforderte gedenkpolitische Auseinandersetzung über die 1848er-Revolution, die von den Konservativen scharf kritisiert worden war: *Die besonders von nationalliberalen und konservativen Bierhauspolitikern zur Diskretitierung der Bestrebungen der Demokratie so gerne und so oft verwerthete Behauptung, die Reichsverfassung vom Jahre 1871 habe dem deut-*

Deutschland, sondern auch im Auslande. Sie bedeuteten in der That einen unabsehbaren Fortschritt gegenüber den bestehenden Verhältnissen. Während das Offenburger Gedenken bis zu diesem Zeitpunkt im Stillen stattfand, erhält die Erinnerung an 1848/49 erstmals einen breiten Raum in der Berichterstattung der lokalen Presse, der nationalliberal orientierte „Ortenauer Bote" und (ab 1899) der SPD-nahe „D'r Alt Offeburger" blickten ausführlich auf die Zeit zurück. Es handelte sich hauptsächlich um den Nachdruck von zeitgenössischen Zeitungsartikeln und Flugblättern, die Versammlung von 1847 fand allerdings keinen Platz. Vgl. auch zu Baden: Ernst Otto BRÄUNCHE, Die Gegenwart des Erinnerns – Revolutionsjubiläen und Archiv, in: Badische Heimat 78 (1998), S. 83–100; WETTENGEL, (wie Anm. 2), S. 58–66.

schen Volk gebracht, was seine besten Männer 1848/49 erstrebt hätten, beruht auf einer totalen Unkenntnis des Inhalts und der Ziele der Bewegung [...] *oder seiner absichtlichen Entstellung des wahren Sachverhalts*[93]. Muser kritisierte die Ansicht nationalliberaler Abgeordneter, wonach die Verfassung lediglich eine Konzession, ein Geschenk des Monarchen an das Volks sei, für welches dieses ihm besonderen Dank schulde[94], was er als Rückschritt in die Zeit des Vormärz und des Gottesgnadentums betrachtete. Muser hob den entscheidenden Unterschied zwischen 1847–49 und 1871 hervor, der darin bestehe, dass die Verfassung von 1848/49 eine *vom Volk geschaffene, die vom Jahr 1871 ist eine oktroyierte* sei[95]. Wie Blos benutzte Muser die Erinnerung an 1848 zur Unterfütterung seiner politischen Agenda. Er forderte die Vereidigung des Kaisers auf die Verfassung, den Fahneneid der Truppen auf die Verfassung, die Zustimmung des Reichstages vor Erklärung des Kriegszustandes sowie die Zustimmung des Reichstages bei Abschluss von völkerrechtlichen Verträgen. Eine Hauptaufgabe bleibe die Bekämpfung des Militarismus, dieses *kulturellen und wirtschaftlichen Grundübels*. Muser verwies darauf, dass es darauf ankomme, *das Augenmerk auf eine Verbesserung unserer Verfassung und damit auch auf eine Verminderung der Gefahr zu richten, welche mit den autokratischen Kompetenzen des Kaisers verbunden sind. Die Demokratie solle in diesem Ringen als Bannerträger vorangehen mit der Parole: ‚Dem Volke sein Recht, dem Volke die Macht‘*[96].

An dieser Stelle soll nochmals die Bedeutung einer gemeinsamen „Erfahrungs-, Erinnerungs- und Erzählgemeinschaft" aufeinanderfolgender Generationen für die Tradierung demokratischer Erinnerung hervorgehoben werden. Amand Go-

[93] Oskar MUSER, Volksrecht und Kaisermacht 1848 und 1871, zugleich öffentliche Antwort auf die Behauptung nationalliberaler Kammer- und Festredner: wir besäßen jetzt in Deutschland, was die Besten des Volkes im Jahre 1848 erstrebt hätten, Karlsruhe 1898, S. 83; vgl. Hans-Jürgen KREMER, Art. Muser, Oskar, in: Badische Biographien, NF Bd. 2, Stuttgart 1987, S. 207–209. Musers geistige Grundlage bildete der südwestdeutsche Liberalismus des demokratischen Bürgertums im Vormärz. Überzeugt von der staatsbürgerlichen und rechtlichen Gleichstellung interpellierte der Parlamentsdebütant 1889 als „liberales Gewissen" gegen die machtstaatliche Ausnahmepolitik der Regierung und zweifelte an der Rechtmäßigkeit des Sozialistengesetzes. In der Konsequenz staatsbürgerlicher Gleichberechtigung lag auch Musers wiederholtes Eintreten für die Rechte der Frauen auf Bildung und Wahlbeteiligung. Seine Forderung nach Angleichung überholter, diskriminierender Rechtszustände an eine zeitgemäßere, selbständigere Stellung der Frau begründete er mit ihrem *persönlichen Bildungsinteresse und dem materiellen, staatsbürgerlichen Interesse sowie dem gesellschaftlichen Erziehungs- und Kulturinteresse.*

[94] MUSER (wie Anm. 94), S. 1.

[95] Muser schreibt auf Seite 2, dass Friedrich Hecker und andere Revolutionäre zwar ihren Einfluss auf die Bevölkerung überschätzt hätten, aber sie überragten trotzdem an politischem Scharfblick die überwiegende Mehrzahl des Parlaments, welche in unpraktischem Doktrinarismus und unfaßlichem Vertrauen auf die Volksfreundlichkeit und den Liberalismus der deutschen Fürsten die Revolution mit Parlamentsbeschlüssen zur siegreichen Vollendung bringen zu können wähnte. Hecker und seine Freunde hätten richtig vorausgesehen, dass die ganze parlamentarische Arbeit fruchtlos im Sande verlaufen werde, wenn das Parlament fortfahre, statt tatkräftig zu handeln, diplomatierend zu verhandeln.

[96] Ebd. S. 16.

eggs autobiografische Erzählungen hatten maßgeblichen Anteil an dem politischen Erwachen und dem späteren engagierten journalistischen Engagement seines Adoptivsohns Adolf Geck. Zudem konnte sich Geck aus den Aufzeichnungen seines Adoptivvaters historisches Wissen über die Ereignisse von 1848/49 aneignen, was ihn befähigte, dieses in seinen Zeitungsbeiträgen an die nächste und übernächste Generation weiterzugeben. Gemeinsam mit seiner Frau Marie (1865–1927)[97] berichtete Geck seit 1899 in ihrer ein Jahr zuvor gegründeten belletristischen und humoristischen Zeitung „D'r Alt Offeburger" regelmäßig über die lokalen Geschehnisse von Vormärz und Revolution. Sie schrieben diese in die Geschichte und Erinnerungskultur ihrer Heimatstadt ein, wie Sylvia Schraut in ihrem Abendvortrag bei der Jahrestagung der Kommission für geschichtliche Landeskunde in Baden-Württemberg mit dem Titel „Historisch verankerte Identität in der Freiheitsstadt Offenburg" im Offenburger Salmen 2019 hervorhob[98]. Das Ehepaar Geck lieferte Bausteine zu einer allgemeinen Revolutionsgeschichte und zog nebenbei Lehren aus dem Geschilderten. In fast jeder dritten Ausgabe standen die Geschehnisse von damals im Zentrum. Adolf und Marie Geck schufen zum einen eine „sozialdemokratische Rehabilitierung der badischen Revolutionäre"[99], zum anderen versahen sie die lokale Revolutionsgeschichte mit (moralischen) Lehren für die eigene Gegenwart.

Vermutlich ähnlich verlief die familiäre Weitergabe demokratischer Werte bei der Offenburger Familie Kohler. Der Oberlehrer Josef Kohler zählte zum Kern der Offenburger Demokraten und wurde 1849 auf der berüchtigten „Rebellen- und Gaunerliste"[100] geführt. Dessen Sohn, der renommierte Berliner Juraprofessor Josef Kohler (1849–1919), war von der demokratischen Haltung seiner Eltern stark beeinflusst und setzte sich um die Jahrhundertwende für die rechtliche Gleichstellung von Frauen, aber auch von Homosexuellen ein[101].

---

[97] Vgl. Ute SCHERB, 13. August: Marie Geck (1865–1927) Politikerin, Redakteurin und Geschäftsfrau, in: Frauen & Geschichte Baden-Württemberg e.V., Denk-Tage, https://frauen-und-geschichte.de/website.php?id=denktag/2108091206.html (Letzter Zugriff: 24.04.2024); neu zu Marie Geck erschienen: Ruth JANSEN-DEGOTT/Anne JUNK (Hg.), „Das sind wir Weiber doch andere Männer". Marie Geck (1865–1927), Offenburg 2024.

[98] Sylvia SCHRAUT, Historisch verankerte Identität in der „Freiheitsstadt" Offenburg, in: Zeitschrift für die Geschichte des Oberrheins 168 (2020), S. 494–516.

[99] SCHRAUT (wie Anm. 98), S. 503.

[100] Siehe Anm. 44.

[101] Kohlers Publikationsverzeichnis umfasst etwa 2 500 Einträge, darunter ca. 100 Monografien. Als grundlegend gelten insbesondere seine Arbeiten zum Immaterialgüterrecht (Patent-, Marken- und Urheberrecht) sowie zur Rechtsgeschichte und zur Rechtsvergleichung. Zudem war er ein musischer Mensch. Er dichtete und komponierte, freilich ohne hiermit in Erinnerung zu bleiben. Sein internationaler Ruf war exzellent. 1886 erhielt er – damals sehr ungewöhnlich – ein hochdotiertes Angebot, als Professor nach Tokio zu gehen, das er ablehnte. 1904 verlieh ihm die Universität von Chicago die Ehrendoktorwürde. Bei der mit der Annahme verbundenen Amerikareise traf Kohler auch mit dem amerikanischen Präsidenten Theodore Roosevelt zusammen, der ihn im Weißen Haus empfing. Mehr dazu: Kirsten NIES, „Die Geschichte ist weiter als wir". Zur Entwicklung

Das 75. Jubiläum in den Jahren 1922, 1923 und 1924 fiel in die Schlussphase der revolutionären Nachkriegszeit und führte wie 1871 zu einer neuen historischen Standortbestimmung von 1848. Zwei Entwicklungen werden sichtbar: (1) Infolge des Ablebens der Zeitzeug:innen und Träger:innen verschwand die Weitergabe individueller Erinnerung. (2) Die Erinnerung an 1848/49 erhielt jetzt erstmals einen offiziellen Stellenwert, da das Verfassungserbe nun Bestandteil der Reichsverfassung und die Farben Schwarz-Rot-Gold offizielle Staatsflagge wurden. Zwar wurde 1923 erstmals nicht nur im Rahmen einer Parteiveranstaltung, sondern einer Gedenkfeier des Reiches an die Nationalversammlung von 1848/49 erinnert, eine parteienübergreifende Erinnerung an 1848/49 gelang dennoch nicht. Während in Berlin nur Parteien und Verbände erneut getrennt das Gedenken bestritten, fanden die „Frankfurter Erinnerungstage" im Mai 1923 im Beisein des Reichspräsidenten Friedrich Ebert statt[102]. Noch im unmittelbaren Vorfeld der Feier war allerdings zunächst offen gewesen, ob das Reich oder die Stadt Frankfurt als Veranstalter der Feier auftreten sollte. Hier spielte einerseits die Furcht vor möglichen großdeutschen Demonstrationen während der Feierlichkeiten eine Rolle, die das französische Militär im besetzten Rheinland hätten provozieren können. Die Redner hoben insbesondere die Bedeutung der damaligen Verfassungsbewegung hervor und erklärten sie zur Legitimationsgrundlage der Weimarer Republik. Gleichzeitig bezogen sie eindeutig Stellung gegen die Besetzung des Ruhrgebietes durch Frankreich.

In Rastatt gelang es Adolf Geck nun endlich 1924 eine Ansprache vor dem mit einer Widmung versehenen Denkmal zu halten.

In Offenburg fand man in jenen Tagen keine Zeit, das Revolutionsjubiläum zu feiern. Das Offenburger Tageblatt kommentierte am 19. Mai 1923 das Frankfurter Jubiläum kritisch: *Rückschauend auf jene Zeit ist es ähnlich gewesen wie heute: Die demokratische Verfassung war geschaffen, aber ins lebendige Volksbewusstsein ist ihr Geist nicht eingedrungen.* [...] *Was uns erschwert ist die wirtschaftliche Not, die Verelendung ganzer Volksschichten, die daraus erwachsene geistige Verkümmerung*[103]. Die Stadt hatte seit 4. Februar 1923 unter der französischen Besetzung zu leiden. Die Aufgabe der kommunalen Erinnerung an 1848/49 übernahm erneut Adolf Geck im D'r Alt Offeburger. In einem Artikel über Friedrich Hecker monierte er, dass es die Stadtverwaltung bisher versäumt habe, Straßen nach Offenburger 1848er Revolutionären zu benennen. Drei Jahre später ging sein Wunsch in Erfüllung. Die 1848/49er-Zeit wurde bis 1933 Teil der offiziellen Erinnerungskultur Offenburgs. Die Stadtverwaltung entschied nur wenig später, vier neue Straßen nach 1848er-Demokraten zu benennen: 1926 Karl-Heinrich Schaible-Straße, 1927 Scheffelstraße, Franz-Volk-Straße und Gustav-Ree-Anlage[104]. Es dauerte noch ein-

des politischen und völkerrechtlichen Denkens Josef Kohlers in der Wilhelminischen Ära, Berlin 2009, S. 126–133.

[102] Vgl. Klemm (wie Anm. 10), S. 271–286.

[103] Offenburger Tageblatt vom 9.5.1923.

[104] Vgl. Gall, Zur Offenburger Rezeptionsgeschichte (wie Anm. 9), S. 65.

mal über 70 Jahre, bis die Stadt weitere demokratiegeschichtlich bedeutende Persönlichkeiten aus dem Umfeld von 1847 bis 1849 mit Straßennamen ehrte[105].

7. Fazit

Der Blick in die zweite Hälfte des „lange 19. Jahrhundert" hat die unterschiedlichen Konfliktebenen der Erinnerungskämpfe um 1848/49 aufgezeigt. Die Erinnerung begann mit der gewaltsamen Unterdrückung eines positiven Andenkens an das Geschehen und eines würdigen Totengedenkens bis in die Zeit des Kaiserreichs hinein[106]. Sie blieb Sache der Akteur:innen und der neu entstehenden politischen sozialdemokratischen und linksliberalen Milieus selbst. Diese wiederum interpretierten das Revolutionsgeschehen und die daraus resultierenden politischen Schlüsse für die Zeit nach 1849 völlig unterschiedlich und getrennt nach politischen Zielen. Nach 1918 stellten Politiker:innen einen Bezug zu 1848/49 als einen Ursprung der Weimarer Demokratie her, was allerdings nicht zu einer breiten demokratischen Traditionsbildung führte. Dennoch zeigt sich am Beispiel Offenburgs, dass die Erinnerung an 1848/49 nicht allein auf politischer Ebene, sondern auch auf kommunikativem Wege tradiert wurde, „daß sich liberale und demokratische Traditionen, Ansichten und Verhaltensweisen primär über biografische Beziehungsgeflechte konstituierten"[107]. Dies gilt insbesondere für das Sichtbarmachen weiblicher Erinnerungen, für die das innerfamiliäre Geschehen eine weitaus größere Rolle spielte als bei männlichen[108]. Dieser Aspekt ist zudem für die Schaffung einer gesellschaftlich verankerten Demokratietradition mit entscheidend.

Des Weiteren stellt sich unweigerlich die Frage, wie und warum sich ein demokratisches Revolutionszentrum wie Offenburg bereits vor dem Machtantritt der Nationalsozialisten zu einem nationalsozialistischen „Hotspot" entwickeln konnte[109]. Warum verhinderte die Tradierung der demokratischen Revolution von

---

[105] In Zusammenhang mit 1848/49 wurden 2001/2002 folgende Straßen nach Persönlichkeiten benannt: Friedrich-Hecker-Straße, Mathilde-Franziska-Anneke-Straße, Amalie-Hofer-Straße, Nanette-Rehmann-Straße, Amand-Goegg-Straße, Heinrich-Heine-Straße.

[106] Vgl. Wettengel (wie Anm. 2), S.43 ff.

[107] So kam Rainer Schimpf zum Ergebnis, dass politische Haltungen mit der Lage der Wohnung und dem jeweiligen Verwandtschaftsgrad korrelierten. Er bezeichnete die Gerberstraßen als „Straße der Revolution", während das Viertel um die katholische Pfarrkirche eher konservativ geprägt war. Rainer Schimpf, Die Gerberstraße. Die Straße der Revolution, in: Ausstellungskatalog des Hauses der Geschichte Baden-Württemberg „Des Volkes Freiheit. Die Revolutionäre von Offenburg 1847–49", Stuttgart 1997, S. 42 ff.

[108] Vgl. Schraut/Paletschek (wie Anm. 19), S. 23.

[109] Vgl. Wolfgang M. Gall, Von der Schulbank zur NSDAP. Neue Erkenntnisse zur Entstehungsgeschichte der Offenburger NSDAP (1922–1928), in: Heiko Haumann/Uwe Schellinger (Hg.), Vom Nationalsozialismus zur Besatzungsherrschaft. Lebenswelten im ländlichen Raum, Bd. 3: Heidelberg 2018, S. 13–42.

1848/49 nicht, dass sich insbesondere die männliche Enkelgeneration der 1848er für die NS-Ideologie begeistern konnte. Wie ist zu erklären, „dass diese liberalen Traditionen keinen Rückhalt mehr boten, als die nationalsozialistische Bewegung die existentielle Herausforderung der Demokratie wurde?"[110] Diese Frage ist auch ein wichtiger Grund, warum die Auseinandersetzungen mit der Revolution von 1848/49 und der NS-Zeit seit vielen Jahren die beiden Hauptthemen der kommunalen Erinnerungskultur der „Freiheitsstadt Offenburg" sind[111]. Offenburg feierte im Mai 2022, im Jahr des 175. Gedenkens an die Revolutionsgeschehnisse, mit der Neueröffnung des Salmen als „Erinnerungs- und Erlebnisort der Demokratie" und am Wochenende des 10./11. September anlässlich der Heimattage Baden-Württemberg mit dem Thema „Heimat, Freiheit, Europa" die Forderungen von 1847 und setzte sich gleichzeitig bei dem „Salmengespräch" mit den Fragen auseinander: Wie kam es zum Antisemitismus in Europa? Wie haben es die Nationalsozialisten geschafft, ein ganzes Volk zu Mittätern zu machen? Was können wir aus diesem schrecklichsten Kapitel der europäischen Geschichte lernen[112]?

---

110 Joachim SCHOLTYSECK, Einleitung, in: DERS./Klaus EISELE (Hg.), Offenburg 1918–1949. Zwischen Demokratie und Diktatur, Konstanz 2004, S. 12.

111 Vgl. Wolfgang M. GALL/Carmen LÖTSCH, Erinnerungskultur in Offenburg: Bilanz und Blick in die Zukunft, in: Die Ortenau 97 (2017), S. 381–406.

112 Vgl. Stadt Offenburg, Der Salmen, https://www.der-salmen.de/ (Letzter Zugriff: 24.04.2024); vgl. Sonja-Maria BAUER, Offenburg und Rastatt 1847–1849, „Freiheit, aber auch Ordnung und Einheit des Vaterlandes", in: Reinhold WEBER/Peter STEINBACH/Hans-Georg WEHLING (Hg.), Baden-württembergische Erinnerungsorte, Stuttgart 2012, S. 172–185.

Kaspar Hauser. Deutungsversuche des „Rätsels seiner Zeit“

Oliver Sänger

Auf dem Cannstatter Volksfest von 1835 erzählte ein Bänkelsänger mit seinem Leierkasten die schaurige Moritat vom Leben und Sterben des Kaspar Hauser. Eine zeitgenössische Darstellung schildert die Szene, sie zeigt, dass der Erzähler mit seiner Geschichte auf das Interesse des Publikums stieß, obwohl gleichzeitig noch viele andere Belustigungen dieses großen Volkfestes die Besucher anlockten (Abb. 1). Das Lied, das der Bänkelsänger auf dem Cannstatter Volksfest vermutlich vorgetragen hat, ist überliefert[1]. Es entstand 1834, ein Jahr nach dem Tod Kaspar Hausers, und beinhaltet die wesentlichen Elemente, die der Geschichte ihre Bedeutung in der Erinnerungskultur gegeben haben. Manches davon ist in dem Lied nur angedeutet, was sicher auch der herrschenden Zensur geschuldet war, doch waren die Geschichten um Kaspar Hauser zu diesem Zeitpunkt bereits so verbreitet, dass die Zuhörerschaft sehr genau wusste, was damit im Einzelnen gemeint war.

Abb. 1: Szene auf dem Canstatter Volksfest 1835, Radierung. (Stadtarchiv Stuttgart 9050/03075)

[1] Vgl. Das ungelöste Rätsel von Nürnberg. Anonymes Bänkellied von 1834, in: Jochen Hörisch, (Hg.), Ich möchte ein solcher werden wie … Materialien zur Sprachlosigkeit des Kaspar Hauser, Frankfurt a. M. 1979, S. 255–256.

Mit dieser Schilderung könnte man es bewenden lassen: Die Geschichte von Kaspar Hauser, dem *Rätsel seiner Zeit, von unbekannter Herkunft und geheimnisvollem Tod*, wie es auf seinem Grabstein in Ansbach geschrieben steht – eine von vielen romantischen Schauergeschichten, wie sie insbesondere im 19. Jahrhundert in großer Zahl entstanden sind, seither immer wieder weitergetragen, ausgeschmückt, auch neu erfunden werden, um das Publikum immer wieder aufs Neue zu unterhalten. In der Geschichte von Kaspar Hauser steckt allerdings ein größeres Potential, das über das gelegentliche Gruseln beim Erzählen solcher Geschichten hinausgeht. Denn unabhängig und teilweise völlig losgelöst von der historischen Relevanz des eigentlichen Ereignisses – der Person Kaspar Hauser – hatte und hat dieses Thema eine starke Wirkung auf die Erinnerungskultur, allerdings in gedeuteter, veränderter, im Falle Kaspar Hausers oft auch instrumentalisierter Form. Die zentralen Elemente dieser Erinnerungskultur, die in ihrer Wirkung teilweise bis heute anhalten, werden im Folgenden aufgezeigt. Zuvor soll allerdings noch das Ereignis selbst, das Erscheinen Kaspar Hausers, dargestellt werden, denn die deutenden Überlagerungen reichen bei dieser Geschichte tatsächlich zurück bis zu ihren Anfängen.

Die Geschichte des jungen Mannes, der später als Kaspar Hauser bekannt werden sollte, begann am Pfingstmontag, den 26. Mai 1828[2]. An diesem Tag erschien ein junger Mann auf offener Straße in Nürnberg, konnte sich nur mühsam fortbewegen, redete schwer verständlich und wiederholte immer wieder in einem breiten bayerischen Dialekt den einen Satz, dass er ein Reiter werden möchte, wie sein Vater einer gewesen sei. Bei sich trug er zwei Dokumente, einen an den Rittmeister der 4. Eskadron des 6. Chevauxlegers-Regiments in Nürnberg adressierten Brief sowie den sogenannten „Mägdleinzettel", beide mit Angaben zu seiner tatsächlichen oder vermeintlichen Herkunft[3]. Beide Dokumente haben sich nicht im Original erhalten, so dass sich heute nicht mehr mit Sicherheit überprüfen lässt, ob diese echt waren oder es sich dabei um Fälschungen handelte. Die darin erzählte Geschichte ist allerdings nicht so unwahrscheinlich, als dass man ihr nicht hätte weiter nachgehen können und sie sich möglicherweise bewahrheitet hätte: Der junge Mann, der sich selbst Kaspar Hauser nannte, sei das Kind einer armen Magd gewesen, er sei einem Tagelöhner *gelegt* worden und bei diesem aufgewachsen, jetzt wolle er wie sein Vater bei dem in Nürnberg stationierten Regiment Soldat werden. Da jedoch zunächst niemand mit diesen Dokumenten und den wenigen immergleichen Äußerungen Kaspar Hausers etwas anfangen konnte, wurde er in das Ge-

[2] Einen Überblick über die Geschichte Kaspar Hausers bieten: Anna SCHIENER, Der Fall Kaspar Hauser, Regensburg 2010; Walther SCHREIBMÜLLER, Bilanz einer 150jährigen Kaspar Hauser-Forschung, in: Genealogisches Jahrbuch 31 (1991), S. 43–84; zentrale Quellen sind zusammengestellt in: HÖRISCH (wie Anm. 1); hilfreich, aber aufgrund der anthroposophisch beeinflussten Auswahl und Deutung der zusammengestellten Dokumente mit Vorsicht zu verwenden: Johannes MAYER/Peter TRADOWSKY, Kaspar Hauser. Das Kind von Europa, in Wort und Bild, Stuttgart 1984.

[3] Beide Dokumente abgebildet in MAYER/TRADOWSKY (wie Anm. 2), S. 308–311.

fängnis im Nürnberger Luginsland-Turm gebracht, wo sich das seltsame Findelkind recht schnell zum Objekt öffentlichen Interesses entwickelte. Der Nürnberger Bürgermeister Jakob Friedrich Binder nahm sich der Sache an, er führte mehrere Befragungen durch und verfasste schließlich nach nur wenigen Wochen eine erste und sehr umfangreiche Bekanntmachung über den Fall Kaspar Hauser: *Vom Magistrat der Königlich Bayerischen Stadt Nürnberg wird hiermit ein Fall zur allgemeinen öffentlichen Kenntnis gebracht, der so merkwürdig und in seiner Art vielleicht so unerhört ist, dass er nicht nur die Aufmerksamkeit aller Polizei- und Justiz-, Zivil- und Militär-Behörden, sondern auch die Teilnahme aller fühlenden Menschen unseres Vaterlandes in Anspruch nimmt.*[4] Schon diese ersten Zeilen lassen erahnen, dass es sich bei dem nun folgenden nicht vorrangig um einem sachlichen Bericht in der nüchternen Sprache der Verwaltungen handelt, und im selben Stil fuhr Binder weiter fort: Bereits die allererste Befragung habe die Erkenntnis erbracht, dass *dieser junge Mensch von seiner Kindheit an, mit Entbehrung aller menschlichen Gesellschaft, auf die unmenschlichste Weise in einem tierähnlichen Zustande einsam gefangen gehalten worden*, ferner dass er *weder verrückt, noch blödsinnig* sei, sondern vielmehr über die *herrlichsten Naturanlagen* verfüge. Von sich selbst habe Kaspar Hauser erzählen können, er *war immer ganz allein eingesperrt und sah und hörte niemand anders als das Ungeheuer, das ihm seine einzige Nahrung, Brot und Wasser, reichte. Er befand sich stets in einem kleinen, engen, niedrigen Raum.* Mit Wasser und Brot sei er immer nachts versorgt worden, wenn er geschlafen habe, ebenso seien dann seine Nägel und Haare geschnitten worden. *Lang, lang, aber wie lang das weiß er nicht, weil er keinen Begriff von der Einteilung der Zeit hatte, war er in diesem Kerker gewesen. Niemand hatte er darin gesehen, keinen Strahl der Sonne, keinen Schimmer des Mondes, kein Licht, keine menschliche Stimme, keinen Laut eines Vogels, kein Geschrei eines Tiers, keinen Fußtritt gehört.* Eines Tages sei dann der Unbekannte in den Kerker eingetreten, habe ihm Bücher gebracht, ihm ein wenig Lesen und seinen Namen schreiben gelehrt. Nach einiger Zeit habe der Unbekannte ihm gesagt, er wolle ihn jetzt fortbringen, zu seinem Vater, und dass er dort wie dieser ein Reiter werden solle. Daraufhin habe er ihn fortgetragen und unterwegs das Gehen gelehrt. So seien sie bis vor Nürnberg gekommen, wo ihm der Unbekannte die beiden Zettel ausgehändigt und ihn allein in die Stadt entlassen habe. Weiter schrieb Binder von Kaspar Hausers *reinem, offenem schuldlosen Blick*, von seiner *höchsten Unschuld der Natur*, von seiner *unbeschreiblichen Sanftmut*, seiner *alle seine Umgebungen anziehenden Herzlichkeit und Gutmütigkeit* [...] *überhaupt sein ganzes kindliches Wesen und sein reines unbeflecktes Innere.* Und schließlich stellte Binder Vermutungen über Kaspar Hausers Herkunft an, indem er die von ihm mitgebrachten Schriftstücke *durchaus als unwahrscheinlich und erdichtet* darstellte, und führte weiterhin aus, *dass mit seiner widerrechtlichen*

[4] Bekanntmachung des Nürnberger ersten Bürgermeisters Binder vom 7.7.1828, veröffentlicht am 14.7.1828, mit Anlagen, in: Hörisch (wie Anm. 1), S. 23–35, hieraus auch die folgenden Zitate.

Gefangenhaltung das nicht minder schwere Verbrechen des Betrugs am Familienstande verbunden ist, wodurch ihm vielleicht seine Eltern, und wenn diese nicht mehr lebten, wenigstens seine Familie, sein Vermögen, wohl gar die Vorzüge vornehmer Geburt, in jedem Falle aber neben den unschuldigen Freuden einer frohen Kinderwelt die höchsten Güter des Lebens geraubt, und seine physische und geistige Ausbildung gewaltsam unterdrückt und verzögert worden ist. Und schließlich: *Die Gemeinde, die ihn in ihrem Schoß aufgenommen, liebt ihn, und betrachtet ihn als ein ihr von der Vorsehung zugeführtes Pfand der Liebe.*

Der Bericht Binders sei an dieser Stelle so ausführlich zitiert, da in ihm bereits zu diesem frühen Zeitpunkt alle wesentlichen Elemente der Deutungsebenen des Phänomens Kaspar Hauser angelegt wurden. Es erstaunt, mit welcher Vehemenz darin die wenigen real vorliegenden Hinweise zu seiner Herkunft – die beiden mitgeführten Dokumente – beiseite gewischt, und an ihre Stelle weitschweifende Ausführungen über das Wesen und die vermeintliche Abstammung Kaspar Hausers gesetzt wurden, die angesichts seiner beim Erscheinen in Nürnberg gezeigten fast vollständigen Sprachlosigkeit kaum von ihm selbst geäußert sein konnten. Was Binder hier in schwärmerischen Formulierungen abgeliefert hat, ist kein Bericht, sondern eine romantische Erzählung, die sich in Motivfindung und Sprachduktus unübersehbar an die in dieser Zeit populären Märchen anlehnt. Und er scheint damit sein Publikum gefunden zu haben, die von ihm gleich zu Beginn direkt angesprochenen *fühlenden Menschen*. Binders schriftstellerisches Werk traf auf den Zeitgeist der Romantik, in der es für solche Geschichten es eine große Aufnahmebereitschaft gab. Der französische Autor Jean Mistler[5] spricht in diesem Zusammenhang von einem „phénomène de psychologie collective“, von einer verbreiteten „Gestimmtheit“, die zu dieser Zeit weite Teile der Gesellschaft erfasst hatte und offensichtlich auch Bürgermeister Binder miteinschloss. Die in Binders Bericht angelegte Legendenbildung wurde allerdings schon von Beginn an auch kritisch gesehen. So fand das Appellationsgericht in Ansbach, eine der Stadt Nürnberg übergeordnete Behörde, deutliche Worte: Die Bekanntmachung habe einen *romanhaften, dem angeblichen Opfer unmenschlicher Behandlung auf die künstlichste Weise abgefragten, vielleicht oft nur erratenen Inhalt*[6], der die weitere Suche nach der Wahrheit unnötig erschwere. Diese Analyse beschreibt den Sachverhalt sehr treffend, denn aufgrund der schriftstellerischen Leistung Binders überlagern gleichsam von Beginn an Legenden die wahre Geschichte Kaspar Hausers, die vermutlich auch deshalb nie mehr in Erfahrung zu bringen sein wird. Diese Legenden waren so gut erfunden und trafen mit feinem Gespür den Zeitgeist, dass man sich ihrer Wirkung kaum entziehen konnte. Dies traf selbst für den Verfasser des kri-

---

[5] Jean MISTLER, Gaspard Hauser. Un drame de la personnalité, Paris 1971; eine Zusammenfassung des Buches von Jean Mistler bei: Fritz TRAUTZ, Zum Problem der Persönlichkeitsdeutung, anlässlich des Kaspar-Hauser-Buches von Jean Mistler, in: Francia. Forschungen zur westeuropäischen Geschichte 2 (1974/1975), S. 715–731.

[6] Schreiben des Appellationsgerichts an die Kreisregierung, in: HÖRISCH (wie Anm. 1), S. 36–37.

tischen Schreibens des Appellationsgerichts Ansbach zu, bei dem es sich um Paul Johann Anselm Ritter von Feuerbach handelte, der sich später des Findlings Kaspar Hauser annehmen sollte und zu seinem Lebensende hin selbst den Mutmaßungen einer adligen Herkunft anhing[7].

Am wirkmächtigsten hat sich bis heute die von Binder angestellte Vermutung erwiesen, bei Kaspar Hauser handele es sich um ein Kind adeliger oder sogar herrschaftlicher Abstammung, das durch ein an ihm verübten Verbrechen um seinen rechtmäßigen Titel gebracht worden sei. Bevor dieser in der sogenannten „Erbprinzentheorie“ mündende Ansatz weiter ausgeführt wird, soll allerdings zunächst noch ein Blick auf die zweite ebenfalls schon bei Binder angelegt Deutungsebene gerichtet werden, die Idee von Kaspar Hauser als einem *reinen Naturkind*, dessen beste natürliche Anlagen sich vollkommen frei von zivilisatorischen Einflüssen hätten entwickeln können. Auch hierbei handelte es sich um ein geläufiges Motiv, welches Binder für seine Erzählung aufgriff. Die Schriften Jean-Jacques Rousseaus mit seiner idealistischen These eines harmonischen „Naturzustandes“ aller Menschen fließen hier ebenso ein wie das reale Auftreten von in der Wildnis aufgewachsenen Kindern, den sogenannten „Wolfskindern“, zu dessen bekanntesten Vertretern zu Zeiten Hausers der in Frankreich entdeckte Victor von Aveyron zählt[8]. Anknüpfend an diese Deutung entstanden schon kurze Zeit nach dem Auftauchen Kaspar Hausers in Deutschland wie in Frankreich zahlreiche heute zumeist (nicht zu Unrecht) vergessene Theaterstücke, und eine zeitgenössische Darstellung zeigt den französischen Schauspieler Albert, wie er in der Rolle dieses „edlen Wilden“ erste Bühnenerfolge feiern konnte (Abb. 2). Das Bild Kaspar Hausers als eines Außenseiters, der zwar über die besten Anlagen verfügt, aufgrund seiner Herkunft in dieser Welt aber fremd bleibt oder bleiben muss, zieht sich seither durch verschiedene Darstellungen in Literatur und Belletristik, in Gedichten, Liedern und Theaterstücken, und findet sich schließlich auch in filmischen Umsetzungen wie „Jeder für sich und Gott gegen alle“ von Werner Herzog aus dem Jahr 1974, wobei hier die Rolle Kaspar Hausers bewusst mit einem gesellschaftlichen Außenseiter besetzt wurde, der unter dem Künstlernamen „Bruno S.“ auftrat.

Eine eigenwillige Zuspitzung erfuhr diese Deutung Kaspar Hausers in den Lehren von Rudolf Steiner, dem Begründer der Anthroposophie. Darin erscheint Kaspar Hauser als ein *höheres Wesen*, dessen spezifische *Mission* darin bestanden hätte, eine besondere Verbindung zwischen der Erde und der *geistigen Welt* herzustellen – das *Kind Europas*, wie es aufgrund dieser ihm vermeintlich zufallenden Aufgabe von anthroposophischen Autoren bezeichnet wird, und das zur Erfüllung seiner Aufgabe dann auch notwendigerweise von hochadeliger Abstammung sein

---

[7] Vgl. Anselm von Feuerbach, Mémoire. Wer möchte wohl Kaspar Hauser sein? Der Königin Caroline von Bayern übersandt (Februar 1832), in: Hörisch (wie Anm. 1), S. 194–203.

[8] Vgl. Harlan Lane, Das wilde Kind von Aveyron. Der Fall des Wolfsjungen, Frankfurt a.M. 1985.

Abb. 2: Schauspieler Albert in der Rolle des Kaspar Hauser, Lithografie 1838. (Haus der Geschichte Baden-Württemberg 1998/373/1)

müsse[9]. Solche Gedankengänge finden sich auch außerhalb der Anhängerschaft der anthroposophischen Lehren. So gestaltete die B. H. Mayer'sche Kunstprägeanstalt Pforzheim ihre Jahresmedaille für das Jahr 1983 mit dem Motiv Kaspar Hausers – eine Verbindung eines bekannten Porträts Kaspar Hausers nach seinem Erscheinen in Nürnberg mit einem weiteren Porträt, welches auf einem früheren Zeitpunkt (vermutlich falsch) datiert ist und ihn noch in einem vermeintlichen „Naturzustand" zeigen soll[10], sowie einer Darstellung des Karlsruher Schlosses als seinen

[9] Mayer/Tradowsky (wie Anm. 2); weitere Äußerungen zu Kaspar Hauser bei Anthro-Wiki, Artikel „Kaspar Hauser", https://anthrowiki.at/Kaspar_Hauser (Letzter Abruf: 26.04.2024).

[10] Beide Darstellungen wiedergegeben in: Mayer/Tradowsky (wie Anm. 2), Nr. 214, S. 503; Nr. 529, S. 784.

angeblichen Geburtsort (Abb. 3). Dieser Medaille ist ein kleines Begleitheft beigelegt, darin führt der anthroposophische Autor Peter Tradowsky aus: *Kaspar Hauser, das Kind von Europa, ist mit seinem ganzen Leben und mit seinem rätselhaften Schicksal zum Prüfstein für die Wahrhaftigkeit aller Menschen geworden. [...] Wir haben es uns zur Aufgabe gemacht, die Individualität Kaspar Hausers in das Bewusstsein der Menschen zu heben. Die Deutschen haben ihre historische Mission noch gar nicht begriffen. Sie steht mit dem Schicksal Kaspar Hausers in tiefem Zusammenhang. Dass dieser Zusammenhang erkannt und die Aufgabe ergriffen werden möge, dazu soll diese Medaille anregen.*[11] Als weiteres Beispiel für solch verstiegene Deutungen soll hier noch das Theaterstück „Ach diese Wege sind sehr dunkel“ von Jürg Amann und die darauf basierende von Roger Matscheizik komponierte Kammeroper angeführt werden, die am 19. Oktober 1996 im Kleinen Haus des Badischen Staatstheaters uraufgeführt wurde. Deren Abschlussbild zeigt Kaspar Hauser als geschundenen sterbenden König, dessen Haltung bewusst an den gekreuzigten Christus erinnern soll (Abb. 4). Dazu trägt Kaspar Hauser in seiner Rolle den folgenden Monolog vor: Zunächst als *Gekreuzigter: Ich weiß ja, dass es nicht wirklich ist. Und ein Bild. Und ein Gleichnis. Und lange vorbei. Und vielleicht ein Gerücht. Aber er. Er hat es erlitten.* Und dann als *Gekrönter: Ich. Sagen sie. Prinz. Sagen sie. Tot und lebendig. Gekreuzigt, gestorben und begraben worden. Auferstanden am wievielten Tag?*[12]

Abb. 3: Jahresmedaille der B.H. Mayer'schen Kunstprägeanstalt Pforzheim, 1983. (Badisches Landesmuseum MK 5233)

[11] Peter Tradowsky, Jahresmedaille 1983 zum 150. Todestag Kaspar Hausers gewidmet, B.H. Mayer“s Kunstprägeanstalt Pforzheim, gegründet 1871, Pforzheim 1983.

[12] Jürg Amann, Ach, diese Wege sind sehr dunkel. Ein Kaspar Hauser-Stück, in: Ders. (Hg.), Ach, diese Wege sind sehr dunkel. Drei Stücke, München/Zürich 1985, S. 5–35, hier S. 33–34.

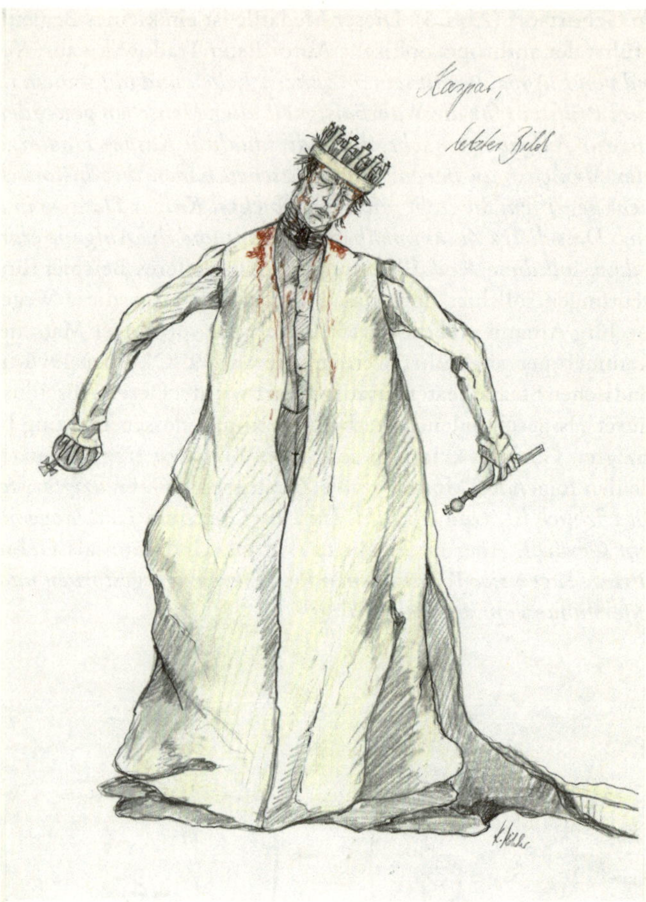

Abb. 4: Kostümzeichnung zur Kammeroper „Ach diese Wege sind sehr dunkel", 1996. (Haus der Geschichte Baden-Württemberg 2009/132/1)

Mehr noch als die Deutung Kaspar Hausers als unschuldiges Naturkind mit ihren teilweise überspitzten Ausformungen hat allerdings die von Binder geäußerte Vermutung, das Nürnberger Findelkind sei von *vornehmer Geburt* und an ihm sei ein *Verbrechen des Betrugs am Familienstande* verübt worden, ihre Kreise gezogen und eine Nachwirkung bis hinein in die Gegenwart entfaltet. Denn Binders Mutmaßungen, die dieser noch recht allgemein formuliert hatte, sollten sich recht schnell zur sogenannten „Erbprinzentheorie" verdichten. Im Haus Baden, so begann man zu glauben (und glauben viele bis heute noch) seien sowohl die vermeintlichen Eltern Kaspar Hausers als auch die Drahtzieher – in diesem Fall insbesondere die Drahtzieherin – des angeblichen Verbrechens zu finden. Demnach soll

Kaspar Hauser der erste Sohn von Großherzog Karl und Großherzogin Stéphanie gewesen sein, der am 29. September 1812 als Erbprinz des Hauses Baden geboren wurde. Dieses Kind ist bereits am 16. Oktober 1812 wieder verstorben. Nach der Erbprinzentheorie soll es sich bei dem verstorbenen Kind allerdings nicht mehr um den badischen Prinzen gehandelt haben, da dieser in der Wiege gegen ein todkrankes Kind ausgetauscht worden sei. Drahtzieherin der gesamten Aktion sei die zweite Frau des verstorbenen Großherzogs Karl Friedrich gewesen, Luise Caroline Geyer von Geyersberg, Reichsgräfin von Hochberg, die damit den Nachkommen aus ihrer Ehe auf den badischen Thron verhelfen wollte. Allerdings habe ihr und den mit ihr unter einer Decke steckenden der Mut gefehlt, das neu geborene Kind einfach umzubringen, weshalb es ausgetauscht, später versteckt gehalten worden, ehe es schließlich in Nürnberg wieder aufgetaucht sei[13].

Wann das Gerücht, Kaspar Hauser sei ein badischer Erbprinz, zum ersten Mal geäußert wurde, lässt sich nicht mit Bestimmtheit sagen. Entsprechende Spekulationen begannen sich nach dem mysteriösen ersten „Mordanschlag“ (der vermutlich keiner war) auf Kaspar Hauser am 17. Oktober 1829 zu verdichten. Irgendjemand, so die Vermutung, schien Kaspar Hauser nach dem Leben zu trachten, um durch seine Ermordung seine wahre Herkunft endgültig vertuschen zu können. Diese Geschichte begann in den Gesprächsrunden bürgerlicher Salons in Nürnberg zu kursieren, wurde von dort durch Briefkorrespondenz nach Stuttgart und andernorts weitergegeben, um schließlich von den Unterhaltungsblättern der damaligen Zeit aufgegriffen zu werden, so in den Publikationen des Stuttgarter Verlegers Johann Friedrich Cotta und der Münchener Verlegerin Charlotte Birch-Pfeiffer. Über solche Publikationen fand die Geschichte auch ihren Weg in die badische Residenzstadt, wo das „Karlsruher Unterhaltungs-Blatt“ im Jahr 1830 sie veröffentlichte, als Wiedergabe eines im Jahr zuvor bei Cotta in Stuttgart erschienenen Artikels (Abb. 5). Allerdings wurde zu diesem Zeitpunkt der angebliche Bezug Kaspar Hausers zum badischen Herrscherhaus zumindest in den veröffentlichten Schriften noch nicht direkt erwähnt. Dies änderte sich erst mit den publizistischen Aktivitäten der Brüder Johann Friedrich und Friedrich Gottlob Franckh, zweier überzeugter Demokraten, von denen sich letzterer später als Mitverschwörer am Frankfurter Wachensturm von 1833 hervortun sollte. Die Brüder Franckh hatten mit der Herausgabe billiger Unterhaltungsheftchen, der sogenannten „Kreuzerausgaben“ zunächst in Stuttgart und dann auch in München wirtschaftlichen Erfolg. Für ihre Blätter waren sie stets auf der Suche nach guten Geschichten und nahmen diese umso mehr auf, wenn sie sich auch in ihr politisches Weltbild einfügen ließen. Für die Geschichte Kaspar Hausers und ihre Zuspitzung in der Erbprinzentheorie

---

[13] Vgl. Oliver SÄNGER, Kaspar Hauser – eine badische Frage? Zur Entstehung der Legende vom vertauschten Erbprinzen, in: Heinrich HAUSS/Paul-Ludwig WEINACHT (Hg.), Wegmarken badischer Geschichte. Vorträge anlässlich der Landesausstellung „Baden! 900 Jahre“ im Badischen Landesmuseum Karlsruhe (Schriftenreihe des Landesvereins Badische Heimat, Bd. 5), Freiburg 2013, S. 95–111.

No.ro 1. Dritter Jahrgang 1830. (1)

KARLSRUHER UNTERHALTUNGS-BLATT,

erscheint jeden Sonntag mit einer hübschen, auf den Inhalt Bezug habenden Abbildung. Der Plan ist: hauptsächlich die Jugend aus der Naturgeschichte, der Länder- und Völkerkunde, der Kunst etc. durch bildliche Darstellungen, verbunden mit ausführlichen Erklärungen, belehrend, so wie ältere Personen durch interessante Aufsätze angenehm zu unterhalten. Das Karlsruher Unterhaltungsblatt wird im Abonnement Jährlich für fl. 5. 12 kr. rh., Thlr. 3. — sächs. (im ganzen Großherzogthum Baden franco per Briefpost) jede Woche geliefert, und Bestellungen auf dasselbe werden jederzeit von sämmtlichen Postbehörden, so wie von allen Buch- und Kunst-Handlungen des In- und Auslandes (in Strasburg in der Schulbuchhandlung von F. C. Heitz, Schlauchgasse Nro. 3.) sowohl auf das Ganze von Nro. 1. an — jetzt aus fünfter Auflage — als auch auf jeden einzelnen Jahrgang angenommen und besorgt. Der Ladenpreis für jeden Jahrgang ist 7 fl. 48 kr. rh., Thlr. 4. 12 ggr. sächs., doch erhalten diejenigen, welche sich jetzt noch auf dieses Unternehmen abonniren, auch die frühern Jahrgänge im obigen Abonnementspreiß und auf 8 Exemplare 1 Freyexemplar.

Kaspar Hauser in Nürnberg.

(Mit Abbildung.)

Dritter Jahrgang 1830. Tab. I.

Der geneigte Leser erhält hier aus dem National-Kalender für 1830 das Bild und die ausführlichere Geschichte eines jungen Menschen, dessen trauriges Schicksal wirklich allgemeine Theilnahme erregt, weil auf geheimnißvollere, dreistere und grausamere Weise wohl selten jemand, wie der arme Kaspar Hauser, behandelt und verfolgt wurde.

Am zweiten Pfingstfeiertage nämlich, Montags den 26. Mai 1828, Nachmittags zwischen vier und fünf Uhr, begegnete einem Nürnberger Bürger am Eingange der Kreuzgasse, bei dem sogenannten Unschlittplatze, ein junger Mensch, dem Anscheine nach sechszehn bis achtzehn Jahre alt, ohne Begleitung, und fragte ihn nach der Neuthorstraße. Der Bürger erbot sich, dem jungen Menschen den Weg dahin zu zeigen, und begleitete ihn; während dessen zog dieser aus seiner Tasche einen versiegelten Brief, worauf die Adresse stand:

An Tit. Hrn. Wohlgebohrner Rittmeister bei der 4. Esgataron bey 6. Schwolische Regiment in Nierberg.

und dieß bewog den Bürger, mit ihm auf die Wache vor dem neuen Thor zu gehen, um dort am ersten Auskunft zu erlangen. Auf dem weiten Wege dahin suchte der Bürger ein Gespräch mit ihm anzuknüpfen, überzeugte sich aber bald, daß wegen Mangels an Begriffen, solches bei ihm nicht möglich sey. Am neuen Thore angelangt, wurde der junge Mensch, nach Vorzeigung des gedachten Briefs, an das nicht weit davon entfernte Haus gewiesen, in welchem der bezeichnete Herr Rittmeister wohnte. In dessen Abwesenheit bemühte sich der Bediente, den jungen Menschen möglichst auszufragen, konnte aber keine befriedigende Antworten erlangen, und, als inzwischen der Herr Rittmeister zurückgekommen war, den Brief gelesen, aber sich ebenfalls vergebens bemüht hatte, dessen ihm ganz fremden räthselhaften Inhalt bei dem jungen Menschen näher zu erforschen, wurde solcher nebst diesem Briefe noch an jenem Abend dem Magistrat übergeben.

Aus dem ersten, von einem Magistrats-Polizeibeamten mit ihm vorgenommenen Verhör, ergaben sich die abgerissenen, kurzen Antworten: daß ihm weder der Ort, noch die Gegend seiner Geburt oder seines Aufenthalts, noch seine Herkunft bekannt, und daß er von demjenigen Unbekannten, bei welchem er „alleweil" (immer) gewesen, bis an das

Abb. 5: Karlsruher Unterhaltungs-Blatt Nr. 1/1830. (Badisches Landesmuseum 2000/1132)

traf dies in besonderem Maße zu, und so war Anfang 1832 zunächst in der „Stuttgarter Stadt-Post" und kurz darauf im ebenfalls oppositionellen „Augsburger Tagblatt" offen und unverblümt zu lesen, Kaspar Hauser sei der verstoßene Thronanwärter Badens[14]. Im Umfeld der Brüder Franckh finden sich schließlich auch zwei Autoren, die für die weitere Ausformulierung und Festigung der Erbprinzentheorie von entscheidender Bedeutung sein sollten: zum einen Ludwig Georg Friedrich Seybold, der für seine demokratische Gesinnung eine Festungshaft auf dem Hohenasperg zu verbüßen hatte, und der anonym im Jahr 1834 den romantischen Schauerroman „Kaspar Hauser oder der Findling" mit eindeutigen Anspielungen auf das Haus Baden veröffentlichte, zum anderen Joseph Heinrich Garnier, der sich der drohenden Verurteilung nach seiner Beteiligung am Frankfurter Wachensturm durch die Flucht nach Frankreich entzogen hatte, und der im selben Jahr 1834 mit seinem Pamphlet „Einige Beiträge zur Geschichte Caspar Hausers, nebst einer dramaturgischen Einführung" der Erbprinzentheorie zu einer stringenten Form verhalf[15]. Insbesondere die Schrift Garniers fand reißenden Absatz, ihr kam zupass, dass Kaspar Hauser am 17. Dezember 1833 unter rätselhaften Umständen

[14] Vgl. Marco HUGGELE, Prinz der Franckhschen Völker. Zur Entstehung des Gerüchts um Kaspar Hausers angebliches badisches Prinzentum, unveröffentlichtes Manuskript, dem Autor vorliegend.

[15] Vgl. [Friedrich SEYBOLD], Kaspar Hauser oder der Findling, Stuttgart 1834; Joseph Heinrich GARNIER, Einige Beiträge zur Geschichte Caspar Hausers, nebst einer dramaturgischen Einführung, Straßburg [1834].

zu Tode gekommen war. Nach dem vermeintlichen ersten und noch erfolglosen Mordanschlag von 1829 wurde jetzt von einem erfolgreich zu Ende geführten spekuliert, und Garnier konnte mit dem Major Heinrich Hennenhofer, einem Emporkömmling in badischen Diensten, auch den dazu passenden Mörder präsentieren. Denn die angebliche ursprüngliche Drahtzieherin des Kindstauschs am badischen Hof, die Reichsgräfin von Hochberg, konnte in diesem Fall nicht mehr die Täterin sein, sie war bereits im Jahr 1820 verstorben.

Politisch brisant wurde die Erbprinzentheorie, als sich der bayerische König Ludwig I. ihrer annahm[16]. Entscheidende Hinweise hierzu erhielt er durch Anselm von Feuerbach, der sich als Präsident des Appellationsgerichts in Ansbach Kaspar Hausers angenommen hatte. Feuerbach war dem Fall zunächst eher nüchtern begegnet, wie die bereits erwähnte Antwort auf die Bekanntmachung des Nürnberger Bürgermeisters Binder zeigt, ließ sich dann aber zu seinem Lebensende hin auch zu Spekulationen über eine angebliche badische Herkunft Kaspar Hausers hinreißen. Möglicherweise schon 1830 informierte er den bayerischen König über seine Vermutungen, posthum veröffentlicht wurde eine von ihm verfasste Denkschrift „Mémoire – Wer möchte wohl Kaspar Hauser sein?“, adressiert an Königin Karoline von Bayern, eine badische Prinzessin und Stiefmutter König Ludwigs I. Allerdings war sich Feuerbach bewusst, dass er keine juristisch stichhaltigen Beweise liefern konnte, eingangs der „Mémoire“ schrieb er: *Die Rechtsgelehrten haben bei der Entscheidung über Verbrechen einen Beweis aus dem Zusammentreffen der Umstände. Auch ich unternehme einen solchen, aus einer Reihe nebeneinander gestellter Vermutungsgründe zusammengesetzten Beweis, welcher freilich vor keinem Richterstuhle ein entscheidendes Gewicht haben würde, gleichwohl aber hinreichend sein dürfte, um eine sehr starke menschliche Vermutung, wo nicht vollständige moralische Gewissheit zu begründen.*[17] Doch ungeachtet solcher Zweifel zeigt Feuerbach eine Argumentationskette auf, die aus seiner Sicht keinen Zweifel zulasse, dass Kaspar Hauser ein badischer Prinz sei. König Ludwig wiederum zeigte ein auffallend großes Interesse an dieser Geschichte, erkannte er darin doch eine Möglichkeit, die Legitimität des badischen Herrscherhauses und damit auch die territoriale Integrität des Landes Baden infrage zu stellen, um verloren gegangene wittelsbachische Territorien in der Kurpfalz für Bayern wiederzuerlangen – ein politisches Ziel, welches Ludwig seit seinem Regierungsantritt mit nicht immer lauteren Methoden verfolgt hatte. Entsprechend intensiv waren die Nachforschungen, die er im Fall Kaspar Hauser weiter unternehmen ließ, insbesondere nach dessen unnatürlichem Ableben. Auf die Untersuchungen der örtlichen Polizeibehörden in Ansbach nahm er direkten Einfluss, wollte an die Möglichkeit

---

[16] Vgl. Reinhard HEYDENREUTER, König Ludwig I. und der Fall Kaspar Hauser, in: Konrad ACKERMANN/Alois SCHMID (Hg.), Staat und Verwaltung in Bayern. Festschrift für Wilhelm Volkert zum 75. Geburtstag (Schriftenreihe zur bayerischen Landesgeschichte, Bd. 139), München 2003, S. 465–476.

[17] FEUERBACH (wie Anm. 7), hier S. 194.

einer Selbstverletzung Kaspar Hausers nicht glauben, sondern setzte die stattliche Belohnung von 10.000 Gulden für Hinweise auf einen Mordanschlag aus. Doch all dies und auch die Initiativen des bayerischen Innenministers Ludwig von Oettingen-Wallerstein führten nicht zum Erfolg, Beweise für die Erbprinzentheorie konnten nicht gefunden werden. Vermutlich nahm der König von einer Instrumentalisierung der Gerüchte um Kaspar Hauser aber auch Abstand, weil diese inzwischen eine Stoßrichtung erhalten hatten, welche nicht nur das Haus Baden, sondern das gesamte monarchische Regierungssystem als moralisch verkommen radikal infrage stellte. Kaspar Hauser, so musste er fürchten, könnte nicht nur am badischen, sondern auch an seinem eigenen bayerischen Thron sägen.

Denn in Baden sorgten die Gerüchte um Kaspar Hauser weiterhin für Unruhe, insbesondere die Schrift Garniers kursierte trotz eines bald nach ihrem Erscheinen erlassenen Verbots, und weitere Schriften wie die des im Exil lebenden Frühsozialisten Franz Sebastian Seiler „Kaspar Hauser, der Thronerbe Badens", erschienen unter dem bezeichnenden Pseudonym „N.E. Mesis"[18], heizten in der politisch aufgeladenen Situation des Vormärz die kritische Stimmung gegenüber dem in Baden regierenden Fürstenhaus weiter auf[19]. Einen Höhepunkt dieser antimonarchischen Propaganda bildete die anonyme Flugschrift „Todten-Gericht", welche im Revolutionsjahr 1848 in Baden in Umlauf kam (Abb. 6)[20]. Darin erscheinen am Totenbett des fiktiv verstorbenen Großherzogs Leopold von Baden Personen, an denen er sich eines Verbrechens schuldig gemacht haben soll, und diese bezichtigen ihn seiner vermeintlichen Untaten. Unter den Anklägern tritt an erster Stelle Kaspar Hauser auf, er konfrontiert den Verstorbenen mit der Legende vom vertauschten Erbprinzen in all ihren Facetten: *Ja, ich bin der rechtmäßige Sohn Karl Friedrichs, ich wäre der Erbe seiner Würde gewesen, wenn Recht und Vernunft aus bloßer Geburt solches Erbrecht anerkennen könnten! Wegen diesem Toten wurde der höllische Bund geschlossen, der mich von liebender Mutterbrust, aus meiner mit Freude umgebenen Wiege, in stiller Mitternachtsstunde gespenstisch riss, um mich in furchtbare Kerkernacht hinunterzustürzen! Wegen ihm schmachtete ich lange Jahre in dumpfer Kellergruft, wegen ihm ward ich nach Nürnberg geführt, und dort, nach einem ersten verunglückten Versuche, beim zweiten Male meuchlerisch erdolcht! Zwar auf dich werfe ich die Blutschuld nicht ganz! Dein eigentlicher Vater, der schändliche Lüstling Ludwig mit deiner verbrecherischen Mutter, der Buhlerin meines Vaters, diese zwei tragen den größten Teil der Schuld! Dich klage ich nur an, dass du überzeugt davon, dass ich der nach Fürstenrecht rechtmäßige Erbe*

---

[18] Vgl. N.E. Mesis [Franz Sebastian Seiler], Kaspar Hauser. Der Thronerbe Badens, Paris 1840.

[19] Vgl. Lore Schwarzmaier, Der badische Hof unter Großherzog Leopold und die Kaspar-Hauser-Affäre. Eine neue Quelle in den Aufzeichnungen des Markgrafen Wilhelm von Baden, in: Zeitschrift für die Geschichte des Oberrheins 134 (1986), S. 245–262.

[20] Vgl. Todten-Gericht. Gehalten am 29. August über die sich so nennende und genannte „Se. königl. Hoheit" „Leopold von Gottes Gnaden" „Großherzog von Baden" zubenamset: „der Bürgerfreundliche"! [Karlsruhe, ca. 1848].

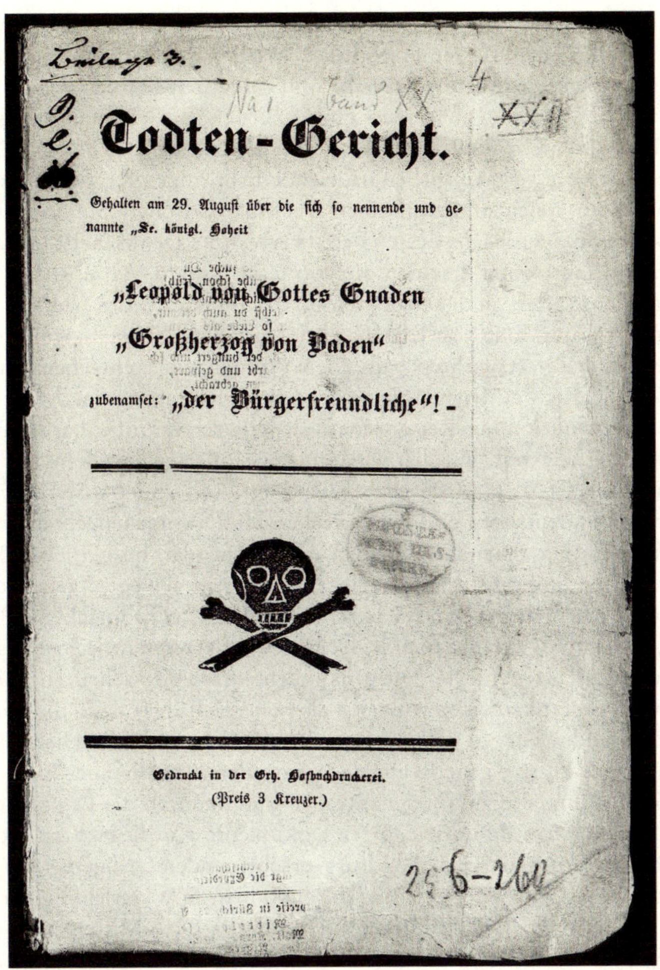

Todten-Gericht.

Gehalten am 29. August über die sich so nennende und genannte „Se. königl. Hoheit

„Leopold von Gottes Gnaden

„Großherzog von Baden"

zubenamset: „der Bürgerfreundliche"! –

Gedruckt in der Grh. Hofbuchdruckerei.

(Preis 3 Kreuzer.)

Abb. 6: Anonyme Flugschrift „Todten-Gericht", 1848. (Badische Landesbibliothek O42B 62,27,4 RH)

des Thrones und am Leben sei und die an mir verübten scheußlichen Verbrechen wohl kennend, dessen ungeachtet das Unrecht weder gegen mich noch an meinen Verfolgern dem elenden Hennenhofer und seine Helfershelfer zu sühnen suchtest, sondern diesen Zeit und Gelegenheit ließest, ihren Schandtaten durch meinen Meuchelmord die Krone aufzusetzen.[21]

Die Vehemenz, mit der die Gerüchte um Kaspar Hauser seit dem Vormärz politisch instrumentalisiert worden waren, wirkte über die Niederschlagung der

[21] Ebd., S. 3.

Revolution von 1848/49 hinaus nach, hatte doch diese Revolution die Monarchie in Baden in ihren Grundfesten erschüttert. Nachdem Großherzog Leopold nach seiner überstürzten Flucht aus Karlsruhe im Frühjahr 1849 nur mit der Unterstützung preußischer Truppen auf seinen Thron zurückgekehrt war, konnte man sich im Haus Baden der Loyalität seiner Untertanen keinesfalls sicher sein. Schriften, die die Legende vom vermeintlichen badischen Erbprinzen Kaspar Hauser weiterhin kolportierten, fielen somit auf einen fruchtbaren Boden. So wurde 1852 vom Sohn Anselm von Feuerbachs dessen bereits erwähnte Denkschrift im Druck veröffentlicht, ein Jahr später erschien die von Carl Eduard Vehse verfasste „Chronique scandaleuse" der süddeutschen Höfe, darunter auch des badischen, welche sich in ihrer Ansammlung von Klatsch und Tratsch auch die angebliche Skandalgeschichte um den vertauschten badischen Prinzen nicht entgehen ließ[22]. Somit sah sich Großherzog Friedrich I. gleich bei seinem Regierungsantritt, der ohnehin durch die Konstruktion der Regentschaft anstelle seines unheilbar kranken Bruders Ludwig belastet war, mit den wiederholt geäußerten Zweifeln an der Legitimität seiner Herrschaft konfrontiert, welche ihm und seiner späteren Frau Luise selbst an anderen deutschen und europäischen Höfen entgegengebracht wurden[23]. Die eigenen dem herrschenden Zeitgeist entsprechenden bürgerlichen Moralvorstellungen hätten es eigentlich nahegelegt, über solch abwegige Geschichten einfach hinwegzusehen, doch erwies sich das angesichts ihrer hartnäckigen Präsenz als nicht möglich, woraus ein seltsam unentschiedenes Lavieren zwischen Beschweigen und Entgegentreten resultierte. Die anfängliche Strategie, Schriften über Kaspar Hauser einfach aufzukaufen, erwies sich als nicht zielführend, da diese umgehend nachgedruckt und wieder in Verkehr gebracht wurden. Daraufhin ließ insbesondere Großherzogin Luise eigene Recherchen anstellen, um alle über Kaspar Hauser verfügbaren Dokumente zusammenzutragen und dadurch die Prinzenlegende zu entkräften. Eine Auswahl einschlägiger Dokumente wurde 1875 an prominenter Stelle in der in Stuttgart und Augsburg erscheinenden „Allgemeinen Zeitung" veröffentlicht, ein Jahr später erschien die ausführliche Widerlegung der Prinzenlegende aus der Feder des Hamburger Staatsanwalts Otto Mittelstädt[24]. Doch die Hoffnung, dadurch einen Schlussstrich gezogen zu haben, erwies sich als trügerisch. 1883 erfuhr die Geschichte von Kaspar Hauser erneut große Aufmerksamkeit, als vor dem Amtsgericht in Regensburg ein von Julius Meyer, dem Sohn des Ansbacher Lehrers und letzten Vormunds Kaspar Hausers Johann Georg Meyer,

---

22 Vgl. Feuerbach (wie Anm. 7); Carl Eduard Vehse, Geschichte der Höfe der Häuser Baiern, Würtemberg, Baden und Hessen (Geschichte der deutschen Höfe seit der Reformation, Abt. 4), 5 Bde., Hamburg 1853.

23 Vgl. Walter Peter Fuchs, Das Kaspar-Hauser-Problem, in: Ders. (Hg.), Studien zu Großherzog Friedrich I. von Baden (Veröffentlichungen der Kommission für geschichtliche Landeskunde in Baden-Württemberg, Reihe B: Forschungen, Bd. 100), Stuttgart 1995, S. 9–35.

24 Vgl. Otto Mittelstädt, Kaspar Hauser und sein badisches Prinzenthum, Heidelberg 1876.

angestrengter Prozess gegen den Buchhändler Alfred Coppenrath wegen Verleumdung eines Verstorbenen geführt wurde. Coppenrath hatte sich in einer von ihm herausgegebenen Broschüre abschätzig über Johann Georg Meyer geäußert, welcher Kaspar Hauser als einen Betrüger bezeichnet hatte. Die Presse berichtete auch in Baden ausführlich über diesen Prozess, selbst die der Regierung eigentlich gewogene „Karlsruher Zeitung“ breitete die Geschichte Kaspar Hausers über mehrere Ausgaben hinweg nochmals aus. Die badische Regierung wiederum unterstütze die Klage Meyers durch die Zurverfügungstellung einschlägigen Materials. Großherzog Friedrich selbst hatte die Absicht, mittels einer öffentlichen Verlautbarung Stellung zu beziehen, diese kam allerdings nicht über das Stadium eines Entwurfs hinaus. Die Entwicklung bestärkten ihn und die Großherzogin allerdings in ihrem Unterfangen, sämtliche erreichbaren Quellendokumente zu Kaspar Hauser und zu dem 1812 verstorbenen namenlosen badischen Prinzen, der er angeblich gewesen sein soll, zusammenzutragen. Ob die Gründung der Badischen Historischen Kommission damit in Verbindung zu setzen ist, ist ungewiss.[25] Gesichert ist dagegen die 1883 erfolgte Anweisung an den Archivrat Ludwig Dietz, entsprechende Recherchen anzustellen. Dieser entwickelte daraufhin eine große Aktivität und bereiste selbst zahlreiche Archive im In- und Ausland. Sein Werk blieb allerdings unvollendet und wurde nie veröffentlicht, ob er selbst oder das regierende Haus Baden daran das Interesse verlor, ist ebenfalls nicht mit Sicherheit zu sagen. Für letzteres spricht, dass der Karlsruher Hof die zahlreichen Veröffentlichungen über Kaspar Hauser im Laufe der Zeit nurmehr zur Kenntnis nahm und sich ansonsten bedeckt hielt, um den Gerüchten nicht noch mehr Aufmerksamkeit zukommen zu lassen. Im Hintergrund gingen die Aktivitäten allerdings weiter, so erhielt der Autor Antonius von der Linde, der 1887 eine umfangreiche, in ihrem Stil nicht unumstrittene, inhaltlich aber eindeutig positionierte Geschichte Kaspar Hausers veröffentlicht hatte, auf Initiative des Großherzogs eine namhafte finanzielle Unterstützung[26]. 1888 bemühte sich Großherzog Friedrich persönlich um die vermeintlichen Papiere über Kaspar Hauser, die sich im Besitz der in diesem Jahr verstorbenen Marie Amalie Hamilton befunden haben sollen, einer Tochter der Großherzogin Stéphanie und damit der angeblichen Mutter Kaspar Hausers – letztlich ohne Erfolg, sie blieben im Besitz der Familie. Und schließlich soll auch Großherzogin Luise bis an ihr Lebensende ein Augenmerk auf die über Kaspar Hauser im Umlauf befindlichen Gerüchte gerichtet haben. Der Erfolg all dieser Unternehmungen war überschaubar, eine eindeutige und auf breiter Quellenbasis fundierte Stellungnahme des Hauses Baden zum Fall Kaspar Hauser ist bis zum Ende der Monarchie ausgeblieben. Sie erwies sich allerdings auch irgendwann als nicht mehr notwendig, denn mit der erfolgreichen Regierungspolitik des Großherzogpaares Friedrich und Luise und der daraus resultierenden Konsolidierung ihrer Herrschaft nach den Verwerfungen der

[25] Vgl. FUCHS (wie Anm. 23), hier S. 17, mit weiterführenden Hinweisen.

[26] Vgl. Antonius VON DER LINDE, Kaspar Hauser. Eine neuzeitliche Legende, 2 Bde., Wiesbaden 1887.

Revolutionsjahre 1848/49 verloren die Gerüchte um den vermeintlich auf die Seite geschafften legitimen badischen Erbprinzen ihre politische Stoßkraft. Sich als regierendes Großherzogspaar nicht weiter dazu zu äußern, erwies sich als eine zwar vielleicht nicht in jeder Situation geschickte, letztlich im Sinne der Herrschaftssicherung aber richtige und erfolgreiche Strategie[27].

Auch nach dem Ende des Ersten Weltkriegs riss die Flut an Veröffentlichungen über Kaspar Hauser – wissenschaftliche Abhandlungen, populäre Darstellungen, literarische Umsetzungen – nicht ab, und daran hat sich bis heute wenig geändert[28]. Eine politische Wirkung im engeren Sinne ist von diesen Schriften allerdings nicht mehr ausgegangen, da das mögliche Feindbild, eine als verkommen angesehene aristokratische Herrschaft, mit der Revolution von 1918 in Deutschland beseitigt worden war. Der Großherzog, dessen Legitimität man damit anzweifeln wollte, saß nicht mehr auf seinem vermeintlich geraubten Thron. Dass die Geschichte Kaspar Hausers dennoch immer weitergetragen wurde und wird mag primär ihrer literarischen Qualität geschuldet sein, die ihr durch die Phantasie des Nürnberger Bürgermeisters Binder und vieler weiterer Autoren in seiner Nachfolge mitgegeben wurde. Eine wichtige Rolle kommt daneben anthroposophischen Autoren im Umfeld des in Stuttgart ansässigen Verlag „Urachhaus" zu, die mit ihren Arbeiten eine breite Leserschaft auch außerhalb der Anhänger der Lehren Rudolf Steiners erreichen. Mag man ihren verstiegenen Deutungen der Rolle Kaspar Hausers auch nicht folgen, so können quellengesättigte Darstellungen wie die Publikation „Kaspar Hauser. Das Kind von Europa" doch viel dazu beitragen, dass in der breiten Wahrnehmung die Erbprinzentheorie immer noch als historische Wahrheit angenommen wird[29]. Ebenfalls ihren Beitrag leisten populäre Darstellungen, denen man sicher einen noch größeren Wirkungskreis zugestehen kann, hier sei exemplarisch der Film „Kaspar Hauser" (Alternativtitel: „Kaspar Hauser – Verbrechen am Seelenleben eines Menschen") des Regisseurs Peter Sehr aus dem Jahr 1993 zu nennen, der in teilweise grotesker Überzeichnung der handelnden Personen insbesondere aus dem badischen Herrscherhaus die Legende vom vertauschten, beseitigten und am Ende ermordeten Erbprinzen ausführt. Ein jüngeres Publikum spricht dagegen die belgische Graphic Novel „Kaspar Hauser. Im Auge des Sturms" an, die 2020 in deutscher Übersetzung erschienen ist, und die die wesentlichen Elemente der Erbprinzentheorie aufgreift, in dem sie sowohl die Ermordung Kaspar Hausers als auch die seines Vormunds Anselm von Feuerbach als historische Tatsachen darstellt[30]. In diesen und anderen Fällen mag es sich um gut erzählte Geschichten handeln, die dafür auch ihr Publikum verdient haben, problematisch wird es al-

---

[27] Vgl. Fuchs (wie Anm. 23).

[28] Einen Überblick liefert: Wikipedia, „Kaspar Hauser", https://de.wikipedia.org/wiki/Kaspar_Hauser (Letzter Abruf: 26.04.2024).

[29] Vgl. Mayer/Tradowsky (wie Anm. 2)

[30] Vgl. Bart Proost/Verhast (Stijn Verhaege)/Criva (Chris van Brussel): Kaspar Hauser. Im Auge des Sturms, Aachen 2020.

Abb. 7: Titelseite DER SPIEGEL 48/1996. (© DER SPIEGEL 48/1996)

lerdings, wenn die auf wenigen historischen Tatsachen gründende Fiktion in ihrer Gesamtheit als historische Wirklichkeit wahrgenommen wird.

Festzuhalten ist, dass durch die immer wiederkehrende Rezeption des Kaspar-Hauser-Stoffes ein gewisses „Grundrauschen“ der Erinnerung entstanden ist, welches die Geschichte mit ihren verschiedenen Deutungsansätzen bis heute am Leben erhält. Dabei braucht es nicht viel, um aus diesem Grundrauschen heraus Dispute anzustoßen, die sich immer noch und immer wieder um die Frage drehen: Wer war Kaspar Hauser? Dabei schwingt die Erbprinzentheorie stets mehr oder weniger im Vordergrund stehend mit. Einen solchen Anstoß gab beispielsweise das Magazin „Der Spiegel“, welches im Jahr 1996 verkündete, das Rätsel um die Herkunft Kaspar Hausers mittels moderner naturwissenschaftlicher Methoden gelöst zu haben (Abb. 7). Dies erwies sich aus verschiedenen Gründen als Irrtum, und auch eine zweite naturwissenschaftliche Untersuchung aus dem Jahr 2002 erbrachte keine Klarheit, wurde von Anhängern der Erbprinzentheorie allerdings als Bestätigung

Zähringer-Särge verschollen

Verlust heizt Debatte um Kaspar Hauser im Baden-Jubiläumsjahr neu an

Stuttgart/Pforzheim (WV). Zwei historisch bedeutsame Kindersärge sind aus der Grablege der Zähringer in der Pforzheimer Schlosskirche verschwunden. Es handelt sich um die sterblichen Überreste der beiden Söhne des Großherzogpaars Karl und Stephanie. (Siehe Südwestecho.)

Der Verlust gilt als hochbrisant: Bis heute halten sich im Zusammenhang mit der Geschichte um Kaspar Hauser Gerüchte, nach denen der 1812 gestorbene Säugling nicht der Erbprinz sondern ein ausgetauschtes Kind war. Der vielfach geforderte DNA-Vergleich zwischen der Großherzogin und ihrem angeblichen Sohn ist mit dem Verlust der sterblichen Überreste nicht mehr möglich. Seit wann die Särge fehlen, lässt sich nicht mehr rekonstruieren. Am morgigen Freitag eröffnen Bernhard Prinz von Baden und Ministerpräsident Winfried Kretschmann die große Landesausstellung über 900 Jahre Baden.

AUS DER FÜRSTENGRUFT der Zähringer in der Pforzheimer Schlosskirche sind zwei geheimnisumwitterte Kindersärge verschwunden. Foto: Fabry

Abb. 8: Titelseite Badische Neueste Nachrichten vom 14. Juni 2012 (Ausschnitt). (Badische Neueste Nachrichten (BNN) / bnn.de)

ihrer Thesen aufgefasst[31]. Internationale Aufmerksamkeit in verschiedenen Medien erfuhr schließlich eine Meldung aus dem Jahr 2012, offensichtlich angestoßen durch das in diesem Jahr gefeierte Jubiläum „900 Jahre Baden“ (Abb. 8): In der Gruft der Pforzheimer Schlosskirche, der Grablege des Hauses Baden, seien zwei Kindersärge verschwunden, dabei handele es sich um die Särge der beiden früh verstorbenen Söhne der Großherzogin Stéphanie. Nach Lesart der Anhänger der Prinzenlegende sollten dadurch bewusst Spuren verwischt werden, denn niemand könne nunmehr nachweisen, ob neben Stéphanie tatsächlich ihre beiden Söhne bestattet wurden, oder ob es sich bei einem von ihnen um ein Austauschkind handle. Dass sich das vermeintliche „Rätsel“ recht schnell auflöste – beide Särge sind noch vorhanden – sorgte dann schon für sehr viel weniger Aufmerksamkeit. Die Frage allerdings, wem die Särge in der Pforzheimer Gruft denn gehören, wer darüber verfügen und möglicherweise sogar eine Untersuchung an den darin befindlichen Leichnamen anordnen dürfte, fand ihren Weg sogar bis in den Landtag von Baden-Württemberg. Doch der Versuch, die Legende um Kaspar Hauser nochmals politisch instrumentalisieren zu wollen (gegen wen?) wirkte seltsam aus der Zeit gefallen, und das Haus Baden hielt sich bei all dem, wohl aus den bekannten Überlegungen, weitgehend bedeckt[32].

[31] Vgl. Sänger (wie Anm. 13), hier S. 97f.

[32] Ebd., hier S. 95–99.

Es spricht nicht gegen die Geschichte von Kaspar Hauser, zum Schluss noch einmal auf den Bänkelsänger auf dem Cannstatter Volksfest zurückzukommen. Gerade wer an einem solchen Ort mit seinen Vergnügungen und Ablenkungen bestehen und sein Publikum anziehen und unterhalten will, muss gute Geschichten erzählen können. Und die Geschichte von Kaspar Hauser ist eine gute Geschichte, sie findet ihr Publikum bis heute. Dabei hat sich ihre politische Stoßrichtung, der scharfe antimonarchische Impetus, der ihr vor allem im 19. Jahrhundert Auftrieb gegeben hat, heute überlebt. Was bleibt ist zum einen die Vorstellung eines reinen unschuldigen Naturkindes, die bisweilen seltsame Blüten treibt, und zum anderen das romantische Gruselmärchen, welches ein literarisch begabter Nürnberger Bürgermeister ersann, und das einem noch heute wohlige Schauer über den Rücken jagen kann. Durch seine Verbindung mit Elementen der badischen Landesgeschichte, teilweise auch darüber hinausgreifend, ist dieses Märchen Teil einer immer wieder umkämpften historischen Erinnerungskultur geworden. Wer sich mit badischer Landesgeschichte beschäftigt, wird deshalb darauf stoßen – oder durch das Interesse des Publikums darauf gestoßen werden.

Die Erinnerung an den Ersten Weltkrieg. Deutungswege in südwestdeutschen und britischen Weltkriegsausstellungen[1]

Judith Lichtenberger

Museumsausstellungen befassen sich mit dem Erinnern und Vergessen und hängen somit unweigerlich mit der erinnerungspolitischen Deutung von Vergangenheit im öffentlichen Gedenken zusammen.

„Die Erinnerung an den Ersten Weltkrieg – Deutungswege in südwestdeutschen und britischen Weltkriegsausstellungen" – der Titel fasst in wenigen Worten zusammen, was ich ausführlich als Frage nach den Geschichtsbildern des Ersten Weltkrieges in meiner Dissertation formuliert habe. Es geht darum, aufzuzeigen, welche Geschichtsbilder in Museumsausstellungen zum einhundertjährigen Gedenken an die „Urkatastrophe des 20. Jahrhunderts" identifiziert werden können und inwiefern diese zu einer Europäisierung des Gedenkens beitragen[2].

Im Folgenden wird beispielhaft am Geschichtsbild „Leid der Zivilbevölkerung" an zwei in Südwestdeutschland und einer in Großbritannien präsentierten Ausstellung zum Weltkriegsgedenken aufgezeigt, welche nationalen Narrative und Diskurse und welche geschichtspolitischen Deutungen sich hinsichtlich einer Europäisierung des Gedenkens an den Ersten Weltkrieg in ihnen widerspiegeln[3]. Die untersuchten südwestdeutschen Ausstellungen waren „Fastnacht der Hölle. Der Erste Weltkrieg und die Sinne" und „1914–1918. Die Pfalz im Ersten Weltkrieg". „Fastnacht der Hölle" wurde im Haus der Geschichte Baden-Württemberg in Stuttgart von April 2014 bis März 2015 gezeigt. „Die Pfalz im Ersten Weltkrieg" war im Historischen Museum der Pfalz in Speyer von Mai 2014 bis Mai 2017 zu sehen. Den britischen Blick zeigen die „First World War Galleries" im Imperial War Museum in London – eine Dauerausstellung, die 2014 zum Beginn der Gedenkfeierlichkeiten neu eingerichtet wurde.

Im Hinblick auf die Fragestellung eignet sich das Beispiel des von den deutschen Truppen 1914 völkerrechtswidrig besetzten Belgiens besonders gut zur Untersuchung des Geschichtsbilds „Leid der Zivilbevölkerung". Es ist immer noch aktuell, wie der Krieg Russlands gegen die Ukraine zeigt. Auch auf den Gedenkveranstal-

---

1 Der vorliegende Beitrag basiert auf dem überarbeiteten Vortrag „Die Erinnerung an den Ersten Weltkrieg – Deutungswege in Deutschland und Großbritannien", auf der Tagung „Umkämpfte Erinnerungen im deutschen Südwesten" und auf meiner 2021 veröffentlichten Dissertation.

2 Vgl. Judith Hess, Europäisierung des Gedenkens? Der Erste Weltkrieg in deutschen und britischen Ausstellungen (Public History – Angewandte Geschichte, Bd. 8), Bielefeld 2021, S. 16.

3 Vgl. Hess (wie Anm. 2) S. 16.

tungen zum Ersten Weltkrieg, die in den Jahren 2014 bis 2018 zahlreich stattfanden, wurde von den teilnehmenden Staats- und Regierungsvertreterinnen und -vertretern immer wieder gemahnt, dass sich Kriegsgräuel und ein massenhaftes Leiden, Töten und Sterben auf europäischem Boden, wie es sich im Ersten Weltkrieg ereignet hat, nicht wiederholen dürfen und bereits 2014 wurde immer wieder Bezug auf die Situation in der Ukraine und insbesondere auf der Krim genommen. Für die Herausarbeitung der geschichtspolitisch geprägten Fragestellung nach der Europäisierung des Gedenkens an den Ersten Weltkrieg werden im Folgenden die Ausstellungsinhalte zusammen mit den geschichtspolitischen Botschaften aus Gedenkansprachen der deutschen Bundeskanzlerin Angela Merkel, des deutschen Bundespräsidenten Joachim Gauck, des deutschen Außenministers Frank-Walter Steinmeier und des britischen Premierministers David Cameron analysiert.

Zunächst sollte in Erinnerung gerufen werden, was in Belgien im Sommer 1914 geschah. Die deutschen Truppen marschierten auf ihrem Weg nach Frankreich in das neutrale Belgien ein. Im Zuge des deutschen Truppeneinmarsches kam es zu Massenhinrichtungen, Internierungen, Deportationen und Zwangsarbeit. „Gewalt an Zivilisten, denen Spionage und Verrat zur Last gelegt wurde, ob begründet oder unbegründet, äußerte sich auch [...] in Vergewaltigungen, Plünderungen, Zerstörung von Privathäusern und in willkürlichen Tötungen.“[4]

Der Schlieffen-Plan, auf dem der Einmarsch basierte, wird in der deutschen Weltkriegsforschung als einer der entscheidenden Gründe für die Eskalation der Julikrise 1914 betrachtet[5]. 1905 wurde der Plan zur Verhinderung eines Zweifrontenkriegs entwickelt, der aus Sicht der deutschen Militärs nicht zu gewinnen gewesen wäre. Im Juli 1914 wurde er unter der Vorgabe „je eher desto besser“ – also solange sich die russischen Streitkräfte und Versorgungslinien noch im Aufbau befanden – umgesetzt. Zunächst sollte Frankreich im Westen bezwungen werden, um sich dann mit allen Kräften auf die Ostfront konzentrieren zu können[6]. Der durch den Schlieffen-Plan entstandene Zeitdruck sorgte dafür, dass Deutschland auf dem Weg nach Frankreich – zwar unter Sicherung der niederländischen Neutralität, jedoch auf Kosten der im Vertrag von London 1839 Belgien zugesicherten Neutralität – in Belgien eindrang[7]. Ursprünglich sah der Plan vor, die deutschen Truppen im Raum Aachen aufmarschieren zu lassen und so Frankreich zum Vorstoß zu provozieren. So hätte zum einen ein Kriegseintritt Großbritanniens ver-

---

[4] Ebd., S. 252; vgl. auch Anton Holzer, Das Lächeln der Henker. Der unbekannte Krieg gegen die Zivilbevölkerung 1914–1918 mit zahlreichen bisher unveröffentlichten Fotografien, Darmstadt 2008, S. 12.

[5] Vgl. zusammengefasst in Hess (wie Anm. 2) S. 127; vgl. auch Herfried Münkler, Der Große Krieg. Die Welt 1914 bis 1918, Berlin [7]2014, S. 104.

[6] Vgl. zusammengefasst Hess (wie Anm. 2) S. 125; vgl. auch Münkler (wie Anm. 6) S. 91 f.; vgl. auch Jörn Leonhard, Die Büchse der Pandora. Geschichte des Ersten Weltkriegs, München [5]2014, S. 93.

[7] Vgl. Hess (wie Anm. 2) S. 125.

hindert werden sollen und zum anderen wäre vermieden worden, selbst als Aggressor dazustehen[8].

Die Verletzung der belgischen Neutralität durch die deutschen Truppen und erste Berichte von verübten Gräueltaten an der belgischen Zivilbevölkerung sowie die Zerstörung von Kulturgütern und nicht etwa das Attentat von Sarajevo führten am Ende zur britischen Kriegserklärung an Deutschland[9]. Die britische Propaganda nutzte die Berichte von Gräueltaten der deutschen Truppen an den Belgiern sehr schnell zu eigenen Zwecken. Besonders eindrücklich waren dabei nicht nur die beschriebene Gewalt an Leib und Leben der Zivilbevölkerung, sondern auch die Berichte über die Zerstörung von Kulturgütern, insbesondere der mittelalterlichen Städte Dinant und Löwen mit seiner bedeutenden Universitätsbibliothek[10].

„Sowohl die Zerstörung von Kulturdenkmälern, die sinnbildlich für eine zivilisierte und aufgeklärte Gesellschaft stehen, als auch das brutale Vorgehen der deutschen Truppen, das in Massakern und Hinrichtungen mündete“[11], trugen wesentlich zur Deutung des Krieges und zum Entstehen der unterschiedlichen Erinnerungen auf beiden Seiten bei. So lässt sich sagen, dass die alliierte Propaganda über die Gräueltaten als Folge der Realität der deutschen Repressionen entstand; die deutschen Gräueltaten jedoch auf einem von den Deutschen imaginierten Volkskrieg[12] gründeten[13].

In welchem Kontext wurden die Ereignisse in Belgien in den Ausstellungen gezeigt? Das Haus der Geschichte spielte in einer Hörstation das Propagandahörspiel „Die Erstürmung von Lüttich“ ab. In dem Hörspiel wird die tatsächlich zwölf Tage andauernde Eroberung der Stadt und Festung im neutralen Belgien als militärische Aktion[14] geschildert: *Da werden wir nicht lange fackeln*[15] und weiter:

---

[8] Vgl. zusammengefasst bei ebd., S. 124; vgl. auch MÜNKLER (wie Anm. 6) S. 86f.

[9] Vgl. HESS (wie Anm. 2) S. 139.

[10] Vgl. ebd., S. 263.

[11] Ebd.

[12] Die Erinnerung an den Deutsch-Französischen Krieg von 1870/1871 erzeugte die Annahme auf deutscher Seite, dass auch 1914 bei dem Durchmarsch durch Belgien mit massivem bewaffnetem Widerstand der Zivilbevölkerung gegen die deutschen Truppen aus dem Hinterhalt zu rechnen sei. 1914 gab es hierfür jedoch keine Beweise. Dennoch führte die Furcht, heimtückisch von nicht uniformierten Zivilisten mit versteckt getragenen Waffen und von der belgischen Regierung als Volkskrieg geplant überfallen zu werden, zu den in Belgien von den deutschen Truppen verübten Gräueltaten. Vgl. John HORNE/Alan KRAMER, German Atrocities, 1914. A History of Denial, New Haven 2001, S. 419; Alan KRAMER, Art. Kriegsrecht und Kriegsverbrechen, in: Enzyklopädie Erster Weltkrieg, Paderborn u.a. 2009, S. 281–292, hier: 283f.; DERS., Art. Franktireur, in: ebd., S. 500f.

[13] Vgl. HESS (wie Anm. 2) S. 258.

[14] Vgl. Haus der Geschichte Baden-Württemberg, Exponatgruppentext „Propagandahörspiel: Die Erstürmung von Lüttich“, „Vaterländische Zonophon-Aufnahme zum Besten deutscher Krieger“, aus: Ausstellungsdokumentation zur Ausstellung „Fastnacht der Hölle. Der Erste Weltkrieg und die Sinne“ vom 4. April 2014 bis 1. März 2015; HESS (wie Anm. 2) S. 238.

[15] Zitiert nach dem Hörspiel ‚Erstürmung der Festung Lüttich‘ aus WDR MEDIATHEK, Erstürmung der Festung Lüttich (1914), https://www1.wdr.de/av/audio-erstuermung-der-

Der Feind will uns den Weg nach Frankreich nicht freimachen, darum müssen wir ihn erkämpfen. Es geht auf Leben und Tod.[16] Es folgen Hurra-Rufe der Soldaten. Der Exponattext in der Stuttgarter Ausstellung erläuterte hingegen, was das Hörspiel verschwieg, nämlich dass die deutschen Soldaten Zivilisten als *angebliche ‚Partisanen'*[17] erschossen haben[18]. Ein weiteres Exponat, das Kriegstagebuch eines an der Westfront eingesetzten Soldaten, wies auf die von deutscher Seite verübten Kriegsgräuel hin[19]. Im Exponattext hieß es: *In seinem Kriegstagebuch beschrieb er Kriegsgreuel in Belgien und entsetzte sich über Plünderungen in Frankreich oder die ‚ausgeklügelt grausame' Behandlung französischer Kriegsgefangener* [...] *Bereits im Januar 1915 erkannte er, dass der Krieg* [...] *nicht zu gewinnen war. Die staatliche Propaganda des Heldentods entlarvte er als hohl.*[20]

Das Historische Museum der Pfalz fasste die Lage im überfallenen Belgien in einem Sektionstext zusammen, hier hieß es, dass die Menschen in Belgien aufgrund von Verwüstungen große Not litten[21]. Zur Illustration der Situation der belgischen Zivilbevölkerung zeigte das Museum einige Reproduktionen von Bekanntmachungen und Aushängen der deutschen Besatzer. Diese Aushänge informierten die belgische Bevölkerung, dass Geiseln mit Gefängnisstrafen oder gar Tötung zu rechnen hatten, sollten sie den Anweisungen der Deutschen nicht Folge leisten[22]. Einem weiteren Plakat des deutschen Generalgouvernements, das in der Ausstellung gezeigt wurde, war zu entnehmen, dass die verübten Kriegsgräuel auch Kulturdenkmäler betrafen. In diesem Plakat wurden die Vorwürfe zurückgewiesen, dass die Zerstörung ausschließlich aufgrund des Krieges erfolgte, nicht aus blinder Barbarei. Zudem hätten auch die Engländer und die Franzosen zahlreiche Kirchen, Schlösser, Städte und Dörfer mit kostbaren Kulturschätzen zerstört[23].

Die beiden südwestdeutschen Ausstellungen thematisierten Belgien und das sich dort zugetragene Leid der Zivilbevölkerung durchaus, aber mit nur wenigen Exponaten, die, betrachtet auf die gesamte Ausstellungsfläche, jeweils nur einen kleinen Bereich einnahmen. In der britischen Ausstellung im Imperial War Museum wurden hingegen zahlreiche Exponate zum deutschen Einmarsch in zwei

festung-luettich-100.html (letzter Zugriff: 22. April 2022; noch verfügbar bis: 1. August 2044).

[16] Zitiert nach dem Hörspiel WDR Mediathek (wie Anm. 15).

[17] Haus der Geschichte Baden-Württemberg (wie Anm. 14).

[18] Vgl. ebd.

[19] Vgl. Haus der Geschichte Baden-Württemberg, Exponattext „Kriegstagebuch von Karl August Zwiffelhoffer", Ausstellungsdokumentation zur Ausstellung „Fastnacht der Hölle. Der Erste Weltkrieg und die Sinne" vom 4. April 2014 bis 1. März 2015.

[20] Haus der Geschichte Baden-Württemberg (wie Anm. 14).

[21] Vgl. Hess (wie Anm. 2) S. 238.

[22] Vgl. ebd., S. 238 f.

[23] Vgl. ebd., S. 239.

separaten Ausstellungsbereichen, „Shock“[24] und „Your country needs you“[25], präsentiert. Es wurden unter anderem Fotografien, die ermordete Zivilisten zeigten oder die zerstörte Innenstadt von Löwen, und auch Exponate, die der Propaganda als Reaktion auf die deutschen Kriegsgräuel dienten, gezeigt[26]. Zur Erläuterung hieß es, dass die Briten an der Westfront gemeinsam mit den Franzosen und den Belgiern gegen die deutschen Invasoren kämpften. Die Opferzahlen stiegen ins Unermessliche und wurden mit über 6 000 beziffert. Kriegsverbrechen gegen die Zivilbevölkerung verschlimmerten den Schrecken des Krieges noch und kamen Massakern gleich. Ebenso fanden Kriegsverbrechen gegen zahlreiche berühmte Kulturdenkmäler statt. Dort, wo die Deutschen vorrückten, floh die Zivilbevölkerung. Das Imperial War Museum führte zur Begründung für das brutale Verhalten der deutschen Armee an, dass die Nervosität unter den Soldaten und die Furcht vor Angriffen der Ortsansässigen sehr hoch war und sie damit einen möglichen Widerstand auszumerzen versuchten. Das bis dahin für seine Kultur so angesehene Deutschland habe die Welt angesichts des Übergehens von international getroffenen Vereinbarungen alarmiert. Folglich habe für Großbritannien und Frankreich der Krieg nun als Kampf für die Erhaltung der Zivilisation selbst gegolten, da die britische Bevölkerung sich vor den Folgen im Falle eines deutschen Sieges fürchteten[27]. Die britische Bevölkerung habe besonders der gefühlte Zusammenbruch der Zivilisation und der Kultur schockiert, der sich insbesondere in der Zerstörung der belgischen Kulturdenkmäler zeigte und den sie im Europa zu Beginn des 20. Jahrhunderts überwunden geglaubt hatten[28].

Daneben wurden Dokumente zu Berichten über und zu Gesprächen mit belgischen Flüchtlingen über die deutschen Gräueltaten gezeigt und erläutert, dass aufgrund der ausbrechenden Panik über 1,5 Millionen Flüchtlinge aus Belgien, aber auch aus den Niederlanden nach Frankreich und Großbritannien flohen. Im Ausstellungstext wurde erklärt, dass die deutschen Truppen ihr Vorgehen mit der Erfahrung aus dem Deutsch-Französischen Krieg von 1870/1871, mit zivilem Widerstand rechnen zu müssen, rechtfertigten[29].

Wie verhält es sich nun mit dem Geschichtsbild, das in den Ausstellungen konstruiert wurde? Zunächst war festzustellen, dass Leid ein zentrales Thema ist, das die Erinnerung an den Ersten Weltkrieg prägt und das in allen untersuchten Ausstellungen in unterschiedlicher Art und Weise präsent war. Bewusst und wohl überlegt wurde das Narrativ des Leides der Zivilbevölkerung über die Ausstel-

---

[24] Vgl. Imperial War Museum, Sektionstext „Shock“, aus: Ausstellung „First World War Galleries“ (10. März 2015).

[25] Vgl. Imperial War Museum, Sektionstext „Your country needs you“, aus: Ausstellung „First World War Galleries“ (10. März 2015).

[26] Vgl. Hess (wie Anm. 2) S. 238.

[27] Vgl. ebd., S. 242.

[28] Vgl. ebd., S. 243.

[29] Vgl. ebd., S. 242.

lungstexte und Exponate vermittelt[30]. Wenngleich die Ausstellungsthemen und -schwerpunkte vielfältig waren und in den Ausstellungsnarrativen unterschiedlich thematisiert wurden, war dem Geschichtsbild des „Leides der Zivilbevölkerung“ aber gemeinsam, dass diese im Ersten Weltkrieg besonders und unmittelbar durch den Krieg betroffen war. Die Übereinstimmung des britischen und des deutschen Geschichtsbilds besteht darin, dass das Leid der Zivilbevölkerung in der nationalen Betrachtung zwar aus unterschiedlichen Perspektiven und für unterschiedliche Gruppen betrachtet wurde, jedoch als besonders erschütternder Aspekt des Krieges dargestellt war[31]. Die Ereignisse in Belgien wurden dabei in den südwestdeutschen Ausstellungen zwar meist thematisch in das Ausstellungsnarrativ eingebunden, sie spielten jedoch keine so bedeutende Rolle in der Darstellung wie in Großbritannien[32]. Mit der Darstellung der von der eigenen Seite verübten Kriegsverbrechen und Gewalttaten gegen die Zivilbevölkerung in Belgien taten sich die deutschen Museen offenbar schwer[33].

Für die britische Weltkriegsgeschichte und folglich für das Geschichtsbild der britischen Bevölkerung spielt der deutsche Einmarsch in Belgien hingegen die entscheidende Rolle[34]. In der britischen Weltkriegsforschung bildet die Frage nach den Gründen für den Kriegseintritt Großbritanniens einen zentralen Forschungsgegenstand[35]. Das Bild von der Zerstörung der zivilisatorischen Werte, nicht zuletzt die Zerstörung von Löwen und das brutale Vorgehen der deutschen Armee gegenüber der Zivilbevölkerung, prägte die britische Darstellung in der Ausstellung des Imperial War Museums. Ein großer Bereich der First World War Galleries widmete sich zudem der Kriegspropaganda, indem aufgezeigt wurde, wie die Lage in Belgien für propagandistische Zwecke ausgenutzt wurde[36]. Das Geschichtsbild im Imperial War Museum zeichnete ein Bild der Vernichtung der zivilisatorischen Werte, wie der Zerstörung der Kulturdenkmäler und den brutalen Gewalt- und Tötungsakten gegen die belgische Zivilbevölkerung. Belgien stand in der Londoner Ausstellung sinnbildlich dafür, der Kriegseintritt Großbritanniens sei zurecht zur Verteidigung der Zivilisation und ihrer Werte erfolgt[37].

Welche Deutungen lassen sich aus dem von den Museen konstruierten Geschichtsbild „Leid der Zivilbevölkerung“ im Hinblick auf eine Europäisierung des Gedenkens ziehen? Die Museen sind geschichtspolitische Akteure, deren Handlungsfelder ihre Ausstellungen sind[38]. Die Ausstellungen vermittelten historische, politische, militärische, gesellschaftliche und wirtschaftliche Zusammenhänge der

---

[30] Vgl. ebd., S. 269.
[31] Vgl. ebd., S. 296.
[32] Vgl. ebd., S. 269.
[33] Vgl. ebd., S. 294.
[34] Vgl. ebd., S. 295.
[35] Vgl. ebd., S. 139.
[36] Vgl. ebd., S. 295.
[37] Vgl. ebd., S. 270f.
[38] Für den folgenden Abschnitt vgl. ebd., S. 296f.

Weltkriegsgeschichte. Da es sich bei den untersuchten Weltkriegsausstellungen um Ausstellungen handelte, die ausschließlich das Gedenken an den Ersten Weltkrieg nach 100 Jahren zum Anlass hatten, stellt sich die Frage nach der Funktion dieses Gedenkens. Nicht zuletzt, weil der Erste Weltkrieg seit seinem Ausbruch immer auch eine politische Deutung erfuhr. Einen geschichtspolitischen Auftrag hinter den Ausstellungskonzepten und Ausstellungsinhalten zu vermuten, liegt daher nahe. Die in den Ausstellungen konstruierten Geschichtsbilder erwiesen sich als Teil des gesellschaftlichen und des politischen Diskurses. Damit greifen auch sie direkt in die Gestaltung des kollektiven historisch-politischen Bewusstseins ein und tragen aktiv dazu bei, dass die Deutung des Ersten Weltkrieges auf die Gestaltung und auf das Verstehen der Gegenwart einwirkt.

Das Geschichtsbild in den deutschen Ausstellungen war, dass der Erste Weltkrieg unermessliches körperliches und seelisches Leid über die Menschen brachte und alle bis dahin gekannten Maßstäbe sprengte. Die Motive von Gewalt und Leid waren in den deutschen Ausstellungen untrennbar miteinander verwoben und setzten die deutliche Botschaft, dass sich eine solche Katastrophe nicht mehr wiederholen dürfe. In den Ausstellungen wurde auf die friedenstiftende Funktion von Institutionen wie dem Völkerbund oder der Europäischen Union hingewiesen und es lässt sich die geschichtspolitische Botschaft für das Gedenken ableiten, den Ersten Weltkrieg als Mahnung zur Völkerverständigung zu sehen und das friedliche Zusammenleben der Nationen in Europa als Ziel nie aus den Augen zu verlieren[39].

Die geschichtspolitische Deutung in der Ausstellung des Imperial War Museums war es, bewusst der menschlichen Seite des Konflikts und den Erfahrungen der Soldaten und der Bevölkerung zu gedenken[40]. Mit diesem Ansatz sollte die Überwindung der seit über Jahrzehnten und Generationen vorherrschenden Sichtweise in der breiten Bevölkerung, dass der Krieg und die erbrachten Opfer sinnlos gewesen seien, ermöglicht werden, um diese den neusten geschichtswissenschaftlichen britischen Weltkriegsforschungen anzupassen[41]. Damit bleibt bei allen Gemeinsamkeiten der Ausstellungen festzuhalten, dass in der britischen Präsentation das Bild der deutschen Täterschaft sehr viel stärker hervorgehoben wurde als in den deutschen Ausstellungen. Sie diente in der britischen Ausstellung dazu, die Legitimität und die Notwendigkeit des Eintritts Großbritanniens in den Krieg zu verdeutlichen.

Wenn Museen als geschichtspolitische Akteure handeln, so tun es Staats- und Regierungsvertreter:innen erst recht. Die Reden und Ansprachen ausgewählter deutscher und britischer Staats- und Regierungsvertreter:innen auf Gedenkveranstaltungen im Jahr 2014 liefern hierfür anschauliche Beispiele.

Es wurde deutlich, dass auch die politischen Führungsebenen in Großbritannien und Deutschland das Gedenken an den Ersten Weltkrieg mit unterschiedlichen

---

39 Vgl. ebd., S. 297.
40 Vgl. ebd., S. 298.
41 Vgl. ebd.

Werten und Vorstellungen interpretierten[42]. Die Äußerungen der Politiker:innen zielten auf das jeweilige nationale Geschichtsbewusstsein. Der feierliche Rahmen der Gedenkrituale sollte diese Wirkung verstärken und die nationale Geschichtsdeutung durch die mediale Verbreitung einem großen Publikum zugänglich gemacht werden. Sowohl auf deutscher als auch auf britischer Seite wurden durch die Deutungen des Weltkrieges durchaus unterschiedliche Identitäten gestiftet und die Gegenwart mit Sinn aufgeladen.

Die deutschen Regierungsvertreter:innen, Joachim Gauck, Angela Merkel und Frank-Walter Steinmeier, verwiesen in ihren Reden im Rahmen mehrerer Gedenkveranstaltungen in Belgien vor allem auf das Leid und die unermesslichen Opferzahlen[43]. Die Opfer würden die heutige Generation mahnen, wie wichtig es sei, die Lehren des Ersten Weltkrieges nicht zu vergessen. Vor allem die europäische Versöhnung und Einigung müsse als wichtigstes Gut bewahrt bleiben, um Frieden in Europa zu gewährleisten. Entsprechende Lehren aus dem Ersten Weltkrieg zu ziehen, war 2014 die primäre Botschaft der deutschen politischen Führungsriege. Gemeint waren damit vor allem der Frieden und die Erhaltung des Friedens in Europa. Dies, so sahen es die deutschen Staats- und Regierungsvertreter:innen, sei vor allem durch die Vereinigung Europas, die europäischen Institutionen und den Willen, Streitigkeiten auf diplomatischem Wege zu lösen, gelungen. Das deut-

[42] Für den folgenden Abschnitt vgl. ebd., S. 302f.

[43] Für den folgenden Abschnitt vgl. ebd., S. 279, S. 281–284 und S. 302f.; vgl. auch Joachim Gauck, Anlässlich der Gedenkveranstaltung „1914–2014. Hundert europäische Jahre“ am 27. Juni 2014 in Schloss Bellevue, https://www.bundespraesident.de/SharedDocs/Reden/DE/Joachim-Gauck/Reden/2014/06/140627-Gedenkveranstaltung-1914–2014-mittags.html (Letzter Zugriff: 29.04.2024); Ders., Begrüßung zur Gedenkveranstaltung „1914–2014. Hundert europäische Jahre“ am 27. Juni 2014 in Schloss Bellevue, https://www.bundespraesident.de/SharedDocs/Reden/DE/Joachim-Gauck/Reden/2014/06/140627-Gedenkveranstaltung-1914–2014-morgens.html (Letzter Zugriff: 29.04.2024); Ders., Bundespräsident Joachim Gauck an der Katholischen Universität Löwen beim offiziellen Besuch im Königreich Belgien am 4. August 2014 in Löwen/Belgien, https://www.bundespraesident.de/SharedDocs/Reden/DE/Joachim-Gauck/Reden/2014/08/140804-Gedenken-Loewen.html (Letzter Zugriff: 29.04.2024); Ders., Bundespräsident Joachim Gauck anlässlich der Gedenkveranstaltung „100 Jahre Erster Weltkrieg“ am 4. August 2014 in Lüttich/Belgien, https://www.bundespraesident.de/SharedDocs/Reden/DE/Joachim-Gauck/Reden/2014/08/140804-Gedenken-Luettich.html (Letzter Zugriff: 29.04.2024); Angela Merkel, Rede von Bundeskanzlerin Angela Merkel anl. der Gedenkveranstaltung „100 Jahre Erster Weltkrieg“ am 28. Oktober 2014, https://www.bundesregierung.de/breg-de/suche/rede-von-bundeskanzlerin-angela-merkel-anl-der-gedenkveranstaltung-100-jahre-erster-weltkrieg-am-28-oktober-2014–604698 (Letzter Zugriff: 29.04.2024); Frank-Walter Steinmeier, 1914 – vom Versagen und vom Nutzen der Diplomatie. Beitrag von Frank-Walter Steinmeier, in: Frankfurter Allgemeine Zeitung vom 25. Januar 2014, https://www.bundesregierung.de/breg-de/aktuelles/namensbeitraege/1914-vom-versagen-und-nutzen-der-diplomatie-93626 (Letzter Zugriff: 29.04.2024); Ders., Grußwort von Außenminister Steinmeier zur Veranstaltung „1914 – Versagen der Diplomatie“ (28. Januar 2014), https://www.auswaertiges-amt.de/de/newsroom/140128-rede-bm-podiumsdiskussion-1-wk/259480 (Letzter Zugriff: 29.04.2024).

sche geschichtspolitische Narrativ ist demnach als ein transnationales Narrativ der Hinwendung zu der „Idee Europa als ein historisches Legitimationsfundament“[44] zu betrachten.

Die geschichtspolitische Botschaft der britischen Regierung bewegte sich eher in nationalen Bahnen trotz einiger Andeutungen zu Europa, wie die Ansprachen von David Cameron anlässlich der Vorstellung der Pläne zum nationalen Gedenkprogramm zum Ersten Weltkrieg, zur Eröffnung der First World War Galleries und bei einer Gedenkfeier auf dem belgischen Militärfriedhof St. Symphorien zeigen[45]. Der Erste Weltkrieg sollte vor allem als Identifikationsmodell der Sinnstiftung für die eigene Vergangenheit dienen, indem die Kriegsopfer als bedeutender Beitrag zum heutigen friedlichen und freiheitlichen Europa und vor allem für das britische Selbstverständnis zu werten sind, wie Cameron es ausdrückte. Der Hinweis auf das Leid der Millionen Gefallenen, Versehrten und Hinterbliebenen des Ersten Weltkrieges war aus britischer Sicht dagegen weniger als Mahnung zu verstehen, sondern zielte darauf ab, das in der britischen Öffentlichkeit gängige Erinnerungsnarrativ der Sinnlosigkeit der Teilnahme am Ersten Weltkrieg in eines der Sinnhaftigkeit für einen gerechtfertigten und notwendigen Krieg zu wandeln. Die geschichtspolitische Deutung des Gedenkens an den Ersten Weltkrieg diente in Großbritannien dazu, in erster Linie der breiten britischen Öffentlichkeit den Krieg als sinnvolles Opfer darzustellen und zu vermitteln, dass die Ziele des damaligen Kriegseinsatzes, Frieden und Freiheit in Europa zu erreichen, heute relevanter denn je sind.

Es ist also festzustellen, dass sich die unterschiedlichen Geschichtsbilder, wie sie in den Ausstellungen vorzufinden waren, im Wesentlichen auch in den Reden der Politiker:innen widerspiegeln.

Zum Ende soll noch einmal die Fragestellung aufgegriffen werden, ob die museal konstruierten Geschichtsbilder zu einer Europäisierung des Gedenkens und der Geschichte des Ersten Weltkrieges beitrugen. Die Annahme war, dass die Museen als selbstständige Akteure Geschichtsbilder als museales geschichtspolitisches Deutungsinstrument konstruierten, die zur Schaffung eines europäischen Geschichtsbilds des Ersten Weltkrieges beitrugen[46]. Dabei ist von folgender Über-

---

[44] Martin Sabrow, Gedenken an den Ersten Weltkrieg. Helden und Opfer, in: Der Tagesspiegel vom 5. Juli 2014, https://www.tagesspiegel.de/kultur/gedenken-an-den-ersten-weltkrieg-helden-und-opfer/10157164.html (Letzter Zugriff: 29.04.2024).

[45] Für den folgenden Abschnitt vgl. Hess (wie Anm. 2) S. 278 und S. 303; vgl. auch David Cameron, Speech at Imperial War Museum on First World War Centenary Plans (11. Oktober 2012), https://www.gov.uk/government/speeches/speech-at-imperial-war-museum-on-first-world-war-centenary-plans (Letzter Zugriff: 29.04.2024); Ders., Reopening of the Imperial War Museum: David Cameron’s Speech (17. Juli 2014 https://www.gov.uk/government/speeches/reopening-of-the-imperial-war-museum-david-camerons-speech (Letzter Zugriff: 29.04.2024); Ders., Speech. PM’s Words at St Symphorien Cemetery (4. August 2014), https://www.gov.uk/government/speeches/pms-words-at-st-symphorien-cemetery (Letzter Zugriff: 29.04.2024).

[46] Vgl. Hess (wie Anm. 2) S. 305.

legung auszugehen: Eine Europäisierung der Geschichte des Ersten Weltkrieges bedeutet nicht, dass die Geschichte homogen sein muss, dass es vielmehr auch nationale Unterschiede geben kann[47]. Ein gemeinsames europäisches Geschichtsbild des Ersten Weltkrieges definiert und prägt sich „demnach gerade durch die Vielfalt unterschiedlicher nationaler Narrative und Geschichtsbilder [...], da gerade die Vielfalt Europa und folglich auch eine europäische Geschichte des Ersten Weltkrieges ausmacht. Eine Europäisierung der Geschichte des Ersten Weltkrieges bezieht also eine transnationale, im Sinne einer mehrere Nationen umfassende, Betrachtungsweise ein."[48]

Die geschichtspolitische Botschaft zum „Leid in der Zivilbevölkerung" in den deutschen und britischen Ausstellungen, die sich auch in den Reden der deutschen und britischen Staats- und Regierungsvertreter:innen widerspiegelte, lässt sich so zusammenfassen, dass sich Gewaltexzesse, wie sie der Erste Weltkrieg hervorbrachte, und das von der Zivilbevölkerung zu ertragende Leid nicht wiederholen dürfen[49]. Alle Akteure und Akteurinnen vertraten die einheitliche geschichtspolitische Botschaft, für ein friedliches Miteinander zu werben, damit ein Krieg in Europa weiterhin unvorstellbar bleibt[50].

Am Beispiel des Geschichtsbilds „Leid der Zivilbevölkerung" lässt sich aber auch aufzeigen, wie schwierig es ist, ein gemeinsames homogenes Narrativ zu etablieren[51]. Eine „gemeineuropäische Leidens- und Opfergeschichte" ist zwar politisch nachvollziehbar, weil Politiker:innen die Weltkriege als Mahnung zur Einigung auffassen[52]. Jedoch ist die politische Erzählung nach einer gemeinsamen und homogenen Leidens- und Opfergeschichte wissenschaftlich nicht haltbar. So wird dabei nicht berücksichtigt, dass die nationalen Narrative jeweils durch Täter- oder Opferperspektiven unterschiedlich geprägt sind. Solche deutschen Weltkriegsausstellungen, die die Ereignisse in Belgien nur aus der Opferperspektive darstellen, verschweigen beispielsweise die eigene Schuld und Verantwortung.

Und dennoch eigenen sich die Geschichtsbilder des Leides und der Kriegsopfer trotzdem für ein transnationales Ausstellungsnarrativ im Hinblick auf eine mögliche Europäisierung[53]. Denn ein transnationales Narrativ besteht aus dem Zusammentreffen verschiedener heterogener Geschichtsbilder. Das heißt, dass die verschiedenen nationalen Sichtweisen nebeneinander – also transnational – dargestellt und berücksichtigt werden. Denn erst, wenn auch die Sicht des Gegenübers einbezogen wird, ist eine transnationale Betrachtung möglich. Das leisteten die südwestdeutschen Museen und das Imperial War Museum allerdings nicht, insbesondere weil die jeweiligen Ausstellungsnarrative dies nicht vorsahen. Für die

---

[47] Vgl. ebd.
[48] Ebd.
[49] Vgl. ebd., S. 307.
[50] Ebd.
[51] Vgl. ebd., S. 308.
[52] Für den folgenden Abschnitt vgl. ebd.
[53] Für den folgenden Abschnitt vgl. ebd., S. 308f.

Ausstellungen bleibt aber festzuhalten, dass die Museen durchaus als geschichtspolitische Akteure auftraten. Mit ihren Ausstellungen konstruierten sie bestimmte Geschichtsbilder, deren Deutung des Ersten Weltkrieges eine Mahnung vor Gewalt, dem damit einhergehenden Leid und an die nationale Opferbereitschaft waren. Diese Mahnung kann als Aufforderung für die Bewahrung der Freiheit der eigenen Nation und dadurch des friedlichen Miteinanders in Europa gedeutet werden. „Die Museen trugen in ihren Ausstellungen aber letztlich nicht dazu bei, eine Europäisierung der Geschichte des Ersten Weltkrieges und des Gedenkens an den Ersten Weltkrieg umzusetzen. Dafür hätten die Ausstellungen den „Krieg der Anderen" auch aus Sicht der anderen mit in ihr Narrativ einbinden müssen."[54]

[54] Ebd., S. 309.

Erinnerung an den Nationalsozialismus

Erinnerungen an den Nationalsozialismus (1945 bis heute)

Angela Borgstedt

Die „zweite Geschichte" des Nationalsozialismus, die seiner Aufarbeitung, Deutung und Erinnerung, ist nicht allein „um ein Vielfaches länger als die zwölf Jahre" der Diktatur[1], sie ist vor allem keine Nachgeschichte, sondern prägte und prägt den Verlauf unserer Geschichte seither. Ob in der Ausgestaltung der demokratischen Rechtsordnung der Bundesrepublik, der steten Betonung, dass „Bonn nicht Weimar" sei, ob im Selbstbild der DDR als „antifaschistischem Staat", in den „besonderen" Beziehungen zu Ländern wie Polen, der Ukraine, Russland und insbesondere Israel, in Rechtsnormen, die das Leugnen des Holocaust unter Strafe stellen, oder in Einrichtungen wie der Zentralen Stelle der Justizverwaltung in Ludwigsburg: Überall wirkt die Geschichte des Nationalsozialismus und der Zerstörung des Rechtsstaats nach. Die zweite Geschichte ist aber auch wesentlich bestimmt von Wahrnehmungen, Deutungen und Deutungskonflikten, von Erinnerung und verweigerter Erinnerung, die sich aus höchst unterschiedlicher Diktatur- und Unrechtserfahrung ergeben, aus Täterschaft, Anpassung und Widerstand, aus Verfolgungs- und Gewalterleben, millionenfach erlittenem und angetanem Leid. Lässt sich aus dieser gespaltenen Erinnerung, den tatsächlich vielen individuellen Erinnerungen, ein gemeinsames, ein überindividuelles Erinnerungsnarrativ entwickeln, das nicht nivelliert, nicht relativiert, aber auch nicht aufrechnet oder vergisst? Erinnerungen, so Heinz Bude, lassen sich „schwer auf eine Linie bringen", Versuche diesbezüglich führten „schnell zu abseitigen, vergessenen, unterdrückten Geschichten"[2]. Wir sehen heute mit Entsetzen, was die in ihrem Vergangenheitsbezug robust selbstbewusste Mehrheitsgesellschaft der 1950er-Jahre vielen Verfolgten und Opfern, die um Rehabilitierung, Entschädigung, ja überhaupt erst Anerkennungswürdigkeit kämpften, zumutete, indem sie Flucht, Vertreibung, Kriegszerstörung unter den gleichen Opferstatus subsumierte wie Entrechtung, Zwangsarbeit, millionenfachen Völkermord. Und doch steht am Ende einer langen Entwicklung ein differenzierter, aufrichtiger Umgang mit der belasteten deutschen Geschichte, ein in weiten Teilen konsensuales Erinnern, das seine feste Form, seine Eckdaten und seinen Ort hat, ein Erinnern, das Erinnerungskultur geworden ist. Wie wird aus multiplen Erinnerungsfragmenten ein Gesamtnarrativ, das nicht aus-

---

[1] Peter Reichel/Harald Schmid/Peter Steinbach, Die „zweite Geschichte" der Hitler-Diktatur. Zur Einführung, in: Diess. (Hg.), Der Nationalsozialismus. Die zweite Geschichte. Überwindung, Deutung, Erinnerung, München 2009, S. 7–21, hier S. 8.

[2] Heinz Bude, Die Erinnerung der Generationen, in: Helmut König (Hg.), Vergangenheitsbewältigung am Ende des zwanzigsten Jahrhunderts, Wiesbaden 1998, S. 69–85, hier S. 69.

spart, nivelliert, sondern aufrichtig, integrierend und doch differenzierend ist? Ein Erinnern, das den Formungsprozess dieser Erinnerungskultur abbildet und ihn selbst zum Gegenstand des Erinnerns macht? Diesen Fragen soll im Folgenden mit besonderem Fokus auf den deutschen Südwesten nachgegangen werden.

Die Erinnerung an den Nationalsozialismus ist individuell, überindividuell, generationsspezifisch, divers, höchst heterogen. Und doch hat sich im Lauf von bald 80 Jahren ein Gesamtnarrativ herausgebildet. Es speist sich aus dem Blick in die Vergangenheit und ist doch gegenwartsbezogen. Erinnern an die NS-Diktatur will mahnen. Es will uns klarmachen, dass die Demokratie verteidigungsbedürftig ist, wo Gefahrenpotenzial liegt und was passieren kann, wenn der Rechtsstaat erodiert. „Warum scheiterte Weimar?" war eine der Fragen, mit der sich in den 1950er-Jahren die damals entstehende Zeitgeschichtsforschung befasste. Welche Folgen dieses Scheitern für den Einzelnen und die Einzelne haben konnte, was Verfolgung, was Widerstand, die Ausgrenzung aus der sogenannten „Volksgemeinschaft" bedeuteten oder aber was Menschen massenhaft zu Mitläufern, Verstrickten, gar zu Tätern machte, waren erst weit später gestellte Fragen. Erinnern an die NS-Diktatur ist nicht nur vergangenheitsbezogen, sondern gegenwartsgeleitet. Und dieses Erinnern ist, wie wir wissen, nicht unveränderlich. Wir erleben nicht erst in jüngster Zeit, wie es sich unter dem Eindruck von Büchern, Filmen und Youtube-Videos wandelt[3].

Erinnern an den Nationalsozialismus speist sich aus den Erfahrungshorizonten der Gruppen- und Generationszugehörigkeit, aber auch des individuellen Erlebens. Zunächst ging es um die Bewältigung von Trauer und Traumata: Den Umgang mit dem Verlust von Menschenleben, von körperlicher und seelischer Unversehrtheit, vertrautem Umfeld, von Identität und Heimat. Städte, Existenzen, Bindungen, Recht und Vertrauen waren vernichtet. Der Blick zurück war für viele ein Blick in den Abgrund von Tod, Leid und Zerstörung. Was an frühen Gedenkreden und Gedenkpredigten auffällt, ist die zumeist entkonkretisierte Sprache, mit der das Geschehene angedeutet, aber nicht benannt wurde. Da ist in biblischer Begrifflichkeit vom Dämon Hitler, von der Macht des Bösen, von Heimsuchung, Plage, Prüfung, der Apokalypse die Rede, als seien Diktatur und Krieg hereingebrochen und nicht menschengemacht, als gäbe es keine Verantwortlichkeit, Täterschaft und Tatbestände. Natürlich kann Erinnern, das an Traumata rührt, nicht schonungslos offen sein. „Meine ganze Jugend bin ich an den Trümmerhaufen in der Stadt vorbeigelaufen, auf denen Kreuze standen mit den Namen der Toten", berichtete 75 Jahre nach dem Bombardement eine Pforzheimer Zeitzeugin[4]. Was macht das mit Menschen? Wir wissen heute, welche seelischen Verletzungen Opfer, ja selbst Zeugen von Unfällen, brutaler Gewalt, aber auch Naturkatastrophen davontragen

[3] Vgl. Harald Welzer/Sabine Moller/Karoline Tschuggnall, Opa war kein Nazi. Nationalsozialismus und Holocaust im Familiengedächtnis, Frankfurt a. M. [8]2012.

[4] Claudia Kraus, Das Trauma nach der totalen Zerstörung. Mit dem 23. Februar 1945 begann in Pforzheim eine schwierige Identitätssuche, in: Badische Neueste Nachrichten vom 21. Februar 2020, S. 6.

können, wir haben mit dem Terminus „posttraumatische Belastungsstörung" sogar einen diagnostischen Begriff dafür. Doch diese Erkenntnis ist vergleichsweise neu. Psychische Verletzungen wurden lange für nachrangig gehalten. Wer keine sichtbaren Blessuren hatte, galt ohnehin als unversehrt. Sich nicht anzustellen, kein Aufheben zu machen, zu schweigen lautete oft genug die unsensible Aufforderung des Umfelds. Schweigen herrschte über die vielen Frauen angetane sexuelle Gewalt, die wie ein Soldat die Kriegsverletzung hinzunehmen der Freiburger Erzbischof Betroffenen anempfahl[5]. Und Schweigen herrschte über das, was Männer im Kriegseinsatz gesehen, erlitten, oft aber anderen angetan hatten. Dass Traumata Langzeitfolgen haben, beschäftigt inzwischen eine geriatrisch spezialisierte Psychiatrie. Angehörige der Generation 1930 haben jüngst darüber zu sprechen begonnen, was sie zeitlebens nie losließ, was sie erinnerten, ohne darüber zu sprechen. Auch das ist jenen entgegenzuhalten, die einen Schlussstrich fordern unter einen so verheerend folgenreichen Teil unserer Geschichte, den sie als „Vogelschiss" abtun. Nein, diese unsere Geschichte ist nicht zu Ende. Wir gedenken ihrer nicht nur, wir vermachen sie künftigen Generationen.

Am Anfang setzten sogar die Besatzungsmächte erinnerungspolitische Hürden, wenn sie relativierendes Aufrechnen, Ressentiments oder Exkulpationsstrategien fürchteten. So gab es im kurz vor Kriegsende zerstörten Bruchsal vor 1948 keine Gedenkveranstaltungen am Tag des Luftangriffs, weil mit den Vereinigten Staaten die nachmalige Besatzungsmacht diesen Angriff verantwortete. Das war in Pforzheim anders, wo sich ein möglicherweise anklagendes Erinnern nicht gegen Amerikaner, sondern Briten richtete. Auch im Umgang mit dem Widerstand zeigten die westlichen Alliierten Zurückhaltung, argwöhnten sie doch auch hier eine Relativierung von Schuld. Die Deutschen sollten sich vor allem mit den Verbrechen, den „Crimes Hitlériens" wie eine dokumentarische Wanderausstellung der Franzosen hieß, auseinandersetzen müssen. Das geschah auf vielfältige Weise. Einen Tag nach der Befreiung des KZs Bergen-Belsen berichtete die 19-jährige Anita Lasker, die Auschwitz überlebt hatte, im deutschsprachigen Programm der BBC, von Selektionen, Massentötungen und dem Verbrennen der Toten und äußerte zugleich die Befürchtung, „dass die Welt nicht glauben wird, was dort geschehen ist", weil es die Vorstellungskraft überstieg[6]. Die Wochenschauabteilung der amerikanischen Information Control Division ließ unter anderem von Billy Wilder den Dokumentarfilm „Death Mills", die Todesmühlen, produzieren, der zum Zweck der Aufklärung in deutschen Kinos gezeigt wurde[7]. Mancherorts konfrontierte die Besat-

[5] Zum Thema vgl. Miriam Gebhardt, Als die Soldaten kamen. Die Vergewaltigung deutscher Frauen am Ende des Zweiten Weltkriegs, München 2015.

[6] Nachzuhören und zu lesen unter: Anita Lasker, Radioansprache von Anita Lasker nach ihrer Befreiung aus Bergen-Belsen, https://www.swr.de/swr2/wissen/archivradio/befreiung-bergen-belsen-april-1945-radioansprache-anita-lasker-102.html (Letzter Zugriff: 03.05.2024).

[7] Vgl. hierzu Clemens Rehm, „Hitler Verbrechen" – Aufklärung durch eine französische Ausstellung 1946, in: Archivnachrichten 36 (2008), S. 20.

zungsmacht die Bevölkerung unmittelbar mit den Menschlichkeitsverbrechen vor Ort, ließ sie Konzentrationslager besichtigen, mitunter sogar die in Massengräbern verscharrten Toten exhumieren[8]. Vor allem die Franzosen bemühten sich frühzeitig um einen würdigen Umgang mit den Opfern, darunter zahlreiche Landsleute. Die Generäle Jean de Lattre de Tassigny und Charles de Gaulles nahmen unmittelbar nach der Befreiung das KZ Vaihingen, ein Außenlager von Natzweiler, in Augenschein. Die Besatzungsmacht legte Friedhöfe an und diskutierte über den Erhalt von Konzentrationslagern als Gedenkstätten[9]. Geradezu paradigmatisch für die juristische Aufarbeitung von Kriegs- und Menschlichkeitsverbrechen wurden der medial weit beachtete Nürnberger Hauptkriegsverbrecherprozess sowie einige der dezentral in den Besatzungszonen stattfindenden Militärgerichtsprozesse. Die Journalistenkarriere eines Axel Eggebrecht, der in den 1960ern auch vom Frankfurter Auschwitzprozess berichtete, begann 1945 beim Lüneburger Bergen-Belsen-Prozess[10]. Vor allem der Nürnberger Hauptkriegsverbrecherprozess wird heute als „Lernort" der Geschichte wahrgenommen. Andererseits trugen die Kriegsverbrechertribunale dazu bei, dass sich bei vielen Deutschen die Wahrnehmung verfestigte, hier sei die eigentliche Verantwortung und Täterschaft festgestellt worden. Umso empörter reagierten sie, als ihnen die Entnazifizierung und die Auseinandersetzung mit der eigenen NS-Vergangenheit zugemutet wurde[11].

Es überrascht nicht, dass gerade über den nationalsozialistischen Judenmord – wenn überhaupt – in nebulöser, entkonkretisierter Begrifflichkeit gesprochen wurde. Beredtes Zeugnis davon sind etwa die Gedenktafeln, die noch in den 1960er-Jahren am Standort ehemaliger Synagogen angebracht wurden. *Hier stand die Synagoge der israelitischen Gemeinde Karlsruhe*, steht an der Adresse Kronenstraße 17 zu lesen, *sie wurde am 10. November 1938 unter der Herrschaft der Gewalt und des Unrechts zerstört*, ein keineswegs falscher, aber eben ohne Zuschreibung von Täterschaft und Verantwortung auskommender Tafeltext. Über den 1946 remigrierten Freiburger Rechtsanwalt Robert Grumbach, der im Oktober 1940 deportiert worden war, äußerte der Landgerichtspräsident in einer Laudatio, er habe *ein hartes Los* zu tragen gehabt[12]. Das sollte Gefühle schonen, passte aber exakt ins Gesamtnarrativ einer Zeit, die gleichermaßen alle zu Opfern machte. Und deshalb konnte auch am 1952 bundesweit eingeführten Volkstrauertag sowohl der Ermordeten und der Kriegstoten gleich beider Weltkriege gedacht werden, statt wie zuvor

---

[8] Vgl. Marco Brenneisen, Schlussstriche und lokale Erinnerungskulturen. Die „zweite Geschichte" der südwestdeutschen Außenlager des KZ Natzweiler seit 1945, Stuttgart 2020, S. 135, 148 f., 155.

[9] Vgl. Brenneisen (wie Anm. 8), S. 133–188.

[10] Vgl. Thomas Berndt, Nur das Wort kann die Welt verändern. Der politische Journalist Axel Eggebrecht, Herzberg 1998.

[11] Vgl. Angela Borgstedt, Die kompromittierte Gesellschaft. Entnazifizierung und Integration, in: Reichel/Schmid/Steinbach (wie Anm. 1), S. 85–104.

[12] Landesarchiv Baden-Württemberg, Staatsarchiv Freiburg F 166/1 Nr. 32, Schreiben an das Justizministerium Baden-Württemberg vom 3. Oktober 1960.

allein der Opfer des Faschismus am Tag der Mahnung und des Erinnerns, dem zweiten Sonntag im September.

Den Überlebenden von Verfolgung und Widerstand und ihren Angehörigen ging es überhaupt erst einmal um Rehabilitierung. Der NS-Staat hatte sie als sogenannte „Volksschädlinge" und „Verräter" geschmäht und aus dem Gedächtnis der „Volksgemeinschaft" zu tilgen versucht. Das wirkte nach. Noch 1951 hielt die Mehrheit der Westdeutschen Stauffenberg und die Männer des 20. Juli für Landesverräter und lehnte ihr Handeln ab. Vor allem ließ sie das die Kinder und Enkel der Widerstandskämpfer spüren. Der Journalist Jens Jessen konstatierte ein daraus resultierendes „extrem misstrauisches Verhältnis zur Nachkriegsrepublik, das fast alle Angehörigen des 20. Juli damals teilten"[13]. Das von den Nazis gezeichnete Zerrbild überlagerte sich, so Peter Steinbach, „nicht selten mit bizarren Nachkriegsdeutungen"[14]. Georg Elser, den die Propaganda auch deshalb der Spionage für England bezichtigte, weil man sich einfach nicht vorstellen wollte, dass ein Einzelner ein so sorgfältig geplantes und beinahe erfolgreiches Bombenattentat durchführen konnte, wollten die Deutschen lange nicht würdigen, weil sein Beispiel der selbstentlastenden Wahrnehmung, man habe ja doch nichts machen können, widersprach. In Elsers württembergischer Heimat, aus der ja auch die RAF-Terroristin Gudrun Ensslin stammte, kam in den 1970er-Jahren hinzu, dass der Attentatsbegriff mit dem des Terrorismus gleichgesetzt wurde[15]. Sophie von Bechtolsheim, die Enkelin Stauffenbergs, meinte noch 2019 eigens klarstellen zu müssen, dass ihr Großvater kein Terrorist war. „Beim Begriff Attentäter denken wir an Terroristen [...], an den IS, die RAF, Anders Breivik. Der Umsturzversuch vom 20. Juli 1944 war das Gegenteil davon: der Versuch, Terror und Tyrannei zu beenden"[16]. An Elsers Heimatort Königsbronn wirkte sich erinnerungspolitisch gravierend aus, dass ihn die NS-Propaganda als „Attentatshausen" verunglimpft hatte. Ein ehrendes Gedenken, die Einrichtung einer Gedenkstätte war viel zu lange ein Politikum und konnte 1998 vor allem auf Anstoß von außen realisiert werden. Dass das kein Einzelfall, dass Erinnern an den Widerstand, an Verfolgung vor Ort bis heute umstritten ist, lässt sich auch an der Aufarbeitung des Mössinger Generalstreiks illustrieren[17].

[13] Die Zeit Nr. 30 vom 18. Juli 2019, S. 37.

[14] Peter STEINBACH, Bereit zur Gewalt aus Verantwortung. Der Widerstand gegen den Nationalsozialismus – ein Zeitzeichen nach dem Epochenbruch von 1945 als Exempel, in: Peter STEINBACH/Thomas STÖCKLE/Sibylle THELEN u. a. (Hg.), Entrechtet – verfolgt – vernichtet. NS-Geschichte und Erinnerungskultur im deutschen Südwesten, Stuttgart 2016, S. 333–367, hier S. 353.

[15] Vgl. STEINBACH (wie Anm. 14), S. 358.

[16] Stauffenberg-Enkelin: Dieses schwärmerische Pathos, dieser glühende Patriotismus wirken heute sehr fremd. Interview von Marc Felix SERRAO mit Sophie VON BECHTOLSHEIM, in: Neue Zürcher Zeitung vom 27. Juni 2019, https://www.nzz.ch/feuilleton/stauffenberg-enkelin-sophie-von-bechtolsheim-bezeichnet-ihren-grossvater-als-ein-vorbild-ld.1491169 (Letzter Zugriff: 03.05.2024).

[17] Vgl. Franziska BLUM, Der Mössinger Generalstreik am 31. Januar 1933. Linker Widerstand der ersten Stunde, in: STEINBACH/STÖCKLE/THELEN u. a. (wie Anm. 14), S. 31–57.

Es waren Angehörige, Freunde und Weggefährten, die sich unmittelbar nach Kriegsende der Ehrenrettung des Widerstands verschrieben. Die Dichterin Ricarda Huch sammelte Briefe aus Privatbesitz als Quellen für spätere Kurzportraits[18]. Auch Annedore Leber, Witwe des hingerichteten Gewerkschafters Julius Leber, publizierte Lebensbilder des anderen Deutschland unter dem sehr zeittypischen Titel „Das Gewissen steht auf" und „Das Gewissen entscheidet"[19]. Der Heidelberger Stadtpfarrer Hermann Maas, der wie wenige Deutsche während der NS-Zeit Solidarität mit Juden praktiziert hatte, widmete den „Unvergessenen", den Opfern der Rassenideologie ein Gedenkbuch[20]. Prominentestes Beispiel einer Darstellung aus dem Kreis der Angehörigen ist Inge Scholls Buch über die Weiße Rose[21]. Es ist, wie Christine Hikel zeigt, eine rezeptionsgeschichtlich aufschlussreiche Quelle, weil das Vorwort zu den vielen Neuauflagen die zeitspezifischen Deutungsverschiebungen spiegelt[22]. Wir fragen uns heute, warum gerade Sophie Scholl zur alle in den Schatten stellenden Ikone des Widerstands geworden ist. Eine – sicher nicht die einzige – Erklärung, ist der seit den 1970er-Jahren gewachsene Bedarf an weiblichen Identifikationsfiguren. Das Medium Film hat dies bei weitem verstärkt.

Rehabilitierung bedeutete nicht nur den publizistischen Einsatz für die Widerstandskämpfer, sondern manchmal auch das Beschreiten des Rechtswegs. Die Stiftung Hilfswerk 20. Juli, eine Interessenvereinigung der Angehörigen, leistete dabei Unterstützung. Doch nicht nur der Widerstand war dem Verratsvorwurf ausgesetzt, selbst Remigranten, Rückkehrer aus dem Exil, bekamen ihn zu spüren. Das prominenteste Opfer war wohl der spätere Bundeskanzler Willy Brandt, den wiederholt Medienkampagnen sowie die Anwürfe politischer Gegner trafen[23]. Wolfgang Menge hat einige der markantesten Äußerungen seiner Kultfigur „Ekel Alfred" in der WDR-Serie „Ein Herz und eine Seele" in den Mund gelegt. Brandts erinnerungspolitisch wirkmächtiger Kniefall wurde gerade von denen als zu weitgehend kritisiert, die selbst oft ein robustes Verhältnis zur eigenen Vergangenheit

[18] Vgl. Ricarda Huch, In einem Gedenkbuch sammeln ... Bilder deutscher Widerstandskämpfer, Leipzig 1997. Huch hatte ihre gesammelten Dokumente nicht mehr selbst publiziert, sondern sie Günther Weisenborn überlassen, der sie für sein 1953 erschienenes Buch „Der lautlose Aufstand" verwendete.

[19] Vgl. Annedore Leber (Hg.), Das Gewissen steht auf. 64 Lebensbilder aus dem deutschen Widerstand 1933–1945, Berlin/Frankfurt a. M. 1954; Dies. (Hg.), Das Gewissen entscheidet. Bereiche des deutschen Widerstandes von 1933–1945 in Lebensbildern, Berlin/Frankfurt a. M. 1957.

[20] Vgl. Hermann Maas (Hg.), Den Unvergessenen. Opfer des Wahns 1933 bis 1945, Heidelberg 1952.

[21] Vgl. Inge Scholl, Die weiße Rose, Frankfurt a. M. 1952.

[22] Vgl. Christine Hikel, Sophies Schwester. Inge Scholl und die Weiße Rose, München 2013.

[23] Vgl. Daniela Münkel, „Alias Frahm". Die Diffamierungskampagnen gegen Willy Brandt in der rechtsgerichteten Presse, in: Klaus-Dieter Krohn/Axel Schildt (Hg.), Zwischen den Stühlen? Remigranten und Remigration in der deutschen Medienöffentlichkeit der Nachkriegszeit, Hamburg 2002, S. 397–418.

pflegten[24]. Der Verleumdung Stauffenbergs und anderer Widerstandskämpfer als „Verräter" begegnete Fritz Bauer 1952 im Plädoyer des Braunschweiger Remer-Prozesses mit der Klarstellung, dass ein Unrechtsstaat überhaupt nicht hochverratsfähig sei[25]. Auch Bundespräsident Theodor Heuss machte in seiner Rede zum 10. Jahrestag des Attentats klar, dass der Fahneneid „einem Mann geleistet [wurde], der formal und moralisch einen mehrfachen Eidbruch schon hinter sich hatte"[26].

Ich habe für die Bundesrepublik der 1950er Jahre ein allenfalls entkonkretisiertes Erinnern an den Nationalsozialismus festgestellt. Fritz Bauer und Bundespräsident Theodor Heuss war es gelungen, die Männer des 20. Juli vom Verdikt des Verrats zu befreien. Aber das bedeutete noch lange keine differenzierte Wahrnehmung von Widerstand, Verfolgung, erst recht keine kritische Aufarbeitung der NS-Vergangenheit. So unzutreffend die verleumderische Sicht auf den 20. Juli gewesen war: Das sich nun durchsetzende positive Bild, das bald zum integralen Bestand bundesrepublikanischer Traditionsbildung wurde, war letztlich ebenso realitätsfern, überhöht und retuschierte facettenreiche, ambivalente Persönlichkeiten zu Lichtgestalten. Auch das war entkonkretisiertes Erinnern. Wann aber wurde es endlich konkret?

Wie in vielem stellte die heute so bezeichnete zweite, nämlich gesellschaftliche Neugründung der Bundesrepublik in den 1960er-Jahren die eigentliche Zäsur dar. Die 68er-Generation trat an, Traditionen und Kontinuitäten aufzubrechen und mit der „Tätergeneration" der Eltern abzurechnen. Inbegriff dieses Abrechnungsgestus war die Ohrfeige, die Beate Klarsfeld 1968 dem damaligen Bundeskanzler Kurt Georg Kiesinger verpasste. Es lässt sich trefflich darüber streiten, wie hilfreich der Einsatz des Faschismusbegriffs im politischen Kampf der Studentenbewegung für die Aufklärung der NS-Vergangenheit war. In zweierlei Hinsicht sind die 68er erinnerungspolitisch wichtig. Zum einen lenkten sie den Blick auf den im Systemkonflikt des Kalten Krieges in der Bundesrepublik vernachlässigten kommunistischen und allgemein den Arbeiterwiderstand. Zum anderen haben viele, die dann in den 1980ern in der Friedens- und Umweltbewegung, bei der neu gegründeten Partei der Grünen aktiv waren, hier ihre Wurzeln. Zumindest auf gesellschaftlicher Ebene erweiterte sich das Bild des Widerstands. Zugleich geriet die bisherige Engführung auf den 20. Juli und die Weiße Rose in die Kritik. Die politisch linksstehende studentische Jugend konnte weder mit dem bürgerlichen noch gar dem militärischen Widerstand etwas anfangen. Höhepunkt des Protests dagegen war die Sprengung der Münchener Gedenkfeier 1968 für die Weiße Rose.

In der nun folgenden Phase des aufklärenden und pädagogisierenden Erinnerns wurde Geschichte „vor Ort entdeckt" und in alternativen Stadtrundgängen erfahr-

[24] Vgl. Adam Krzemiński, Der Kniefall, in: Etienne François/Hagen Schulze (Hg.), Deutsche Erinnerungsorte, Bd. 1, München 2001, S. 638–653.

[25] Vgl. hierzu zuletzt Claudia Fröhlich, „Verräter" oder „Helden"? Fritz Bauer und der Prozess um den 20. Juli 1944, Berlin 2022.

[26] Theodor Heuss. Der 20. Juli 1944, https://stiftung-20-juli-1944.de/reden/der-20-juli-1944 (Letzter Zugriff: 03.05.2024).

bar gemacht. Der 1967 gegründete „Studienkreis deutscher Widerstand 1933–1945“ initiierte eine Reihe „Heimatgeschichtlicher Wegweiser zu Stätten des Widerstands und der Verfolgung“[27]. Engagierte Lehrerinnen und Lehrer, Lehramtsanwärterinnen und -anwärter sowie Hobbyhistoriker führten, gemäß dem Motto „Grabe, wo du stehst“, Zeitzeugengespräche, erstellten Materialsammlungen, Broschüren und setzten sich für den Erhalt von NS-Tatorten, aber auch von Synagogen als Gedenkstätten ein, die 1938 erhalten geblieben und dann zweckentfremdet genutzt worden waren[28]. Vor allem gewann die Erforschung des Alltagslebens in der Diktatur an Konturen, wodurch Handlungsspielräume erkennbar wurden. Dafür steht das große Projekt des Instituts für Zeitgeschichte, Bayern in der NS-Zeit.[29] Bisher nicht erzählte Ereignisstränge wurden freigelegt, vergessene und verdrängte Opfer- und Widerstandsgruppen kamen in den Blick. 1980 traten zwölf Sinti auf dem Gelände der KZ-Gedenkstätte Dachau in einen Hungerstreik, mit dem sie die Anerkennung der an ihrer Minderheit begangenen Tötungsverbrechen als Völkermord durchsetzen wollten. Unter den Streikenden, die zudem auf fortbestehende Diskriminierungspraktiken aufmerksam machten, befand sich auch der spätere Vorsitzende des Zentralrats Deutscher Sinti und Roma, Romani Rose. Ein Jahr später besetzten Sinti das Tübinger Universitätsarchiv, wo die noch immer zu Forschungszwecken genutzten Akten der „Rassenhygienischen Forschungsstelle“, Dokumente der Vorbereitung des Völkermords, verwahrt wurden. Aus heutiger Sicht sind diese Aktionen wegen des Hinweisens nicht nur auf vergessene Opfergruppen, sondern überdies auf das Fortbestehen von Diskriminierung und Kriminalisierung von Sinti und Roma, Homosexuellen und sogenannten „Asozialen“ bedeutsam.

Wir nehmen heute die späten 70er- und die 1980er-Jahre als eine erinnerungspolitische Umbruchphase wahr. So endeten Anfang der 1980er-Jahre die letzten zwielichtigen Zweitkarrieren durch altersbedingtes Ausscheiden. Dass sich in dieser Zeit nicht nur das Personal verjüngte, sondern das herrschende Klima veränderte, macht nicht zuletzt der Fall Filbinger deutlich. Wer mit der Formel „was damals rechtens war, kann heute nicht Unrecht sein“, vom Unrechtscharakter des NS-Regimes absah, der wirkte 1978 auch unter Parteigängern zunehmend aus der Zeit gefallen[30]. Aus heutiger Sicht unerträglich war die erst 1988 im dritten Anlauf beendete Lehrertätigkeit des zeitweiligen NPD-Bundesvorsitzenden Günter Deckert, aber sie wurde nun zum Skandalon. Die 70er waren Jahre wachsenden Geschichtsinteresses, auch und gerade an der Zeit des Nationalsozialismus. 1978

---

[27] Vgl. z.B. Ursula Krause-Schmitt, Heimatgeschichtlicher Wegweiser zu Stätten des Widerstandes und der Verfolgung 1933–1945, Bd. 5: Baden-Württemberg 1. Regierungsbezirke Karlsruhe und Stuttgart, Frankfurt a.M. 1991; Dies., Heimatgeschichtlicher Wegweiser zu Stätten des Widerstandes und der Verfolgung 1933–1945, Bd. 5: Baden-Württemberg 2. Regierungsbezirke Freiburg und Tübingen, Frankfurt a.M. 1997.

[28] Vgl. hierzu Marco Brenneisen (wie Anm. 8).

[29] Vgl. Martin Broszat (Hg.), Bayern in der NS-Zeit, 6 Bde., München, Wien 1977–1983.

[30] Vgl. Wolfram Wette (Hg.), Filbinger – eine deutsche Karriere, Springe 2018.

wurden verschiedentlich Ausstellungen anlässlich des 40. Jahrestags des Novemberpogroms gezeigt. Ein weit größeres Publikum erreichten Film und Fernsehen, allen voran die 1979 in der Bundesrepublik ausgestrahlte US-Serie „Holocaust", die vielfach innerfamiliäres Schweigen aufbrach, aber auch Kinoproduktionen wie „Die Weiße Rose" oder „Das schreckliche Mädchen" Michael Verhoevens, Percy Adlons „Fünf letzte Tage" Sophie Scholls oder Klaus Maria Brandauers in Stuttgart erstaufgeführter Film „Georg Elser – einer aus Deutschland". Die Geschichtswissenschaft stritt in den 1980ern, provoziert von der Politik, über den Ort der NS-Diktatur in der deutschen Geschichte, die Zulässigkeit des Vergleichs von Holocaust und Archipel GULag und argwöhnte in Teilen eine „Entsorgung" der toxischen NS-Vergangenheit[31].

Die 1980er Jahre waren auch insofern eine erinnerungspolitische Übergangsphase, dass sich das Ende der Zeitzeugenschaft abzeichnete. Wer sollte künftig Erinnern einfordern, wer es so eindrücklich vergegenwärtigen wie die inzwischen hochbetagten Miterlebenden? In den 1980er-Jahren standen sich auf politischer Ebene zwei Positionen gegenüber: Auf der einen Bundeskanzler Helmut Kohl, der eine „Gnade der Geburt" postulierte und dessen geschichtspolitische Geste über den Gräbern von Bitburg eher an das nivellierende Gedenken der 1950er-Jahre gemahnte, und auf der anderen Seite Bundespräsident Richard von Weizsäcker, der mit seiner Rede 40 Jahre nach Kriegsende den Weg zukünftigen differenzierten, selbstkritisch-aufrichtigen Erinnerns wies. Vor allem implementierte Weizsäcker die Perspektive der Opfer und Verfolgten im Erinnerungsnarrativ an das Kriegsende: *Der 8. Mai 1945 war ein Tag der Befreiung*[32].

Als am 9. November 1989 die Mauer fiel, fürchteten viele, dass das Erinnern an die belastete deutsche Geschichte künftig hinter das Gedenken an das Ende der zweiten deutschen Diktatur zurücktreten werde. Tatsächlich trat das Gegenteil ein. Auf die fremdenfeindlichen Anschläge von Solingen, Rostock oder Hoyerswerda reagierte die Zivilgesellschaft mit einem entschlossenen Nie wieder, mit Demonstrationen und Lichterketten, überzeugt, den Anfängen wehren zu müssen. Zugleich wurde der Blick auf die NS-Diktatur noch einmal konkreter, differenzierter und diverser. Die Forschung vermittelte ein immer detaillierteres Bild mit neuen perspektivischen Zugängen. Vergessene Opfer, stille Helden kamen in den Blick, aber auch Täter, Tatkomplexe, Strukturen und Institutionen. Die 90er-Jahre ermöglichten den Zugang zu bisher verschlossenen Archiven Osteuropas, aber auch zu nicht mehr Sperrfristen unterliegenden Akten der Bundesrepublik. Vor allem ist diese jüngste Phase des Erinnerns bestimmt von einer Ausdifferenzierung der Gedenkstättenlandschaft und der Ausprägung einer Gedenkkultur. 1996 wurde der 27. Januar, der Tag der Befreiung von Auschwitz, zu einem eigenen Ge-

---

31 Vgl. Hans-Ulrich WEHLER, Entsorgung der deutschen Vergangenheit. Ein polemischer Essay zum „Historikerstreit", München 1988.

32 Richard von WEIZSÄCKER, Der 8. Mai 1945 – 40 Jahre danach, in: DERS., Von Deutschland aus. Reden des Bundespräsidenten, München 1987, S. 9–35, hier S. 12.

denktag für die Opfer des Nationalsozialismus. An den militärischen Widerstand wurde seit den 1950er-Jahren zentral erinnert, nun kamen lokale Gedenkveranstaltungen wie die Karlsruher Reinhold-Frank- oder die Mannheimer Alfred-Delp-Vorlesung hinzu. Stolpersteine, Straßen- oder Schulbenennungen nehmen neuerdings auch die Frauen des Widerstands in den Blick, wenngleich noch immer eher selektiv. So gibt es inzwischen deutschlandweit 68 Straßen, die nach Sophie Scholl benannt sind, 19 davon in baden-württembergischen Städten. In mehreren Städten der neuen Bundesländer tragen Straßen den Namen der kommunistischen Widerstandskämpferin Lilo Herrmann, für die 1988 auch in Stuttgart ein Gedenkstein errichtet wurde. In Freiburg ist Gertrud Luckner noch immer präsent, unter anderem als Namenspatin für eine städtische Verdienstmedaille. Auch an Marianne Cohn und Eva Herrmann, Henriette Wagner und Käthe Seitz, Else Himmelheber, Gertrud Lutz und Sophie Klenk wird neuerdings erinnert.[33] Im Tagungszentrum Haus auf der Alb der Landeszentrale für politische Bildung sind Gästezimmer nach Frauen im Widerstand benannt: Nach Sophie Scholl und Lilo Herrmann, Frida Straub, Hannelore Hansch, Marianne Cohn sowie Hildegard Spieth.[34] Spieth und Hansch gehörten im weitesten Sinne zu den Pfarrersfrauen und Theologinnen, die Juden halfen, und stehen hier stellvertretend für die vielen Frauen, die bisher keine oder nur insofern eine Würdigung erfahren haben, dass sie die Ehefrau oder Tochter eines Regimegegners waren. Hier gilt es blinde Flecken im kollektiven Gedenken auszuräumen.

NS-Dokumentationszentren, KZ-Gedenkstätten und Gedenkorte des Widerstehens wie Mössingen oder Königsbronn haben eine neue Topographie, eine Erinnerungslandschaft entstehen lassen. Wer an Nationalsozialismus und Widerstand erinnert, tut das nicht mehr nur in Plötzensee, im Bendlerblock oder dem Haus der Wannseekonferenz, sondern auch im Stuttgarter Hotel Silber, dem Nordbahnhof oder in der Stauffenberg-Erinnerungsstätte im Alten Schloss. Zur Einweihung des Elser-Denkmals in Hermaringen kam 2019 der Bundespräsident, die baden-württembergische Landtagspräsidentin Muhterem Aras hat inzwischen drei Gedenkstättenreisen unternommen, die sie jeweils auch zu Erinnerungsstätten an

---

[33] Marianne Cohn verhalf während des Zweiten Weltkriegs jüdischen Kindern zur Flucht in die Schweiz, Eva Herrmann versteckte in ihrer Mannheimer Wohnung vier Wochen lang ein jüdisches Ehepaar, Henriette Wagner und Käthe Seitz gehörten der Mannheimer Widerstandsgruppe um Georg Lechleiter an und Else Himmelheber, Gertrud Lutz und Sophie Klenk waren Angehörige bzw. Freundin der Stuttgarter Familie Schlotterbeck, Kommunisten, die ihre NS-Gegnerschaft mit dem Leben bezahlten.

[34] Straub war eine der Beteiligten an der „Geislinger Weiberschlacht" gegen die Übernahme des lokalen katholischen Kindergartens durch „braune Schwestern" und hatte dem NS-Innenminister gar einen Beschwerdebrief geschrieben. Hannelore Hansch war evangelische Theologin, Hildegard Spieth Pfarrersfrau. Beide versteckten in ihrem Haus verfolgte Juden. Vgl. Landeszentrale für politische Bildung Baden-Württemberg, Persönlichkeiten der Demokratie, https://www.hausaufderalb.de/persoenlichkeiten-der-demokratie (Letzter Zugriff: 03.05.2024); ferner Angela Borgstedt/Sibylle Thelen/Reinhold Weber (Hg.), Mut bewiesen. Widerstandsbiographien aus dem Südwesten, Stuttgart 2017.

den Widerstand führten. „Eine breit verankerte, in die Zukunft weisende Gedenkkultur ist mitentscheidend für das Ziel eines offenen Umgangs innerhalb unserer Gesellschaft", sagte sie anlässlich eines Besuchs der Elser-Gedenkstätte in Königsbronn[35].

Doch diese Gedenkkultur steht vor Herausforderungen. Die eine ist, sie lebendig zu halten in einer Gesellschaft, die bald keine Zeitzeugen mehr haben wird, dafür aber immer mehr Bürgerinnen und Bürger migrantischer Herkunft, deren geschichtliche Wurzeln nicht in der belasteten deutschen Vergangenheit liegen. Das kann neue Perspektiven eröffnen, darf aber die Historie nicht ausblenden. Eine weitere Herausforderung ist es, der zunehmenden Instrumentalisierung von Geschichte als einer ideologischen Waffe zu begegnen: Sei es in der Auseinandersetzung mit Corona-Leugnern, die die Wahrnehmung ihres verfassungsrechtlich garantierten Demonstrationsrechts als Widerstand im Sinne Stauffenbergs und Sophie Scholls ausgeben, sei es in der Nutzung des Faschismusbegriffs zur Diskreditierung Andersdenkender oder gar von Regierungen und Völkern. Dem muss mit Mitteln der Aufklärung begegnet werden. Dazu brauchen wir historisch-politische Bildungsarbeit und dazu brauchen wir aufrichtiges, differenzierendes Erinnern, am besten vor Ort. Dies macht bewusst, dass sich Geschichte nicht im abstrakten Irgendwo, sondern in unserem unmittelbaren Umfeld ereignet hat. Hier und nicht in Parolen und Zitatfetzen wird sie fassbar und begreifbar.

---

[35] Georg Elser Gedenkstätte Königsbronn, Besuche in der Georg Elser Gedenkstätte, https://www.georg-elser-gedenkstaette.de/aktuelles/besuche/ (Letzter Zugriff: 03.05.2024).

„Ein würdiges Gedenken muss da her!"
Die Erinnerung an den Mössinger Generalstreik vom 31. Januar 1933

Franziska Blum

Anlässlich des 80. Jahrestags des Mössinger Generalstreiks hatte das Stück „Ein Dorf im Widerstand" des Theater Lindenhof im Mai 2013 in der Mössinger Pausa Bogenhalle Premiere. Die Lindenhof-Schauspieler:innen und etwa 100 Laiendarsteller:innen standen sich zu Beginn der knapp dreistündigen Vorführung in zwei Sprechchören gegenüber und skandierten:

Des muss auf's Tapet und nicht unter den Teppich.
Die Supp gehört nochmal angerührt, so richtig hochgekocht und ausgelöffelt!
[Chor pro]

Da sind doch ein Haufen Haar drin, da lass i die Finger davon.
Des will man nicht älles nochmal hören!
[Chor contra]

Lang hat man doch bloß geschwiegen.
Ein würdiges Gedenken muss da her!
[Chor pro]

Aber koi Heldenverehrung! Ungerechtfertigte.
[Chor contra][1]

Damit brachte der Theaterautor Franz-Xaver Ott das Ringen um die Erinnerung an den Mössinger Generalstreik auf den Punkt. Im Jahr zuvor war in Mössingen eine lebhafte Diskussion um dessen Bewertung entfacht. Die Fraktion der Freien Wähler im Mössinger Gemeinderat hatte im Februar 2012 eine wissenschaftliche Untersuchung als Master- oder Doktorarbeit bei einem Lehrstuhl für Geschichte angeregt, bei der u. a. *die politischen Ziele der Akteure des Generalstreiks und deren Einstellung zur Demokratie, Rechtsstaatlichkeit und Menschenrechte* untersucht und die Ereignisse *unvoreingenommen in der politischen Geschichte eingeordnet* werden sollten. Begründet wurde dieser Antrag mit der Befürchtung, dass mit den für das Jahr 2013 geplanten Veranstaltungen zum 80. Jahrestag *die geschichtliche Wahrheit ins Hintertreffen* gerate und es zu einer *einseitigen Heroisierung*

---

[1] Stadtarchiv Mössingen (im Folgenden StadtA Mössingen), Franz Xaver Ott, „Ein Dorf im Widerstand". Konzertiertes Spiel zum Mössinger Generalstreik 1933. Fassung vom 23.2.2013.

der Streikenden[2] käme. Professor Ewald Frie, Direktor des Seminars für Neuere Geschichte an der Universität Tübingen, der von der Stadtverwaltung um Stellungnahme gebeten wurde, wies darauf hin, dass der Betrag von 5.400 € für eine Magisterarbeit, die keine wesentlichen neuen Ergebnisse erwarten ließ, recht viel sei, für eine Doktorarbeit, die Jahre in Anspruch nehmen würde, jedoch zu wenig und dass *die eigentliche Beurteilung und Einordnung des Mössinger Generalstreiks nicht in einer wissenschaftlichen Untersuchung zu klären*[3] sei. Der Gemeinderat nahm im Juli 2012 dann von der Beauftragung einer wissenschaftlichen Untersuchung Abstand. Oberbürgermeister Michael Bulander hatte im Hinblick auf das bevorstehende Gedenkjahr für Formen der offenen Diskussion und Beteiligung geworben. So lud die Stadt im Oktober 2012 zu einer Podiumsdiskussion zum Thema „Was war sonst außer hier? Linker Widerstand und Erinnerung“ mit Professor Reinhold Weber von der Landeszentrale für politische Bildung Baden-Württemberg, Dr. Thomas Schnabel vom Haus der Geschichte Baden-Württemberg sowie Manfred Maier vom Georg-Elser-Arbeitskreis Heidenheim. An diesem Abend wurden zahlreiche Publikumsfragen diskutiert – wie etwa: Kann an den Widerstand von Kommunisten, die Feinde der Weimarer Republik waren, positiv erinnert werden? War die Gewaltanwendung der Streikenden des 31. Januar 1933 legitim[4]?

1. Was waren die Ereignisse des 31. Januar 1933 in Mössingen?

Als Adolf Hitler am 30. Januar 1933 zum Reichskanzler ernannt wurde, rief die KPD unmittelbar für den nächsten Tag zum reichsweiten Generalstreik auf. Dieser Aufruf stieß auf wenig Resonanz. Ein Zusammenwirken der Arbeiterparteien KPD und SPD war nicht zu erzielen, da es am gegenseitigen Vertrauen fehlte. Und die Gewerkschaften sahen angesichts der sechs Millionen Arbeitslosen einen Generalstreik als wenig aussichtsreich an. So erzielte der Streikaufruf letztlich wenig Wirkung. Ganz anders in Mössingen, eine damals 4.200 Einwohner zählende Gemeinde am Fuße der Schwäbischen Alb unweit von Tübingen. Hier kam es am 31. Januar 1933 zu einem Protestzug mit über 800 Beteiligten, mit dem man versuchte, die drei örtlichen Fabriken zu bestreiken. Bereits am Vorabend hatten die führenden Köpfe der Linken etwa 200 Personen in der Langgass-Turnhalle zusammengerufen, um für die Beteiligung am Streik zu werben. Nach dem Beschluss, sich am nächsten Tag um 12 Uhr wieder zusammenzufinden, zog man – voran die Trommler und Pfeifer des Antifaschistischen Kampfbundes – durch das nächtliche Mössingen. In der Nacht kamen dann einige Hundert gedruckte Flugblätter der

[2] StadtA Mössingen, Gemeinderatsprotokoll Stadt Mössingen vom 27.2.2012.
[3] Amtsblatt der Stadt Mössingen vom 27.7.2012.
[4] Vgl. StadtA Mössingen Mö 2 A 1151, Transkript der Podiumsdiskussion „Was war sonst außer hier“ vom 26.10.2012.

Massenstreik!

Hitler Reichskanzler!

Der Reichspräsident Hindenburg, der Präsidentschaftskandidat der SPD.-, Reichsbanner- und Gewerkschaftsführer, hat seinen „Gegner“ Adolf Hitler zum Reichskanzler ernannt. Hitler hat eine Regierung der faschistischen Konterrevolution gebildet.

Diese Regierung wird mit allen Mitteln des faschistischen Terrors unter Einsatz der SA.-Mordkolonnen und des Stahlhelm versuchen, den Widerstand der Arbeiterklasse zu brechen und den Weg der offenen faschistischen Diktatur zur Rettung des bankrotten Kapitalismus gehen.

Die Grundlage der Einigung zwischen Nazis, Deutschnationalen und Stahlhelm ist: Ausnahmezustand und Verbot der Kommunistischen Partei und der revolutionären Massenorganisationen. Der Führer im Freiheitskampf der Werktätigen soll brutal und rücksichtslos zertreten werden.

Die Kommunistische Partei ruft die Arbeiterklasse, die Angestellten und Beamten, die Mittelständler, Kleinbauern zur machtvollen Entfaltung der Antifaschistischen Aktion, zum entschlossenen Widerstand. Noch dringender, mahnender, der ganzen ungeheuerlichen Reichweite der kommenden Ereignisse für das weitere Schicksal des deutschen Proletariats bewußt, wiederholen die Kommunistische Partei und die RGO. ihr schon am 20. Juli vorigen Jahres gemachtes Einheitsfrontangebot an die sozialdemokratischen und freigewerkschaftlichen Arbeiter und unteren Organisationen, an die parteilosen und christlichen Arbeiter zum gemeinsamen und entschlossenen Handeln gegen die faschistische Reaktion und ihre staatsstreichlerischen Pläne. Wir rufen die Belegschaften der Betriebe zum Massenstreik heraus, die gewaltige Offensivkraft der Betriebe zu verbinden mit den Massenkämpfen der millionenfachen Erwerbslosenarmee.

Ihr SPD.-Arbeiter und Klassengenossen in den Gewerkschaftsverbänden, ihr unteren Organisationen der SPD. und des ADGB, in den Betrieben, in den Verbänden, in den Arbeitervierteln, in den Stadtteilen und Ortsverwaltungen! Wir sind bereit, Schulter an Schulter im engsten Klassenbündnis mit euch allen den drohenden Schlag des Faschismus durch den kühnen Gegenschlag mit der Waffe des Massenstreiks zu beantworten.

Abb. 1: Flugblatt der württembergischen KPD vom 30.1.1933. (Stadtarchiv Mössingen)

württembergischen KPD an, die am nächsten Morgen vor den örtlichen Betrieben verteilt wurden[5].

Um mehr über die Beteiligung an anderen Orten zu erfahren, ließ sich der Mössinger KPD-Vorsitzende Martin Maier mit dem Motorrad nach Reutlingen zum dortigen KPD-Unterbezirkschef Fritz Wandel fahren. Dieser beschloss, Maier nach Mössingen zu folgen. Mittags um 12 Uhr fanden sich 100 Streikwillige an der Langgass-Turnhalle zusammen, die sich nach kurzen Ansprachen einiger KPD-Funktionäre in Richtung des ersten Textilbetriebs, der Buntweberei Pausa, aufmachten. Kurz zuvor hatte dort bereits eine Streikabstimmung stattgefunden, die ein Patt ergab. Eine zweite Abstimmung sollte folgen. Fritz Wandel nutzte die Gelegenheit, die aus der Mittagspause zurückkehrenden Pausa-Beschäftigten in einer flammenden Rede zur Streikteilnahme aufzufordern. Die erneute Abstimmung brachte eine Mehrheit für den Streik. Die über die Ereignisse im Betrieb telefonisch informierten Pausa-Eigentümer Artur und Felix Löwenstein, ein jüdisches Brüderpaar aus Stuttgart, gaben den Beschäftigten für den Nachmittag frei. Der Streikzug war auf seinem weiteren Weg in Richtung Trikotwarenfabrik Merz auf mehrere Hundert Personen angewachsen. Die Demonstrierenden trugen ein Transparent mit der Aufschrift „Heraus zum Massenstreik“ und riefen Parolen wie „Hitler verrecke“. Bei der Firma Merz angekommen drangen sie in die Werksgebäude ein und forderten die Merz-Beschäftigten auf, die Maschinen abzustellen und sich dem Streik anzuschließen. Diese hielten sich jedoch zurück, zumal der Unternehmenschef persönlich anwesend war. Otto Merz versuchte vergeblich, dem Demonstrationszug entgegenzutreten und die Streikenden vom Werksgelände zu verweisen. Er rief bei Bürgermeister Karl Jaggy an und forderte Polizei an. Als dieser beschwichtigte, mit zwei Polizeikräften sei nichts auszurichten, rief Merz beim Oberamt in Rottenburg an, um Polizeischutz anzufordern. Im Nähsaal wurden die Merz-Arbeiterinnen mit Gewalt von den Stühlen gezogen und nach draußen gedrängt. Ein Teil der Merz-Belegschaft schloss sich dem Zug an und es ging mit inzwischen 600–800 Beteiligten weiter zum dritten Betrieb, der Buntweberei Burkhardt. Dort waren die Tore geschlossen, die Werksleitung war vorgewarnt. Einige Demonstranten stiegen über den Fabrikzaun und versuchten noch etwas auszurichten. Aber der Streikführer Jakob Stotz forderte dazu auf, die Aktion abzubrechen und wieder in den Ort umzukehren. Auf halben Weg stellten sich dem Zug 40 bewaffnete Reutlinger Schutzpolizisten in den Weg. Man entschied sich, die Konfrontation zu meiden und floh rechts und links der Straße über die Felder. Der Zug löste sich auf.

Unmittelbar in den folgenden Stunden kam es schon zu den ersten Verhaftungen. Einige – auch Nichtbeteiligte – landeten in „Schutzhaft“ auf dem Heuberg[6]. Im April 1933 verurteilte das Landgericht Tübingen 74 Beteiligte wegen Landfriedens-

[5] Vgl. StadtA Mössingen Mö 2 A 25, Flugblatt der württembergischen KPD vom 30.1.1933.

[6] Vgl. StadtA Mössingen Mö 2 A 25, Liste ehemaliger Insassen von Konzentrations-Lagern vom 5.7.1945.

bruch zu Haftstrafen zwischen drei Monaten und einem Jahr[7]. Sechs Angeklagte, darunter der Streikführer Jakob Stotz und der Reutlinger KPD-Unterbezirkschef Fritz Wandel, mussten sich vor dem OLG Stuttgart wegen Vorbereitung zum Hochverrat verantworten[8]. Die Strafen beliefen sich auf knapp zwei bis viereinhalb Jahre.

2. Wie kam es zur Mössinger Aktion?

Mössingen war geprägt von einer gewachsenen Arbeiterbewegung. 1912 wählten 42 % der Mössinger SPD. In der Weimarer Republik stimmte gut ein Drittel für die linken Parteien. Im Gegensatz zum Stimmenverhältnis im Reich war jedoch nicht die SPD, sondern mit etwa 25 % die KPD die stärkere Partei. Die Mössinger Lebensverhältnisse waren von Armut geprägt. 1933 gab es 460 Arbeitslose. Die örtlichen Fabriken zahlten niedrige Löhne und beschäftigten überwiegend Frauen. Die Männer pendelten in die umliegenden Industriestädte. Wer keine Arbeit in der Region fand, heuerte als Saisonarbeiter in der Ferne an. Von dort brachte man neues, linkes Gedankengut mit. Die Daheimgebliebenen waren Überlebenskünstler. Oftmals betrieben sie als selbständige Handwerker einen bescheidenen Ein-Mann-Betrieb und arbeiteten als sogenannte „Mondscheinbauern“ in ihrer kleinen Nebenerwerbslandwirtschaft. Diese selbständigen Handwerker waren es, die die Mössinger Linke organisierten. Sie waren führend in der KPD und den Arbeitervereinen (Arbeiterturnverein, -radfahrverein und -gesangverein) und dem Konsum, der genossenschaftlichen Lebensmittelversorgung. Das lebendige politische und kulturelle Leben der Mössinger Linken spielte sich im Wesentlichen in einer 1925 von den Arbeitervereinen in Eigenleistung erbauten Turnhalle in der Langen Gasse ab.

1933 wurde dann alles anders. Die Arbeiterbewegung wurde zerschlagen, die Turnhalle beschlagnahmt und der Gemeinderat wurde im Mai entsprechend der Reichstagswahlergebnisse gleichgeschaltet.[9] 54,7 % der Mössinger Wählerstimmen entfielen in der Märzwahl 1933 auf die NSDAP. Im Gemeinderat war die KPD fortan nicht mehr vertreten. Bürgermeister Jaggy wurde wegen seiner Zurückhaltung beim Generalstreik im Mai 1933 in den Ruhestand versetzt. Es folgte ihm Gottlieb Rühle im Amt, kein „fanatischer Nazi“, aber ein gewissenhafter Verwaltungsmensch, der dem NS-System zuarbeitete[10].

[7] Vgl. Landesarchiv Baden-Württemberg, Staatsarchiv Sigmaringen (im Folgenden StAS) Wü 28/3 T 13 L 38/33B, Urteil LG Tübingen vom 1.8.1933.

[8] Vgl. StadtA Mössingen Mö 2 A 25, Anklageschrift OLG Stuttgart vom 4.9.1933.

[9] StadtA Mössingen B 106/37: Gemeindrats-Protokoll vom 5. Mai 1933.

[10] Vgl. Gertrud Döffinger/Hans-Joachim Althaus, Arbeiterpolitik nach 1945, Tübingen 1990, S. 98f.

Abb. 2: Der Mössinger Arbeiterturnverein vor der 1925 erbauten Langgass-Turnhalle. (Stadtarchiv Mössingen)

3. 1945 – das Blatt wendet sich

Beim Einmarsch der Franzosen im April 1945 übernahmen die Kommunisten und Antifaschisten die Vermittlerrolle in der Begegnung mit der Besatzungsmacht. Vor allem der ehemalige Streikführer Jakob Stotz wurde zur zentralen Figur und Vertrauensperson für die Franzosen. Stotz wurde auf den Vorschlag von Bürgermeister Gottlieb Rühle hin als stellvertretender Bürgermeister eingesetzt, hinter dem Rühle vorerst in die zweite Reihe treten konnte[11]. Anstelle des Gemeinderats wurde ein sechsköpfiger „Beratender Ausschuss" zusammengestellt, der aus Mitgliedern der alten KPD- und SPD-Ortsgruppe bestand[12]. Mit dem weitgehend unveränderten Wählerpotenzial der Weimarer Zeit konnten sich die Mössinger Kommunisten in den ersten Wahlen 1946 sowohl im Kreistag als auch im Gemeinderat wieder etablieren[13].

In den folgenden Jahren erfolgte eine juristische Rehabilitierung der Streikenden. 1948 wurden die Urteile von 1933 aufgrund der *Rechtsanordnung zur Beseitigung*

---

[11] Vgl. StadtA Mössingen Mö 2 A 226, Schreiben Landrat Renner zur Einsetzung von Jakob Stotz als stellvertretender Bürgermeister vom 5.10.1945.

[12] Vgl. Döffinger/Althaus (wie Anm. 9), S. 106f.

[13] Vgl. Ebd., S. 123ff., S. 156.

nationalsozialistischen Unrechts in der Strafrechtspflege[14] aufgehoben. Als Martin Maier, ehemaliger Mössinger Konsumkassier und KPD-Mitglied, 1954 gegen das Landesamt für Wiedergutmachung auf Entschädigung für die nicht in vollem Umfang angerechnete Haftzeit während des Nationalsozialismus klagte, gab ihm das Landgericht Tübingen recht. Das Land Baden-Württemberg ging gegen dieses Urteil in Berufung, musste aber auch in zweiter Instanz vor dem Oberlandesgericht Stuttgart einlenken. Das OLG bestätigte das erstinstanzliche Urteil und kommentierte, dass im Vorgehen der Streikenden der Grundsatz der Verhältnismäßigkeit gewahrt geblieben sei. Das Gericht sah den Generalstreik als *ein geeignetes und dem Ernst der politischen Lage am 31.1.1933 angepasstes Mittel* [an], *um die eben erst an die Macht gelangte Hitler Regierung zum Rücktritt zu zwingen* und bezeichnete ihn darüber hinaus als *ein Verdienst um das Wohl des Deutschen Volkes*[15]. Dieses Urteil stellte sich im zeithistorischen Kontext der jungen Bundesrepublik Deutschland als außergewöhnlich dar. Sehr wahrscheinlich war es durch den Stuttgarter OLG-Präsidenten Richard Schmid inspiriert, der kurz zuvor eine Begründung des politischen Streikrechts veröffentlicht hatte[16]. Richard Schmid war selbst Verfolgter des Naziregimes gewesen. Nicht nur für Martin Maier, auch für die anderen Mössinger Akteure bedeuteten diese Gerichtsurteile eine Anerkennung ihres Tuns von 1933.

In Mössingen jedoch wurde ihnen diese Anerkennung nicht zuteil. Die Zerwürfnisse innerhalb der Gemeinde waren groß. Die alten Nazis waren zwar entmachtet, von einem Eingeständnis jedoch weit entfernt. Die 1933 erfolgten Denunziationen, die Aussagen und gegenseitigen Beschuldigungen vor Gericht wirkten nach und vergifteten das Verhältnis innerhalb der Dorfgemeinschaft. Auch Familien waren politisch tief gespalten. Ein Beispiel ist die Familie von Streikführer und KPD-Mitglied Jakob Stotz: Der Vater war 1919 als DDP-Mitglied im Gemeinderat aktiv. Der Bruder Gottlieb wurde Mitglied bei der SA und trat in die NSDAP ein, für die er ab 1935 als Gemeinderat tätig wurde. Gottlieb Stotz arbeitete als Geselle beim Ortsgruppenleiter und Kupferschmied Karl Ayen. Bei Familienfeiern im Hause Stotz kam es immer wieder zu heftigen Diskussionen. Im Zweifel wurde jedoch solidarisch gehandelt und man setzte sich in den wechselnden Zeiten füreinander ein. So machte sich Gottlieb Stotz für seinen Bruder Jakob stark, sodass dieser 1933–1935 nicht die gesamte Haftzeit von einem Jahr und neun Monaten verbüßen musste. Umgekehrt bat Jakob Stotz als stellvertretender Bürgermeister im August 1945 die französische Militärverwaltung um die Entlassung des ehemaligen Ortsgruppenleiter Karl Ayen aus dem Internierungslager Balingen[17]. Ein versöhnlicher Umgang von politischen Gegenspielern war jedoch eher die Ausnahme.

---

[14] StadtA Mössingen Mö 2 A 21, Beschluss LG Tübingen vom 20.12.1948.

[15] StAS Wü 28/3 T 15 Nr. 614, Urteil in Sachen Land Baden-Württemberg gegen Martin Maier vom 25.11.1955.

[16] Vgl. Richard Schmid, Zum politischen Streik, in: Gewerkschaftliche Monatshefte 5 (1/1954), S. 1–8.

[17] Vgl. Stadtmuseum Mössingen, Nachlass Stotz: Bitte von Jakob Stotz um Freilassung des ehemaligen NSDAP-Ortgruppenleiters vom 25.8.1945.

4. KPD politisch abseits

In den Entnazifizierungsausschüssen, in die die KPD-Mitglieder berufen wurden, wirkten diese allgemein entlastend und bemühten sich um Versöhnung der Dorfgemeinschaft. Da Frankreich keine ernsthafte Entnazifizierungspolitik betrieb, erstarkten die alten Kräfte wieder. 1946 wurde Bürgermeister Gottlieb Rühle wiedergewählt. Und bereits in den Gemeinderatswahlen 1948 gewannen die Bürgerlichen an Stimmen. Neben acht Freie-Wähler-Kandidaten konnten sich nur noch zwei KPD-Räte etablieren. Stimmenkönige bei den Freien Wählern wurden ehemalige Nazis. Ein Mössinger, der 1948 aus russischer Kriegsgefangenschaft heimkehrte, berichtete: „Das war der größte Schlag, wo ich erlebt habe, daß die ganzen Nazis wieder vorne dran gewesen sind."[18] Mit dem zunehmenden Antikommunismus im Kontext des Kalten Krieges und letztlich dem 1956 erfolgten KPD-Verbot wurden die Linken wiederum aus der politischen Verantwortung ausgeschlossen und standen erneut im Abseits.

5. Erstes Gedenken

Die Initiative für eine Erinnerungsveranstaltung anlässlich des 25. Jahrestags 1958 kam demgemäß nicht aus Mössingen selbst. Es war die Vereinigung der Verfolgten des Naziregimes (VVN) Stuttgart, die am 1. Februar zu einem ersten Gedenken in den Mössinger Lammsaal einlud[19]. Beachtliche 250 Teilnehmer waren anwesend, darunter auch Bürgermeister Rühle. Der für den Abend angefragte Musikverein Mössingen und der Liederkranz Belsen lehnten eine Teilnahme ab. Ihr Nichterscheinen liegt sehr wahrscheinlich in deren konservativer Ausrichtung begründet, die es unmöglich machte, bei einer Gedenkveranstaltung der örtlichen Linken aufzuspielen. Die musikalische Gestaltung des Abends übernahm stattdessen die Musikkapelle des Nachbarorts Nehren.

In den folgenden Jahrzehnten fanden keine weiteren Gedenkveranstaltungen mehr statt und der Generalstreik war in Mössingen kein Thema. Wenn Peter Steinbach vom „Stachel im Fleisch der deutschen Nachkriegsgesellschaft" spricht, ist die Situation für Mössingen treffend beschrieben. Der Widerstand führte der Mehrheitsgesellschaft vor Augen, dass es eben doch möglich gewesen war, gegen das NS-System aufzustehen. Anerkennung erhielt er lange nicht[20]. Die Aufarbeitung des NS-Widerstands begann im Allgemeinen nur zögerlich und bezog sich in den beiden deutschen Teilstaaten auf die jeweils passenden Traditionsbildungen.

[18] Döffinger/Althaus (wie Anm. 9), S. 238.

[19] Vgl. StadtA Mössingen Mö 2 A 5, Einladungen der VVN Baden-Württemberg vom 23.1.1958.

[20] Peter Steinbach, „Stachel im Fleisch der deutschen Nachkriegsgesellschaft". Die Deutschen und der Widerstand, in: Aus Politik und Zeitgeschichte. Beilage zur Wochenzeitung das Parlament B 28/94 (7/1994), S. 3–14.

Im Westen stand der christlich motivierte Widerstand, der militärische und der der Eliten an erster Stelle. Der linke Widerstand wie etwa Aktionen der Arbeiterbewegung wurden ausgeblendet, während sie in der DDR im Mittelpunkt der Forschung standen[21].

6. Aufarbeitung

Mit den gesellschaftspolitischen Veränderungen kam es Anfang der 1970er-Jahre zu neuen Fragestellungen in der NS-Aufarbeitung. Es war das 1971 gegründete Institut für Empirische Kulturwissenschaft der Universität Tübingen, das sich für das „rote Arbeiterdorf" Mössingen interessierte und Vorgeschichte und Ereignisse des Generalstreiks in einem mehrjährigen Projekt mit Archivrecherchen und Zeitzeugeninterviews erforschte. Im 1973 erschienenen Heimatbuch macht die Beschreibung „Die Linken sahen [die Ernennung Hitlers] als Unglück für das Reich an und versuchten durch Putsch und Streik noch eine Wendung in letzter Stunde herbeizuführen"[22]eine politische Distanzierung deutlich.

Im Jubiläumsjahr 1974 erhielt dann überraschenderweise Jakob Stotz bei der feierlichen Stadterhebung als erster Träger die neugeschaffene Bürgermedaille verliehen. Der Wortlaut der Ehrung bezog sich jedoch allein auf *seine persönlichen Verdienste, die er sich in uneigennütziger Weise nach dem Zusammenbruch im Jahre 1945 für die Gemeinde und ihre Bürger und beim Wiederaufbau der Gemeinde erworben*[23] hatte. Seine Rolle als Streikführer 1933 blieb unerwähnt. Die Erinnerung an Stotz wurde erst nach dessen Tod fortgeschrieben, als 1985 anlässlich des 10. Todestages auf Initiative der SPD-Gemeinderatsfraktion der örtliche Karlsplatz in Jakob-Stotz-Platz umbenannt wurde. Vier Jahre später wurde dort eine Gedenktafel angebracht, die neben seinen Verdiensten nach 1945 auch seine Streikteilnahme 1933 erwähnt. Bis heute ist der Text auf der Tafel nicht chronologisch und die Zeit von 1933 grafisch kleiner dargestellt.

1982 brachten die Tübinger Kulturwissenschaftler nach Abschluss ihrer umfassenden Forschungen das Buch „Da ist nirgends nichts gewesen außer hier" heraus und lieferten damit eine fundierte wissenschaftliche Darstellung der örtlichen Dorf- und Arbeiterkultur und des Mössinger Generalstreiks[24]. Im Hinblick auf

[21] Vgl. Katrin HAMMERSTEIN, Gemeinsame Vergangenheit – getrennte Erinnerung?, Göttingen 2017.

[22] Martin HAAR, Mössinger Heimatbuch, Mössingen 1973, S. 161. In der Darstellung der Ortsgeschichte des 20. Jahrhunderts wird der Generalstreik nicht erwähnt, ebd., S. 60f.

[23] StadtA Mössingen Mö 1 B 106/94, Gemeinderatsprotokoll vom 17.12.1973.

[24] Vgl. Hans-Joachim ALTHAUS u.a., Da ist nirgends nichts gewesen außer hier. Das „rote Mössingen" im Generalstreik gegen Hitler. Geschichte eines schwäbischen Arbeiterdorfes, Berlin 1982. Die zweite ergänzte Auflage des Buches erschien 2012: Bernd-Jürgen WARNEKEN/Hermann BERNER, Da ist nirgends nichts gewesen außer hier. Das „rote Mössingen" im Generalstreik gegen Hitler. Geschichte eines schwäbischen Arbeiterdorfes, Mössingen 2012.

Abb. 3: Erinnerungstafel Jakob Stotz-Platz. (Stadtmuseum Mössingen)

den 50. Jahrestag des Mössinger Generalstreiks hatte der Filmemacher und Journalist Jan Schütte eine Reihe von Interviews mit Zeitzeugen geführt, die als Filmdokumentation unter demselben Titel veröffentlicht wurden[25].

7. Der 50. Jahrestag

Dass die Innen- und Außensicht auf die Ereignisse und die Bewertung des Mössinger Generalstreiks sich sehr unterschieden, zeigte sich auch in den Vorbereitungen auf den 50. Jahrestages 1983. Die Initiative für die Planungen zum Jahrestag kam wiederum – wie schon in den 1950er-Jahren – von außen. Die VVN Baden-Württemberg lud zu Vorbereitungstreffen vor Ort ein, bei denen sich schon bald Verwerfungen zeigten. Die örtlichen Freien Wähler erklärten, dass sie bei den

---

[25] Vgl. Dokumentarfilm „Da ist nirgends nichts gewesen außer hier“ von Jan Schütte, 1983.

gemeinsamen Planungen zum Gedenktag nicht mehr mitmachten, „da dies allein Sache der Mössinger“ sei. Und auch die Stadt machte deutlich, sie sei „selbst daran interessiert, den 50. Jahrestag würdig zu begehen“[26]. So fanden am 29. Januar 1983 letztlich zwei Veranstaltungen statt. Die Kundgebung von VVN und Friedensorganisationen verband sich mit einer bundesweiten Aktion in Hamburg, Köln, Frankfurt und München und war weithin beworben worden[27]. Zu dieser Veranstaltung waren 10.000 Menschen – teilweise von weither – nach Mössingen gekommen. Die Veranstalter waren überwältigt von der Resonanz. Am Abend fand unter der Beteiligung des DGB und der Stadt Mössingen eine Veranstaltung in der Realschule mit 800 Gästen statt. In der Nachbereitung des 50. Jahrestages wurde über die VVN-Kundgebung resümiert, dass „sich die Mössinger überrannt fühlten“[28] und es machte sich Unmut über die von außen kommenden Initiativen breit. Zudem urteilte man kritisch über das neu erschienene Buch der Tübinger Kulturwissenschaftler und äußerte, dass eigentlich nur die Mössinger die Geschichte des Generalstreiks erzählen könnten. Der Mössinger Paul Gucker sah sich demgemäß dazu berufen, 1986 eine Gegendarstellung zum ersten Buch herauszugeben. In diesem schilderte er als „Zeitzeuge“ seine persönlichen negativen Erfahrungen mit den örtlichen Kommunisten und lehnte eine Würdigung des Generalstreiks ab. Seine Argumente folgen der Totalitarismustheorie, wonach die Kommunisten nicht besser bzw. noch schlimmer als die Nazis waren, wenn er schreibt: „Hitler wurde von Hindenburg ganz legal zum Reichskanzler ernannt und hat nicht geputscht. Vom Rechtsstaat der Weimarer Republik her gesehen stellt sich eher die Frage, ob das, was die KPD vorhatte, nicht ein Putsch war, vor allem, wenn man ihr Ziel, nach Hitlers Rücktritt einen Arbeiter- und Bauernstaat nach sowjetischem Vorbild zu errichten, ins Auge fasst.“[29] Mit historischen Unkorrektheiten dieser Art wurde Paul Gucker zum Sprachrohr der Mössinger „Generalstreikkritiker“.

Die weiteren runden Gedenkjahre, die im Zehn-Jahres-Rhythmus begangen wurden, gestalteten sich recht unterschiedlich. Während die Veranstaltung zum 60. Jahrestag 1993 am Jakob-Stotz-Platz mit etwa 250 Teilnehmern vergleichsweise klein ausfiel, widmete sich 2003 das städtische Museum Kulturscheune erstmals einer Ausstellung zum Thema. Vorbehalte im Umgang mit dem Thema äußerten sich in dem vorsichtigen Gemeinderatsbeschluss, wonach die städtische Ausstellung lediglich zwei Monate gezeigt und ausdrücklich ohne Begleitveranstaltung stattfinden dürfe. Das allgemeine Interesse am Thema war groß, denn die Ausstellung verzeichnete während der zweimonatigen Dauer die beachtliche Zahl von 2.000 Besuchern. In diesem Jahr wurde von Seiten der Stadt auch ein erster Erinnerungsort eingerichtet, der das Ereignis des Generalstreiks in den Mittel-

---

[26] Schwäbisches Tagblatt vom 3.7.1982.

[27] Vgl. StadtA Mössingen Mö 2 A 225, Plakat „Nie wieder Faschismus – Nie wieder Krieg!“.

[28] Schwäbisches Tagblatt vom 31.1.1983.

[29] Paul Gucker, Mössingen und der Generalstreik am 31. Januar 1933. Seine Ursachen, seine Folgen und Auswirkungen bis heute, Mössingen 1986, S. 116.

Abb. 4: Gedenktafel an der Langgass-Turnhalle. (Stadtmuseum Mössingen)

punkt stellte. An der Langgass-Turnhalle, dem Ausgangspunkt der Streikaktion, war fortan auf einer Tafel zu lesen: *Zum Gedenken an die Frauen und Männer, die von hier aus am 31. Januar 1933 den Mössinger Generalstreik gegen Hitler und die Nazidiktatur wagten.*

8. Lebendige Diskussion

Im Vorfeld und im Verlauf des Gedenkjahrs 2013 war die Stadtverwaltung Mössingen von der Vehemenz der eingangs geschilderten Diskussion um die Bewertung des Generalstreiks überrascht. Am 19. April 2013 lud die „Interessengruppe für Mössinger Geschichte“ mit einigen Gemeinderäten der Freien Wähler- und CDU-Fraktion sowie dem Sohn von Autor Paul Gucker zu einer Veranstaltung, in der „Fakten den bekannten Legenden zum Mössinger Versuch eines Generalstreiks gegenübergestellt“[30] werden sollten. Nach Erscheinen einer Neuauflage des Buches „Da ist nirgends nichts gewesen außer hier“ forderten sie zum Kauf von Restexemplaren des Buchs von Paul Gucker auf und argumentierten, „der Protest gegen Hitler sei zwar richtig gewesen, eine Verklärung der Aktion sei aber nicht gerechtfertigt“[31]. Es hätte auch in anderen Orten Aktionen gegeben. Die Gewaltanwendungen der Streikenden bei der Firma Merz seien inakzeptabel. Und man

[30] Amtsblatt der Stadt Mössingen vom 12.4.2013.
[31] Amtsblatt der Stadt Mössingen vom 26.4.2013.

gab zu bedenken, dass die KPD für die Errichtung einer Staatsform stand, die im weiteren Verlauf der Geschichte Verbrechen wie die Stalins hervorgebracht hatte. Eine Würdigung des Generalstreiks sei deshalb abzulehnen.

Die Stadt Mössingen gestaltete 2013 ein umfassendes Programm mit Vorträgen, Diskussionen, Theater und Ausstellungen. Beim Festakt am 31. Januar 2013 in der Langgass-Turnhalle führte Ewald Frie als Festredner aus, dass er zwar dem Einzelnen nicht sagen könne, was er über den 31. Januar 1933 zu denken habe. Die Streikenden hätten jedoch „unter benennbaren besonderen Randbedingungen aus benennbaren Gründen versucht, ein Zeichen gegen die Machtergreifung zu setzen [...] Sie haben es getan, und sie haben dafür bezahlt. Das verdient Anerkennung [...]“. Frie plädierte dafür, dass der Mössinger Generalstreik einen festen Ort in der politischen Bildung des Landes Baden-Württemberg bekommen solle. „Nicht, weil er makellos und heldenhaft wäre. Das war er nicht. Sondern weil er ein ganz frühes Zeichen des Widerstandes ist. Und weil er ermöglicht, Fragen zu stellen, die heute aktuell sind: nach lokalem Engagement und dessen überregionaler Einbindung, nach der demokratischen Mitte und den Folgen ihres Verlusts, nach dem kurzfristigen Handeln in Bedrohungssituationen und dessen langfristigen Folgen. Der Mössinger Generalstreik ist und bleibt ein schwieriger Erinnerungsort. Das ist gut so, denn einfache Menschen gibt es nicht.“[32] Oberbürgermeister Bulander stellte in seinem Grußwort zum Gedenktag eine zukünftige Dauerausstellung in Aussicht, die als Ort der Diskussion für Einzelbesucher, Gruppen und Schulklassen dienen sollte. Hierfür machte auch Peter Steinbach, der Leiter der Gedenkstätte Deutscher Widerstand in Berlin den Mössingern im September 2013 Mut, indem er aufforderte: „Sie haben hier in Mössingen einen historischen Schatz. Und ich würde Ihnen wünschen, dass Sie ihn erkennen, dass Sie ihn heben und mit ihm leben, dass Sie ihn pflegen.“[33]

Nachdem das Theater Lindenhof bereits im Mai 2013 das Stück „Ein Dorf im Widerstand“ zur Aufführung gebracht hatte, war allgemein eine Beruhigung in der Diskussion zu beobachten. Die Resonanz auf die Theateraufführung war durchweg positiv und der Schlagabtausch um die umstrittene Bewertung verlor allmählich an Heftigkeit. Noch im Jubiläumsjahr und den folgenden Jahren erschienen zahlreiche Publikationen und Präsentationen. Für die Vermittlung des Themas im Schulunterricht bot der Landesbildungsserver Baden-Württemberg ab 2013 eine umfassende Materialsammlung für Lehrkräfte an[34]. 2015 wurde in den regionalen Kinos ein während der Probearbeiten zum Lindenhof-Theaterstück

[32] Amtsblatt der Stadt Mössingen vom 8.2.2013.

[33] StadtA Mössingen Mö 2 A 1151, Vortrag von Peter Steinbach am 26. September 2013 „Vom Mut zur Erinnerung. Der gedenkwürdige Mössinger Generalstreik im Kontext der deutschen Widerstandsgeschichte“.

[34] Vgl. Dieter GRUPP, Der Mössinger Generalstreik vom 31. Januar 1933, in: Landesbildungsserver Baden-Württemberg, www.schule-bw.de/faecher-und-schularten/gesellschaftswissenschaftliche-und-philosophische-faecher/landeskunde-landesgeschichte/module/epochen/zeitgeschichte/repweimar/moessingen (Letzter Zugriff: 03.05.2024).

Abb. 5: Das Theater Lindenhof brachte 2013 das Stück „Ein Dorf im Widerstand“ zur Aufführung. (Richard Becker/Theater Lindenhof)

aufgenommener Film um die Darstellerin und Tochter des Streikteilnehmers Paul Ayen mit dem Titel „Widerstand ist Pflicht“ vorgestellt.[35]

Im selben Jahr brachte die Landeszentrale für politische Bildung ein Materialienheft zum Thema Mössinger Generalstreik heraus[36]. Da die bereits 2013 angekündigte Umsetzung eines Erinnerungsortes noch etwas Zeit beanspruchte, richtete die Stadt Mössingen unter der Webseite www.mössinger-generalstreik.de zunächst einen virtuellen Erinnerungsort ein. Zum Jahrestag 2021 wurde die Dauerausstellung schließlich Wirklichkeit, als der sogenannte Erinnerungskubus im Foyer des Mössinger Rathauses präsentiert wurde. Die kompakte Ausstellung informiert seither über Vorgeschichte, Ereignisse, Folgen und Nachgeschichte und benennt die unterschiedlichen Stimmen der Bewertung. Mit dem im digitalen Bilderrahmen projizierten Pro- und Gegenargumenten der über Jahrzehnte hinweg geführten Diskussion soll es den Besucherinnen und Besuchern möglich sein, sich die eigene Meinung zu bilden.

---

[35] Vgl. Film „Widerstand ist Pflicht“ von Katharina Thoms, 2015.

[36] Vgl. LpB-Materialienheft „Heraus zum Massenstreik“. Der Mössinger Generalstreik vom 31. Januar 1933. Linker Widerstand in der schwäbischen Provinz, Stuttgart 2015.

Abb. 6: Erinnerungskubus zum Mössinger Generalstreik im Rathaus Mössingen. (Stadtmuseum Mössingen)

9. Die Genderfrage in der Erinnerung um den Generalstreik

In der erinnerungsgeschichtlichen Aufarbeitung des Mössinger Generalstreiks sind seit der Untersuchung durch die Tübinger Kulturwissenschaftler in den 1980er-Jahren die beteiligten Frauen miteinbezogen. Auch auf der Erinnerungstafel, die 2003 an der Langgass-Turnhalle angebracht wurde, wird an die *Frauen und Männer des 31. Januar 1933* erinnert. Frauen waren wesentlich am Geschehen des Generalstreiks beteiligt, wenngleich nicht in vorderster Reihe. Die sechs Hauptverantwortlichen, die im Hochverratsprozess vor dem Oberlandesgericht Stuttgart verurteilt wurden, waren Männer. Und unter den 74 vom Tübinger Landgericht wegen Landfriedensbruchs Verurteilten waren nur drei Frauen. Diese waren zu

Abb. 7: Frauen und Männer des Arbeitergesangvereins brachten 1929 das Stück „Der Postmichel von Esslingen“ in der Langgass-Turnhalle zur Aufführung. (Stadtarchiv Mössingen)

Haftstrafen von drei bis sieben Monaten verurteilt worden und zwei von ihnen saßen zusätzlich im KZ Gotteszell in Schwäbisch Gmünd ein. Eine weitere Frau war vor dem Landgericht angeklagt, aber freigesprochen worden. Dieses zahlenmäßige Verhältnis spiegelt nicht das eigentliche Beteiligungsverhältnis der Frauen am Generalstreik wider. Es ist prozentual von einem weit höheren Anteil der Frauen am Streikzug mit seinen 800 Beteiligten auszugehen.

Betrachtet man die Rolle der Frauen bei den politischen Aktivitäten der Mössinger Linken, wird deutlich, dass sie auch hier in zweiter Reihe standen. Die Frauenrolle in der Mössinger linken Bewegung unterschied sich kaum vom traditionellen Verständnis der Dorfgemeinschaft. Zwar zeigten sich die Linken sehr fortschrittlich, indem sie Anfang der 1930er-Jahre einen Vortrag mit dem Hechinger Arzt Friedrich Wolf über den § 218 und Schwangerschaftsverhütung organisierten. Dieser zog viele Frauen in die Langgass-Halle und sorgte allgemein für mächtig Wirbel im Ort. Offensichtlich ging es dabei aber weniger darum, Frauen für die Parteiarbeit zu gewinnen. Im politischen und kulturellen Leben der örtlichen Arbeitervereine übernahmen Frauen den helfenden und dienenden Part. Sie organisierten und betreuten die Vereinsveranstaltungen im Hintergrund, während die Männer die Reden hielten. Sie halfen bei den Sammlungen für die Rote Hilfe, kassierten Zeitungsgelder oder verteilten Flugblätter. Eine aktivere Rolle spielte im Arbeiterturnverein die Damen-Turnriege, die bei Festivitäten auftrat. Mitmachen durften aber nur unverheiratete Frauen. Die kurzen Turnerinnen-Hosen waren für verheiratete Frauen offensichtlich zu gewagt. Nach der Heirat waren die Frauen wieder stark ans Haus gebunden, vor allem die, deren Männer aktiv in der Kommunalpolitik und den Arbeitervereinen engagiert waren. Ihr Leben als Ehefrau war geprägt von Mehrfachbelastungen: Haushalt, Kindererziehung, Fabrikarbeit und daneben wurde oft noch eine kleine Landwirtschaft betrieben. In der aktiven Politik traten Frauen nicht in Erscheinung.

Die einzige politisch aktive Frau in Mössingen war die 1873 geborene Anna Nill. Mit ihrer temperamentvollen Art und Schlagfertigkeit war sie schon als junges Mädchen aufgefallen und angeeckt. Die Tatsache, dass sie mit einem Fahrrad durch den Ort fuhr, sorgte in der pietistisch geprägten Dorfgemeinschaft für Empörung. Aus der Enge des Steinlachtals wanderte Anna Nill mit 15 Jahren in die USA aus. Dort heiratete sie den ebenfalls aus Mössingen stammenden Jakob Nill, einen Bäcker. Weil sie keine Bäckersfrau sein wollte, bewegte sie ihn dazu, seinen Betrieb aufzugeben und wurde Geschäftsfrau. Sie machte Geld im Immobiliengeschäft. Zusammen mit ihrem Mann kehre sie Anfang der 1920er-Jahre nochmals zeitweise in ihre Heimat zurück und wurde hier Mitglied der KPD. Sie war die einzige Frau, die bei öffentlichen Versammlungen der Linken auftrat. Nach ihrer Rückkehr in die USA unterstützte sie die Mössinger Arbeitervereine weiterhin finanziell[37].

Beim Mössinger Generalstreik zeigten die Frauen dann je nach Zugehörigkeit zum politischen Lager und zum beteiligten Textilbetrieb unterschiedliche Verhaltensweisen. Über die der linken Bewegung zugehörigen Frauen wird berichtet, dass sich fast alle beteiligt hätten. Manche waren sicherlich schon um 12 Uhr an der Langgass-Turnhalle eingetroffen, andere schlossen sich später dem Demonstrationszug an. Eine große Anzahl von Pausa-Arbeiterinnen waren jedenfalls nach der positiven Streikabstimmung mit dabei, auch Frauen, die eigentlich gegen den Streik gestimmt hatten. Bei den Näherinnen der Trikotfabrik Merz war dagegen eine große Zurückhaltung zu beobachten. Sie fürchteten die Konsequenzen der Arbeitsniederlegung, besonders im Beisein des Unternehmers Merz, und wägten ab. Eine Arbeiterin, die von ihrem Mann zum Streik gedrängt wurde, soll diesem zugerufen haben: „Einer muss doch die Kinder ernähren[38]“.

Nicht wenige waren nach der Verhaftung ihrer Männer auf sich selbst gestellt. So berichtete ein Zeitzeuge über das Schicksal seiner Mutter: *Wir sind alle drei – mein Vater, mein Bruder und ich – im Gefängnis gewesen. Und meine Mutter hat die Landwirtschaft gehabt und war allein daheim. Das war schwer!*[39] Unter der Verfolgung und dem Terror der Gestapo litt vor allem Emma Ayen, deren Mann 1935 ins Ausland geflohen war. Immer wieder wurde sie willkürlich vom Arbeitsplatz weggeholt oder nachts aus dem Bett gerissen. Sie erlitt mehrere Nervenzusammen-

---

[37] Vgl. Dagmar WEINBERG, Reiche Amerikanerin mit sozialem Gewissen, in: DIESS./Hermann BERNER, Mössinger Geschichte(n), Tübingen 1999, S. 101–105.

[38] WARNEKEN/BERNER (wie Anm. 23), S. 278.

[39] Zeitzeugen-Interview mit Eugen AYEN im Film von SCHÜTTE (wie Anm. 24), 1983.

Abb. 8: Emma Ayen war Opfer politischer Verfolgung. Ihre Biographie ist am Erinnerungskubus im Mössinger Rathaus nachzulesen. (Stadtmuseum Mössingen)

brüche und verlor bis 1945 fast alles: ihr Kind, ihren Mann und ihre Gesundheit[40]. Die Schicksale der drei verurteilten Frauen Agnes Hartmayer, Anna Renz und Agnes Saur sowie die von Emma Ayen erlittene politische Verfolgung werden seit 2021 am Erinnerungskubus zum Mössinger Generalstreik dargestellt.

10. Späte Erinnerung – warum?

Bei der Betrachtung der Erinnerungsgeschichte um den Mössinger Generalstreik zeigt sich ab 1945 durch die Jahrzehnte hindurch ein Ringen um die Bewertung. Nach einer frühen juristischen Rehabilitierung Anfang der 1950er-Jahre erhielten die Generalstreikteilnehmer:innen in den ersten Nachkriegsjahrzehnten nur wenig Anerkennung für ihr Handeln – am wenigsten in Mössingen selbst. Das änderte sich grundlegend mit den Forschungen der Tübinger Kulturwissenschaftler der Universität Tübingen, die 1982 das Buch „Da ist nirgends nichts gewesen außer hier. Das „rote Mössingen“ im Generalstreik gegen Hitler“ herausbrachten. Die Veröffentlichung kann in seiner relativ frühen und fundierten Aufarbeitung eines Arbeiterwiderstands im geschichtswissenschaftlichen Kontext und im Hinblick auf die erinnerungsgeschichtliche Anerkennung des Generalstreiks nicht hoch genug geschätzt werden. In der selben Zeit entstand der gleichnamige Film des

---

[40] Vgl. Warneken/Berner (wie Anm. 23), S. 27.

Regisseurs Jan Schütte, der Zeitzeugen und Beteiligte des Streiks interviewte. In der örtlichen Erinnerungsarbeit tat sich weiterhin noch wenig. Der lange Mössinger Erinnerungsweg liegt wesentlich in der politischen Überzeugung der Akteure des 31. Januar 1933 begründet, die überwiegend der KPD angehörten und die im erinnerungspolitischen Kontext der Bundesrepublik Deutschland über Jahrzehnte hinweg ausgeschlossen waren. Ein Schlaglicht auf Sichtweisen der vom Kalten Krieg geprägten bundesdeutschen Gesellschaft gibt die 1978 erfolgte skandalöse Diskriminierung des prominenten Sozialdemokraten Herbert Wehner, der als Redner zum 20. Juli im Ehrenhof der Berliner Gedenkstätte Stauffenbergstraße angefragt wurde. Als ehemaliger NS-Widerstandskämpfer war Wehner für diese Rede geradezu prädestiniert, als einstiger Kommunist wurde er jedoch von konservativen Kreisen in Frage gestellt. Die Rede hielt an seiner Stelle der regierende Berliner Bürgermeister Dietrich Stobbe[41]. Eine erste offizielle Rehabilitierung des kommunistischen Widerstands gegen den Nationalsozialismus erfolgte, als Bundespräsident Richard von Weizsäcker am 8. Mai 1985 seine wegweisende Rede im Deutschen Bundestag hielt, in der er neben dem bürgerlichen, militärischen, glaubensbegründeten, den der Arbeiterschaft und den Gewerkschaften [auch an] den Widerstand der Kommunisten[42] erinnerte. In diesem Jahr wurde in Mössingen mit der Benennung des Jakob-Stotz-Platzes an einen führenden Beteiligten des Mössinger Generalstreiks erinnert.

Anlässlich des 70. Jahrestages 2003 wurde in Mössingen vom städtischen Museumsleiter eine erste Ausstellung zum Mössinger Generalstreik gestaltet. In der zu diesem Anlass gehaltenen Festrede stellte der Tübinger Literaturwissenschaftler Professor Jürgen Wertheimer immer noch fest: „Was mich wundert, ist, dass die Mössinger Aktion so gar keine nach außen wirkende Aura entfaltet zu haben scheint. Was den tatsächlichen Effekt betrifft, so kann man nicht sagen, dass das Hitler-Attentat Stauffenbergs oder die Flugblattaktion der Geschwister Scholl sehr viel wirkungsmächtiger gewesen wäre. Während diese als Ikonen des Widerstands zelebriert und zu Recht gefeiert werden, wurde den Mössinger Aktivisten vergleichsweise wenig nachfaschistische Anerkennung zuteil. Weshalb eigentlich?“[43] Erst ab dieser Zeit ging es Schritt für Schritt voran. Mit einer Tafel an der Langgass-Turnhalle, dem Ausgangsort des Streiks 1933, wurde 2003 ein erster offizieller Erinnerungsort geschaffen, der an das Ereignis an sich erinnert. Der 80. Jahrestag 2013 war von einer lebhaften Bewertungsdiskussion geprägt, die sich während der Aufführungen des Theaterstücks „Ein Dorf im Widerstand“ des Theater Lindenhofs beruhigte. Mit dem seit 2021 eingerichteten Erinnerungsort im Mössinger Rathaus scheint die Diskussion einen Abschluss gefunden zu haben. Der Erinne-

[41] Vgl. www.stiftung-20-juli-1944.de/reden/berlin-war-die-hauptstadt-des-widerstandes-gegen-den-nationalsozialismus-dietrich-stobbe-20071978 (Letzter Zugriff: 03.05.2024).

[42] Vgl. www.bundespraesident.de/SharedDocs/Reden/DE/Richard-von-Weizsaecker/Reden/1985/05/19850508_Rede.html (Letzter Zugriff: 03.05.2024).

[43] Vgl. Warneken/Berner (wie Anm. 23), S. 328.

rungskubus im Mössinger Rathausfoyer zeigt in seiner Darstellung „Nach 1945" den Umgang mit dem historischen Ereignis in den Nachkriegsjahrzehnten und schildert die Bewertungsdiskussion. Den Betrachter:innen des Erinnerungskubus bleibt es damit überlassen, sich ein eigenes Urteil über das Mössinger Geschehen vom 31. Januar 1933 zu bilden. Mit der Einrichtung der Dauerausstellung im Mössinger Rathaus gehört der Erinnerungsort zum Mössinger Generalstreik nun offiziell zur Gedenkstättenlandschaft des Landes Baden-Württemberg[44].

[44] Vgl. https://www.gedenkstaetten-bw.de/gst/moessingen-kubus (Letzter Zugriff: 03.05.2024).

Erinnerung und Erinnerungskämpfe im kommunalen Raum

Was wird aus den Heimatstuben der Vertriebenen?

Elisabeth Fendl

1. Eine (fiktive) Szene zum Einstieg

In dem 2013 produzierten Film „300 Worte Deutsch“ von Züli Aladağ[1] kommt es zu folgender Szene: In Tracht gekleidete Herren des Schlesier-Bundes treffen, als sie ihre in einem Verwaltungsgebäude der Stadt untergebrachte Schlesier-Stube besichtigen wollen, auf eine Gruppe junger Muslimas beim Deutschunterricht. Diese sitzen inmitten von Landkarten, Trachten, Fahnen, Hausmodellen, Wappen und Fotografien der „schlesischen Heimat“. Weil kein anderer Raum zur Verfügung gestanden hatte, hatte man die anscheinend wenig besuchte Schlesier-Stube umfunktioniert, ohne die Träger zu informieren.

Die überspitzt gezeichnete Szene[2] verweist auf die Situation, in der sich viele Heimatstuben befinden. Wenig besucht und häufig nur sehr selten geöffnet, stellen sie bisweilen nur noch geduldete, Platz raubende Einrichtungen dar. In der Komödie wird die Heimatstube durch die neue Nutzung allerdings erneut zu einem Ort erinnerter Heimat, wenn die Teilnehmerinnen des Deutschkurses in einem Lied von ihrer Heimat Anatolien schwärmen und zu heimischer Musik tanzen.

2. Das Ausstellen von Heimatandenken bei den deutschen Vertriebenen[3]

Erste Heimatstuben entstanden in den westlichen Bundesländern in den 1950er-Jahren, als sich neben der individuellen privaten Erinnerungskultur der Heimat-

[1] Zum Film: Der Hodscha einer Kölner türkischen Gemeinde hatte junge Türkinnen aus Anatolien als „Bräute“ für unverheiratete Männer seiner Gemeinde nach Deutschland geholt. Hier mussten sie Deutsch lernen, um nicht wieder abgeschoben zu werden. Die Komödie spielt mit stereotypen Vorstellungen der jeweils anderen und endet in einer deutsch-türkischen Liebesgeschichte.

[2] Herzlichen Dank an Cornelia Eisler, Oldenburg, für den Hinweis auf diesen Film.

[3] Vgl. dazu: Elisabeth FENDL, Deponien der Erinnerung – Orte der Selbstbestimmung. Zur Bedeutung und Funktion der Egerländer Heimatstuben, in: Hartmut HELLER (Hg.), Neue Heimat Deutschland. Aspekte der Zuwanderung, Akkulturation und emotionalen Bindung (Erlanger Forschungen, Reihe A, Geisteswissenschaften, Bd. 95), Erlangen 2002, S. 63–78. Der Begriff Heimatvertriebene wird in diesem Text ohne weitere Differenzierung verwendet. Zum Begriff vgl. Mathias BEER, Flüchtlinge, Ausgewiesene, Neubürger, Heimatvertriebene. Flüchtlingspolitik und Flüchtlingsintegration in Deutschland nach 1945, begriffsgeschichtlich betrachtet, in: DERS./Martin KINTZINGER/Marita KRAUSS (Hg.), Migration und Integration. Aufnahme und Eingliederung im historischen Wandel, Stuttgart 1997, S. 145–167.

vertriebenen eine demonstrative öffentliche Erinnerungs- und Mahnkultur entwickelte. Diese erste Gründungswelle von Heimatsammlungen[4] bekam ihren Anstoß häufig in der Installation von Patenschaften[5] westdeutscher Städte und Gemeinden für die früheren Bewohner:innen „ostdeutscher" Gemeinden, Städte oder Landschaftsverbände[6]. 1953 wurde in den vom Verband der Landsmannschaften und der Bundesvereinigung der kommunalen Spitzenverbände erarbeiteten Richtlinien für die Übernahme solcher Patenschaften empfohlen, „Heimatstuben einzurichten, damit die Heimatvertriebenen in heimatlich ausgestatteten Räumen verweilen, in ihnen Bücher aus der Heimat lesen und gelegentlich mit anderen Heimatvertriebenen vereint sein können"[7]. Man wollte damit dem Ziel, in den westdeutschen Orten das Wissen um die Patengemeinden bzw. -regionen zu fördern, ebenso näher kommen wie etwa durch das Errichten von Denkmälern, die Benennung von Straßen und Plätzen und die Präsentation von Ausstellungen etc. Mit den Heimatstuben sollten Räume geschaffen werden, die zuallererst dem Treffen und dem Zurückdenken an die alte Heimat dienen sollten. Die „Dekoration" mit Heimatlichem sollte dazu den entsprechenden Rahmen bilden. Hier wurde, so Silke Göttsch-Elten, kein museales, sondern viel mehr ein soziales Konzept eingefordert[8].

Mit der Welle von Heimatmuseumsgründungen ab Mitte der 1970er-Jahre folgte eine zweite Phase der Errichtung von Vertriebenen-Heimatstuben. Zum Teil waren diese nun in die Stadt- und Kreismuseen der Patenstädte integriert. Während, so Cornelia Eisler, die Heimatsammlungen der ersten Jahre vor allem als Demonstration von „Heimattreue" zu werten waren, denen von den Patenstädten und -gemeinden auch die Aufgabe der Integration der Vertriebenen durch die Begegnung von Heimatvertriebenen und Einheimischen zugedacht war, entwickelten sie sich in den 1970er-Jahren „vielmehr zu ‚Rückzugsgebieten' der Vertriebenenorganisationen, in denen ihre Position als Opfergruppe betont und konträr zur allgemeinen

---

[4] Zur zeitlichen Abstufung der verschiedenen Gründungswellen vgl. auch: Cornelia EISLER, Heimatstuben, in: Online-Lexikon zur Kultur und Geschichte der Deutschen im östlichen Europa, 2011, https://ome-lexikon.uni-oldenburg.de/begriffe/heimatstuben (Letzter Zugriff: 15.05.2024); vgl. auch Cornelia EISLER, Verwaltete Erinnerung – symbolische Politik. Die Heimatsammlungen der deutschen Flüchtlinge, Vertriebenen und Spätaussiedler, München 2015.

[5] Vgl. Mathias BEER, Patenschaften, in: Stephan SCHOLZ/Maren RÖGER/Bill NIVEN (Hg.), Die Erinnerung an Flucht und Vertreibung. Ein Handbuch der Medien und Praktiken, Paderborn 2015, S. 329–344.

[6] Bis zum Jahr 1989 wurden über 400 Patenschaften von den Bundesländern und den westdeutschen Kommunalbehörden geschlossen. Vgl. dazu: Odo RATZA, 40 Jahre Arbeit für Deutschland – Die Vertriebenen und Flüchtlinge. Begleitheft Nordrhein-Westfalen, Bonn 1989, S. 43.

[7] Bayerisches Staatsministerium für Arbeit und Sozialordnung (Hg.), In der Obhut Bayerns. Sudeten- und ostdeutsche Patenschaften im Freistaat Bayern, München 1989, S. 30.

[8] Vgl. Silke GÖTTSCH-ELTEN, Heimatsammlungen in Deutschland. Überlegungen zu ihrer heutigen Bedeutung, in: Berichte und Forschungen. Jahrbuch des Bundesinstituts für Kultur und Geschichte der Deutschen im östlichen Europa 16 (2008), S. 135–142, hier S. 137.

bundespolitischen Entwicklung weiterhin Anspruch auf die ‚verlorenen Gebiete' erhoben wurde"[9].

Eine dritte Phase der Entstehung „ostdeutscher" Heimatsammlungen ist für die 1990er-Jahre auszumachen. Der Bund der Vertriebenen richtete vor allem in den „neuen Bundesländern" sogenannte Ostdeutsche Heimatstuben ein, deren Darstellungsgebiet nicht eine konkrete Region, sondern „eine konstruierte ‚ostdeutsche' Heimat" umfasst[10]. Aber auch in den „alten Bundesländern" kam es bisweilen zu Neugründungen. Seit etwa zehn Jahren hat jedoch das bereits lange Zeit prophezeite „Heimatstuben-Sterben" eingesetzt. Dennoch existieren in Deutschland heute noch mehrere Hundert Heimatsammlungen von Vertriebenen, die von den Betreibern als Heimatstube, Heimatmuseum, Heimatarchiv, Patenschaftsarchiv oder Patenzimmer bezeichnet werden[11].

3. Zur Charakteristik der Heimatsammlungen[12]

Die Funktion des Treffpunkts in heimatlicher Atmosphäre stand bei den Heimatsammlungen zunächst im Vordergrund, der museale Aspekt trat dahinter zurück[13]. Die Stuben, die ein gemütliches Zusammensein unter Gleichgesinnten ermöglichen sollten, wurden zum Teil auch für Verwaltungsarbeiten verwendet. Mit Karteikästen und Aktenordnern gefüllte Regale weisen auf den Charakter als Geschäftsstelle des Heimatverbandes oder als Redaktionsbüro des Heimatblattes hin. Ein meist großer Tisch, Sessel und Sofas, mit Heimatliteratur gefüllte Regale, ausliegende Fotoalben und Gästebücher trugen daneben zum Wohnzimmer-Charakter bei.

Weitere Funktionen dieser Einrichtungen waren die Bewahrung und die Mahnung. „Hier werden Dokumente, Bildmaterial und Archivalien als echte, unwiderlegbare Zeugnisse und Belege für die Tatsächlichkeit der ehemaligen Verhältnisse

---

[9] Eisler, Heimatstuben (wie Anm. 4).

[10] Ebd.

[11] In einzelnen Bundesländern wurden Zusammenstellungen der noch in „Betrieb" befindlichen Heimatsammlungen erarbeitet. Vgl. z.B.: Michael Henker (Hg.), Die Heimatsammlungen der Sudeten- und Ostdeutschen in Bayern: ein Führer zu 86 Heimatsammlungen mit 182 Abbildungen und Einzelkarten, München 2009; Haus der Heimat des Landes Baden-Württemberg (Hg.), Gerettet – gesammelt – gesichert. Heimatsammlungen von Flüchtlingen und Vertriebenen in Baden-Württemberg, Stuttgart 2012; Niedersächsisches Ministerium für Inneres und Sport (Hg.), Dokumentation der Heimatsammlungen von Flüchtlingen, Vertriebenen und Aussiedlern in Niedersachsen, Oldenburg 2012.

[12] Vgl. dazu auch: Mathias Beer/Elisabeth Fendl/Henrike Hampe, Die Heimatsammlungen von Flüchtlingen und Vertriebenen in Baden-Württemberg, in: Haus der Heimat des Landes Baden-Württemberg (Hg.), Gerettet – gesammelt – gesichert. Heimatsammlungen von Flüchtlingen und Vertriebenen in Baden-Württemberg, Stuttgart 2012, S. 6–13.

[13] Vgl. dazu auch: Manuela Schütze, Museale Aneignung verlorener Kultur, in: Kurt Dröge (Hg.), Renaissance einer ostdeutschen Volkskunde?, München 1995, S. 95–111, hier S. 107.

in den deutschen Osträumen und den deutschen Volksinselgebieten in Ost-Mitteleuropa vorgezeigt“[14], formulierte der Volkskundler Alfons Perlick noch 1964. Man muss die staatliche Unterstützung der Heimatsammlungen der Vertriebenen, wie Cornelia Eisler es getan hat, „auch im Kontext der bis in die 1960er-Jahre hinein angestrebten Wiedervereinigung Deutschlands in den Grenzen von 1937 [...] sehen“[15]. Die Stuben sollten zudem der Vorbereitung auf eine baldige Rückkehr dienen, sie sollten „Heimatschule“ sein.

Eingerichtet und geleitet wurden und werden die Sammlungen fast ausschließlich von Laien. Eine enge Verbindung zwischen der Sammlung und ihren Betreuern ist die Regel[16]. Ihre Gestaltung gehorcht meist den Gesetzen einer populären Ästhetik: überlappend arrangierte Dokumente, symmetrisch verteilter Blumenschmuck, handschriftliche Objektbeschriftungen, auf dem PC entworfene und häufig übergestaltete Schrifttafeln haben in ihrer (unbewussten) Widerständigkeit gegen alle Regeln des musealen Umgangs mit Objekten ihren eigenen Reiz.

Was den Umgang mit den Objekten betrifft, handelt es sich bei den Heimatsammlungen der Vertriebenen also um „semi-museale Einrichtungen“[17]. Da in den allermeisten Fällen kein Depot vorhanden ist, wird der gesamte Bestand ausgestellt. Wie im Lenz'schen „Heimatmuseum“ des Zygmunt Rogalla ist „eine rührende Zufälligkeit“[18] des Inventars charakteristisch. Das oft scheinbar wahllose Nebeneinander verschiedenster Dinge aus einer Region macht die Besichtigung vieler dieser Sammlungen für Besucher, die nicht dem „inner circle“ entstammen, oft so schwierig und wenig ergiebig. „Wen interessiert ein ausgestellter Straßenbahnschein aus einer ferngerückten ostdeutschen Stadt außer die, die mit dieser Straßenbahn gefahren sind“, fragt Georg Hermanowski in diesem Zusammenhang[19].

Bei den ausgestellten Objekten spielt es eine zweitrangige Rolle, ob es sich um Originale oder um Kopien handelt. Wichtig ist nicht der materielle Wert der Objekte, wichtig sind deren ideeller Wert und deren „Biographie“. Die Klammer um alle noch so unterschiedlichen und häufig unverständlichen Gegenstände bildet die regionale Herkunft der Dinge bzw. deren Vorbesitzer. Dreidimensionales Ausstellungsgut ist in den meisten der Stuben unterrepräsentiert. Wichtig und oft vertre-

---

[14] Alfons Perlick, Ostdeutsche Heimatstuben und Heimatsammlungen, in: Arbeits- und Sozialministerium des Landes Nordrhein-Westfalen (Hg.), Ostdeutsche Patenschaften, Heimatstuben, Heimatsammlungen im Land Baden-Württemberg. Vorträge und Aussprache auf der Patenschaftstagung am 16. Oktober 1964 in Mönchengladbach, Beilage zu Der Wegweiser, Februar 1965 (Schriftenreihe für die Ost-West-Begegnung), S. 17–23, hier S. 17.

[15] Eisler, Heimatstuben (wie Anm. 4).

[16] Vgl. dazu Mathias Beer, Heimatmuseum. Eine Bestandsaufnahme, in: Haus der Heimat des Landes Baden-Württemberg (Hg.), Heimat – Annäherungsversuche, Stuttgart 2007, S. 54–61.

[17] Eisler, Heimatstuben (wie Anm. 4).

[18] Siegfried Lenz, Heimatmuseum, Hamburg 1978, S. 368.

[19] Georg Hermanowski, Heimatstuben und Heimatmuseen. Versuch einer kritischen Bilanz, in: Der gemeinsame Weg 28 (1982), S. 25–28, hier S. 27.

ten sind Wappen, Modelle, Pläne, Photographien und Gemälde. Bei weitem nicht alle der in den Heimatsammlungen ausgestellten Objekte wurden aus der „alten" Heimat mitgebracht, viele sind Produkte der Erinnerungskultur der Nachkriegszeit und stammen aus einem landsmannschaftlichen Kontext.

Die Heimatsammlungen sollen hauptsächlich Zeugnis ablegen von der Herkunftsheimat der Erstbesitzer. Sie sollen einen Nachweis dafür bieten, dass man vor Flucht und Vertreibung in „geregelten Verhältnissen" gelebt hat und auf eine reiche kulturelle Vergangenheit zurückblicken kann. Die Aufzählung „berühmter" Persönlichkeiten, bekannter Orte und regionaltypischer Besonderheiten etwa dient dazu, die Herkunftsregion oder den Herkunftsort als bedeutsam darzustellen und sie einer etwaigen Marginalisierung zu entreißen. Gerade in der schwierigen Phase der Eingliederung der Vertriebenen in die westdeutsche Nachkriegsgesellschaft spielte dieser Aspekt eine wichtige Rolle. Die häufig von Zurücksetzung und Geringschätzung geprägten Erfahrungen am neuen Ort fanden ihren Ausdruck in einem idealisierenden Bild der alten Heimat. Bei der Schaffung dieses Bildes griff man häufig auf eine vorindustrielle Moderne zurück. Trachten zum Beispiel entwickelten sich zu wichtigen Heimatsymbolen, obwohl diese im Alltag „zuhause" längst abgelegt gewesen waren.

Daneben wird in den Heimatsammlungen jedoch ebenso auf das Trauma des Heimatverlustes eingegangen, die nicht immer konfliktfreie Aufnahme im Nachkriegsdeutschland wird seltener thematisiert. Dabei könnte die Darstellung des Prozesses der Integration der Heimatvertriebenen von großem Interesse sein und würde Anknüpfungspunkte zum Umgang mit heutigen Migrationen bilden. Zudem wären die Sammlungen geeignete Orte, um, so Silke Göttsch, über die Europäisierung von Kultur nachzudenken[20].

4. Relikte und Reliquien

Vor der Übergabe ihrer Erinnerungsstücke an die Heimatstube schreiben die Vorbesitzer den Objekten häufig ihre Geschichte auf den Leib. Sie versehen die Objekte mit schriftlichen Kommentaren, nähen Zettel auf Textilien, beschreiben oder bekleben Bildrückseiten, passen Nachrichten in Hohlräume ein. Diese „Beipackzettel"[21] stellen Handlungsanweisungen dar, sie „schreiben vor", wie die Objekte zu lesen sind. Ihrer Einmaligkeit und der durch die beigepackten Zettel geschaffenen Bedeutung wegen scheint den „gezeichneten" Objekten der Weg in die Ausstellung sicher.

---

[20] Vgl. Göttsch-Elten (wie Anm. 8), S. 141.

[21] Vgl. dazu: Elisabeth Fendl, Erinnerungen auf dem Beipackzettel. Zum Wert der Dinge aus ihrer Geschichte, in: Hermann Heidrich (Hg.), SachKulturForschung. Tagung der Arbeitsgruppe Sachkulturforschung und Museum in der Deutschen Gesellschaft für Volkskunde vom 15. bis 19. September 1998 in Bad Windsheim, Bad Windsheim 1999, S. 107–116.

Die Heimatsammlungen sind Sammelstellen „für schläfrig gewordene Erinnerungsstücke geworden, für Dinge, die man nicht wegwerfen mag, deren persönliche Erinnerungsenergie aber so weit erloschen ist, daß man sich von ihnen zu trennen vermag“[22], formulierte Utz Jeggle. Durch die Überladung mit Erinnerungen werden die Museen und Sammlungen der Heimatvertriebenen zu symbolischen Orten, zu einem Konstrukt von Heimat, zu letzten sicheren Orten, die „die Heimat“ repräsentieren, wie es die Kinder und Enkelkinder häufig nicht tun. Sie werden so auch zu Orten, an denen die Kultur der ersten Generation der Heimatvertriebenen festgeschrieben wird. „Dort bewahrten wir das Bild unserer Heimat, so, wie wir es in Erinnerung hatten“[23], charakterisierte 1993 die Heimatpflegerin der Sudetendeutschen die Funktion von Heimatstuben.

Die Heimatsammlungen stellen häufig die letzte Heimat der bei Flucht und Vertreibung mitgebrachten Dinge dar. Die hier bewahrten Heimatandenken besitzen in annähernd dem gleichen Maß wie religiöse Andenkenstücke einen symbolischen Wert, der sie vor dem Wegwerfen schützt[24]. Als häufig einziges Mitbringsel „von daheim“ werden die Dinge dem Museum gespendet und der Überlieferung als säkulare Reliquie übereignet[25].

Heimatandenken bedeuten Auftrag und Verpflichtung. Wenn man dieser Verpflichtung nicht mehr nachkommen kann oder mag, sucht man, als eine Art Respekt vor dem „Alten“ und vor den Vorbesitzern und als eine Entlastung des eigenen Gewissens, nach geeigneten „Deponien“[26] für solche (vererbten) Objekte und die damit verbundenen Erinnerungen, die oft nicht mehr die eigenen sind.

5. Heimat wird verhandelt[27]

Die Heimatsammlungen der Vertriebenen sind Orte, an denen auf vielfältige Weise Heimat verhandelt wird. Aussagekräftige Geschichtsquellen stellen diese Einrichtungen trotz aller Anschaulichkeit der in ihnen ausgestellten Objekte nur sehr bedingt dar. Zu den Bereichen Nationalsozialismus etwa oder zum Komplex

---

[22] Utz Jeggle, Kaldaunen und Elche. Kulturelle Sicherungssysteme bei Heimatvertriebenen, in: Dierk Hoffmann/Marita Krauss/Michael Schwartz (Hg.), Vertriebene in Deutschland. Interdisziplinäre Ergebnisse und Forschungsperspektiven, München 2000, S. 395–407, hier S. 406.

[23] Walli Richter, Heimatstuben – ein Fenster zur Welt, in: Der gemeinsame Weg 70 (1993), S. 6–18, hier S. 18.

[24] Vgl. Jeggle (wie Anm. 22), S. 404.

[25] Vgl. dazu: Konrad Köstlin, Der Dinge neuer Sinn im Museum, in: Österreichische Zeitschrift für Volkskunde, Neue Serie 50/2 (1996), S. 227–231, v. a. S. 229.

[26] Zu diesem Begriff vgl. Hans Dünninger, Deponia pia, in: Jahrbuch für Volkskunde 1 (1978), S. 238–240. Dünninger bezeichnete mit dem Begriff „Deponia pia“ eine Waldkapelle, in der religiöse (Erinnerungs-)Objekte abgelegt wurden, die man sich nicht wegzuschmeißen getraute, obwohl sie für das eigene Leben keine Bedeutung mehr besaßen.

[27] Vgl. hierzu Beer/Fendl/Hampe (wie Anm. 12), hier v. a. S. 13.

des multiethnischen Zusammenlebens in Europa erhält man beim Besuch dieser Sammlungen kaum Informationen. Der Fokus liegt ausschließlich auf der deutschen Vergangenheit europäischer Regionen. Eine meist nur lückenhaft erhaltene, bisweilen ganz fehlende Sammlungsdokumentation macht es schwer, die Objekte zu kontextualisieren und anhand des Ausgestellten historische Zusammenhänge zu rekonstruieren.

So wie die Stuben eingerichtet wurden und heute noch existieren, stellen sie jedoch ein wichtiges Zeugnis für die Erinnerungskultur der deutschen Heimatvertriebenen dar und repräsentieren damit auch einen wichtigen Aspekt der westdeutschen Nachkriegsgeschichte. Nicht nur die in den Sammlungen vorhandenen Objekte, sondern auch die Formen der Präsentation können – so Silke Göttsch – als Teil des kulturellen Erbes der Heimatvertriebenen betrachtet werden[28].

6. Die Zukunft der Heimatsammlungen

Am Beispiel der in Baden-Württemberg gegründeten Heimatstuben von Vertriebenen aus den Böhmischen Ländern soll im Folgenden auf die heutige und prospektiv die zukünftige Situation dieser Sammlungen eingegangen werden.

Das „Verzeichnis der Heimatsammlungen in Deutschland“ des Bundesinstituts für Kultur und Geschichte der Deutschen des östlichen Europa (BKGE) nennt mit Stand September 2022 für Baden-Württemberg 87 Heimatsammlungen. Darunter befinden sich 28, die Regionen in den Böhmischen Ländern zum Thema haben[29]. Von diesen „sudetendeutschen“ Heimatsammlungen sind noch elf vor Ort als eigenständige Einrichtungen zu besuchen[30], fünf weitere sind Teil des jeweiligen Städtischen Museums[31], können aber ihre Objekte präsentieren. Eingelagert – im Magazin des jeweiligen Stadtmuseums oder im Stadtarchiv – sind vier Heimatsammlungen[32]. Dem Sudetendeutschen Museum München wurden vier Heimat-

---

[28] GÖTTSCH-ELTEN (wie Anm. 8), S. 136 und 139.

[29] Vgl. Bundesinstitut für Kultur und Geschichte der Deutschen im östlichen Europa, Sammlungen nach heutigen Standorten, https://www.bkge.de/Heimatsammlungen/Verzeichnis/Heutige-Standorte/Baden-Wuerttemberg/ (Letzter Zugriff: 15.05.2024).

[30] Es handelt sich dabei um die Wischauer Heimatstube (Aalen), die Sudetendeutsche Heimatstube (Bönnigheim), die Südmährer Sammlung (Geislingen), das Schönhengster Archiv und Museum (Göppingen), die Iglauer Heimatstube (Heidenheim), die Egerländer Heimatstube (Kornwestheim), das Kuhländler Archiv und die Heimatstube (Ludwigsburg), das Schlackenwerther Zimmer (Rastatt), das Heimatmuseum des Jauerniger Ländchens (Vaihingen/Enz), das Archiv Domstadtl (Weilheim a. d. Teck) und die Egerländer Heimatstube (Wendlingen am Neckar).

[31] Die Zuckmantler Sammlung (Bietigheim-Bissingen), die Heimatstube Nordböhmisches Niederland (Böblingen), die Egerländer Heimatstube (Ditzingen), die Hausdorfer Heimatstube (Osterburken) und die Würbenthaler Heimatstube (Sindelfingen).

[32] Die Heimatstube Blaubeuren (Christofsgrund und Neuland), die Lotschnauer Heimatstube in Eislingen, die Heimatstube Freiwaldau-Bieletal in Kirchheim unter Teck und die Altrohlauer Stube in Viernheim.

sammlungen[33], der Berliner Stiftung „Flucht Vertreibung Versöhnung" wurde eine Heimatstube[34] übergeben. Die Erzgebirgssammlung, die in Kirchberg/Jagst eingerichtet war, wurde aufgelöst, die Objekte gingen zurück an die Leihgeber. Und schließlich sind zwei Heimatsammlungen in die Tschechische Republik transloziert worden[35].

Der von den Gründern und Betreibern als Idealfall angesehene Betrieb in situ wird, die Zahlen zeigen dies, immer schwieriger, vor allem dann, wenn die Sammlungen nicht einem Städtischen Museum angegliedert sind und damit regelmäßige Öffnungszeiten garantiert werden können. Als Teil von Stadt- oder Gemeindemuseen funktionieren die Heimatstuben meist sehr gut; sind sie in den Museumsrundgang mit eingebunden, steigen die Besucherzahlen häufig sogar. Dass es dabei zu ungewohnten Verbindungen kommen kann, zeigt etwa die in Böblingen ansässige Heimatstube Nordböhmisches Niederland, die im selben Gebäude wie das Deutsche Fleischermuseum untergebracht ist und so eine neue Klientel anspricht, mit der sie sonst nicht in Berührung gekommen wäre[36].

Findet sich in den Partnerstädten oder -gemeinden keine Möglichkeit mehr, die Sammlung geöffnet zu halten oder in die vor Ort bestehenden musealen Einrichtungen zu integrieren, werden die Objekten meist magaziniert. „Die Bestände sind gesichert und liegen derzeit im klimatisierten Magazin des Eislinger Stadtarchivs", heißt es etwa im Verzeichnis des BKGE über die Lotschnauer Heimatstube[37]. Diese war der Stadt Eislingen vererbt worden. Mit dem Hinweis auf die konservatorisch einwandfreie Lagerung soll – so ist anzunehmen – Mutmaßungen oder gar Vorwürfen, der Erbnehmer lassen dem Erbe nicht die gebührende Sorgfalt angedeihen, entgegengewirkt werden.

Überlegungen, wie der Transfer in die Zeit nach dem vollkommenen Zurücktreten der Erlebnisgeneration geschehen soll, werden wohl in den meisten Heimat-

---

[33] Das Heimatarchiv Zwittau (Esslingen), das Brünner Heimatmuseum (Schwäbisch Gmünd), das Museum der deutschen Sprachinselorte Brünn (Erbach) und die Waltscher Heimatstube (Neckargemünd). Insgesamt befinden sich im Depot des Sudetendeutschen Museums in München 18 Heimatstuben. Vgl. dazu: Sudetendeutsches Museum, Sudetendeutsche Heimatstuben, https://www.sudetendeutsches-museum.de/ueber-uns/heimatstuben/ (Letzter Zugriff: 15.05.2024).

[34] Es handelt sich um die Altvater-Heimatstube (Gärtringen). Diese wurde in der SFVV „dekonstruiert", indem die Objekte seriell aufgereiht in einer riesigen Installation präsentiert werden. Vgl. dazu: Dorothee Nolte, In Heimatstuben versuchten die Vertriebenen ihre Erinnerungen zu konservieren. Das Zentrum Flucht, Vertreibung, Versöhnung stellt eine davon aus, in: Der Tagesspiegel vom 19. Juni 2021.

[35] Bei den translozierten Stuben handelt es sich um die Krummauer Heimatstube in Esslingen und um die Kunewälder Heimatstube in Leimen-St. Ilgen.

[36] Vgl. dazu: Stadt Böblingen, Vogtshaus, https://fleischermuseum.boeblingen.de/start/museum/das+vogtshaus.html (Letzter Zugriff: 15.05.2024).

[37] Bundesinstitut für Kultur und Geschichte der Deutschen im östlichen Europa, Lotschnauer Heimatstube (aufgelöst), https://www.bkge.de/Heimatsammlungen/Verzeichnis/Herkunftsgebiete/Boehmen-und-Maehren-Sudeten/Maehren/Lotschnau.php (Letzter Zugriff: 15.05.2024).

kreisen angestellt. In einigen wenigen Fällen wurden Heimatsammlungen einer grundlegenden, von wissenschaftlicher Seite begleiteten Neuaufstellung unterzogen, um sie aktuellen Museumsstandards anzupassen und damit einem größeren Interessentenkreis zu öffnen. Am Beispiel der Egerländer Heimatstube Wendlingen kann man diesen Wandel paradigmatisch nachvollziehen[38]. 1970 im alten Unterboihinger Schul- und Rathaus eröffnet, musste die Stube, in der auch die Egerländer Heimatkartei untergebracht war, Ende der 1990er-Jahre umziehen. Die Sammlungen wurden auf drei Örtlichkeiten innerhalb Wendlingens verteilt. Auch diese Konstruktion hielt nur kurze Zeit. Für die Sammlung begann eine Odyssee. Ein Teil der Exponate fand schließlich im Wendlinger Stadtmuseum Platz. 2009 wurde die Sammlung in reduzierter Form und graphisch und didaktisch aufbereitet unter dem Titel „Treffpunkt Egerland“ im Wendlinger Stadthaus „Treffpunkt Stadtmitte“ wiedereröffnet[39]. Die neue Lage mitten in der Stadt in einem Gebäude, in dem eine Vielzahl kultureller Veranstaltungen stattfinden, macht die Stube jetzt zu einer Einrichtung der ganzen Stadt. Auch das Südmährer Museum in Geislingen und das Schlackenwerther Zimmer in Rastatt wurden einer inhaltlichen und graphischen Neugestaltung unterzogen und sind jetzt in weitaus größerem Maße als früher auch Besucher:innen geöffnet, die keine familiären Beziehungen zu den behandelten Regionen bzw. keine Vorkenntnisse über diese besitzen.

7. „Rückkehr“ in die Tschechische Republik als Lösung?

Ein momentan noch kleiner Teil der Heimatsammlungen wurde in die Herkunftsgebiete ihrer Gründer „zurückgebracht“[40]. So wurde die Kunewälder Heimatstube, die von 1983 an in Leimen/St. Ilgen bestand, 2017 nach Kunín transloziert[41].

---

[38] Vgl. dazu: Oskar Sturm, Der Lebenslauf der Egerländer Heimatstube, http://www.egerlaender.com/Unsere%20Gmoi/Museum.htm (Letzter Zugriff: 15.05.2024).

[39] Vgl. Stadt Wendlingen am Neckar, Treffpunkt Egerland, https://www.wendlingen.de/freizeit-kultur/treffpunkt-stadtmitte/treffpunkt-egerland (Letzter Zugriff: 15.05.2024).

[40] Vgl. dazu: Elisabeth Fendl, Zurück – in die Zukunft. Zum Weiterleben „sudetendeutscher“ Heimatstuben in der Tschechischen Republik, in: Herkunft.Heimat.Heute. Zur Musealisierung von Heimatstuben und Heimatsammlungen der Flüchtlinge, Vertriebenen und Aussiedler:innen. Eine Tagung des Museumsverbandes für Niedersachsen und Bremen e. V. in Kooperation mit dem Bundesinstitut für Kultur und Geschichte der Deutschen im östlichen Europa in Oldenburg, 21.–23. September 2022 (Schriftenreihe des Museumsverbandes Niedersachsen und Bremen e. V., Bd. 6), Oldenburg 2023, S. 204–214; vgl. auch: Markus Nowak/Marie Schwarz, Zukunft ist Integration. Mögliche Perspektiven von Heimatsammlungen im 21. Jahrhundert, in: Kulturpolitische Korrespondenz 1418 (September 2020), https://www.kulturforum.info/de/kk-magazin/perspektiven/8252-zukunft-ist-integration-mogliche-perspektiven-von-heimatsammlungen-im-21-jahrhundert (Letzter Zugriff: 15.05.2024).

[41] Vgl. Zurück in die alte Heimat. Heimatstube aus Leimen in Kunewald/Kunín angekommen, in: BdV Nachrichten, 64/4 (Dezember 2017/Januar/Februar 2018), S. 16. Die Stadt Leimen, die 1977 die Patenschaft über die Kunewälder übernommen und 1997 die Kune-

Nachdem in Leimen kein Nachfolger für den Heimatstubenbetreuer gefunden worden war und die Stadt weder Raum noch Mittel für die Betreuung der Stube zur Verfügung stellen konnte, fand das Inventar der Stube im Schloss in Kunín seine „neue Heimat". Die Stadt Kunín zahlte den „Rücktransport der aus dem damaligen Kuhländchen stammenden Gegenstände, die damit nach über 70 Jahren wieder in ihre alte Heimat zurückkehren" konnten, wie man dazu in der Leimener Presse lesen konnte[42]. Translozierungen dieser Art sind innerhalb der Heimatverbände der Heimatvertriebenen nicht unumstritten. „Wieder verschwindet eine sudetendeutsche Heimatsammlung", hieß es etwa im September/Oktober 2017 in der „Alten Heimat Kuhländchen" über die Translozierung der Tetschener Stube von Nördlingen nach Děčín[43]. Die Erhaltung der Heimatsammlungen sei – so derselbe Autor – „verpflichtender Auftrag für den Staat"[44]. Diesem – und damit auch den „ostdeutschen" Landesmuseen wie dem Sudetendeutschen Museum – wird vorgeworfen, nur ausgewählte Objekte der Stuben zu bewahren und anderes „in Verließe staatlicher Archive" zu verbannen[45]. Auf die Tatsache, dass tschechische Städte und Gemeinden Interesse an den Sammlungen der Heimatvertriebenen zeigen, wird teilweise mit provokanten Fragen reagiert: Tschechien habe sich bereits bei der Vertreibung „das gesamte vorhandene deutsche Kulturgut" angeeignet. „Warum benötigt man dort angeblich nun auch noch die hiesigen Heimatsammlungen?"[46]

Die Annäherung an das Nachbarland, aus dem die Vorbesitzer der Sammlungen stammen bzw. stammten, erfolgt häufig in Etappen. Leihgaben einzelner Objekte aus den Heimatstuben oder Sonderausstellungen, in denen sich die Heimatsammlungen in der Tschechischen Republik vorstellen, stell(t)en häufig die ersten Schritte dar[47]. So steht zum Beispiel das Schönhengster Museum in Göppingen in Verbindung mit mehreren Museen der Heimatregion der Museumsgründer und hilft mit Leihgaben aus. Die Exponate der Krummauer Heimatstube in Esslingen wurden bereits 2018 als Dauerleihgabe in das „Šumavské muzeum, Gustav Jungbauer"

wälder Sammlung übernommen hatte, unterhielt seit 1994 freundschaftliche Beziehungen nach Kunín, 2018 wurde die offizielle Partnerschaft besiegelt.

[42] Vgl. Kuniner Friedens- und Freiheitsglocke bleibt in Leimen, in: https://leimenblog.de/kuniner-friedens-und-freiheitsglocke-bleibt-in-leimen/ (Letzter Zugriff: 17.05.2024).

[43] Wolfgang Bruder: Wieder verschwindet eine sudetendeutsche Heimatsammlung, in: Alte Heimat Kuhländchen, 70 (2017), Heft 5, S. 433–434, hier S. 433.

[44] Wolfgang Bruder: Erhaltung der Heimatstuben ist verpflichtender Auftrag für den Staat, in: Alte Heimat Kuhländchen, 70 (2017), Heft 3, S. 246–247, hier S. 246.

[45] Ebd., S. 247.

[46] Ebd.

[47] Im Sommer 2011 veranstaltete das Museum der Adlergebirgler in Waldkraiburg im Museum Králíky/Grulich eine Sonderausstellung mit dem Titel „Das Adlergebirge in Bayern. Die Adlergebirgsstube Waldkraiburg zu Gast im Grulicher Museum". Eine ähnliche vorsichtige Annäherung stellt eine 2017 vom Sudetendeutschen Museum konzipierte und realisierte Ausstellung in Teplice/Teplitz dar. Unter dem Titel „Erinnerungen an Teplitz" wurde die aufgelöste, im Sudetendeutschen Museum dokumentierte und später dort eingelagerte Sammlung der Teplitz-Schönauer Heimatstube im Museum Teplice gezeigt.

(Böhmerwaldmuseum Gustav Jungbauer) in Horní Plana/Oberplan[48] übergeben. Nach der Auflösung des Trägervereins der Heimatstube sollen sie in den Besitz des Museums übergehen.

Entgegen einigen Widerständen aus den Reihen der Heimatvertriebenen gibt es – wie das abschließende Zitat zeigt – auch viele Befürworter der Zukunft der „sudetendeutschen" Heimatvertriebenensammlungen in der Tschechischen Republik. So resümiert ein Mitglied des Heimatkreises Tetschen-Bodenbach im Oktober 2013: „Der Heimatverband weiß, dass er keine Zukunft hat, zumindest nicht in seiner heutigen Form. Das muss nicht traurig stimmen, denn die Integration der Kinder- und Enkelgeneration der Heimatvertriebenen in die bundesrepublikanische Gesellschaft ist eine Tatsache und mittlerweilen [sic] so intensiv erfolgt, dass es in wenigen Jahrzehnten wahrscheinlich kaum mehr eine offizielle Erinnerungskultur geben wird. Doch die Erinnerung bleibt in den Familien, den Museen und Archiven – und in der Heimat selbst erhalten. Die Zeit der großen Heimatkreistreffen geht mit schnellen Schritten dem Ende entgegen [...]. Die Erben unserer Geschichte und unserer Kultur sind damit nicht verschwunden, sie leben nur nicht mehr in Deutschland und Österreich, sondern – wieder – in Böhmen"[49].

---

[48] Vgl. Jungbauerův šumavský vlastivědný spolek, Startseite, https://www.jungbaueruvspolek.cz/ (Letzter Zugriff: 15.05.2024).

[49] Klaus AHNE, 35. Heimatkreistreffen des Heimatverbandes Kreis Tetschen-Bodenbach und Mitgliederversammlung 2013 – familiäre Zusammenkunft, unerwarteter Besuch, integrierte Mitgliederversammlung, in: Trei da Hejmt! Mitteilungsblatt für den Heimatkreis Tetschen-Bodenbach/Sudetenland 66/10 (Oktober 2013), S. 1–6, hier S. 6.

Erinnerung und Gender im kommunalen Raum am Beispiel von Karlsruhe

Susanne Asche

„Die höchste Ehrung für eine Person stellt die Benennung einer Straße, eines Platzes oder einer Brücke im öffentlichen Raum dar."[1] Diese Setzung findet sich im „Leitfaden zur Erinnerungskultur im öffentlichen Raum in Karlsruhe", die der Gemeinderat im Jahr 2016 verabschiedete.

Das Karlsruher StadtWiKi gibt eine genaue Lokalisierung der Luise-Riegger-Straße an: *Sie beginnt an der Klara-Siebert-Straße und verläuft in südlicher Richtung. Von rechts mündet die Marie-Baum-Straße, dann kreuzt die Hedwig-Kettler-Straße. Am Clara-Immerwahr-Haber-Platz trifft sie auf die Anna-Lauter-Straße. Hier schwenkt sie dann Richtung Osten, kreuzt die Klara-Siebert- und Melitta-Schöpf-Straße und mündet schließlich in die Marie-Juchacz-Straße*[2]. Das liest sich überraschend und lässt aufmerken, weil eine solche Ballung weiblicher Namen im Straßenverzeichnis einer Stadt ausgesprochen selten ist. Alle genannten Frauennamen bezeichnen verdienstvolle Personen der Karlsruher Stadtgeschichte, so dass an diesen Straßennamen Erinnerung und Gender im öffentlichen kommunalen Raum aufeinandertreffen. Dieser Umsetzung einer „gendersensiblen [...] Erinnerungskultur", die „vom konkreten Ort als unmittelbarem Erfahrungsraum" ausgeht, waren lange Diskussionen, umfassende Geschichtsforschung und kommunalpolitische Anstrengungen vorausgegangen[3].

Eine Stadt birgt viele ideelle Räume und analoge Orte für Erinnerungen der in ihr lebenden Menschen und ihre Geschichte – Häuser, Gärten, Straßen, Vereine, Firmen, Schulen, Museen oder Bibliotheken usw. Vor allem der öffentliche Raum gibt Zeugnis vom kulturellen Gedächtnis einer Stadt: Mit Namen von Straßen und Plätzen, mit Denkmälern, Informationstafeln an Häusern, Schulnamen, Hallenbezeichnungen, Festzügen, zeitweisen Rauminszenierungen, Fahnen, Erinnerungsstelen, Wandbemalungen oder Plakaten gestaltet eine Kommune ihre gemeinsame Erinnerung und damit ihre spezifische Identität. Dabei können diese das Bekennt-

---

[1] Stadt Karlsruhe/Kulturamt (Hg.), Leitfaden zur Erinnerungskultur im öffentlichen Raum in Karlsruhe, Karlsruhe 2016, S. 11.

[2] Stadtwiki Karlsruhe, Luise-Riegger-Straße, http://ka.stadtwiki.net/Luise-Riegger-Straße (Letzter Zugriff: 13.05.2024).

[3] Sylvia Schraut/Sylvia Paletschek, Erinnerung und Geschlecht – auf der Suche nach einer Transnationalen Erinnerungskultur in Europa. Beitrag zum Themenschwerpunkt „Europäische Geschichte – Geschlechtergeschichte", in: Themenportal. Europäische Geschichte. 2009, https://www.europa.clio-online.de/searching/id/fdae-1510 (Letzter Zugriff: 13.05.2024).

nis einer Stadt zur Demokratie oder auch Diktatur ausdrücken, zum Frieden wie zum Krieg, zu Menschenrechten oder auch zur Gleichstellung der Geschlechter.

Meist basiert das kulturelle Gedächtnis einer Kommune auf den Erinnerungen an Männer sowie an männlich definierte Geschehnisse und mündet in eine männlich geprägte Traditionsbildung. Dies ist eine Spiegelung der Erinnerungskultur in Deutschland und im deutschen Südwesten, die seit dem 19. Jahrhundert vor allem auf die Nation bzw. auf die Stiftung der Geschichte der Nation bezogen war. Die Nation ist seit den Napoleonischen Kriegen als explizit männlich definiert. Die Frauen blieben verborgen, selbst in den Forschungen von Pierre Nora, Etienne François und Hagen Schulze zu Erinnerungsorten[4]. Erinnerung im kommunalen Raum aber kann sich der nationalen Erinnerungskultur entziehen bzw. diese konterkarieren und neue Erinnerungsräume eröffnen[5].

Doch wenn es um die Schaffung des historischen Gedächtnisses einer Kommune geht, muss zunächst geklärt oder auch erarbeitet werden, an was erinnert werden soll. Ohne Kenntnis der spezifischen Geschichte einer Stadt ist eine lokale Erinnerung nicht herstellbar. Es geht dabei um die Schnittstelle von Kommunalpolitik, Stadtgesellschaft und lokaler Geschichtsforschung und -präsentation. Bei dem Thema Gender und Erinnerung wird dies besonders deutlich.

Sehr lange blieb die Geschichte der nicht herrschenden bzw. nicht mit einem adligen Herrscher verheirateten Frauen unerforscht und damit auch unerzählt. Die Geschichte der Frauen spielte sich in der bürgerlichen Gesellschaft seit dem beginnenden 19. Jahrhundert im privaten Raum ab, war der Öffentlichkeit damit entzogen[6] bzw. wurde als nicht geschichtswirksam und damit nicht als erinnerungswürdig betrachtet.

Erst der Paradigmenwechsel, den bereits die alte Frauenbewegung begann und der von der neuen nach 1968 aufgegriffen wurde, führte dazu, dass die Geschichte der Frauen erforscht und damit erst die Grundlage für ein Gendern in der Erinne-

---

[4] Vgl. ebd., S. 2f. Zum Verhältnis von Nation und dem Verhältnis der Geschlechter im Südwesten auch Sylvia Schraut, Der Diskurs über die Nation und das Verhältnis der Geschlechter, in: Frauen & Geschichte Baden-Württemberg e. V. (Hg.), Frauen und Nation (Reihe Frauenstudien Baden-Württemberg, Bd. 10), Tübingen 1996, S. 20–34 und Charlotte Tacke, Nation und Geschlechtscharaktere, in: ebd., S. 35–48. Zum Verhältnis von Gender, Antisemitismus und Nation vgl. Susanne Asche, Geselligkeit und „Teutsche Tischgesellschaft". Antisemitismus und Antifeminismus der Romantik, in: Frauen & Geschichte Baden-Württemberg e. V. (Hg.), Antisemitismus. Antifeminismus. Ausgrenzungsstrategien im 19. und 20. Jahrhundert, Roßdorf 2019, S. 107–130, hier S. 115ff.

[5] Vgl. Schraut/Paletschek (wie Anm. 3). Die Autorinnen benennen die lokale oder regionale Erinnerungskultur als eine Möglichkeit, die national und männlich konnotierte Erinnerung gendersensibel zu konterkarieren. Am Beispiel Karlsruhes lässt sich die Umsetzung dieses Vorschlags als kommunal- und kulturpolitische Strategie nachweisen.

[6] Hierzu gibt es inzwischen eine Fülle von Publikationen. Grundlegend dazu z. B. Ute Gerhard, Verhältnisse und Verhinderungen. Frauenarbeit, Familie und Rechte der Frauen im 19. Jahrhundert. Mit Dokumenten, Frankfurt 1978, hier vor allem S. 124–153.

Abb. 1: Karlsruhe – Blick vom Turm des Großherzoglichen Schlosses, August 1906. (Haus der Geschichte Baden-Württemberg, Sammlung Metz)

rungskultur geschaffen wurde. Seit den 1980er-Jahren wurde zudem verstärkt die jeweils lokale Frauengeschichte erarbeitet und in Ausstellungen präsentiert[7].

Am Beispiel von Karlsruhe lässt sich der Zusammenhang von lokaler Geschichtsschreibung und Gender im städtischen Erinnerungsraum und der jeweiligen Kommunalpolitik verdeutlichen – vor allem an den Namen von Straßen und Plätzen. Karlsruhe ist eine junge Stadt, sie wurde 1715 vom Landesherren, dem Markgrafen von Baden-Durlach per Privilegienbrief für die sich neu Ansiedelnden gegründet[8]. Die Straßen waren zunächst nach Gasthäusern benannt, seit dem frühen 19. Jahrhundert folgten die Namen der Landesherren und der Mitglieder des herrschenden Hauses – darunter auch die der Großherzoginnen. So erhielt 1874 eine Straße den Namen der damaligen Großherzogin Luise. Seit dem frühen 19. Jahrhundert wurde die Stadt nach Süden erweitert und die – wie sie damals hieß – Schlossstraße nach Plänen Friedrich Weinbrenners angelegt, die mit Statuen und Denkmälern für die jeweiligen Landesherren ausgestattet wurde. Diese Nord-Süd-Achse erstreckt sich bis heute vom Schlossturm über den Schlossplatz und Marktplatz bis zum

---

[7] Hierzu gibt es zahlreiche Beispiele u.a. aus den Städten Frankfurt, Heidelberg, Mannheim und Karlsruhe.

[8] Zur Geschichte der Stadt vgl. Susanne Asche/Ernst Otto Bräunche/Manfred Koch u.a., Karlsruhe – die Stadtgeschichte, hg. von Stadt Karlsruhe, Stadtarchiv, Karlsruhe 1998.

Abb. 2: Marktfrau hinter der kleinen Kirche, von Hermann Föry. Blick von Südwesten nach 1928. (Stadtarchiv Karlsruhe 8 / Bildstelle IV 051)

Ettlinger Tor-Platz und wird auch – da auf ihr das als Pyramide angelegte Grab des Stadtgründers und die Denkmäler für Großherzog Karl Friedrich, Großherzog Ludwig sowie Großherzog Karl stehen – Via Triumphalis genannt[9].

Denkmäler für Männer gibt es bis heute übrigens in Karlsruhe sehr viele, aber nur zwei für namentlich bekannte historische Frauenfiguren. So gibt es seit 2013 eine Statue für Großherzogin Luise im Stadtgarten – ein Geschenk des Deutschen Roten Kreuzes – und seit 1934/35 die für die Mundartdichterin Lina Sommer an der Hildapromenade. Frauenfiguren tauchen als Allegorien oder als Darstellung antiker Göttinnen auf – wie die Hygaia oder die Große Badende[10].

Denkmäler für Frauen spielen daher für das Gedächtnis Karlsruhes keine Rolle, wenn man die Darstellung der Marktfrau von 1928 im Zentrum der Stadt ausnimmt. Die Statue erinnert an die aus den umliegenden Dörfern kommenden Marktfrauen, die die Erzeugnisse ihrer Arbeit in der Stadt auf dem zentralen Marktplatz verkauften. Diese Freiplastik, die Hermann Föry im Auftrag der Stadt fertigte, erhielt damals in der lokalen Presse viel Lob, denn erstmals sei der kleinen Frau auf der Straße ein würdiges Denkmal gesetzt worden. Bei den Marktfrauen selbst war die Reaktion zurückhaltender. So erschien kurz nach Aufstellung „die Marktfrau Karoline Weber aus Aue auf dem Amt und wollte eine schriftliche Bestätigung, dass sie nicht das Vorbild sei, wie ihre Kolleginnen behaupteten, und sie so dem Gespött des ganzen Marktes preisgegeben hatten.“ Das tatsächliche Modell war im Übrigen keine Marktfrau[11].

Hier soll im Weiteren die Geschichte der Straßenbezeichnungen verfolgt werden. Die Stadt Karlsruhe wuchs, die Auswahl von Benennungen von Straßen und Wegen wurde ein immer aufwendigeres Unterfangen, das bis heute mehrere kommunale Institutionen und vor allem Gremien beschäftigt. Im Jahr 1899 wurde in Karlsruhe eine eigene Straßenbenennungskommission eingerichtet, dem der Oberbürgermeister, vier Stadträte und ein Stadtverordneter angehörten[12]. Im ausgehenden 19. Jahrhundert folgten die Namen von Politikern, Architekten, Ingenieuren, Dichtern oder Wissenschaftlern für die Benennung neuer Straßen. Eine besondere Ehre erhielt der von der Großherzogin Luise gegründete Badische Frauenverein, denn 1909 wurde zu Ehren seines Generalsekretärs Otto Sachs eine Straße nach ihm benannt[13]. Gerne beantragten Firmen einen Namen, um diesen dann auch auf ihren Briefbögen zu haben, so die Junker- und Ruh-Straße oder die Siemensallee.

---

[9] Zur Geschichte der Karlsruher Straßennamen vgl. Ernst Otto BRÄUNCHE, Von Adligen, Gasthäusern und Bürgern. Karlsruher Straßennamen bis 1945, in: Straßennamen in Karlsruhe (Karlsruher Beiträge, Bd. 7), Karlsruhe 1994, S. 9–21.

[10] Vgl. zur Darstellung und Beschreibung der Karlsruher Denkmäler und ihrer Geschichte Gerlinde BRANDENBURGER/Manfred GROSSKINSKI/Gerhard KABIERSKE u.a., Denkmäler, Brunnen und Freiplastiken in Karlsruhe 1715–1945 (Veröffentlichungen des Karlsruher Stadtarchivs, Bd. 7), Karlsruhe 1987.

[11] Vgl. ebd., S. 610ff. Das Zitat auf S. 612.

[12] Vgl. BRÄUNCHE (wie Anm. 9), S. 16.

[13] Vgl. ebd., S. 17.

Bei historisch-gesellschaftlichen Umbrüchen rücken immer auch die Straßennamen ins Blickfeld – nach 1945 wurden nicht nur z.B. die Adolf-Hitler-Straße und andere nach Nationalsozialisten benannte Straßen neu bezeichnet. Schon 1927 regte ein sozialdemokratischer Stadtrat an, die Kaiserstraße, zu der die vormalige Lange Straße 1879 zu Ehren von Kaiser Wilhelm I. umbenannt wurde, wieder umzubenennen, da diese Bezeichnung nicht in die Zeit der Demokratie passe[14]. 1945 tauchte dieser Vorschlag erneut auf, aber die Kaiserstraße gibt es bis heute[15]. Dies ist ein Beispiel für die Langlebigkeit tradierter Straßennamen, die in fast allen Städten zu beobachten ist.

Eine Zeitenwende mit Blick auf die Geschichtsschreibung der Stadt und die Erinnerungskultur erlebte Karlsruhe am 30. September 1988, als der Gemeinderat auf Antrag aller Stadträtinnen sämtlicher Fraktionen entschied, dem Vorschlag der damaligen Frauenbeauftragten zu folgen, und die Geschichte der Karlsruher Frauen erforschen und in einer Publikation und einer Ausstellung präsentieren zu lassen. Beides erfolgte im November 1992[16]. Durch diese umfänglichen Forschungsarbeiten, die beim Stadtarchiv angesiedelt waren, waren die Grundlagen gelegt für eine historisch begründete Auswahl von Frauen, die Teil der Erinnerung der Stadt werden sollten. Anfang 1994 erschien ein kleiner Band über die Straßennamen in Karlsruhe, in dem sich ein Artikel der damaligen Frauenbeauftragten Annette Niesyto findet: „Man(n) machte sich einen Namen – Frauen und Straßennamen". Darin stellte sie fest, dass 571 Straßen und Plätze nach Persönlichkeiten benannt waren, davon 42 Straßen und Plätze nach 38 Frauen. Die übrigen 514 Objekte trugen die Namen von 487 Männern. Damit lag der Anteil von Frauen bei 8 %[17]. Sie schrieb: „Straßennamen spiegeln das jeweilige Werteverständnis und gesellschaftliche Machtverhältnisse wider" und fragte „Wie sollen sich Frauen in einer Stadt heimisch fühlen können, in der sie sich in der Öffentlichkeit kaum wiederfinden können?".[18] Zudem betonte sie, dass vor allem kleinere, nicht zentral gelegene Straßen nach Frauen benannt waren[19]. Die Forderung, Straßen nach Frauen zu benennen, lag spätestens seit diesem Straßennamenbuch von 1994 auf dem Tisch, letztlich

---

[14] Vgl. ebd., S. 15f.

[15] Vgl. Jochen Karl MEHLDAU, Regeln und Ausnahmen – Karlsruher Straßennamen 1994–1993, in: Straßennamen in Karlsruhe (wie Anm. 9), S. 23–35, hier S. 29.

[16] Vgl. Gerhard SEILER, Geleitwort, in: Susanne ASCHE/Barbara GUTTMANN/Olivia HOCHSTRASSER u.a., Karlsruher Frauen 1715 1945. Eine Stadtgeschichte (Veröffentlichungen des Karlsruher Stadtarchivs, Bd. 15), Karlsruhe 1992, S. 11 und Susanne ASCHE, Einleitung, in: ebd., S. 12–18, hier S. 17. Vgl. auch Katrin DORT/Vanessa HILSS, „Männer und Frauen sind gleichberechtigt"...? Die Neue Frauenbewegung in Karlsruhe, in: Bewegte Zeiten. Beiträge zur Karlsruher Geschichte, hg. von Stadtarchiv Karlsruhe durch Manfred KOCH, Karlsruhe 2022, S. 163–186, hier S. 183f.

[17] Vgl. Annette NIESYTO, Man(n) machte sich einen Namen – Frauen und Straßennamen, in: Straßennamen in Karlsruhe (wie Anm. 9), S. 37–39.

[18] Ebd. S. 38.

[19] Vgl. ebd., S. 39.

Abb. 3: Nach der Karlsruher Gemeinderätin Luise Riegger wurde eine Straße benannt, hier bei der Verleihung des Bundesverdienstkreuzes an sie im Jahr 1962. (Fotografie Horst Schlesiger, Stadtarchiv Karlsruhe 8/BA Schlesiger A9a/217/4/1)

schon seit der großen Ausstellung zur Geschichte der Karlsruher Frauen und der ihr zugrundeliegenden Publikation von 1992.

Es näherte sich das Jahr des 150. Jubiläums der Revolution 1848/49, das Interesse an der Geschichte der Demokratie, besonders aber auch am Beitrag der Frauen an dieser Revolution wuchs – auch in Karlsruhe. Nun war der schon wiederholt von Stadträtinnen erhobenen Forderung nach Frauennamen im Stadtraum Erfolg beschieden, denn als im Frühjahr 1998 die ehemalige SPD-Stadträtin und Ehrenbürgerin Hanne Landgraf erneut darum bat, eine Straße nach Marie Juchacz, der Begründerin der Arbeiterwohlfahrt (AWO), zu benennen, regte die Stadtverwaltung im Bauausschuss an, im neuen Baugebiet Karlsruhe Südost die Straßen nach verdienstvollen Frauen zu benennen[20]. Zuvor hatte man im Stadtarchiv nachgefragt,

[20] Vgl. hierzu und zum Folgenden Unterlagen des Liegenschaftsamtes Karlsruhe und Erinnerungen der Autorin.

welche Frauen dafür in Frage kämen, denn man wollte vorrangig Karlsruher Frauen ehren. Damit griff man eine Anregung der Frauenbeauftragten von 1994 auf, die auf eine Diskussion im Gemeinderat einer anderen badischen Großstadt verwiesen hatte, die Straßen eines Neubaugebietes nach Frauen zu benennen. Der Beschluss in der anderen badischen Großstadt wurde nicht gefasst[21], doch in Karlsruhe plante man, alle neuen Straßen im neuen Stadtviertel Karlsruhe Süd-Ost nach Frauen zu benennen. Der Bauausschuss – ein meist nicht öffentlich tagendes Gremium des Gemeinderats – stimmte zu[22]. Zur Diskussion standen Marie Juchacz, die schon seit 1980 auf der städtischen Vormerkliste stand, Melitta Schöpf, eine Karlsruher Gemeinderätin und Geschäftsfrau, Luise Riegger, ebenfalls Karlsruher Politikerin, Hedwig Kettler die Begründerin des ersten deutschen Mädchengymnasiums 1893 in Karlsruhe, Clara Siebert, Karlsruher Landtags- und Reichstagsabgeordnete, Henriette Obermüller, Durlacher 1848erin, Elisabeth Großwendt, erste Jugendamtsleiterin in Karlsruhe, Maria Josephine Scheffel, Gründerin des Elisabethenvereins und Amalie Baader, Gründerin des Vincentiusvereins.

Diese Namen benannten – außer Marie Juchacz – ausschließlich Frauen, die mit der Karlsruher Geschichte verbunden waren. Als Alternative waren weitere bedeutende deutsche Persönlichkeiten wie Luise Otto-Peters oder Johanna Kinkel im Gespräch. Zu benennen waren zunächst zehn Straßen. Ziel war es, wie die Stadtverwaltung nun deutlich betonte, die öffentliche Repräsentanz von Frauen im Stadtbild zu vergrößern, schließlich waren damals – 1998/99 – erst 8 % aller Straßen nach Frauen benannt worden.

Straßenbenennungen sind eine vor allem bei den jeweiligen Anlieger:innen emotional hoch besetzte Angelegenheit, in die auch die Stadtgesellschaft mit einbezogen werden muss. Also wurde der Vorsitzende der Bürgergesellschaft Südstadt angeschrieben mit der Bitte um Stellungnahme. Er erklärte sein Einverständnis[23]. Am Ende waren es, wie die Stadtzeitung/Amtsblatt der Stadt Karlsruhe am 27. Oktober 2000 berichtete, zwischenzeitlich elf Straßen, die in dem Areal zwischen Kriegsstraße, Rüppurrer Straße und Stuttgarter Straße angelegt worden waren und nun die Namen von verdienstvollen Frauen trugen. Manche zunächst ins Auge gefassten Namen waren ausgetauscht worden, neue hinzugekommen, so dass am Ende Melitta Schöpf, Henriette Obermüller, Amalie Baader, Hedwig Kettler, Klara Siebert, Marie Jucharcz, Elisabeth Großwendt und Luise Riegger geehrt wurden. Neu hinzugekommen waren Anna Lauter, eine der Präsidentinnen des Badischen Frauenvereins, und Rahel Strauß, die 1899 die erste Abiturrede einer Frau in Deutschland in Karlsruhe gehalten hatte, sowie Marie Baum, eine Sozialwissenschaftlerin und Gewerbeaufsichtsbeamtin in Karlsruhe[24].

---

[21] Vgl. NIESYTO (wie Anm. 17), S. 39.

[22] Vgl. Unterlagen des Liegenschaftsamtes Karlsruhe, hier Offenlagebeschluss vom 5.4.2000; Stadtzeitung. Amtsblatt der Stadt Karlsruhe vom 19. Mai 2000; Badische Neueste Nachrichten Nr. 124 vom 30. Mai 2000.

[23] Vgl. Unterlagen des Liegenschaftsamtes Karlsruhe.

[24] Die Bedeutung und Leistung aller genannten Frauen für die Geschichte der Stadt sind

Abb. 4: Die Revolutionärin Henriette Obermüller als junge Frau. (Porträtaufnahme, Privatbesitz Familie Venedey, Konstanz, Fotografie von Birgit Bublies-Godau, Dortmund)

Auffallend an dieser Auswahl ist es, dass ausschließlich Frauen ausgewählt wurden, die sich dezidiert politisch oder sozialpolitisch engagiert und damit alle einen Beitrag auf dem Weg der Frauen in die politische und gesellschaftliche Emanzipation geleistet hatten. Man hätte auch Komponistinnen, Malerinnen oder Sängerinnen auswählen können, die selbstverständlich in ihrem Bereich auch befreiend wirken konnten, aber deren Wirken leichter in ein herkömmliches Geschlechterverhältnis zu integrieren wäre. Dass in Karlsruhe im Jahr 2000 mit den Benennungen neu angelegter Straßen ein dezidiert politisches Bekenntnis zur Bedeutung der historischen Frauenbewegung und zur politisch-gesellschaftlichen Emanzipation der Frauen abgelegt wurde, liegt an den fraktionsübergreifenden Forderungen der

beschrieben in: ASCHE/GUTTMANN/HOCHSTRASSER u.a. (wie Anm. 16). Vgl. zur Geschichte der Karlsruher Frauen nach 1945: Barbara GUTTMANN, Zwischen Trümmern und Träumen. Karlsruherinnen in Politik und Gesellschaft der Nachkriegszeit, hg. von der Stadt Karlsruhe. Stadtarchiv/Frauenbeauftragte, Karlsruhe 1997 und Barbara GUTTMANN, Den weiblichen Einfluss geltend machen .... Karlsruher Frauen in der Nachkriegszeit 1945–1955 (Veröffentlichungen des Karlsruher Stadtarchivs, Bd. 21), Karlsruhe 2000.

Stadträtinnen, die bereits zehn Jahre zuvor das umfangreiche Projekt zur Erforschung und Präsentation der Geschichte der Karlsruherinnen durchgesetzt hatten.

Für den direkten Zusammenhang von historischer Forschung und Präsentation mit der jeweiligen politischen Debatte gibt es noch ein weiteres Beispiel. Es ging um die 1848er Demokratin Henriette Obermüller aus Durlach, einem heutigen Stadtteil von Karlsruhe, der bis 1938 eine eigenständige Stadt war. Henriette Obermüller war schon 1998 als mögliche Namensgeberin ausgewählt worden, doch wusste man zu dieser Zeit nur wenig über sie[25]. Im Jahr 1999 jedoch veröffentlichte das Stadtarchiv ihre Tagebücher und Lebenserinnerungen, die von der Historikerin Birgit Bublies-Godau entdeckt worden waren und nun von ihr ediert wurden[26].

In der bis dahin verbreiteten Erinnerung an 1848/49 besetzten Frauen vor allem die weibliche Rolle der Fahnenstickerin und Teilnehmerin an der Fahnenweihe[27]. Henriette Obermüllers Lebenserinnerungen eröffnen einen zusätzlichen Blick auf eine Seite des revolutionären Geschehens, die in der Geschichtsschreibung weitgehend vergessen wird und die die These von Schraut und Paletschek bestätigt: Privat konnotierte Räume wie die Wohnung prägten auch das revolutionäre Geschehen[28].

Obermüllers Schriften, die eben diese Einblicke in den privaten Raum der Ehe und der Familie geben, waren die Grundlage einer vielbeachteten Ausstellung im stadthistorischen Pfinzgaumuseum[29] – Henriette Obermüller mit ihrer aufregenden Biografie einer mutigen und unbeugsamen Frau hatte im Karlsruher historischen Gedächtnis nun ein Gesicht. Ihre Lebenserinnerungen wurden Teil der Karlsruher Erinnerungen an die Revolution von 1848/49. Das führte zu lebhaften Debatten darüber, ob im Stadtteil Durlach oder in der Kernstadt von Karlsruhe eine Straße nach ihr benannt werden solle. Als man sich für eine Karlsruher Straße im Neubaugebiet entschied, griff ein Stadtrat ein und hielt die Offenlage mit der Bemerkung auf, die für Henriette Obermüller ausgewählte Straße sei zu klein für eine solche bedeutende Persönlichkeit[30]. Nun erhielt die kleine Straße den Namen

---

[25] Vgl. zum Wissen im Jahr 1998 Susanne Asche, Die Bürgerstadt, in: Susanne Asche/Olivia Hochstrasser, Durlach. Staufergründung, Fürstenresidenz, Bürgerstadt (Veröffentlichungen des Karlsruher Stadtarchivs, Bd. 17), Karlsruhe 1996, S. 148–443, hier S. 287ff.

[26] Vgl. Henriette Obermüller-Venedey, Dass die Frauen bessere Democraten, Geborene Democraten seyen ... Tagebücher und Lebenserinnerungen 1817–1871, hg. von Birgit Bublies-Godau (Forschungen und Quellen zur Stadtgeschichte, Bd. 7), Karlsruhe 1999.

[27] Vgl. zur Rolle der Frauen während der Revolution 1848/49 im deutschen Südwesten Uta Grau, Emanzipiert Revolution? Auf der Suche nach den Frauen der Revolution 1848/49, in: Frauen & Geschichte Baden-Württemberg/Haus der Geschichte Baden-Württemberg/Landeszentrale für politische Bildung Baden-Württemberg (Hg.), Frauen und Revolution. Strategien weiblicher Emanzipation 1789–1848, Tübingen 1998, S. 58–80.

[28] Vgl. Schraut/Paletschek (wie Anm. 3), S. 17f.

[29] Vgl. Berichte über die Ausstellung „Zeitenwende", die im Karlsruher Pfinzgaumuseum vom 26.11.1999 bis 27.2.2000 gezeigt wurde, u.a. in StadtZeitung. Amtsblatt der Stadt Karlsruhe vom 26. November 1999; Badische Neueste Nachrichten vom 27./28. November 1999; Bühnenblick Nr. 37 vom Dezember 1999.

[30] Vgl. Badische Neueste Nachrichten vom 14. April 2000.

von Amalie Baader und Henriette Obermüller wurde durch eine größere geehrt[31]. Begleitend zur Auswahl der Straßennamen erschienen in der lokalen Presse Porträts und Kurzbiografien der zu ehrenden Frauen[32].

Die Karlsruher Geschehnisse 1998 bis 2000 stehen exemplarisch für damalige Diskussionen. So erschien im März 2000 im Magazin Nr. 9 der Süddeutschen Zeitung anlässlich des Internationalen Frauentages unter dem Titel „Planmäßig unterdrückt" eine Auflistung von Dominik Wichmann, in welcher Großstadt wie viele Straßen nach Frauen benannt sind. Hannover hatte damals mit 2,19 % die wenigsten weiblichen Straßennamen, Bremen mit 3,98 % die meisten. Leider lässt diese Auflistung Karlsruhe vermissen, das damals ja immerhin 8 % aufwies[33].

Doch nun machten sich mehrere Städte auf den Weg, 2008 gab z.B. die Landeshauptstadt Hannover eine Publikation heraus mit dem Titel „Bedeutende Frauen in Hannover. Eine Hilfe für künftige Benennungen von Straßen, Wegen, Plätzen und Brücken nach weiblichen Persönlichkeiten"[34].

Das alles hört sich an wie eine Karlsruher Erfolgsgeschichte, doch das Ziel ist noch lange nicht erreicht. Denn bei allem gibt es auch hier einen Wermutstropfen. Wir haben in Karlsruhe ein Dichter:innenviertel, ein Musiker:innenviertel und ein Jurist:innenviertel – und nun auch ein Frauenviertel?

2017 gab es einen erneuten Vorstoß, die zukünftige Benennung von Straßen, Plätzen und Gebäuden zu überdenken. Ausgangspunkt ist die sogenannte Vormerkliste, in die alle geeigneten Namenswünsche eingetragen werden. Vorschläge dafür kommen von Bürger:innen, Initiativen, Vereinen oder Politiker:innen. Diese Vormerkliste umfasste im Jahr 2017 75 Namen, darunter vier Frauen und 64 Männer, sieben für geografische Bezeichnungen. 56 Namen standen schon seit über 30 Jahren auf dieser Liste. Diese Liste wurde nun nicht nur überarbeitet, sondern vor allem auch reduziert, so dass die Verwaltungsvorlage nur noch 12 Männernamen und einen Frauennamen enthielt[35].

Folgende Kriterien für die Auswahl einer Person waren zu beachten: *herausragende individuelle Leistungen und Verdienste [...], deren Bedeutung nach der Auswirkung für das Gemeinwohl zu bemessen ist*[36]. Auf diese Liste reagierte die Fraktion Bündnis 90/Die Grünen und monierte öffentlich in einem Gemeinderats-

---

[31] Vgl. Unterlagen des Liegenschaftsamtes Karlsruhe.

[32] Vgl. z.B. Wer war Hettwig Kettler, in: StadtZeitung. Amtsblatt der Stadt Karlsruhe vom 27. Oktober 2000.

[33] Vgl. Unterlagen des Liegenschaftsamtes Karlsruhe.

[34] Vgl. Christine Kannenberg/Sabine Poppe (Red.), Bedeutende Frauen in Hannover. Eine Hilfe für künftige Benennungen von Straßen, Wegen, Plätzen und Brücken nach weiblichen Persönlichkeiten, hg. von der Landeshauptstadt Hannover, Oberbürgermeister/Referat für Frauen und Gleichstellung, Fachbereich Planen und Stadtentwicklung, Hannover 2008.

[35] Vgl. Unterlagen des Liegenschaftsamtes Karlsruhe (Beschlussvorlage Bauausschuss Reduzierung der Vormerkliste für Straßennamen vom 13.10.2017).

[36] Ebd.

antrag, dass nur eine Frau auftauchte[37]. Am 20. März 2018 gab es im Gemeinderat dazu eine Debatte, die um den Punkt ergänzt wurde, dass eine Fraktion die Benennung eines Platzes oder einer Straße nach Gustav Landauer beantragt hatte[38]. Gustav Landauer kam auf die Liste, da gerade eine Ausstellung über ihn in der Literarischen Gesellschaft im Rahmen der Europäischen Kulturtage geplant war[39]. Auch hier zeigt sich wieder der Zusammenhang von historischer Ausstellung und Straßennamen.

Der Antrag von Bündnis 90/Die Grünen, Straßen und Plätze nach verdienstvollen Frauen zu benennen, wurde in den Kulturausschuss verwiesen. Das Kulturamt erstellte eine Liste mit Vorschlägen. Nun gab es im nicht öffentlich tagenden Kulturausschuss eine Diskussion über den Vorschlag des Kulturamtes, Markgräfin Karoline Luise nicht aufzunehmen, denn – so das Argument des Kulturamtes – in Zeiten der Demokratie sei es nicht mehr üblich, Straßen nach Angehörigen ehemaliger adliger Herrscherfamilien zu benennen[40]. Mit diesem Argument konnte sich das Kulturamt nicht durchsetzen, Karoline Luise ist nun auch auf der vom öffentlich am 7. Dezember 2018 tagenden Bauausschuss beschlossenen Vormerkliste aufgeführt neben Marie Schloß, einer Schriftstellerin und Frauenrechtlerin, Lilly Fischel, der ersten Leiterin der Kunsthalle und Ruth Rebekka Poritzky[41].

Auf Letztere – eine Musikerin – wurde der Gemeinderat deswegen aufmerksam, weil bei der Gedenkveranstaltung zum 9. November 2018 Michael Brumlik auf ihr Schicksal als jüdische Sängerin, Organistin und Lautenistin hingewiesen hatte[42]. Sie wurde 1942 in Auschwitz ermordet. Auch ihre Aufnahme in die Liste ist ein Beleg für den direkten Zusammenhang von Geschichtsforschung und -präsentation, öffentlicher Wahrnehmung, Erinnerung und Kommunalpolitik.

Ob die 2018 beschlossene Vormerkliste noch abgearbeitet werden wird, ist nicht sicher, da neue Stadtviertel derzeit nicht ausgeschrieben sind und neue Straßen nur noch selten entstehen.

---

[37] Vgl. Antrag Nr. 2018/0044 zu Top 13.2. Gemeinderat am 20.3.2018, https://sitzungskalender.karlsruhe.de/db/ratsinformation/termin-4925 (Letzter Zugriff: 13.05.2024).

[38] Vgl. Niederschrift Top 13 der 48. Plenarsitzung Gemeinderat vom 20. März 2018 öffentlich; in: Unterlagen des Liegenschaftsamtes Karlsruhe; vgl. auch Antrag Nr. 2017/0630 zu Top 13.1 Gemeinderat am 20.3.2018, https://sitzungskalender.karlsruhe.de/db/ratsinformation/termin-4925 (Letzter Zugriff: 13.05.2024).

[39] Vgl. Ausstellung Liebe und Revolution. Hedwig Lachmann und Gustav Landauer zwischen Kunst und Politik, in: Programm der Karlsruher Europäischen Kulturtage 2018, https://web6.karlsruhe.de/Kultur/EKT/EKT2018/de/programm/detail/249 (Letzter Zugriff: 13.05.2024).

[40] Vgl. Erinnerungen der Autorin, damals Leiterin des Kulturamtes.

[41] Vgl. Beschlussvorlage Bauauschuss vom 07.12.2018 „Frauennamen für die Straßennamen-Vormerkliste", https://sitzungskalender.karlsruhe.de/db/ratsinformation/termin-4923 (Letzter Zugriff: 13.05.2024).

[42] Vgl. zu der Gedenkveranstaltung die Erinnerungen der Autorin. Vgl. zu Ruth Rebecca Poritzky Christoph Kalisch, Poritzky, Ruth Rebecca, in: Gedenkbuch für die Karlsruher Juden, hg. von Stadt Karlsruhe, Kulturamt, Stadtarchiv & Hist. Museen, online einsehbar unter: https://gedenkbuch.karlsruhe.de/namen/3377 (Letzter Zugriff: 13.05.2024).

Eine Auswertung von 2021 ergab, dass 590 Straßen nach Männern, 70 nach Frauen benannt sind – gegenüber 8 % von 1994 ist dies eine Steigerung auf 10 %[43]. Ziel müsste es sein, dass es überall im Stadtraum Erinnerungsmale – Straßennamen, Gebäudebezeichnungen, Brückennamen, Stelen usw. – zu entdecken gibt, die gleichberechtigt an Männer und Frauen erinnern. Davon sind die Städte in Deutschland noch weit entfernt.

Derzeit gibt es in zahlreichen Städten die Diskussion, Straßen wieder umzubenennen. Freiburg ließ sich seine Straßennamen von einer historischen Kommission neu bewerten[44]. Aktuell rücken die Namen von Kolonialherren in den Blick[45], und es gibt den Vorschlag, diese auszutauschen gegen Namen von verdienstvollen Frauen[46]. Das sind sehr mühselige Wege, denn Straßennamensänderungen haben weitreichende Folgen für die Verwaltung wie für die Anwohner:innen – Änderungen müssen eingetragen werden im Grundbuch, Liegenschaftskataster, bei der Gebäudeversicherung, bei den Stadtwerken, im Stadtplan, bei der Post und Polizei sowie beim Tiefbauamt, in Ausweisen wie Kraftfahrzeugpapieren, bei Renten- und anderen Versicherungen usw. Daher scheitern solche Unterfangen meist an der Politik oder an der Stadtgesellschaft. Vielleicht ist es daher angeraten, andere Strategien zur Verankerung von Gender im öffentlichen Raum zu entwickeln bzw. den öffentlichen Raum neu zu definieren.

Denkbar sind sogenannte Guerilla-Aktionen, temporäre Eingriffe, lokal geförderte Graffitikunst, Kulturfestivals oder Gedenktage. So feierte Karlsruhe 1993 mit einem großen Festakt im Bürgersaal das 100-jährige Jubiläum des ersten Mädchengymnasiums in Deutschland[47]. Möglich sind auch kommunale Preisverleihungen wie der Karlsruher Hanna-Nagel-Preis oder auch der von Club Soroptimist International Karlsruhe verliehene Erna-Scheffler-Preis.

Vor allem der mediale Raum bietet die Möglichkeit – wie Schraut/Paletschek betonen, „Erinnerung nicht hierarchisieren und beispielsweise aus Kostengründen begrenzen zu müssen" und „Widerhaken in die zur Kanonisierung neigenden nationalen Erinnerungskulturen" einbauen zu können[48]. So pflegt Frauen & Geschichte Baden-Württemberg e. V. seit rund zwei Jahren die Rubrik der Denk-

---

[43] Auswertung durch Paul Walter, Mitarbeiter des Liegenschaftsamtes Karlsruhe.

[44] Vgl. z. B. baden.fm, Diese Straßen in Freiburg werden umbenannt, https://www.baden.fm/nachrichten/diese-strassen-in-freiburg-werden-umbenannt-684044 (Letzter Zugriff: 13.05.2024).

[45] Vgl. Kai Biermann, Völkermordstraße, https://www.zeit.de/wissen/2018–01/strassennamen-kolonialismus-rassismus-umbenennung-initiativen (Letzter Zugriff: 13.05.2024).

[46] Mündliche Auskunft von Sylvia Schraut.

[47] Vgl. Stadt Karlsruhe (Hg.), Festschrift 100 Jahre Mädchen-Gymnasium in Deutschland, Karlsruhe 1993.

[48] Schraut/Paletschek (wie Anm. 3), S. 9.

Tage auf ihrer Website[49] und viele Städte – so auch Karlsruhe – haben digitale Stadtlexika[50].

Zusammenfassend zeigt das Beispiel Karlsruhe, dass nur das Zusammenspiel von Kommunalpolitik – hier waren es entschlossene Stadträtinnen –, sowie Geschichtsforschung und -präsentation Gender in der Erinnerung im kommunalen Raum ermöglichen.

[49] Vgl. Frauen & Geschichte Baden-Württemberg e.V., Denk-Tage, https://frauen-und-geschichte.de/website.php?id=denktage (Letzter Zugriff 13.05.2024).

[50] Vgl. Ernst Otto BRÄUNCHE u.a., Stadtlexikon Karlsruhe, https://stadtlexikon.karlsruhe.de/index.php/De:Stadtlexikon (Letzter Zugriff: 13.05.2024).

Von Lokalhelden zu europäischen Verkaufsschlagern. Die Staufer im kommunalen Gedächtnis

Isabelle Luhmann

Die Staufer waren ein Adelsgeschlecht, das vom 11. bis 13. Jahrhundert mehrere schwäbische Herzöge und römisch-deutsche Könige und Kaiser hervorbrachte. Die berühmtesten unter ihnen waren Friedrich I. Barbarossa und Friedrich II. – auch bezeichnet als „das Staunen der Welt"[1]. Im Fokus dieses Beitrags stehen aber weniger die Staufer selbst, sondern vielmehr die Erinnerung an die Staufer. Diese ist für die deutschsprachige Geschichtskultur vom 19. Jahrhundert bis zum Ende des Zweiten Weltkrieges recht gut untersucht[2]. Die jüngsten Erzählungen über die Dynastie ab der zweiten Hälfte des 20. Jahrhunderts sind bislang in der Forschung jedoch kaum thematisiert worden. Dabei sind gerade diese von Interesse, da das allgemeine Geschichtsinteresse seit der großen Staufer-Ausstellung von 1977 gestiegen ist und ab den 1980er-Jahren von einem regelrechten Mittelalter-Boom in der Populärkultur gesprochen wird[3]. Diese jüngsten Erzählungen von den Staufern ab ca. den 1970er-Jahren bis in die unmittelbare Gegenwart wurden auf verschiedenen

---

[1] Vgl. beispielsweise Ulrich KNEFELKAMP, Das Mittelalter. Geschichte im Überblick, Paderborn 2003, S. 191; Odilo ENGELS, Art. Staufer, in: Robert AUTY (Hg.), Lexikon des Mittelalters, Bd. 8, Stuttgart/Weimar 1999, Sp. 76; Knut GÖRICH, Die Staufer: Herrscher und Reich, München 2006, S. 28–29; Matthias MEINHARDT/Andreas RANFT/Stephan SELZER (Hg.), Mittelalter (Oldenburg Geschichte Lehrbuch), München 2007, S. 51. Der englische Mönch Matthew Paris gab Friedrich II. in seinem Geschichtswerk den Beinamen „Staunen der Welt und wunderbarer Verwandler". Zitiert nach Bernd SCHNEIDMÜLLER/Stefan WEINFURTER/Alfried WIECZOREK (Hg.), Die Staufer und Italien. Drei Innovationsregionen im mittelalterlichen Europa. Objekte (Publikationen der Reiss-Engelhorn-Museen, Bd. 37), Darmstadt 2010, S. 215.

[2] Vgl. beispielsweise Rainer HAUSSHERR (Hg.), Die Zeit der Staufer. Geschichte – Kunst – Kultur. Katalog der Ausstellung des Württembergischen Landesmuseums Stuttgart. Bd. 3: Aufsätze, Stuttgart 1977; Knut GÖRICH, Die Staufer: Herrscher und Reich. München 2011; Knut GÖRICH, Konjunkturen eines Geschichtsbildes – das Beispiel Friedrich Barbarossa, in: Geschichte für heute 4 (2015), S. 34–49; Klaus SCHREINER, Friedrich Barbarossa – Herrscher, Held und Hoffnungsträger. Funktionen staufischer Erinnerungskultur im 19. und 20. Jahrhundert, in: Gesellschaft für staufische Geschichte e. V. (Hg.), Von Palermo zum Kyffhäuser. Staufische Erinnerungsorte und Staufermythos. 24. Göppinger Staufertage, 12. bis 14. November 2010 (Schriften zur staufischen Geschichte und Kunst, Bd. 31), Göppingen 2012, S. 97–128.

[3] Vgl. Aleida ASSMANN, Geschichte im Gedächtnis. Von der individuellen Erfahrung zur öffentlichen Inszenierung, München 2007, S. 137–138; Barbara KORTE/Sylvia PALETSCHEK, Geschichte in populären Medien und Genres: Vom historischen Roman zum Computerspiel, in: Barbara KORTE/Sylvia PALETSCHEK (Hg.), History goes Pop. Zur Repräsentation von Geschichte in populären Medien und Genres (Historische Lebenswelten in populären Wissenskulturen, Bd. 1), Bielefeld 2009, S. 9–60, hier S. 9.

räumlichen Erinnerungsebenen und in unterschiedlichen Medien der Populärkultur in einem Dissertationsprojekt untersucht[4]. Hierbei wurde auch herausgearbeitet, welche geschichtskulturellen Funktionen diese vielschichtigen Narrationen der Staufer jeweils erfüllen konnten[5]. Ziel war es, eine Art Panorama dieser jüngsten, vielfältigen Stauferrezeption zu geben. Ein Ausschnitt dieses Panoramas, nämlich die staufische Geschichtskultur auf der kommunalen Ebene, soll im Folgenden vorgestellt werden.

Hierfür wurde die Geschichtskultur in sogenannten Stauferstädten betrachtet[6]. Im Fokus standen dabei die Städte Schwäbisch Gmünd und Göppingen. Beide liegen in einer Region 40 km von Stuttgart entfernt, die häufig als das „Stammland der Staufer" bezeichnet wird. Die frühesten Besitzungen der Staufer liegen hier im deutschen Südwesten, weswegen ein besonders intensiver Rückbezug auf die staufische Geschichte auf der Hand liegt[7]. Die Präsenz staufischer Vergangenheit in der städtischen Geschichtskultur beider Städte lässt sich bis ins 16. Jahrhundert zurückverfolgen und ist bis 1945, beziehungsweise in Ansätzen bis 1977, gut erschlossen[8]. Genau hier setzte die Untersuchung zeitlich an. Analysiert wurden klassische Medien der städtischen Geschichtskultur wie die Aktivitäten der lokalen Geschichtsvereine oder auch die architektonische Thematisierung der Staufer beispielsweise durch Schulbenennungen, Denkmäler oder Straßennamen. Des Weiteren Bestandteile des Tourismus und „History Marketing" beider Städte, also die Außendarstellung als Stauferstadt[9]. In Göppingen wurden hierfür die Tourismuskonzepte der Stadt auf dem Hohenstaufen betrachtet – auf diesem Berg lag die Stammburg der Staufer. In Schwäbisch Gmünd wurden die performativen Praktiken staufischer Rezeption analysiert wie Mittelaltermärkte oder das Thea-

---

[4] Vgl. Isabelle LUHMANN, Die Staufer in der populären Geschichtskultur. Ein Rezeptionspanorama seit den 1970er Jahren (Historische Lebenswelten in populären Wissenskulturen/History in Popular Cultures, Bd. 20), Bielefeld 2021. Die letzte umfassende Datenerhebung fand 2017 statt.

[5] Zu den verschiedenen Funktionen, die Vergegenwärtigungen der Vergangenheit in der Gegenwart erfüllen können vgl. ebd., S. 34 ff.

[6] Zum Begriff der Stauferstadt, dessen Aufkommen und Verwendung im wissenschaftlichen und populären Diskurs vgl. ebd., S. 160 ff. Um einen inflationären Gebrauch von Anführungszeichen zu vermeiden, werden im Folgenden nach den Staufern benannte Städte, Events, Vereine, Institutionen oder auch Produkte ohne diese ausgeschrieben.

[7] Vgl. Thomas BRUNE/Bodo BAUMUNK, Wege der Popularisierung, in: HAUSSHERR (wie Anm. 2), S. 327–335, hier S. 331.

[8] Vgl. Thomas BRUNE, Staufertraditionalismus im Spiegel einer Göppinger Zeitung seit 1863 (Veröffentlichung des Stadtarchivs Göppingen, Bd. 14), Göppingen 1977; Klaus GRAF, Gmünder Chroniken im 16. Jahrhundert, Schwäbisch Gmünd 1984; Hans-Georg HOFACKER/Klaus SCHREINER, Überlieferungen in Schwaben und Württemberg, in: HAUSSHERR (wie Anm. 2), S. 311–326.

[9] Dies entspricht den Themenfeldern, die für geschichtskulturelle Fragestellungen in Städten wichtig sind vgl. Sandra SCHÜRMANN/Jochen GUCKES, Leitartikel: Stadtbilder und Stadtrepräsentationen im 20. Jahrhundert, in: Jochen GUCKES (Hg.), Themenschwerpunkt: Stadtbilder und Stadtrepräsentationen (Informationen zur modernen Stadtgeschichte, Bd. 1), Berlin 2005, S. 5–10, hier S. 6–7.

terstück Staufersaga. Im Folgenden sollen die untersuchten Städte – angefangen bei der Hohenstaufenstadt Göppingen – zunächst vorgestellt werden, indem ein kurzer Abriss über die jeweilige Stadtgeschichte, die Bezüge zu den Staufern und das staufische Geschichtsbewusstsein gegeben wird. Dieses Hintergrundwissen ist notwendig, um zu verstehen, welche geschichtskulturellen Funktionen die Narrationen der staufischen Geschichte zum jeweiligen Zeitpunkt erfüllen konnten. Anschließend werden die Geschichtsdarstellungen in beiden Städten geschildert und die sich daraus ergebenden geschichtskulturellen Funktionen erläutert.

Die große Kreisstadt Göppingen liegt im Dreieck zwischen Stuttgart, Tübingen und Ulm und ist die größte Stadt im Landkreis Göppingen. Aktuell zählt sie ca. 57.000 Einwohner. Landschaftlich markant und für die Stadtgemeinschaft identitätsstiftend ist der Berg Hohenstaufen innerhalb der Stadtgrenzen, auf dem die Stammburg der Staufer stand[10]. Zur Stadt erhoben wurde Göppingen wohl während der Stauferzeit in der ersten Hälfte des 12. Jahrhunderts. Das mittelalterliche Stadtbild ist durch zwei Brände im 15. und 18. Jahrhundert komplett zerstört worden, sodass es kaum stauferzeitliche Bauwerke mehr in Göppingen gibt[11]. Im 19. Jahrhundert entwickelte sich Göppingen zu einer der führenden Industriestädte Württembergs, dennoch blieb die Stadt während des Zweiten Weltkrieges weitgehend von Zerstörungen verschont. In den Nachkriegsjahren mussten zahlreiche Heimatvertriebene in die Stadtgemeinschaft eingegliedert werden und viele öffentliche Einrichtungen entstanden in den 1950er- und 1960er-Jahren[12]. Diese Neustrukturierungen fielen in die Ära des langjährig amtierenden Oberbürgermeisters Herbert König, der die Geschicke der Stadt 1954–1980 lenkte. Die alte Industriestadt versuchte sich neu in der Gegenwart zu positionieren, wofür auch gerne auf die historischen Traditionslinien als Stauferstadt verwiesen wurde[13]. Im Zuge der Kreisreformen 1957–1975 wurde Göppingen durch fünf Eingemeindungen stark vergrößert. Nun mussten folglich auch die zahlreichen Neubürger:innen der einst eigenständigen Ortschaften in die Stadtgemeinschaft integriert werden[14]. In der

[10] Vgl. Olaf HINRICHSEN, Göppingen. Symbiose aus Traditionen und Moderne, in: Raimund M. ROTHENBERGER, (Hg.), Die 3-Kaiserberge und das Stauferland. Landschaft, Geschichte und Kultur zwischen Fils- und Remstal, Schwäbisch Gmünd 2014, S. 387–395, hier S. 386; Landratsamt Göppingen, Fakten und Infos, https://www.landkreis-goeppingen.de/start/Landkreis/Fakten+_+Infos.html (Letzter Zugriff: 31.5.2024).

[11] Vgl. Manfred AKERMANN, Göppingen. Stadt am Fuße des Hohenstaufen, in: ROTHENBERGER (wie Anm. 10), S. 220–225, hier S. 221; HINRICHSEN (wie Anm. 10), S. 387.

[12] Vgl. AKERMANN (wie Anm.11), S. 221 und S. 224–225; HINRICHSEN (wie Anm. 10), S. 388; Heinrich DOMES, Göppingen auf dem Weg ins 21. Jahrhundert. Tempora mutantur, in: ROTHENBERGER (wie Anm. 10), S. 226–233, hier S. 230.

[13] Vgl. HINRICHSEN (wie Anm. 10), S. 388; Isabelle LUHMANN, Interview mit Walther Ziegler, Kreisarchivar vom Landkreis Göppingen 1970–2012 und Stefan Lang, amtierender Kreisarchivar, am 23.4.2015: Aktivitäten und Bewusstsein von Stadt und Kreis Göppingen zur staufischen Geschichte 1977 und heute.

[14] Vgl. HINRICHSEN (wie Anm. 10), S. 388; Isabelle LUHMANN, Interview mit Fritz Werwigk, ehemaliger Geschichtsvermittler, am 19.4.2017: Führungen zu den Staufern in Göppingen und die Staufer im städtischen Bewusstsein; Isabelle LUHMANN, Interview mit Karl-

jüngsten Vergangenheit kennzeichneten die Kommune eine niedrige Arbeitslosenquote, eine nachhaltige Wirtschaftsförderung und ein immer wieder aktualisierter Umgang mit dem Thema Migration[15].

Das historische Selbstverständnis als Stauferstadt äußerte sich in Göppingen schon früh in Form von historischen Umzügen, Stauferfesten und auch Städtepartnerschaften[16]. Dieses Selbstverständnis fußt auf einer Urkunde, die Barbarossa 1154 *apud Geppingen* ausstellte.[17] Die ehemalige Siedlung lag am Fuße des Hohenstaufen und ist demnach schon in der ersten Hälfte des 12. Jahrhunderts zur Stadt erhoben worden[18]. Eine staufische Traditionsbildung setzte in Göppingen wie in der gesamten Region ca. ab dem 15. Jahrhundert ein, doch erst seit der Entwicklung deutschnationaler Bewegungen des frühen 19. Jahrhunderts kann von einer regelrechten Staufereuphorie in Göppingen gesprochen werden. Nach der Reichsgründung im späten 19. Jahrhundert wurde „der Hohenstaufen in Göppingen zu „unserem Kaiserberg“ und Göppingen zur „Stauferstadt“ schlechthin.“[19] Thomas Brune ist dieser Staufereuphorie von ihren Anfängen im 19. Jahrhundert über die Instrumentalisierung im Nationalsozialismus mit einem kurzen Ausblick bis in die 1970er-Jahre in seiner Untersuchung einer Göppinger Tageszeitung auf den Grund gegangen[20]. Auf eine detaillierte Schilderung staufischer Rezeption bis zur zweiten Hälfte des 20. Jahrhunderts wird daher an dieser Stelle verzichtet.

Eine Schlüsselrolle für die staufische Geschichtskultur der Nachkriegszeit bis in die 1980er-Jahre spielten die Amtshandlungen des Oberbürgermeisters König. So wurde das Stauferjahr 1977 als Anlass genommen, um sich intensiv auf das staufi-

---

Heinz Ruess, Leiter des Archivs und der Museen Göppingen, am 8.5.2017: Informationen zum Erinnerungsort Hohenstaufen und rezenten Entwicklungen in Göppingen.

[15] Vgl. Hinrichsen (wie Anm. 10), S. 395; Hohenstaufenstadt Göppingen, Integrationsmanagement der Stadt Göppingen, https://www.goeppingen.de/start/kennenlernen/integrationsmanagement.html (Letzter Zugriff: 17.05.2024.

[16] Vgl. Reiner Haussherr (Hg.), Ausstellungskatalog: Die Zeit der Staufer. Geschichte-Kunst-Kultur, Bd. 1, Stuttgart 1977, S. 752.

[17] Zit. nach: Akermann (wie Anm.11), S. 221.

[18] Vgl. Akermann (wie Anm. 11), S. 22; Arbeitsgemeinschaft für Stadtgeschichtsforschung/Stadtsoziologie und städtische Denkmalpflege e.V. (Hg.), Staufer-Städte in Baden-Württemberg. Veranstaltungen u. Sehenswürdigkeiten im Stauferjahr, Stuttgart u.a. 1977, S. 66. Inwiefern die Staufer in die Stadtwerdung Göppingens involviert waren, ist höchst fragwürdig. Forschungsmeinungen für eine staufische Stadtgründung werden von Oliver Auge sehr kritisch analysiert. Er kommt zu dem Schluss, dass es keine sicheren Belege für eine staufische Stadtgründung gibt. Die Bezeichnung Göppingens als Stauferstadt setzt nach ihm in den Chroniken des 15. Jahrhunderts ein und fällt zusammen mit den Anfängen staufischer Traditionsbildung in der ganzen Region. Vgl. Oliver Auge, Seit wann gründeten die Staufer Göppingen? Eine kritische Hinterfragung bisheriger Theorien zur Stadtwerdung Göppingens, in: Walter Ziegler (Hg.), Stadt, Kirche, Adel. Göppingen von der Stauferzeit bis ins späte Mittelalter (Veröffentlichung des Stadtarchivs Göppingen, Bd. 45), Göppingen 2006, S. 182–201, hier S. 182–183, 189–190, 192.

[19] Brune (wie Anm. 8), S. 32. Vgl. auch: o.A., Aus dem Bezirk, in: Göppinger Wochenblatt. Zugleich Amtsblatt für Stadt und Land, Nr. 81 vom 25.4.1894, o.S.

[20] Vgl. Brune (wie Anm. 8).

sche Erbe zu berufen und ein vielfältiges Programm auf die Beine zu stellen. In den Folgejahren wurden immer wieder verschiedene Jubiläen oder andere Ereignisse als Anlass genommen, um die staufische Geschichte im städtischen Kontext zu thematisieren[21]. Heute sind die Staufer im städtischen Bewusstsein Göppingens und in der Vermarktung nach außen fest verankert. Der Hohenstaufen mit seiner Geschichte gehört zu den „unique selling propositions" in Göppingen, weswegen die Ruinenmauern und auch die Berggaststätte 2009 aufwändig saniert und mit neuen Tourismuskonzepten ausgestattet wurden[22]. Wir haben es in Göppingen also mit einem intensiv gelebten staufischen Geschichtsbewusstsein zu tun, das sich lang zurückverfolgen lässt.

Im Folgenden sollen zunächst die Aspekte genauer beleuchtet werden, die das historische Selbstverständnis der Göppinger Stadtgemeinschaft ab der zweiten Hälfte des 20. Jahrhunderts prägten.

Direkt nach dem Amtsantritt Königs 1954 wurden fünf weitere Straßen und einige öffentliche Gebäude wie das Hohenstaufengymnasium 1954 oder die Hohenstaufenhalle 1967 nach den Staufern benannt[23]. Der Verein „Gesellschaft für staufische Geschichte" wurde 1968 gegründet[24]. Die Ziele des Vereins waren nach ihrer ersten Satzung *die Erforschung und die Verbreitung des Wissens über Herkunft, Geschichte, Zeit und Nachleben der Staufer sowie deren europäischen Verantwortung und Bedeutung*[25]. So sollten die Bemühungen des Oberbürgermeisters zur Erforschung und Vergegenwärtigung der Dynastie institutionell verankert werden. Die Gründung fiel in eine Umbruchszeit und kann als Beleg für die Konzentration auf die historischen Traditionslinien zur Festigung des Selbstbildes verstanden werden. Die Aktivitäten des Vereins waren und sind bis heute sehr prägend für die

---

21 Vgl. Luhmann (wie Anm. 4), S. 286ff.

22 Vgl. Isabelle Luhmann, Interview mit Lisa Herr, Beauftragte der Stadt Göppingen für Stadtmarketing und Tourismus, am 23.4.2015: Touristische Angebote der Stadt Göppingen zu den Staufern; Stadtarchiv Göppingen, Bestand Materialien Göppingen Specialia: Hohenstaufen, Straße der Staufer, Tourismus, Werbung, 30.6.2010: Zeitungsartikel aus der Neuen Württembergischen Zeitung: Tourismus-Pläne übern Berg. Hohenstaufen wird vom Land vermarktet – Stadt baut Gaststätte um.

23 Vgl. Stadtarchiv Göppingen, Altregistratur, Aktenzeichen 62.16.0: 7.7.1879: Schreiben zu Straßennamen, 18.11.1965: Schreiben an das Bürgermeisteramt betreffend Straßenbeschilderung, 1.4.1976: Straßennamen: Neue Straßennamen und Änderungen von Straßennamen in der Stadt und in den Stadtbezirken; Brune (wie Anm. 8), S. 76; Hinrichsen (wie Anm. 10), S. 388; Hohenstaufen-Gymnasium, Hohenstaufen-Gymnasium Göppingen. Tabellarische Kurzübersicht der Schulgeschichte, https://de.wikipedia.org/wiki/Hohen staufen-Gymnasium_G%C3 %B6ppingen (Letzter Zugriff: 31.05.2024).

24 Der ursprüngliche Name „Gesellschaft der Freunde staufischer Geschichte" wurde 1984 in den noch heutigen Namen „Gesellschaft für staufische Geschichte e.V." umgewandelt. Vgl. Gesellschaft für staufische Geschichte, Geschäftsstelle: Wir über uns. Unsere Geschichte, https://www.staufergesellschaft.de/ueber_uns.html (Letzter Zugriff: 17.05. 2024).

25 Zitiert nach Claus Anshof, Geleitwort, in: Gesellschaft für staufische Geschichte e.V. (Hg.), Stadt in der Stauferzeit.13. Staufertage, März 1990 (Schriften zur staufischen Geschichte und Kunst, Bd. 11), Göppingen 1991, S. 6–7.

staufische Geschichtskultur der Stadt. Ziel ist eine sachliche und breite Information über die Dynastie in Form von Expertenvorträgen und Studienfahrten. Durch ihren wissenschaftlichen Charakter strahlt der Verein weit über die Kommune hinaus[26]. 1994 wurde weiterhin die Stauferstiftung von Landkreis und Kreissparkasse Göppingen ins Leben gerufen, die alle zwei Jahre den wissenschaftlichen Stauferpreis verleiht. Um aber auch der Bevölkerung – vor allem der Jugend – die Stauferzeit näher zu bringen, wird zusätzlich regelmäßig ein Schülerwettbewerb zum Thema veranstaltet[27]. Die staufische Geschichte wurde in diesem Kontext 2014 thematisiert als die eigene Lokalgeschichte mit europäischer Strahlkraft[28]. Aus Interviews mit Schüler:innen wurde deutlich, dass auch schon die jüngere Generation die Bedeutung der Staufer für die Stadt – auch als Alleinstellungsmerkmal – als sehr hoch einschätzt[29]. Die Kombination der lokalen und europäischen Erinnerungsdimension wird auch durch die zwei Stauferstelen (errichtet 2002 und 2012) in Göppingen manifestiert – Gedenksäulen, die als Teil eines europäischen Netzwerkes an wichtigen staufischen Stätten errichtet werden[30].

In der Kommunikation nach außen wurde das Werbepotential der Stauferstadt in Göppingen schon früh erkannt. Wie andere Städte in Deutschland versuchte auch Göppingen in den späten 1960er-Jahren ein passendes historisches „Label" – hier das Attribut Hohenstaufenstadt – für sich zu finden und auf Postkarten und Werbebroschüren zu etablieren[31]. Wichtiger Meilenstein hierfür war die Eingemeindung des Ortsteils Hohenstaufen 1971[32]. Das Stauferjahr 1977 wurde dann massiv genutzt, um sich nun werbewirksam zu positionieren. Aus einem Schreiben des Verkehrsamts an den Oberbürgermeister geht hervor, dass sogar die Bevölkerung angehalten werden sollte, den Blumenschmuck der Häuser dieses Jahr besonders

---

[26] Vgl. Gesellschaft für staufische Geschichte e. V. (wie Anm. 25); Isabelle LUHMANN, Interview mit Walther Ziegler, Kreisarchivar vom Landkreis Göppingen 1970–2012 und Lang, Stefan, amtierender Kreisarchivar, am 23.4.2015: Aktivitäten und Bewusstsein von Stadt und Kreis Göppingen zur staufischen Geschichte 1977 und heute.

[27] Vgl. Kreisarchiv Göppingen, Stauferstiftung Göppingen. http://www.landkreis-goeppingen.de/,Lde/start/Landratsamt/Stauferstiftung.html (Letzter Zugriff: 17.05.2024).

[28] Vgl. Stauferstiftung Kreissparkasse Göppingen, Ausschreibung Staufer-Schülerpreis, Göppingen 2014.

[29] Vgl. Isabelle LUHMANN, Interview mit Schüler, 4. Klasse, am 12.11.2016: Bedeutung der Staufer für die Stadt Göppingen und Beitrag zum Schülerwettbewerb; Isabelle LUHMANN, Interview mit Schülergruppe, 7. Klasse, am 12.11.2016: Bedeutung der Staufer für Göppingen.

[30] Vgl. Komitee der Stauferfreunde (Hg.), Stauferfreunde stiften Stauferstelen, Gerlingen, 2014, S. 2.

[31] Vgl. Stadtarchiv Göppingen, Bestand Postkarten Mustermappe Gebrüder Metz, 1963–1967: Göppingen. Zur Entwicklung des frühen Städtetourismus vgl. Isabelle LUHMANN, Interview mit Markus Herrmann, Pressesprecher der Stadt Schwäbisch Gmünd, Geschäftsführer der Touristik und Marketing GmbH, am 22.4.2015: Aktivitäten der Stadt Schwäbisch Gmünd und der TG Stauferland zur staufischen Geschichte.

[32] Vgl. Arbeitsgemeinschaft für Stadtgeschichtsforschung/Stadtsoziologie und städtische Denkmalpflege e. V. (wie Anm. 17), S. 66.

prächtig zu gestalten und Schulkinder besonders freundlich zu potentiellen Staufertourist:innen sein sollten[33]. Am Fuße des Berges wurde ein Dokumentationsraum zur staufischen Geschichte errichtet und ein Aufruf in die Tageszeitung zur Fremdenführerausbildung gesetzt, auf den sich 700 Bürger:innen meldeten[34]. Des Weiteren wurde in Kooperation mit anderen Städten die Straße der Staufer entlang staufischer Stätten der Region konzipiert[35]. Nach diesem Jahr hatte sich das Attribut Hohenstaufenstadt im Stadtmarketing etabliert. Die Staufer waren seitdem der Aufhänger, über den sich die Stadt positioniert als Kommune, die „Tradition und Moderne" vereint – so das Motto einer Broschüre von 1978 und der Internetseite von 2022[36]. In den Werbebroschüren wurden die Staufer und der Berg Hohenstaufen kontinuierlich zusammen beworben – Kultur und Natur sollten gemeinsam erkundet werden. Ab ca. den 1990er-Jahren drifteten die Staufer in kulturtouristischen Medien vom Bildungs- in den Unterhaltungssektor. Design und Vokabular der Broschüren boten zunehmend die Möglichkeit eines Ausflugs aus dem Alltag und ein Geschichtserlebnis[37]. Mit Anzeigen wie *Hochgehen zum Runterkommen* und Imagepostkarten mit Sonnenuntergängen auf dem Berggipfel wurde der Besuch der Stammburg zum romantischen Naturerlebnis verklärt[38].

Die touristischen Angebote auf dem Berggipfel bestanden während des gesamten Untersuchungszeitraums aus einer Kombination zwischen Führungen auf dem Gipfel und dem Besuch der dortigen Gaststätte und einer Besichtigung des Dokumentationsraums. Thematisiert wurden Geschichte und Geologie des Berges und der Burg, das Agieren der Staufer im näheren Umkreis und auch im gesamten, vorwiegend deutschsprachigen Stauferreich[39]. Ab den 2000er-Jahren waren erstmals Führungen spezifisch zu den staufischen Frauen nachweisbar. Mit den neuen Tou-

---

[33] Vgl. Stadtarchiv Göppingen, Bestand E4 Nachlass König, Nr. 138, 9.2.1976: Schreiben vom Verkehrsamt an Oberbürgermeister König betreffs Stauferausstellung 1977 / Stadtbezirk Göppingen-Hohenstaufen.

[34] Vgl. Kreisarchiv Göppingen, Akte Aktivitäten zum Stauferjahr, 19.11.1977: Sitzungsprotokoll des Arbeitskreises für Landes- und Ortsgeschichte im Verband der württembergischen Geschichts- und Altertumsvereine. Thema: Rückblick auf das Jahr der Stauferausstellung.

[35] Vgl. Walter Ziegler (Hg.), Stauferstätten im Stauferland. Stuttgart u. a. 1977.

[36] Vgl. Stadtarchiv Göppingen, Chronikbeilagen, 1978: Broschüre Hohenstaufenstadt Göppingen- Auf einen Blick; Hohenstaufenstadt Göppingen, Stadtporträt: Willkommen in Göppingen, https://web.archive.org/web/20170528131623/http://www.goeppingen.de/,Lde/start/Unsere+Stadt/Stadtportrait.html (Letzter Zugriff: 31.05.2024).

[37] Vgl. beispielsweise: Privatbesitz Christine Kumpf, Leiterin Stabstelle Wirtschaftsförderung und ehemalige Leiterin des Eigenbetriebs Stadthalle, Tourismus, Werbung, 2005: Broschüre Stadtführungen 2005. Göppinger Geschichte und Kultur ... Neu entdecken und neu erleben.

[38] Vgl. Saltico Management & Marketing GmbH, Berg Hohenstaufen. Hochgehen zum Runterkommen, https://berg-hohenstaufen.de/hochgehen/ (Letzter Zugriff: 24.05.2024); Imagepostkarte Stadt Göppingen „Gipfeltreffen" ca. 2015. Stadtmarketing und Tourismus Göppingen, Fotograf Frank Dehmer.

[39] Vgl. Isabelle Luhmann, Interview mit Maria-Katharina Müller, Geschichtsvermittlerin, am 25.4.2017: Führungen zu den Staufern von den 1970er Jahren bis 2017; Isabelle

rismuskonzepten von 2010 kamen umfassende Themenführungen zu den staufischen Frauen, Kinderführungen und andere thematische Schwerpunkte hinzu. Als selbstständiges Vermittlungsangebot standen weiterhin kostenlose Audioguides zur Verfügung[40]. Neben den Frauen jener Zeit wurde als neu hinzu gekommene Personengruppe sowohl in den Führungen als auch im Dokumentationsraum die einfache Bevölkerung in Stadt und Land und auf der Burg thematisiert. Die Schilderungen der unzivilisierten Lebensverhältnisse auf der Burg ließen die Zeit als abschreckend andersartig erscheinen und befeuerten Stereotype vom Mittelalter. Vor allem ab den 2010er-Jahren konnte eine verstärkte europäische Darstellung der Staufer auf dem Berg festgestellt werden. Zum einen durch den Einbezug der Stauferstele auf dem Gipfel, zum anderen durch die zunehmende Thematisierung Friedrichs II. als „ersten Europäer" sowohl in den Führungen als auch dem Audioguide[41]. So schrieb eine Wanderbroschüre der 2000er-Jahre noch von den Staufern als prägender Dynastie der deutschen Geschichte, während die Imagebroschüre von 2015 die Staufer als europäisch denkende und agierende Herrscher vorstellte[42]. Durch die neuen Tourismuskonzepte wurde der Bergbesuch außerdem als Erfahrung eines romantischen Naturidylls inszeniert – auch über Zitate schwäbischer Dichter des 19. Jahrhunderts im Kontext der damaligen Burgenromantik[43].

Welche geschichtskulturellen Funktionen konnten diese verschiedenen Thematisierungen staufischer Geschichte für die Stadt Göppingen erfüllen? Zunächst einmal trug die Vergegenwärtigung staufischer Geschichte in Göppingen fundamental zur städtischen Identitätsstiftung bei. Durch die Straßen- und Gebäudebenennungen der 1950er- bis 1970er-Jahre sollte die neu zusammengesetzte Stadtgemeinschaft über den historischen Fixpunkt geeint werden[44]. Die in diesem Zeitraum

---

LUHMANN, Interview mit Margit Haas, Geschichtsvermittlerin, am 24.4.2017: Führungen zu den Staufern.

[40] Vgl. Privatbesitz Christine Kumpf, Leiterin Stabstelle Wirtschaftsförderung, ehemalige Leiterin des Eigenbetriebs Stadthalle, Tourismus, Werbung, 2005: Broschüre Stadtführungen 2005. Göppinger Geschichte und Kultur ... Neu entdecken und neu erleben; Stadtmarketing und Tourismus Göppingen, 2015: Broschüre Thematische Führungen für Gruppen; Saltico Management & Marketing GmbH, Berg Hohenstaufen. Audioguides, https://berg-hohenstaufen.de/hochgehen/audioguides/ (Letzter Zugriff: 24.05.2024).

[41] Vgl. Isabelle LUHMANN, 1.5.2017: Protokoll der teilnehmenden Beobachtung der Führung durch Erwin Singer und durch den Audioguide auf dem Hohenstaufen. Göppingen; Interviews Führungen zu den Staufern.

[42] Vgl. Privatbesitz Christine Kumpf, Leiterin Stabstelle Wirtschaftsförderung, ehemalige Leiterin des Eigenbetriebs Stadthalle, Tourismus, Werbung, frühe 2000er: Broschüre 1. Wandertipp rund um den Hohenstaufen; Stadtmarketing und Tourismus Göppingen, ca. 2015: Broschüre Göppingen – Eine Stadt zum (Er-)leben.

[43] Vgl. Isabelle LUHMANN, 1.5.2017: Protokoll der teilnehmenden Beobachtung der Führung durch Erwin Singer und durch den Audioguide auf dem Hohenstaufen. Göppingen.

[44] Dass dies bei der Namensauswahl dezidiertes Ziel war, wird auch in einem Schreiben des damaligen Stadtarchivars deutlich. Vgl. Stellungnahme des damaligen Stadtarchivars: Stadtarchiv Göppingen, Altregistratur, Aktenzeichen 62.16.0: 1.9.1975: Schreiben des Stadtarchivars Dieter Kauß an die Oberbürgermeister König und Christ zur Umbenennung von Straßennamen im Stadtgebiet.

gelegten Fundamente wurden gepflegt und erweitert, sodass die Staufer bis in die jüngste Vergangenheit durch Vereinsarbeit, Schülerwettbewerbe und die Begegnung im Stadtbild fester Bestandteil des Göppinger Selbstbildes geworden waren. Gefördert wurde vor allem die lokale Identität der Kommune, da die Stauferzeit als die eigene Heimatgeschichte interpretiert wurde. Seit den 2010er-Jahren traten auf dem Berggipfel über Stauferstele, Audioguide und Dokumentationsraum die transnationalen Herrschaftsdimensionen mehr in den Fokus, sodass zusätzlich eine europäische Identitätsstiftung möglich war. Die bis in die Gegenwart wirkenden Strukturen der städtischen Rezeption wurden vor allem in den 1960er- und 1970er-Jahren vom CDU-Mann König in die Wege geleitet, was die immer noch präsente Verknüpfung staufischer Geschichte mit konservativen politischen Leitlinien verdeutlicht. Innerstädtisch dienten alle Formen staufischer Geschichtskultur Göppingens der vertieften Weiterbildung. Im Tourismus- und Marketingsektor wandelte sich das Weiterbildungsangebot zum Geschichtserlebnis, das als magischer Ausflugsort stilisiert einen Hauch von Eskapismus versprühte. Den gesamten Untersuchungszeitraum hindurch fungierte die staufische Geschichte als kulturtouristische Attraktion für die Stadt. Mit Neugestaltung der Bergaststätte und den dort erwerbbaren Produkten konnte die Stauferzeit seit den 2010er-Jahren darüber hinaus nun auch marktwirtschaftlich genutzt werden.

Wenn man bedenkt, dass Göppingen nur 22 km von Schwäbisch Gmünd entfernt liegt, ist es umso erstaunlicher, dass der Umgang mit dem staufischen Erbe dort ein völlig anderer ist.

Die Stadt Schwäbisch Gmünd ist eine große Kreisstadt im Landkreis Ostalbkreis mit ca. 60.000 Einwohnern[45]. In der Stadt, die bis zu ihrer Einverleibung in das Herzogtum Württemberg im 19. Jahrhundert eine Reichsstadt war, entwickelte sich ein florierendes Gold- und Silbergewerbe, das zum Aushängeschild der Stadt wurde. Auch Schwäbisch Gmünd wurde während des Zweiten Weltkrieges kaum zerstört und musste dementsprechend mit hohen Flüchtlingszahlen in den Nachkriegsjahren zurechtkommen[46]. Maßgeblichen Wandel in der Bevölkerungsstruktur brachten ebenfalls die Kreisreformen der 1960er- und 1970er-Jahre. Mit den globalen Ereignissen des kalten Krieges kam Schwäbisch Gmünd über die Stationierung von Pershing II Raketen in unmittelbarer Nähe in Kontakt. Die daraus resultierende Friedensbewegung und der Umgang mit den Protestierenden war für Bürgerschaft und Gemeinderat bis in die späten 1980er-Jahre immer wieder Streitfrage und Zerreißprobe[47]. Gewerblich entwickelte sich Schwäbisch Gmünd seit der Jahrtausendwende stetig weiter. Mit Blick auf die anstehende Landesgar-

[45] Vgl. Serviceportal Baden-Württemberg, Stadt Schwäbisch Gmünd, https://www.service-bw.de/zufi/organisationseinheiten/6016258 (Letzter Zugriff: 24.05.2024).

[46] Klaus-Jürgen Herrmann, Geschichte der Stadt Schwäbisch Gmünd – von den Anfangen bis zum Beginn des Ersten Weltkrieges, in: Rothenberger (wie Anm. 10), S. 194–211, hier S. 209; Ulrich Müller, Die Entwicklung Schwäbisch Gmünds von 1918 bis 2012, in: Rothenberger, (wie Anm. 10), S. 212–219, hier S. 212 und 215.

[47] Vgl. Müller (wie Anm. 45), S. 218–219; Markus Herrmann, Schwäbisch Gmünd – Eine

tenschau 2014 wurden umfassende Bauvorhaben auf den Weg gebracht. Diese fielen alle unter die Amtszeit des seit 2009 regierenden Oberbürgermeisters Richard Arnold. Dieser von der CDU maßgeblich unterstützte OB-Kandidat gewann die Wahl nicht zuletzt, weil er mit Begeisterung für neue Ziele eine Aufbruchsstimmung in der Stadt erzeugen konnte[48]. Unkonventionell für einen CDU-Mann ist Arnolds Einstellung zum Thema Migration, weswegen er mit innovativen Konzepten immer wieder in der Presse erwähnt wird[49]. In der jüngsten Vergangenheit ist im Zuge von Stadtjubiläum, Landesgartenschau und anderen Projekten ein neues städtisches Selbstbewusstsein in Schwäbisch Gmünd entstanden, das sich in einem breiten bürgerschaftlichen Engagement nicht zuletzt für die staufische Geschichtskultur niederschlug.

Schwäbisch Gmünd nennt sich Älteste Stauferstadt. Begründet wird dieses Selbstverständnis mit der Nennung von 15 Gmünder Stadtbürgern in einer auf das Jahr 1162 datierten Urkunde. Daraus wird geschlussfolgert, dass Schwäbisch Gmünd bereits zu diesem Zeitpunkt Stadtrechte besaß. „Damit gilt Schwäbisch Gmünd als die erste nachweisbare Stadtgründung der Staufer"[50]. Anfänge eines staufischen Geschichtsbewusstseins lassen sich in Schwäbisch Gmünd bis ins 16. Jahrhundert zurückverfolgen. Im ältesten erhaltenen Chroniktext Schwäbisch Gmünds von Paul Goldstainer von 1550 werden die Staufer als Stifter der Stadt genannt.[51] Neben dieser formellen Geschichtstradition ist die „Gmünder Ringlegende" wichtiger Bestandteil der populären städtischen Erinnerung an die Staufer: Herzog Friedrich I. von Schwaben gelobte an der Stelle, an der sich der verlorene Ehering seiner Gemahlin wiederfände, eine Kirche zu bauen. Der Ring fand sich im Geweih eines erlegten Hirsches, woraufhin dort der Grundstein der staufischen Johanniskirche Schwäbisch Gmünds gelegt wurde[52].

Im städtischen Bewusstsein waren die Staufer jedoch sehr lange nicht präsent. Aufgrund der Professionalisierung und Konzentration auf die Edelmetallbranche sah sich die Stadt eher als Gold- und Silberstadt. Es gab zwar immer wieder verein-

---

Stadt mit neuem Selbstbewusstsein, in: Rothenberger (wie Anm. 10), S. 404–411, hier S. 409.

[48] Richard Arnold, Rückblick auf das Jahr 2009, in: Einhorn-Jahrbuch 36 (2009), S. 6–22, hier S. 9–11; Müller (wie Anm. 45), S. 217.

[49] Vgl. Rüdiger Soldt, Arbeitslos im Postkolonialismus. Warum Flüchtlinge nicht als Kofferträger arbeiten dürfen, in: Frankfurter Allgemeine Zeitung vom 27. Juli 2013, https://www.faz.net/aktuell/politik/inland/fluechtlinge-als-koffertraeger-arbeitslos-im-postkolonialismus-12307152.html (Letzter Zugriff: 31.05.2024).

[50] Susanne Böhringer/Julius Mihm, Vorstellung der Stauferstädten: Schwäbisch Gmünd, in: Stadt Schwäbisch Gmünd (Hg.), Europäische Städte in der Stauferzeit. Staufische Stadtgründungen und ihr städtebauliches Erbe, Schwäbisch Gmünd 2014, S. 135–139, hier S. 38; siehe auch Arbeitsgemeinschaft für Stadtgeschichtsforschung/Stadtsoziologie und städtische Denkmalpflege e. V. (wie Anm. 17), S. 118.

[51] „Die Stadt als staufische Residenz und Lustort, als Statte prächtiger Ritterspiele und glanzvoller Hofhaltung – Gaudian mundi."; zit. nach: Graf (wie Anm. 8), S. 103.

[52] Zur Ringlegende vgl. Klaus Schreiner, Die Staufer in Sage, Legende und Prophetie, in: Haussherr Bd. 3 (wie Anm. 2), S. 249–262, hier S. 259.

zelte Aktionen in Schwäbisch Gmünd, die die staufische Stadtgeschichte aufgriffen – so zum Beispiel auch während des Stauferjahres 1977, aber bis in die jüngste Vergangenheit hinein wurde ein Geschichtsbewusstsein als Stauferstadt in Schwäbisch Gmünd nicht von einem breiten gesellschaftlichen Konsens getragen. Auch im Bereich der Außenwerbung wurde das „Label" zwar verwendet, es gab jedoch kaum dezidierte Tourismusangebote und von einer expliziten Vermarktung konnte mitnichten die Rede sein[53]. Für das 2012 anstehende 850-jährige Stadtjubiläum sollte die staufische Geschichte mittels eines Theaterstücks – der Staufersaga – erstmals ganz dezidiert in den Mittelpunkt der Feierlichkeiten gerückt werden, so die Vorstellung des neuen Oberbürgermeisters Arnold. Mit Hilfe zahlreicher Ehrenamtlicher konnte diese Idee umgesetzt werden. Das Jubiläumsjahr erzeugte ein neues Gemeinschaftsgefühl und Geschichtsbewusstsein für die staufische Stadtgeschichte[54]. Der Verein Staufersaga wurde 2012 gegründet, der „diese staufische Idee und das Projekt der Staufersaga" fortführte[55]. Auch im Bereich Tourismus und Marketing wurde das Thema Staufer im Nachgang an das Stadtjubiläum verstärkt wahrgenommen[56].

Im Folgenden sollen auch für Schwäbisch Gmünd die verschiedenen staufischen Narrationen innerhalb der städtischen Geschichtskultur während des Untersuchungszeitraums genauer betrachtet werden – beginnend mit den Aspekten, die das historische Selbstverständnis der Stadt prägten:

In den 1960er- und 70er-Jahren – im Zuge der Kreisreformen – wurden auch in Schwäbisch Gmünd eine Schule und drei Straßen nach den Staufern benannt[57]. Mit

---

[53] Vgl. Isabelle LUHMANN, Interview mit Barbara Hammes, Archivarin Stadtarchiv Schwäbisch Gmünd und Brigitte Mangold, Mitarbeiterin Stadtarchiv, am 22.4.2015: Aktivitäten und Bewusstsein der Stadt Schwäbisch Gmünd zur staufischen Geschichte 1977 und heute; Isabelle LUHMANN, Interview mit Johannes Schüle, Historiker in Schwäbisch Gmünd, am 5.7.2016: Staufische Aktivitäten in Schwäbisch Gmünd von 1977 bis heute; Isabelle LUHMANN, Interview mit Markus Herrmann, Pressesprecher der Stadt Schwäbisch Gmünd, Geschaftsführer der Touristik und Marketing GmbH, am 22.4.2015: Aktivitäten der Stadt Schwäbisch Gmünd und der TG Stauferland zur staufischen Geschichte.

[54] Markus HERRMANN, Ein Jahr, das die Stadt veränderte. Schwäbisch Gmünds Stadtjubiläum 2012, in: ROTHENBERGER (wie Anm. 10), S. 413–417, hier S. 413; Isabelle LUHMANN, Interview mit Markus Herrmann, Pressesprecher der Stadt Schwäbisch Gmünd, Geschäftsführer der Touristik und Marketing GmbH, am 22.4.2015: Aktivitäten der Stadt Schwäbisch Gmünd und der TG Stauferland zur staufischen Geschichte.

[55] HERRMANN (wie Anm. 52), S. 417.

[56] Vgl. Isabelle LUHMANN, Interview mit Markus Herrmann, Pressesprecher der Stadt Schwäbisch Gmünd, Geschäftsführer der Touristik und Marketing GmbH, am 22.4.2015: Aktivitäten der Stadt Schwäbisch Gmünd und der TG Stauferland zur staufischen Geschichte.

[57] Vgl. Onlinestreet.de, Barbarossastraße, https://onlinestreet.de/strassen/Barbarossastrase.Schwabisch+Gmund.28246.html (Letzter Zugriff: 24.05.2024); Onlinestreet.de, Stauferstraße, https://onlinestreet.de/strassen/Stauferstrase.Schwabisch+Gmund.208065.html (Letzter Zugriff: 24.05.2024); Onlinestreet.de, Hohenstaufenstraße, https://onlinestreet.de/strassen/Hohenstaufenstrase.Schwabisch+Gmund.106103.html(LetzterZugriff:24.05.2024); Stadtverwaltung Schwäbisch Gmünd. Amt für Stadtentwicklung-Liegenschaften,

der Schulbenennung sollte *der staufische Geist christlich, abendländischer Gesinnung* weitergetragen werden[58]. Hier klingt die mediävistische Forschungsrichtung der Nachkriegszeit an, die den staufischen Reichs- in einen ebenso fragwürdigen Abendlandgedanken umformulieren wollte[59]. Bis zur Errichtung der Stauferstele 2012 und der Vereinsgründung im selben Jahr fanden während des gesamten Zeitraums keine weiteren geschichtskulturellen Agitationen im öffentlichen Raum statt[60]. Der neue Verein Staufersaga durchdrang seither die städtische Geschichtskultur unter Mitwirkung zahlreicher Bürger:innen durch seine erlebnisorientierte Aufbereitung staufischer Geschichte mit Arbeitsgemeinschaften von mittelalterlicher Musik bis zu den Fahnenschwingern.

In der Kommunikation nach außen war neben der Betitlung als Stadt der Gold- und Silberschmiede vereinzelt ab den 1960er-Jahren das Attribut Älteste Stauferstadt zu finden, das bis in die 1990er-Jahre andere Namenszusätze weitestgehend verdrängte[61]. Eine konsequente Vermarktung fand jedoch erst seit den 2010er-Jahren statt. Der Bild-/Textanteil in den Werbebroschüren veränderte sich maßgeblich vor allem ab den 1990er-Jahren zugunsten kurzweiliger Texte und raumgreifenden Abbildungen. Die Broschüren wurden darüber hinaus seit 2012 von Merchandise-Artikeln ergänzt. Die staufische Geschichte erfuhr auch in Schwäbisch Gmünd eine Bedeutungsverschiebung vom Bildungs- in den Unterhaltungssektor[62].

Den ersten Meilenstein performativer Geschichtspraktiken stellte das Stauferjahr 1977 dar. Neben einem Stauferritt wurden Sagen und geschichtliche Überlieferungen aufgeführt. Im Mittelpunkt stand die lokale Erzählung der Ringlegende. Die Nacherzählung der Lokalgeschichte, die von höfischen Tänzen und Musik begleitet wurde, endete mit einem öffentlichen Jagdschmaus auf dem Platz vor der

---

Bodenmanagement und Bauplatzmanagment, 3.7.2016: Informationen zu Strassenbenennungen.

[58] Stadtarchiv Schwäbisch Gmünd, Zeitgeschichtliche Sammlung, Schulen-Stauferschule, 27.4.1960: Zeitungsartikel Gmünder Tagespost: Stauferschule. Aktive Kulturpolitik der Stadt.

[59] Vgl. Gerd Althoff, Das Mittelalterbild der Deutschen vor und nach 1945. Eine Skizze, in: Paul-Joachim Heinig (Hg.), Reich, Regionen und Europa in Mittelalter und Neuzeit. Festschrift für Peter Moraw (Historische Forschungen, Bd. 67), Berlin 2000, S. 731–750, hier S. 739–741.

[60] Vgl. Komitee der Stauferfreunde (wie Anm. 29), S. 36.

[61] Vgl. beispielsweise: Stadtarchiv Schwäbisch Gmünd, Zeitgeschichtliche Sammlung, Vereine: Fremdenverkehrsverein, ca. 1960er Jahre: Broschüre Älteste Stauferstadt Schwäbisch Gmünd; Stadtarchiv Schwäbisch Gmünd, Handaparrat, Prospektsammlung, 1995: Broschüre Schwäbisch Gmünd entdecken – Unterwegs in der ältesten Stauferstadt. Zur konsequenten Umsetzung seit 2010 vgl. beispielsweise Isabelle Luhmann, Interview mit Manfred Maile, ehemaliger Geschäftsführer der Touristik und Marketing GmbH Schwäbisch Gmünd, am 12.7.2016: Aktivitäten der Stadt Schwäbisch Gmünd und der TG Stauferland von den 1980er Jahren bis in die 2000er Jahre.

[62] Eine ausführliche Schilderung dieses Wandels anhand verschiedener Broschüren findet sich in: Luhmann (wie Anm. 4), S. 219–223.

Kirche. Die Stauferzeit wurde hier über das höfische Milieu einfach gekleideter Laienschauspieler, rustikale Mahlzeiten und echte Tiere in Szene gesetzt[63].

Den nächsten Anlass bildete 1984 das recht willkürlich gewählte 1200-jährige Stadtjubiläum. Gefeiert wurde die Nennung Schwäbisch Gmünds in einer alemannischen Urkunde.[64] Die Stauferzeit wurde über einen historischen Markt und ein Ritterturnier thematisiert. Letzteres wurde von einer externen Laienschauspielgruppe durchgeführt, deren Kleidung und Ausstattung einen hohen Grad an Professionalität zeigte. Eingerahmt wurde das Turnier von einem dreitägigen historischen Markt, der von den Wirten und Handwerkern Schwäbisch Gmünds betrieben wurde[65]. Die Bezugnahme auf andere Personengruppen der Stauferzeit entsprach mediävistischen Forschungsansätzen der Zeit, die sozial- und strukturgeschichtliche Fragestellungen stärker in den Fokus rückten[66]. Viel wichtiger ist jedoch, dass über diese Form der performativen Mittelalterinszenierung verschiedene Bevölkerungsteile Schwäbisch Gmünds involviert sein konnten, denn „[d]er eigentliche Sinn und Zweck dieser Feier war das Traditions- und Zugehörigkeitsgefühl der Bürgerschaft zu stärken", so der Oberbürgermeister in seinem Jahresbericht[67]. Vor dem Hintergrund der damaligen Streitigkeiten aufgrund der in der Nähe stationierten Pershing-II-Raketen wurde also bewusst ein – wenn auch diffuser – Rückbezug zur staufischen Stadtgeschichte hergestellt, um das städtische Gemeinschaftsgefühl zu stärken.

Ein Gemeinschaftsprojekt wurden auch das Theaterstück Staufersaga und die weiteren damit verbunden staufischen Aktivitäten zum 850-jährigen Stadtjubiläum 2012. Bezugspunkt für dieses Jubiläum war die Nennung von 15 Gmünder Stadtbürgern in einer auf das Jahr 1162 datierten Urkunde.[68] Bewusst wurde versucht,

---

[63] Vgl. Klaus-Jürgen HERRMANN, Das Stauferjahr 1977 in Schwäbisch Gmünd in der Retroperspektive. Versuch einer zusammenfassenden Chronologie, in: Einhorn-Jahrbuch 5 (1977), S. 16–22, hier S. 18, S. 22; o. A., Der „Stauferritt" am Pfingstmontag: mittelalterliche Spiele auf dem Johannisplatz, in: Rems-Zeitung Nr. 123 vom 31.5.1977, o. S.

[64] Diese berichtete von „Gmünd im Herzogtum Alamannien". Es wurde davon ausgegangen, dass hiermit die Keimzelle des heutigen Schwäbisch Gmünds gemeint war und da es sich bei der gefälschten Urkunde um das Testament eines 784 verstorbenen Abtes handelte, wurde sein Todesjahr als Grundlage für das Jubiläumsjahr der 1200-jährigen Nennung festgesetzt. Vgl. o. A., Schwäbisch Gmünd – Tradition über 12 Jahrhunderte.

[65] Ein Bildbericht mit einer Übersicht über alle wichtigen Veranstaltungen, in: Einhorn Jahrbuch 12 (1984), S. 22–37, hier S. 22, S. 28; Stadtarchiv Schwäbisch Gmünd, Bestand E1: Fotos Stadtmessungsamt, Fotograf Adolf Schuster, Historikermarkt, 16.6.1984.

[66] Vgl. Hans-Werner GOETZ, Mediävistik im 21. Jahrhundert: eine Schlussbetrachtung, in: Hans-Werner GOETZ/Jorg JARNUT (Hg.), Mediävistik im 21. Jahrhundert. Stand und Perspektiven der internationalen und interdisziplinaren Mittelalterforschung (Mittelalterstudien des Instituts zur interdisziplinaren Erforschung des Mittelalters und seines Nachwirkens, Bd. 1), München 2003, S. 475–482. hier S. 83, S. 85–86.

[67] Norbert SCHOCH, Rückblick auf das Jahr 1984, in: DIETENBERGER (wie Anm. 62), S. 5–13, hier S. 6.

[68] Vgl. BÖHRINGER/MIHM, (wie Anm. 50) S. 38; siehe auch Arbeitsgemeinschaft für Stadtgeschichtsforschung/Stadtsoziologie und städtische Denkmalpflege e. V. (wie Anm. 17), S. 118.

Menschen am Rande der Gesellschaft wie Langzeitarbeitslose oder Menschen mit Migrationshintergrund in den unzähligen Arbeitskreisen zu involvieren. Auch die Wiederaufführung 2016 wurde gezielt genutzt, um die im Zuge der Flüchtlingskrise 2015 neu Angekommenen in das Geschehen zu involvieren[69]. Inhaltlich wurde die staufische Geschichte als eine Geschichte des Aufstiegs und Verfalls der Dynastie in neun abgeschlossenen Szenen erzählt. Das Stück beginnt im Jahr 1046 mit Friedrich von Büren, dem Vater des ersten staufischen Herzogs Friedrich I. von Schwaben. „Herzog Friedrichs Sohn König Konrad III., Konrads Neffe Kaiser Friedrich I. Barbarossa, dessen Söhne Kaiser Heinrich VI. und König Philipp von Schwaben und dann Heinrichs Sohn Kaiser Friedrich II. führen das dramatische Geschehen weiter. Mit Friedrichs Sohn König Konrad IV. und dessen Sohn Herzog Konradin [...]" endete das Schauspiel im Jahr 1268[70].

Zusammenfassend kann gesagt werden, dass in diesem Theaterstück die staufische Geschichte als eine Geschichte der eigenen Ursprünge erzählt wurde, indem Szenen wie beispielsweise die Ringlegende und andere lokale Episoden erzählt wurden[71]. Um den Lokalbezug zu verstärken, waren diese Szenen in schwäbischer Mundart gehalten. Über die Lokalgeschichte hinaus wurden die Staufer im Stück dargestellt als mittelalterliche Visionäre, die eine Herrschaft nach europäischen Idealen anstrebten, in der Vielfalt im toleranten Miteinander gelebt wurde. So wurde die staufische (Stadt-)Geschichte anschlussfähig an die Herausforderungen der Gegenwart[72]. Personifiziert wurde diese Narration durch den Staufer Friedrich II. Betont wurde weiterhin, dass die Geschichte der Dynastie nicht unerheblich von starken staufischen Frauenrollen geprägt wurde[73]. Dieser erweiterte Blickwinkel entspricht zeitlich verzögert den Entwicklungen mediävistischer Forschungsperspektiven und auch den rezenten gesellschaftlichen Debatten[74]. An diesem Beispiel wird deutlich, dass jegliche Formen der Geschichtskultur immer auch ein Produkt der Gegenwart sind, der sie entstammen. Die Stauferzeit wurde insgesamt als eine faszinierende, aber auch abschreckende, vor allem andersartige Zeit gezeigt. Faszinierend erschien sie durch die historische Pracht der Kostüme, Tänze und Ak-

---

[69] Vgl. Nicole KIEMEL, Sie sind ein Teil der Staufersaga. EU-Projekt „Input" für Langzeitarbeitslose und Migranten im Werkhof Ost zieht Zwischenbilanz, in: Gmünder Tagespost Nr. 118 vom 23.5.2012, o. S.; Isabelle LUHMANN, Interview mit Jürgen Musch, Stellvertretender Vorsitzender des Verein Staufersaga e. V., am 5.7.2016: Die Staufersaga.

[70] Geschäftsstelle Stauferfestival (Hg.), Die Staufersaga. Momente einer europäischen Dynastie, Schwäbisch Gmünd 2016, S. 9.

[71] Vgl. ebd., S. 23–25 und S. 39.

[72] Im Stück selbst wird beispielsweise von Beatrix das Haus der Staufer als ein geeintes Europa unter staufischer Herrschaft, der vielen Völker und der Toleranz bezeichnet. Vgl. Isabelle LUHMANN, 27.6.2016: Protokoll der teilnehmenden Beobachtung des Theaterstücks Staufersaga. Schwäbisch Gmünd.

[73] Vgl. Geschäftsstelle Stauferfestival, (wie Anm. 69), S. 43–45. Zu den Auftritten der Frauen im Theaterstück vgl. ebd., S. 33 und S. 41.

[74] Vgl. GOETZ (wie Anm. 63), S. 110. Die Anfänge der Frauengeschichte sind jedoch bereits in den 1970er Jahren zu verorten. Vgl. ebd., S. 318.

robatiknummern anlässlich des Mainzer Hoffests 1154, abschreckend durch die zahlreichen Mitwirkenden, die als Bettler, Pestkranke oder gegeißelte Pilger die Bühne bevölkern – hier sehen wir nochmals eine deutliche Personenerweiterung im Vergleich zu den früheren performativen Darstellungen[75]. Durch die unzählbaren Darsteller:innen und Tiere auf der Bühne, die aufwändige Musik und die Lichtgestaltung bekam diese Darstellung der Vergangenheit auch eine starke emotionale Bedeutung für das Publikum[76].

Welche geschichtskulturellen Funktionen konnten die verschiedenen Thematisierungen staufischer Geschichte für die Stadt Schwäbisch Gmünd erfüllen?

Wie auch in Göppingen dienten die Staufer der neu zusammengesetzten Stadtgemeinschaft in den 1960er- und 1970er-Jahren über Straßen und Gebäudebenennungen als historischer Fixpunkt zur Identitätsfindung. Diese Möglichkeit der lokalen Identitätsstiftung wurde bis in die Gegenwart beibehalten. Darüber hinaus wurden durch die staufische Geschichte europäische Identifikationsangebote gemacht. Die Stauferzeit als die eigene Vergangenheit wurde ausgedehnt zur europäischen Vergangenheit, wodurch dieses moderne Konstrukt historische Wurzeln bekam. Ganz entscheidend in Schwäbisch Gmünd war die starke integrative Funktion, die die staufischen Geschichtsrezeptionen erfüllten. Schon in den 1980er-Jahren sollte durch den mittelalterlichen Handwerkermarkt der städtische Zusammenhalt gefördert werden. Seit dem Stadtjubiläum 2012 war dieses Motiv jedoch zentral. Das erweiterte Identifikationsangebot wies der staufischen Geschichte eine inkludierende Rolle zu. Sie wurde in Schwäbisch Gmünd intensiv genutzt, um im Zuge der Flüchtlingskrise neu Angekommene, aber auch Personen am Rande der Stadtgemeinschaft in die Kommune zu integrieren[77]. Das neu entfachte staufische Bewusstsein wurde in den 2010er-Jahren von außen, maßgeblich vom neuen Oberbürgermeister, dem CDU-Mann Arnold an die Stadt herangetragen. Auch in dieser Stadt wurde somit die Berufung auf die eigenen staufischen Wurzeln mit konservativen Leitlinien verknüpft.

Immer intensiver wurde beginnend in den 1990er-Jahren durch die Konzeption eines phantastischen Mittelalters eine kurzzeitige Abkehr aus dem modernen Alltag ermöglicht. Die Stauferzeit emotional nacherleben konnten sowohl die Akteur:innen der Rezeption, als auch die Zuschauer:innen. Die steigende Nachfrage nach

---

[75] Andreas Petschke/Eveline Bischoff, Schwäbisch Gmünd 2016 – Im Zeichen der Staufer, Schechingen 2016, S. 70; Isabelle Luhmann, Interview mit Gruppe der BettlerInnen, am 5.7.2016: Teilnahme am Theaterstück Staufersaga als Bettlerin. Genau diese zwei Darstellungen der Epoche möchten viele Protagonist:innen auch den Zuschauern nahebringen. Vgl. beispielsweise Isabelle Luhmann, Interview mit Jürgen Musch, Stellvertretender Vorsitzender des Verein Staufersaga e. V., am 5.7.2016: Die Staufersaga.

[76] Vgl. Isabelle Luhmann, 27.6.2016: Protokoll der teilnehmenden Beobachtung des Theaterstücks Staufersaga. Schwäbisch Gmünd; Petschke/Bischoff (wie Anm. 71).

[77] So wird beispielsweise in der zum Theaterstück gehörenden Jubiläumshymne der Toleranz-Gedanke in die Stauferzeit hineinprojiziert: „Bewundern auch das Fremde, beschützen es vor Wut. Willkommen ist der Andere“; Geschäftsstelle Staufferfestival (wie Anm. 69), S. 63.

einer erlebnisreichen, leicht zugänglichen Begegnung mit dem Mittelalter wurde in Schwäbisch Gmünd massiv wirtschaftlich genutzt. Ob Prinzessinnen-Brause, Ritterfiguren, Staufer-Tassen oder Staufer-Puzzle – die Staufer wurden durch eine breite Produktpalette zum Markennamen und Wirtschaftsfaktor für die Stadt[78].

Bilanzierend bleibt festzustellen, dass beide Städte sehr unterschiedlich mit ihrer staufischen Vergangenheit umgingen. Wenn wie in Göppingen das staufische Bewusstsein auf langen Traditionslinien fußte, blieb die Art des Umgangs zumindest die innerstädtische Geschichtskultur betreffend unaufgeregt sachlich. Während das neu erwachte staufische Geschichtsbewusstsein Schwäbisch Gmünds sehr emotional, phantastisch, ja geradezu laut artikuliert wurde. Gemeinsam ist beiden Städten die Ausweitung der Geschichtsnarrationen abhängig von aktuellen Erfordernissen. Die Gegenwart sucht sich auch hier eine ihr nützliche Vergangenheit.

[78] Vgl. Isabelle LUHMANN, 29.6.2016: Foto Prinzessinnenbrause des Stauferfestivals; Foto des Vereinsshops/Staufertasse; Foto des Vereinsshops/Stauferpuzzle. Schwäbisch Gmünd; Isabelle LUHMANN, Interview mit Alexander Groll, Leiter der Geschäftsstelle Stauferfestival und Wirtschaftsförderer, am 4.7.2016: Stauferfestival 2012/2016. Staufer in Schwäbisch Gmünd Stadtmarketing Allgemein.

Erinnerung und Erinnerungskämpfe um die Kolonial- und Migrationsgeschichte

„Angewanderte" Geschichte(n): Erinnerungskultur und Migration

Sabine Liebig

Alle Menschen, die irgendwohin einwanderten und einwandern brachten und bringen ihre eigenen Geschichten mit. Bis vor kurzem jedoch fanden diese in der Geschichtswissenschaft und den damit verbundenen Themen wie z. B. der Erinnerungskultur kaum Beachtung. Deshalb ist der Begriff angewanderte Geschichten, der durch einen Flüchtigkeitsfehler in einer Prüfung entstand, durchaus treffend und soll etabliert werden.

In der Geschichtswissenschaft dominieren immer noch weiß und männlich geprägte Perspektiven, was den Vorwurf stärkt, dass gesellschaftliche Diversität, die es schon immer gab, nicht abgebildet wird. Dasselbe gilt für die Erinnerungskultur, die weiterhin wenig divers ist, selbst wenn allmählich andere Erinnerungsperspektiven berücksichtig werden. Die Diversität zeigt sich u. a. in der gegenderten Sprache, um denjenigen Respekt entgegenzubringen, die bisher in der lange einseitig männlichen und ggf. heteronormativ geprägten Geschichtswissenschaft sowie in der Gesellschaft keine Beachtung fanden und finden. Zudem gibt es mehr und mehr Publikationen, Projekte und Webseiten, die die migrantische Perspektive auf die Vergangenheit thematisieren. So bieten die Potentiale der angewanderten Geschichten in der nationalen Erinnerungskultur verstärkt die Chance, gesellschaftliche Diversität (die Geschlechter eingeschlossen) abzubilden.

Dazu wurden folgende Fragen aufgeworfen: Welche Ziele mit Blick auf Erinnerung und Vergessen beschäftigen die Akteure im erinnerungspolitischen Geschehen? Welche gesellschaftlichen Gruppierungen werden in die Erinnerungsgemeinschaft eingeschrieben, welche ausgegrenzt? Welche erinnerungspolitischen Deutungslinien setzen sich unter welchen Umständen durch?

Zunächst werden die Begriffe Migration, Erinnern und Gedächtnis geklärt sowie der Zusammenhang zwischen Gedächtnis und Migration erläutert. Dazu gehört auch eine kurze Betrachtung zur Bedeutung des WWW (World Wide Web), denn es bildet den inzwischen größten und diversesten Gedächtnisspeicher der Menschheit und geht über alle Grenzen hinweg. Der kritische Blick auf die nationale Erinnerungskultur ermöglicht Überlegungen zu ihrer Veränderung. Eine zeitgemäße Erinnerungskultur ist eine große Herausforderung, doch an einigen Beispielen lässt sich zeigen, wie plurikulturelles Erinnern aussehen könnte.

1. Migration

Migration bedeutet die zeitweise oder dauerhafte Verlagerung des Lebensmittelpunktes über größere Entfernungen hinweg. Eng verbunden mit jeder Form von Migration sind Grenzen, die oftmals als geographische Grenzen durchlässig sind und somit unsichtbar, wie z.B. in der EU. Sie werden erst sichtbar, wenn sie plötzlich geschlossen werden, weil die Angst vor zuwandernden Menschen wächst. Migrant:innen überschreiten jedoch nicht nur geographische Grenzen, sondern beispielsweise mentale, religiöse, sprachliche und ethnische[1].

Migration wird zudem charakterisiert durch Ausgangs- und Zielräume, denen bestimmte Merkmale zugeschrieben werden. Die Ausgangsräume weisen Push-Faktoren auf, also Gründe, die die Menschen dazu bewegen abzuwandern. Zu den Push-Faktoren gehören Klimawandel, Bürgerkriege, Kriege, Hungersnöte, schlechte wirtschaftliche und/oder soziale Lebensbedingungen, Benachteiligung und Verfolgung aufgrund von Geschlecht, Hautfarbe, Alter, Religionszugehörigkeit oder politischer Auffassung. Diese oftmals multiplen Gründe entziehen den Menschen ihre Existenzgrundlage, weshalb sie in anderen Gegenden, sogenannten Zielgebieten, ihre Zukunft suchen. Die Einwanderungsgebiete zeichnen sich durch Pull-Faktoren aus, zu denen Schutz, Sicherheit, wirtschaftliches Auskommen, politische Stabilität, Gerechtigkeit, Bildungsmöglichkeiten, zumindest formale, zum Teil auch faktische Gleichberechtigung und vieles mehr gehören. Ausgangsräume und Zielgebiete können sich verändern, wie beispielsweise an der Schweiz oder an Deutschland zu sehen ist, die von Auswanderungs- zu Einwanderungsländern wurden.

Welche Ziele mit Blick auf Erinnerung und Vergessen beschäftigt die Akteur:innen im erinnerungspolitischen Geschehen? Im Zusammenhang mit Migration sind die Menschen, die in Bewegung sind, die Akteur:innen und sie tragen ihre individuellen Geschichte(n) und ihre Erinnerungen in und mit sich. Doch bisher wurden ihre Geschichte(n) und ihre Erinnerungen oft ausgeklammert, obwohl sie wichtig sind, denn Erinnerungen sind Spuren der Vergangenheit, die uns im Heute geblieben sind. Deshalb ist für ein gleichberechtigtes Zusammenleben unabdingbar, dass die Erinnerungen aller Menschen, die in einem Land leben, in der nationalen Erinnerungskultur ihren Stellenwert finden. Vor allem, weil Erinnern ein konstruktiver Akt und keine Reproduktion ist[2].

Zum Erinnern gehört das Vergessen, wie Aleida Assmann mit Verweis auf ein barockes Sinnbild aus dem Jahr 1610 veranschaulicht. Das Bild zeigt das Gedächtnis, in das nicht alles durch den Flaschenhals hineinfließt, und in dem nicht unend-

---

[1] Vgl. u.a. Dirk Hoerder/Jan Lucassen/Leo Lucassen, Terminologien und Konzepte in der Migrationsforschung, in: Klaus J. Bade/Pieter C. Emmer/Leo Lucassen u.a. (Hg.), Enzyklopädie Migration in Europa. Vom 17. Jahrhundert bis zur Gegenwart, Paderborn 2008, S. 28–53, hier S. 35.

[2] Vgl. Eva Hahnová/Hans Henning Hahn, Die Vertreibung im deutschen Erinnern. Legenden, Mythos, Geschichte, Paderborn 2010, S. 9.

lich viel Platz ist. Die Botschaft des Bildes lautet: Periit Pars Maxima = der größte Teil geht verloren[3]. Vergessen kann wichtig sein, sowohl für das Individuum als auch für die Gesellschaft, doch an den Aushandlungsprozessen, was erinnert und was vergessen wird, müssen alle beteiligt werden. Ganz allgemein gesehen ist das Gedächtnis zentral für die Erinnerungen als Ort der Aufbewahrung, Aufarbeitung und Speicherung, um für zukünftige Situationen vorbereitet zu sein.

Ohne Gedächtnis gibt es keine Erinnerung, aber es gibt viele Formen von Gedächtnissen, die in der Forschung unterschieden werden. In diesem Zusammenhang hier ist das individuelle, das soziale sowie das kollektive Gedächtnis von Interesse. Im individuellen Gedächtnis sind alle Erfahrungen, die einen Selbstbezug aufweisen und für die eigene Person bedeutsam sind, gespeichert. Hierzu gehören besonders Emotionen, die beim Abruf der Erinnerungen wieder aktiviert werden[4]. Nach Aleida Assmann ist jedes Individuum eingebunden in diverse Wir-Gruppen, die notwendig sind für die Schaffung der eigenen Identität. Die Wir-Gruppen haben für das Leben jeweils verschiedene Bedeutung und sind von unterschiedlicher Dauer. Im kommunikativen Austausch innerhalb einer solchen Gruppe entwickelt sich das soziale Gedächtnis. Gerade die Wir-Gruppe ist für Migrant:innen wichtig, denn sie tauschen innerhalb dieser Gruppen ihre Erinnerungen aus[5], die identitätsstiftend sind und die sie miteinander teilen. Bisher interessierte sich allerdings die Aufnahmegesellschaft wenig dafür und das sollte sich ändern, gehören doch die angewanderten Geschichten und die damit verknüpften Erinnerungen unabdingbar zur Erinnerungskultur der Aufnahmegesellschaft.

Die Erinnerungen im sozialen Gedächtnis sind kurzfristig und lösen sich nach einer gewissen Zeit wieder auf, denn das soziale Gedächtnis besteht nur so lange, wie sich eine Gruppe mit einer gemeinsamen Erfahrungsbasis über diese Erfahrungen aus ihren verschiedenen Perspektiven heraus immer wieder austauscht, also kommuniziert. Verändern sich die Gruppen durch gewisse Lebensumstände oder sterben die Träger:innen, endet dieses soziale Gedächtnis[6].

Die kommunikativen Erinnerungsprozesse erhalten durch die sozialen Medien eine völlig neue Dimension, die wiederum das soziale Gedächtnis beeinflussen kann[7]. Die persönliche Kommunikation wird von der jungen Generation, die, laut JIM-Studie von 2021, Instagram gleich nach WhatsApp am häufigsten nutzt,

---

[3] Vgl. Aleida ASSMANN, Formen des Vergessens, Bonn 2018, S. 14. Das Bild ist online abrufbar unter: https://commons.wikimedia.org/wiki/File:Periit_pars_maxima_memoria_Horozco.png (Letzter Zugriff: 27.05.2024).

[4] Vgl. Christian GUDEHUS/Ariane EICHENBERG/Harald WELZER, Gedächtnis und Erinnerung. Ein interdisziplinäres Handbuch, Stuttgart 2010, S. 75.

[5] Vgl. Aleida ASSMANN, Soziales und kollektives Gedächtnis, https://cms.uni-konstanz.de/fileadmin/archive/litwiss-personen/fileadmin/litwiss/ang-ame/AA%20Download%20Aufsatz%20SozKultGed%C3%A4chtnis.pdf (Letzter Zugriff: 27.05.2024), S. 1.

[6] Vgl. ASSMANN, Soziales und kollektives Gedächtnis (wie Anm. 5), S 2.

[7] Vgl. Dörte HEIN, Virtuelles Erinnern, in: APuZ. Aus Politik und Zeitgeschichte – Zukunft der Erinnerung 25–26/2010 (Juni 2010), S. 23–28.

gleichgesetzt mit der digitalen Kommunikation[8]. „Mit zunehmendem Alter der Jugendlichen gewinnen Instagram und Snapchat an Bedeutung. So nutzen etwa ein Viertel der Zwölf- bis 13-Jährigen regelmäßig Instagram (26 %), während es bei den 14- bis 15-Jährigen bereits 59 Prozent, bei den 16- bis 17-Jährigen 70 Prozent und bei den 18- bis 19-Jährigen 76 Prozent sind"[9].

Das kollektive Gedächtnis hingegen beruht weniger auf Kommunikation als auf gemeinsamen Riten, Symbolen und Geschichten. Es repräsentiert einen als von der Gruppe wichtig bewerteten Ausschnitt der gemeinsamen Vergangenheit gemäß der Kriterien: Was wollen wir erinnern und was können wir vergessen? Damit bauen die Mitglieder der Gruppe über räumliche und zeitliche Entfernungen hinweg gemeinsame Orientierungspunkte auf und halten an Bezugspunkten in der Vergangenheit fest[10]. Das kollektive Gedächtnis ist so konstruiert, dass es längere Zeiträume überdauert. Deshalb wird im kollektiven Gedächtnis vereinfacht, einzelne Perspektiven werden hervorgehoben und Ereignisse reduziert. Hier wandeln sich mentale Bilder zu Ikonen und Erzählungen zu Mythen. Beide wirken überzeugend und affektiv. Sie lösen sich von ihrer Entstehung und formen Geschichten (Narrative), die zeitunabhängig sind, so dass sie von Generation zu Generation weitergegeben werden können. Wie lange diese Geschichten dann tradiert werden, ist vom Zeitraum der Verwendung abhängig, und ob sie dem gewünschten Selbstbild der Gruppe und ihren Zielen entsprechen oder nicht. Zeigen sie keinen erkennbaren Nutzen mehr, werden sie durch andere Narrative ersetzt[11]. Gerade das kollektive Gedächtnis der Menschen, die eingewandert sind und die ihre Geschichten an die nächste Generation weitergeben, findet in den dafür vorgesehenen nationalen Institutionen wie z. B. Museen, Denkmälern und Schulbüchern bisher kaum Eingang.

Aber nun kommt ein neues Medium dazu, das WWW, das enorme Chancen für die Erinnerungskultur einer Gesellschaft bieten kann.

2. Die Bedeutung des World Wide Web

Das Internet ist ein weltweites Netzwerk, das aus vielen Rechnernetzwerken zusammengesetzt ist, in denen Datenaustausch stattfindet. Das WWW hingegen ist eine von mehreren Nutzungsmöglichkeiten des Internets[12]. Mit der Schaffung des

---

[8] Medienpädagogischer Forschungsverbund Südwest, JIM-Studie 2021, S. 35, https://www.mpfs.de/fileadmin/files/Studien/JIM/2021/JIM-Studie_2021_barrierefrei.pdf (Letzter Zugriff: 27.05.2024).

[9] Ebd. S. 39.

[10] Vgl. Aleida Assmann, Das neue Unbehagen an der Erinnerungskultur. Eine Intervention, München 2013, S. 17.

[11] Vgl. Assmann, Soziales und kollektives Gedächtnis (wie Anm. 5), S. 2.

[12] Vgl. https://www.softwareok.de/?seite=faq-Internet&faq=153 (Letzter Zugriff: 27.05.2024).

WWW ist die Weitergabe von Erinnerung stark erweitert worden, denn das WWW ist der inzwischen größte Gedächtnisspeicher der Menschheit. Es ist ein individualisiertes Massenmedium, das für alle zugänglich ist und so die Diversität der Gesellschaft abbildet. Hier werden private und öffentliche Räume aufgebrochen und der/die Einzelne stellt eine eigene Öffentlichkeit her. Im Prinzip ist durch das WWW mit seinen sozialen Medien eine Vernetzung von individueller und kollektiver Erinnerung erfolgt. Die sozialen Medien bieten immense Möglichkeiten der Erinnerungskultur, von privat/individuell bis institutionell/kollektiv, und brechen so die Deutungshoheit einer bisher kleinen Gruppe auf.

Mit der Erinnerungskultur 2.0[13], tritt die Frage auf: Wie prägen die sozialen Medien die historischen Narrationen einer Gesellschaft und damit den Erinnerungsprozess? Wikipedia beispielsweise ist ein Ort und ein Medium des kollektiven Gedächtnisses und beeinflusst durchaus die Geschichts- und damit die Erinnerungskultur[14]. An Wikipedia zeigt sich deutlich, dass die Autoren der Einträge oftmals weiß, männlich und wenig migrantisch sind. Besonders problematisch ist, dass neue Einträge, die die Diversität und besonders Gender berücksichtigen, wegen angeblicher Bedeutungslosigkeit durch Verantwortliche bei Wikipedia wieder entfernt werden. Hier haben immer noch viele weiße Männer mit wenig Sensibilität für andere Geschlechter die Deutungshoheit. Aber es gibt erfreuliche Gegenbeispiele im WWW wie zum Beispiel das Virtuelle Migrationsmuseum[15], das Exilarchiv der Deutschen Nationalbibliothek in Frankfurt[16], die Seite von Yad Vashem[17] oder die Seite Migrationsgeschichten[18]. Und nun – mit ChatGPT – wird Wikipedia deutlich an Einfluss verlieren[19], denn hier agiert ein trainiertes System, das sicherlich noch eher männlich geprägt ist, aber dauernd dazu lernt und ebenso trainiert werden kann, dass es Geschlechterperspektiven oder migrantische Sichtweisen übernimmt.

Durch die sozialen Medien wird Erinnerungskultur deutlich diverser, multiperspektivischer, transnationaler sowie intersektionaler. Informationen stehen in verschiedenen Sprachen zur Verfügung und schaffen niederschwellige Angebote, weil sie leichter erreichbar sind. Zudem gibt es immer mehr Inhalte auch in einfacher

---

[13] Vgl. Hannes BURKHARDT, Geschichte in den Social Media. Nationalsozialismus und Holocaust in Erinnerungskulturen auf Facebook, Twitter, Pinterest und Instagram, Göttingen 2021, S. 11–12.

[14] Vgl. ebd., S. 29–30.

[15] Virtuelles Migrationsmuseum, https://virtuelles-migrationsmuseum.org/ (Letzter Zugriff: 27.05.2024).

[16] Vgl. Deutsche Nationalbibliothek, Deutsches Exilarchiv 1933–1945, https://www.dnb.de/DE/Ueber-uns/DEA/dea_node.html (Letzter Zugriff: 27.05.2024).

[17] Vgl. Yad Vashem, Startseite, https://www.yadvashem.org/de.html (Letzter Zugriff: 27.05.2024).

[18] Vgl. Gegen Vergessen e.V., Migrations-Geschichten, https://migrations-geschichten.de/ (Letzter Zugriff: 27.05.2024).

[19] Vgl. OpenAI, Introducing ChatGPT, https://openai.com/blog/chatgpt/ (Letzter Zugriff: 27.05.2024).

Sprache wie bei der Bundeszentrale für politische Bildung[20] oder auf der Webseite Geschichte-inklusiv[21].

Andererseits wird die Erinnerungskultur durch die Vielzahl der Darstellungen unübersichtlicher und schwieriger, denn um Fakten von Fake zu unterscheiden, braucht es Medien- und Fachkompetenz. Hierin liegt eine große Gefahr, denn nun haben bestimmte Einzelpersonen, Gruppen oder Regierungen viel einfacher und schneller die Möglichkeit, Erinnerungen massiv zu beeinflussen, z.B. mit Hilfe von Chatbots und Trollen. Dagegen können aber Wissenschaftler:innen und andere seriöse Nutzer:innen der sozialen Medien nun auch leichter Fakes entlarven und differenzierte Perspektiven sowie korrekte Informationen veröffentlichen und verbreiten.

Die Geschichtswissenschaft im weiteren Sinne ist mit durchaus innovativen Konzepten vertreten, denn das WWW bietet für Institutionen wie Archive, Bibliotheken, Bildungseinrichtungen, Forschungseinrichtungen, Gedenkstätten etc. enorme Möglichkeiten, sichtbarer und leichter zugänglich zu werden, weil digitalisierte Materialien unabhängig von Raum und Zeit zugänglich und nutzbar sind. Die Relevanz des WWW ist für die Vergegenwärtigung von Vergangenheit enorm wie die Seite von Yad Vashem zeigt. Mit der „Central Database of Shoah Victims' Names" konnten zwischen 1955 und 2004 2.700.000 Opfer namentlich aufgeführt werden. Als die Organisation dann im Jahr 2004 mit der Digitalisierung begann, schaffte sie es innerhalb von 16 Jahren fast doppelt so vielen Opfern (4.800.000) ihre Namen zurückzugeben. Das Web verhindert damit ein sogenanntes Mnemozid der Opfer der Shoa, die – so Aleida Assmann – durch Verschweigen und Vergessen ein weiteres Mal ausgelöscht werden würden[22]. Immer stärker treten zudem die Erinnerungen an die Täter:innen auf, ein schwieriges und umstrittenes Thema, allerdings notwendig, besonders im Kontext einer neuen veränderten Erinnerungskultur unter Berücksichtigung der Vielfalt menschlichen Handelns und der übergeordneten Thematik der Verletzung der Menschenrechte und Missachtung der Menschenwürde.

3. Welche gesellschaftlichen Gruppierungen werden in die Erinnerungsgemeinschaft eingeschrieben, welche ausgegrenzt?

Bei der Betrachtung von Gedächtnis im Kontext von Migration entwickelten Dimbath, Kinzler und Meyer folgende These: Es gibt eine Vielzahl sozialer Gedächtnisse, die jedoch nicht nur als Aufbewahrungsorte zu sehen sind, sondern als grup-

---

[20] Vgl. Bundeszentrale für politische Bildung, https://www.bpb.de/ (Letzter Zugriff: 27.05.2024).

[21] Vgl. Geschichte Inklusiv, https://geschichte-inklusiv-sbg.de/ (Letzter Zugriff: 10.06.2024).

[22] Vgl. Aleida Assmann, Die Last der Vergangenheit, in: Zeithistorische Forschungen 3 (2007), S. 375–385, hier S. 378.

penbezogene Orte der Selektion. Die Gruppen beziehen sich in entsprechenden sozialen Situationen auf bestimmte Aspekte ihrer Vergangenheit oder klammern manche Aspekte aus. Somit entwerfen sie ihre eigenen kollektiven Vergangenheitsbezüge durch Erzählungen, die den sozialen Zusammenhalt stiften[23], woraus eine Erinnerungskultur mit gemeinschaftlicher Identität entsteht, die auf gemeinsamen Riten, Symbolen und Geschichten[24] beruht. Zusätzlich können sich diese Gruppen, zur Festigung ihrer Identität, gegenüber ihrer sozialen Umwelt abgrenzen. Sie machen diejenigen außerhalb ihrer Gruppe zu Anderen und bewegen sich innerhalb des damit verbundenen Othering[25]. Sie tun das, indem sie Geschichten aus einer konstruierten gemeinsamen Vergangenheit entwickeln. Grundlagen sind Gründungsmythen, Gruppenschicksale und dokumentiertes historisches Wissen. Beim Othering kommen zur mythisierenden Selbstbeschreibung weitere Merkmale hinzu, wie z. B. Kultur, Geschlecht, Religionszugehörigkeit, Hautfarbe, etc. Damit sollen die Anderen von der eigenen Gruppe unterschieden werden. Zudem werden Macht und Herrschaft als weitere Kategorien thematisiert. Durch diese Differenz wird die eigene Identität erst hergestellt[26].

Aufgrund von Migration, und besonders, wenn krisenhafte Entwicklungen im Heimatland der Auslöser sind, entstehen unter Umständen besondere Gedächtniskonstellationen. Migrant:innen können sich bei der Ankunft nicht auf Vergangenes oder auf gewohnte Muster beziehen, sondern müssen ihr Gedächtnis kontextualisieren, weil ihre Erinnerungen nicht einfach übertragbar sind. Ein weiteres Problem kann die Sprache bilden, denn sie ist die Form, in der erinnert wird. Durch das Erlernen einer neuen Sprache kann ein neues Gedächtnis entstehen[27], z. B., weil es in der neuen Sprache keine Begrifflichkeiten für die alten Erinnerungen gibt. Zudem können sich mitgebrachte Fremdbilder über die Aufnahmegesellschaft wandeln, weil die Migrant:innen nun plötzlich Teil dieser ihnen zuvor fremden Gesellschaft geworden sind[28].

Gerade mit Blick auf die Spätaussiedler aus den Ostblockstaaten war dieses Problem virulent, da sie durch die einheitliche, von der sowjetischen Regierung vorgegebene Geschichtssicht, einen vollkommen anderen Blick auf die Bundesrepublik besaßen.

---

[23] Vgl. Oliver Dimbath/Anja Kinzler/Kathinka Meyer (Hg.), Vergangene Vertrautheit. Soziale Gedächtnisse des Ankommens, Aufnehmens und Abweisens, Wiesbaden 2019, S. 8.

[24] Vgl. Assmann, Das neue Unbehagen (wie Anm. 10), S. 17.

[25] Hyperkulturell. Portal für interkulturelle Kommunikation, Othering, https://www.hyperkulturell.de/glossar/othering/ (Letzter Zugriff: 27.05.2024).

[26] Vgl. Dimbath/Kinzler/Meyer (wie Anm. 23), S. 6.

[27] Vgl. Gerd Sebald, Migration und Gedächtnis. Überlegungen auf der Basis von Alfred Schütz' „Der Fremde. Ein sozialpsychologischer Versuch", in: Oliver Dimbath/Anja Kinzler/Kathinka Meyer (Hg.), Vergangene Vertrautheit. Soziale Gedächtnisse des Ankommens, Aufnehmens und Abweisens, Wiesbaden 2019, S. 18–39, hier S. 25.

[28] Vgl. ebd., S. 27.

Nach dem Zerfall der Sowjetunion 1991 konnten die Staaten im Baltikum und in Ostmitteleuropa endlich ihre eigenen historischen Narrative, frei vom Zwang der sowjetischen Sicht, entwickeln. Allerdings führte diese Selbstbestimmung zu Konflikten zwischen den Nationen, denn die Auseinandersetzung mit bestimmten, zuvor tabuisierten, Themen hatte in der Sowjetunion nicht stattgefunden[29], mit der Folge, dass nun gewisse Sichtweisen umso stärker hervortraten.

In all dem liegt jedoch auch eine Chance, wenn die unterschiedlichen angewanderten Geschichten, in Anlehnung an Dan Diner, aufgrund von Massenkommunikation und Migration die Menschen unterschiedlicher Kulturen zusammenbringen[30]. Erinnerungskultur kann gemeinsam und im Dialog gestaltet werden. Dieses dialogische Erinnern wurde von Aleida Assmann vertreten und von Martin Aust 2021 aufgegriffen.

Die deutsche Erinnerungskultur dagegen, vorwiegend weiß, männlich, national und vielleicht noch europäisch geprägt, ändert sich extrem langsam. Immer noch fehlt eine etablierte Erinnerungskultur zu Frauen, LGBTQ, Arbeitsmigrant:innen (Ost- und Westdeutschland), Menschen aus ehemaligen Kolonien, Schwarzen Deutschen, Ostdeutschen, Sinti und Roma, Spätaussiedler:innen, Menschen mit Einschränkungen, etc. Die Erinnerungen an die genannten Gruppen, und auch die Erinnerungen der Betroffenen, werden inzwischen stärker beachtet, was auf das Engagement einzelner Personen oder Gruppen zurückzuführen ist. Auch in der Geschichtsvermittlung, der Geschichtsdidaktik, war eine diverse Erinnerungskultur bis vor kurzem kein Thema. Die meisten Schulbücher weisen kaum Inhalte auf, die eine plurikulturelle Gesellschaft abbilden und dadurch eine diverse Erinnerungskultur sowie ein diverses Geschichtsbewusstsein prägen.

4. Erinnerungskultur in der Migrationsgesellschaft – Welche erinnerungspolitischen Deutungslinien setzen sich unter welchen Umständen durch?

Das kollektive Gedächtnis in Deutschland und mit ihm die Erinnerungskultur setzt sich nicht nur aus den verschiedenen Generationen von „Deutschen"[31] zusammen, die daher keine homogene Gruppe bilden und kein kollektives Gedächtnis mit einer gemeinsamen Erinnerungskultur besitzen. Seit der Wiedervereinigung

---

[29] Vgl. Martin Aust, Erinnerungsverantwortung. Deutschlands Vernichtungskrieg und Besatzungsherrschaft im östlichen Europa 1939–1945, Bonn 2021, S. 13

[30] Vgl. Dan Diner, Gegenläufige Gedächtnisse. Über Geltung und Wirkung des Holocaust, Bonn 2020, S. 8.

[31] Die Bezeichnung „Bio-Deutsche" wird bewusst nicht verwendet, denn der Begriff wird zunehmend von politisch extrem rechts stehenden Personen verwendet. Deshalb wird, wenn von Personen mit deutscher Staatsbürgerschaft, und schon seit mehreren Generationen in Deutschland lebend, gesprochen wird, „Deutsche" in Anführungszeichen verwendet.

1990 treffen ganz grob mindestens zwei unterschiedliche kollektive/nationale Gedächtnisse aufeinander: ein westdeutsches und ein ostdeutsches. Dies zeigt sich besonders deutlich bei den Erinnerungen an den Mauerfall, der, herbeigeführt einzig von der ostdeutschen Bevölkerung, in Ost und West vollkommen unterschiedlich rezipiert und erinnert wurde und wird. Es ist durchaus nachvollziehbar, dass diejenigen aus der ehemaligen DDR es irritierend finden, wenn Westdeutsche ihre Erinnerung vereinnahmen und von Wende statt von Revolution sprechen. Schon hier veränderte sich das kollektive Gedächtnis durch die Zusammenlegung der beiden deutschen Staaten und durch die Migration vieler Ostdeutscher in die westlichen Bundesländer. Hinzu kommen diejenigen, die schon im Kaiserreich aus den deutschen Kolonien nach Deutschland kamen, ebenso wie die Arbeitsmigrant:innen, die in die DDR und die Bundesrepublik einwanderten, die Spätaussiedler:innen aus den ehemaligen Ostblockländern und der Sowjetunion, Flüchtlinge aus Krisen- und Kriegsgebieten sowie Bildungsmigrant:innen und nun alle, die im Zuge von Familiennachzug in Deutschland einreisen dürfen.

Die Erinnerungskultur bleibt nicht starr und unverändert, denn mit jeder Generation findet eine Überprüfung und Veränderung des kulturellen Erbes und damit der Erinnerungskultur statt. Hier spielt der Faktor Zeit eine wichtige Rolle. Die besten Beispiele in der deutschen Geschichte sind die Zeit des Nationalsozialismus, des Zweiten Weltkrieges sowie der Shoa. Diese befinden sich in der Phase des Übergangs von der generationell heißen zur kalten Erinnerung. Das bedeutet, dass es fast keine Zeitzeug:innen mehr gibt. Eine Lösung wird durch diverse Projekte mit künstlicher Intelligenz versucht, um möglichst authentische Gespräche zu simulieren[32]. Harald Welzer und Dana Giesecke sehen in dem durch die Generationen bedingten Abstand zum Nationalsozialismus eine Chance von der mythischen Aura der nationalsozialistischen Herrschaft wegzukommen, die Diktatur und den Diktator zu entmystifizieren und damit die Personalisierung des historischen Geschehens zu beenden. Diese ist laut Giesecke/Welzer eben nicht förderlich für die Aufklärung über das Geschehene und ebenso wenig für die Erinnerungskultur, sondern tradiert eher das nationalsozialistische Selbstbild[33].

Die Erinnerungskultur wandelt sich zudem nicht nur durch das Aussterben der Zeitzeug:innen, sondern durch Medialisierung, Globalisierung, Migration und Transnationalität, d.h. viele Menschen besitzen mehrere Nationalitäten, pendeln zwischen verschiedenen Ländern, mit denen sie sich identifizieren und in deren

---

[32] Die Lebensgeschichte von Kurt Salomon Maier aus Kippenheim wurde in aufwändigen stundenlangen Interviews aufgenommen und kann bald als erstes interaktives Zeitzeugnis zu sehen sein, vgl. https://www.dnb.de/DE/Ueber-uns/Presse/ArchivPM2022/20220503InteraktivesZeitzeugnis.html (Letzter Zugriff: 27.05.2024)

[33] Vgl. Dana Giesecke/Harald Welzer, Das Menschenmögliche. Zur Renovierung der deutschen Erinnerungskultur, Hamburg 2012, S. 50–52.

Erinnerungskulturen sie leben. Die Zusammensetzung der Gesellschaft hat sich grundlegend gewandelt[34] mit Folgen für die Erinnerungskultur[35].

Nun brechen die Fragen auf, wie die Migrant:innen mit der deutschen Erinnerungskultur, vor allem bezogen auf die negativen Ereignisse der deutschen Geschichte, wie der Shoa, umgehen sollten, aber auch, wie in Deutschland die migrantische Erinnerungskultur stärker berücksichtigt werden kann. Denn seit den 1990er-Jahren wurde die Erinnerung an die nationalsozialistische Vergangenheit zu einem festen Bestandteil des nationalen Gedächtnisses[36]. Migratin:innen, deren Familien erst nach 1945 eingewandert waren, schienen auf den ersten Blick von der Erinnerung ausgeschlossen, da ihre Familien und Vorfahren nicht mit der Shoa in Verbindung standen. Auf den zweiten Blick bietet Migration die Chance, die Geschichte des eigenen Herkunftslandes anders zu betrachten und die damit verbundene Erinnerungskultur zu hinterfragen.

5. Wie können nun alle Erkenntnisse zu einer veränderten Erinnerungskultur führen?

Die nachfolgende These fasst die Vorschläge aus der Literatur zusammen und enthält zudem Erfahrungen aus eigenen Projekten zu Migration an der PH-Karlsruhe: Eine dialogische und intersektionale Herangehensweise an die Vergangenheit ermöglicht einen diversen, nationalen wie transnationalen Austausch von Erinnerungen und kann am ehesten zu einer gemeinsamen Erinnerungskultur führen, mit Respekt für die jeweiligen, womöglich sehr unterschiedlichen, Perspektiven.

Wie kann das gelingen? Aleida Assman, Harald Welzer, Dana Gieseck, Martin Aust und Viola Georgi sehen die beste Vorgehensweise darin, dass die Erinnerungskultur aus dem nationalen Rahmen gelöst wird. Der Paradigmenwechsel hin zu einer transnationalen und transkontinentalen Erinnerung und Geschichtskultur sollte auf Erinnerungsorte sowie Träger:innen von Erinnerung angewandt werden, damit eine Diversität in allen Bereichen entsteht. Das bedeutet, wegzukommen von einer genealogischen und nationalstaatlichen Erinnerung hin zu vielfältigeren und offeneren Formen unter Einbeziehung der Erfahrungen der eingewanderten Menschen. Diese gilt es in der Gesellschaft stärker zu kommunizieren und sie im gemeinsamen Gedächtnis zu verankern. Die Erfahrung vieler Eingewanderter von Diskriminierung und Ausgrenzung sollte sich nicht noch in der Erinnerungskultur fortsetzen[37]. Wenn ein Viertel der Bevölkerung in Deutschland angewanderte Narrative mitbringt, ist eine Abbildung in der Erinnerungskultur

---

[34] Vgl. Assmann, Das neue Unbehagen (wie Anm. 10), S. 14.
[35] Vgl. ebd., S. 123.
[36] Vgl. ebd., S. 127.
[37] Vgl. ebd., S. 130.

unabdingbar[38]. Ein Gegenentwurf ist, die bisher marginalisierten Geschichten jenseits von nationalen Mastererzählungen zu thematisieren, um die gesellschaftliche Vielfalt abzubilden. So kann es gelingen, die Aneignung von Geschichte(n) aus dem natio-ethno-kulturellen Container zu befreien und die verschiedenen Perspektiven auszuhandeln[39]. Viola Georgi fasst zusammen, was auch u.a. Assmann, Giesecke, Welzer und Diner vorschlagen: Themen wie den Nationalsozialismus, den Zweiten Weltkrieg und die Shoa multiperspektivisch und unter übergreifenden Aspekten wie Menschenrechte und Zivilcourage oder Widerstand zu betrachten. „Der Holocaust ist Teil des Weltgedächtnisses, der Zweite Weltkrieg Teil eines europäischen Gedächtnisses geworden"[40]. Assmann sieht in der geteilten Gewaltgeschichte eine große kulturelle und politische Chance für Europa[41]. Denn die europäischen Nationen müssen sich ihrer kolonialen Vergangenheit sowie der recht einseitigen Erinnerungskultur an die beiden Weltkriege stellen. Auf diese Weise können sehr viele Menschen mit Migrationsgeschichte in die Narrative eingebunden werden. Die nachwachsenden Generationen in Deutschland erfahren so nicht nur etwas über das Schicksal der jüdischen Opfer, sondern auch über die Opfer in den Ländern unter deutscher Kriegsführung oder durch die deutschen Verbündeten[42].

Ein weiterer Gedanke wäre, besonders mit Blick auf die schulische Vermittlung, dass Konzepte von Erinnerungskultur erfasst werden, als Matrix für die Einschätzung, wie eine Gesellschaft (egal wo) ihre Geschichte erinnert. Aleida Assmann plädiert dafür, dass nicht mehr der Buß- und Sühnekomplex, der lange Identitätsmerkmal der Deutschen war, im Vordergrund steht, sondern eine Erinnerungskultur, die die NS-Verbrechen in ihrem historischen Kontext sieht und die Verantwortung in einen opferorientierten und menschenrechtsbasierten Zusammenhang stellt[43].

Hierzu macht die Stiftung Erinnerung – Verantwortung – Zukunft zwei Vorschläge: zum einen ein Projekt zur Virtuellen Erinnerung von Sinti und Roma in einem länderübergreifenden Workshop zwischen Deutschland und Tschechien, zum anderen ein Projekt zu maghrebinischen Zwangsarbeitern in der NS-Zeit, das speziell Geflüchtete sowie Menschen mit Migrationsgeschichte zur Mitarbeit einlädt[44].

---

[38] Vgl. Simon Goeke, Gewerkschaftliche Erinnerung an Migration. Arbeitspapier der Kommission „Erinnerungskulturen der sozialen Demokratie", Düsseldorf 2020, S. 4.

[39] Vgl. Viola B. Georgi, Diversity, Erinnerung und Geschichtslernen in der Migrationsgesellschaft: Einsichten, Ansichten und Aussichten, 2020, https://www.ufuq.de/aktuelles/diversity-erinnerung-und-geschichtslernen-in-der-migrationsgesellschaft-einsichten-ansichten-und-aussichten/ (Letzter Zugriff: 27.05.2024).

[40] Aleida Assmann, Der europäische Traum. Vier Lehren aus der Geschichte, Bonn 2019, S. 134.

[41] Vgl. ebd., S. 134.

[42] Vgl. ebd., S. 135.

[43] Ebd., S. 129.

[44] Stiftung Erinnerung Verantwortung Zukunft, https://www.stiftung-evz.de/was-wir-foerdern/handlungsfelder-cluster/bilden-fuer-lebendiges-erinnern/kritisch-erinnern/#c1213 (Letzter Zugriff: 27.05.2024).

Welzer und Giesecke schlagen vor, aus der Vergangenheit eine Orientierung für die Gegenwart zu entwickeln, um eine Basis für zukünftiges Handeln zu schaffen. Menschen sollten eingeladen werden, sich mit den positiven und negativen Potenzialen menschlichen Handelns auseinander zu setzen und mögliche Antworten auf die Kernfrage unserer Gegenwart zu finden: Wie lässt sich das heute erreichte zivilisatorische Niveau gegen künftige Gefährdungen sichern[45]? „Die Abwendung vom enthistorisierten Grauen und die Hinwendung zu den – positiven wie negativen – menschlichen Möglichkeiten enthält mehr aufklärerisches und emanzipatorisches Potenzial, als die Erinnerungskultur und ihre Institutionen zurzeit anbieten[46].“ Zu den positiven wie negativen menschlichen Möglichkeiten gehören dann Täter:innen, Opfer, Mitläufer:innen, Kollaborateur:innen, wobei eindeutige Kategorien wie gut und böse modifiziert werden müssen, denn selten sind Menschen so klar einzuteilen.

Für Dan Diner ist wichtig, die unterschiedlichen Perspektiven auf die Shoa sowie das Ende des Zweiten Weltkrieges zu integrieren: Osteuropa, die Kolonien, Südeuropa sowie der Nahe und Mittlere Osten. Er hat sein Buch „Gegenläufige Gedächtnisse“ ins Arabische übersetzen lassen[47], um der arabischsprachigen Bevölkerung eine andere Perspektive der Shoa näher zu bringen. Viola Georgi verweist zudem auf die Bedeutung der Intersektionalität, da u. a. soziale Zugehörigkeit und Unterschiede dekonstruiert werden und auf die Machtverhältnisse geblickt wird. Der machtkritische Zugang ist bei Erinnerungskultur in einer diversen Gesellschaft notwendig, da lange Zeit einige Wenige bestimmten, was erinnert werden sollte und was nicht. Sie fordert, die Narrationen der Aufnahmegesellschaft mit ihrem kollektiven und individuellen Gedächtnis mit denen der Migrant:innen zunächst getrennt zu betrachten und dann in Bezug zu setzen: „Die im doppelten Sinn geteilte – trennende und gemeinsame – Geschichte der Beziehungen von Einheimischen und Eingewanderten, also die geteilten Narrative von Dominanzgesellschaft und Minderheiten[48].“ Ein Beispiel für eine solche gemeinsame und trennende Geschichte könnte die Arbeitsmigration der Nachkriegszeit sein: Ikonen einer Willkommenskultur prägten die Erinnerung an diejenigen, die mithalfen, in Deutschland den Wirtschaftsboom zu ermöglichen. Am bekanntesten ist das Bild von Herrn Rodriguez, der 1964 in Köln als ein Millionster Gastarbeiter ankam und ein Moped, eine Zündapp Sport Combinette, erhielt.

Weniger bekannt die beiden anderen: Ismail Babader aus der Türkei, der ein Millionste aus Südosteuropa. Er kam 1969 in München am Bahnhof an und bekam ein Fernsehgerät geschenkt. Vera Rimski aus Jugoslawien erhielt 1972 am Bahnhof München einen tragbaren Farbfernseher[49]. Betrachtet man die Bilder genau,

[45] Vgl. GIESECKE/WELZER (wie Anm. 33), S. 26.
[46] Ebd., Klappentext.
[47] DINER (wie Anm. 30).
[48] GEORGI (wie Anm. 39).
[49] Stadt Freiburg im Breisgau, der 1-millionste, https://www.freiburg.de/pb/572635.html (Letzter Zugriff: 27.05.2024).

so scheinen diese Arbeitskräfte zurückhaltend und dankbar, während die Vertreter der BRD ihre freundliche Willkommenskultur demonstrierten. Was die Bilder nicht zeigen, ist die Ablehnung der deutschen Gesellschaft, die Kontinuitäten zum Zwangsarbeitersystem des Nationalsozialismus und die Proteste der Migrant:innen gegen unwürdige Arbeits- und Lebensbedingungen. Selbst in der historischen Forschung waren die Annahmen lange Zeit wirkmächtig, dass beide Seiten, Wandernde und Ansässige, von einer als temporär angelegten Zuwanderung profitierten und von einer zeitlichen Begrenzung ausgingen. Aus diesem Grund hätten die Migrant:innen die oft schwierigen Arbeits- und Lebensbedingungen weitgehend hingenommen[50]. Selbst 2001 schrieb Ulrich Herbert in seinem Standardwerk „Geschichte der Ausländerpolitik in Deutschland" folgenden Satz: „Sie akzeptierten eher als Deutsche sowohl schmutzige als auch besonders schwere Arbeit, machten mehr Überstunden, verzichteten auf einen ihrem Lohn entsprechenden Lebensstandard und Konsum, wohnten möglichst billig und zeigten an politischen und gewerkschaftlichen Aktivitäten wenig Interesse[51]." Die genauere Betrachtung der Mitwirkung von Arbeitsmigrant:innen am Einsatz für bessere Arbeitsbedingungen und Bezahlungen, an Streiks und dem Umgang der Gewerkschaften mit den damals sogenannten Gastarbeitern fehlt in diesem Narrativ vollständig. Doch inzwischen gibt es Forschungen, die einen Perspektivenwechsel vorgenommen haben und Wissenschaftler:innen mit Migrationsgeschichte kommen zu Wort.

Des Weiteren fordert Viola Georgi, Migrationserzählungen als Verflechtungsgeschichte(n) transnationaler Geschichte(n) aufzubauen. Sie sollten die historisch komplexen Zusammenhänge zwischen den Entwicklungsgeschichten von Zielland und Herkunftsland darstellen[52]. Eine Idee hierzu könnte die Kolonialgeschichte bieten[53], in der Diskussion um Straßennamen, Denkmäler oder Raubgut in Museen und Forschungseinrichtungen. Anhand einer Biografie wie der folgenden lassen sich Verflechtungen exemplarisch darstellen: Sam Sandi wurde 1885 in Kamerun geboren. Im Ersten Weltkrieg war Kamerun unter französischer Herrschaft und Sam Sandi wurde gezwungen in der französischen Armee in Europa zu kämpfen. Er wurde von der deutschen Armee in Polen gefangen genommen, befreit und schloss sich 1919 der polnischen Armee an. Er blieb in Polen, heiratete eine Polin, hatte zwei Kinder und arbeitete als Englischlehrer und Ringer. Er starb 1937 an einem Gehirnschlag[54].

---

50 Vgl. Goeke (wie Anm. 38), S. 5.

51 Ulrich Herbert, Geschichte der Ausländerpolitik in Deutschland, München 2001, S. 212.

52 Vgl. Georgi (wie Anm. 39).

53 Aus Platzgründen wird hier das Thema Erinnerung und Kolonialisierung ausgeklammert. Ein wichtiges Buch jedoch ist u. a. das von Michael Rothberg, Multidirektionale Erinnerung. Holocaustgedenken im Zeitalter der Dekolonisierung, Bonn 2021.

54 Vgl. Sarah Dieleman, Sam Mandi (A. K. A. Sam Sandi, 1895?-1937), https://www.blackpast.org/global-african-history/people-global-african-history/sam-sandi-1885–1937/ (Letzter Zugriff: 27.05.2024).

6. Dialogisches Erinnern

An dieser Stelle soll noch einmal das dialogische Erinnern aufgegriffen werden. Dialogisches Erinnern fordert keine homogenen und verbindlichen Erinnerungsmuster, sondern ein „Gespräch über die Vergangenheit, in dem sich alle bemühen, in die Vergegenwärtigung der eigenen Geschichte die Erinnerungen der anderen an ihre Vergangenheit einzubeziehen“[55]. „Die neue Erinnerungskultur ist dialogisch“[56] – eigentlich ein banaler Satz, jedoch mit weitreichenden Konsequenzen, denn bisher war die Erinnerungskultur monologisch und antagonistisch[57]. Dieser Ansatz ist für eine Einwanderungsgesellschaft pragmatisch umsetzbar und kann den Weg eröffnen zu einer diversen Erinnerungskultur unter Einbindung aller gesellschaftlicher Gruppen. Für diese Gesprächsgrundlage ist gegenseitiger Respekt, Toleranz für andere Meinungen und Raum für unterschiedliche Perspektiven, die diskutiert werden können und müssen, wichtig. Nur so kann Verständnis für den jeweils anderen Blickwinkel entstehen. Die eigene Sichtweise der Erinnerung ist legitim, hat aber keinen Absolutheitsanspruch, den die anderen anerkennen müssen. Zurechtweisungen, wie Erinnerungskultur sein soll und vor allem, wie andere die Vergangenheit sehen sollen, bringen außer Opposition und Ablehnung, bis hin zu Streit und Krieg, nichts.

Gerade am Beispiel des Endes des Zweiten Weltkrieges (in Deutschland am 8. Mai 1945) könnte dialogische Erinnerungskultur erprobt werden. Während das historische Gedächtnis in Großbritannien, Frankreich und Deutschland das Ende des Zweiten Weltkrieges auf den 8. Mai datiert, haben Länder wie Italien oder Jugoslawien andere Gedenktage an das Kriegsende. Sizilien und Süditalien wurden schon im Herbst 1943 von der deutschen Besatzung befreit,[58] in den nördlicheren Gebieten kapitulierten die Deutschen zwar erst am 2. Mai 1945, aber der 25. April 1945 gilt in Italien als Tag der Befreiung von deutscher Besatzung. An diesem Tag übernahmen italienische Partisanenbrigaden die Kontrolle über die Großstädte.[59] In Jugoslawien kämpften die Truppen von Marschall Tito noch bis zum 15. Mai gegen deutsche Einheiten. In einigen Länder Osteuropas, wie der Ukraine und den baltischen Staaten, kämpften Partisanen noch bis in die fünfziger Jahre hinein gegen die sowjetischen Besatzungstruppen[60].

In dem Moment, in dem Frankreich in Reims die Kapitulation der deutschen Wehrmacht entgegennahm, verübten französische Sicherheitskräfte in Sétif in

---

[55] Aust (wie Anm. 29), S. 11.

[56] Vgl. Assmann, Der europäische Traum (wie Anm. 40), S. 128.

[57] Vgl. Aust (wie Anm. 29), S. 11.

[58] Vgl. Keith Lowe, Der wilde Kontinent. Europa in den Jahren der Anarchie 1943–1950, Bonn 2015, S. 13.

[59] Vgl. Richard Overy, 8. Mai 1945: Eine internationale Perspektive, Bonn 2015, S. 1, https://www.bpb.de/shop/zeitschriften/apuz/204274/8-mai-1945-eine-internationale-perspektive/ (Letzter Zugriff: 27.05.2024).

[60] Vgl. Lowe (wie Anm. 58), S. 13.

Nordalgerien ein furchtbares Massaker an algerischen Muslimen[61]. Aufgrund des jahrelangen Bürgerkrieges liegt in Griechenland der Gedenktag an den Zweiten Weltkrieg auf einem ganz anderen Datum, nämlich auf dem 28.10.1940. An diesem Tag überfiel die italienische Armee Griechenland und wurde von den Griechen zunächst zurückgeschlagen. Da nach dem Kriegsende in Griechenland ein jahrelanger blutiger Bürgerkrieg herrschte, gibt es zu 1945 keinen Gedenktag. Während die Sowjetunion den 9. Mai als Feiertag in den von ihr besetzten und vereinnahmten Ländern zur Pflicht machte, veränderten diese ihre Erinnerungskultur an das Kriegsende mit der Auflösung der Sowjetunion 1991. Nach neuer polnischer Lesart – und das war eine Provokation gegenüber der russischen Führung – endete der Zweite Weltkrieg erst 1992, als die letzten sowjetischen Truppen abzogen.

Die Erinnerung an die Shoa ist durch die Materialien, Zeitzeug:innenberichte und Quellen auf der Website von Yad Vashem intersektional und multiperspektivisch aufbereitet und bietet so die Möglichkeit auch transnational zu erinnern.

7. Fazit

Zahlreiche heutige Erlebnisse weisen direkt auf die Vergangenheit zurück. Das zeigen gerade die Muster der Ausgrenzung sowie die immer wieder aktivierbaren Vorurteilsstrukturen und Verhaltensmuster[62]. Hier kommt das Motto zum Tragen: „Wir können die Vergangenheit nicht ändern, aber wir können die Zukunft verbessern[63]."

Befördert durch die Digitalisierung, in der die Welt, also der Raum, schrumpft, stellt sich die Frage nach der Bedeutung nationaler Zugehörigkeit. Inzwischen begreifen immer mehr Nationen und gerade auch die Deutschen ihre Geschichte als Teil einer gemeinsamen europäischen Geschichte, was ebenfalls Auswirkungen auf die Erinnerungskultur haben wird[64].

Zu den aktuellen Zukunftsfragen unserer Gesellschaft gehört die Migration, mit der leider oft immer noch eine schwelende Fremdenfeindlichkeit verbunden ist. Die rassistischen Ideologien der Vergangenheit beeinflussen laut Messerschmidt weiterhin latent die Selbst- und Fremdbilder unserer Gesellschaft. Von einer Latenz der Fremdenfeindlichkeit kann, besonders befördert durch gewisse politische Parteien, nicht mehr gesprochen werden, denn die Fremdenfeindlichkeit hat massiv zugenommen und einst Unsagbares wird nun immer wieder gesagt – leider oft

[61] Vgl. Diner (wie Anm. 30), S. 62.

[62] Vgl. Assmann, Das neue Unbehagen (wie Anm. 10), S. 140f.

[63] Paul Rusesabagina, An Ordinary Man. An Autobiography, London 2009, S. 160, zit. nach: ASSMANN, Das neue Unbehagen (wie Anm. 10), S. 141. (Rusesabagina war Zeuge des Völkermordes in Ruanda).

[64] Das EU-Museum soll dies verdeutlichen, vgl. Haus der europäischen Geschichte, https://historia.europa.eu/de (Letzter Zugriff: 27.05.2024).

ohne Konsequenzen[65]. Der Weg zu einer postnationalen Gesellschaft, in der Menschen nicht mehr in nationalen Zugehörigkeiten denken, ist noch weit, aber die inzwischen zahlreichen Projekte und Initiativen tragen dazu bei, dass die Erinnerungskultur immer vielfältiger und integrativer wird. Es gibt positive Anzeichen, dass der Paradigmenwechsel zu schaffen ist und sich unsere Erinnerungskultur an die Erfordernisse der plurikulturellen Gesellschaft anpasst.

[65] Vgl. Vgl. Assmann, Das neue Unbehagen (wie Anm. 10), S. 133–134; s. auch Astrid Messerschmidt, Weltbilder und Selbstbilder. Bildungsprozesse im Umgang mit Globalisierung, Migration und Zeitgeschichte, Frankfurt a. M. 2009, S. 205.

Kolonialismus und der deutsche Südwesten. Probleme regionaler Erinnerungskultur und Defizite des Geschichtsunterrichts

Bernd-Stefan Grewe

1. Das Problem der „kolonialen Amnesie“

Selten war die koloniale Vergangenheit in den Medien so präsent wie im Frühjahr 2020: In den USA sorgten nach dem gewaltsamen Tod von George Floyd die Black-Lives-Matter-Demonstrationen für weltweite Aufmerksamkeit. Und als in Bristol am 7. Juni 2020 Demonstrant:innen mit Seilen die Statue von Edward Colston vom Sockel rissen, schufen sie damit ein ikonisches Vorbild für weitere Denkmalstürze und Zerstörungen rund um den Atlantik. Der Engländer Edward Colston war durch den Handel mit afrikanischen Sklaven reich geworden und hatte sich dann in Bristol als Stifter und Wohltäter hervorgetan. Auf den Sklavenschiffen hatte man versklavte Menschen bei Nahrungs- und Trinkwasserknappheit oder bei Erkrankungen einfach über Bord geworfen wurden, was ihr sicheres Ertrinken bedeutete. Nun warf man deshalb demonstrativ die Statue Colstons ins Hafenbecken Bristols[1].

Die Wellen dieses Ereignisses erreichten schnell auch Belgien, wo Denkmäler von König Leopold II. verschmiert wurden. Er war für die wohl blutigste Form von Ausbeutung in seiner privaten Kolonie Kongo verantwortlich. Sie war ihm auf der deshalb sogenannten Berliner Kongokonferenz 1884 als Privatkolonie zugesprochen worden. Die hier besonders grausame Kolonialherrschaft kostete bis zu 10 Millionen Menschen das Leben[2].

In Großbritannien wurden Statuen von Winston Churchill[3] und in Deutschland Bismarckdenkmäler zum Ziel von Farbattacken[4], in den USA fielen Kolumbusdenkmäler, solche für Südstaatengeneräle und sogar eines für einen hei-

---

[1] Vgl. Siama Nasar, Remembering Edward Colston: Histories of Slavery, Memory, and Black Globality, in: Women's History Review 29 (2020), S. 1218–1225.

[2] Vgl. Idesbald Goddeeris, Postcolonial Belgium: The Memory of the Congo, in: Interventions 17 (2015), S. 434–451; ders., Colonial Streets and Statues: Postcolonial Belgium in the Public Space, in: Postcolonial Statues 18 (2015), S. 397–409; Matthew G. Stanard, The Leopard, the Lion, and the Cock: Colonial Memories and Monuments in Belgium, Leuven 2019.

[3] Vgl. Peter Stubley, Winston Churchill staute daubed with „was a racist“ graffiti during Black Lives Matter protest, in: The Independent vom 8. Juni 2020.

[4] Vgl. Farbattacke auf Bismarck-Denkmal in Hamburg, in: Hannoversche Allgemeine vom 15. Juni 2020; Mit blutroter Farbe: Farb-Attacke auf Bismarck-Denkmal in Hamburg, in: Hamburger Morgenpost vom 15. Juni 2020; Wenn Statuen zu Hassobjekten werden, in: Frankfurt Allgemeine Zeitung vom 17. Juni 2020; Streit um Kolonialgeschichte: Farbattacke auf Bismarck-Denkmal im Berliner Tiergarten, in: Tagesspiegel vom 17. Juli 2020;

liggesprochenen Missionar[5]. Die Black-Lives-Matter-Bewegung sorgte auch im deutschen Feuilleton und anderen Medien für eine neue Aufmerksamkeit, intensiv wurde über den angemessenen Umgang mit kolonialer Raubkunst und deren Restitution gestritten[6]. Protest regte sich vor allem zum Humboldt Forum (im wieder errichteten Stadtschloss), wo die umstrittene Berliner ethnologische Sammlung gezeigt wird[7]. Neu ist die goldene Kuppel mit Kreuz und der Inschrift[8]: *Dass in dem Namen Jesu sich beugen sollen aller derer Knie, die im Himmel und auf Erden und unter der Erde sind.*

Als unpassend und respektlos erschien dies vielen über einem Bau, der die Relikte und kulturellen Zeugnisse einst kolonisierter Gesellschaften ausstellen würde.

Rebecca Kresse, Reichskanzler-Denkmal mit Farbe beschmiert, in: Ostfriesen Zeitung vom 21. September 2022.

5 Vgl. Christopher Columbus Statues in Boston, Minnesota and Virginia Are Damaged, in: New York Times vom 10. Juni 2020; Carolina A. Miranda, At Los Angeles toppling of Junipero Serra statue, activists want full history told, in: Los Angeles Times vom 20. Juni 2020; Alan Tylor, The Statues Brought Down Since the George Floyd Protests Began, in: The Atlantic vom 2. Juli 2020.

6 Stellvertretend für die Debatte vgl. einige Artikel und Meinungsbeiträge in der Frankfurter Allgemeinen Zeitung: Larissa Förster, Wer fühlte sich beraubt?, in: Frankfurter Allgemeine Zeitung vom 25. November 2018; Achille Mbembe, Restitution ist nicht genug, in: Frankfurter Allgemeine Zeitung vom 10. Oktober 2018; Hermann Parzinger, Zeitenwende oder Ablasshandel?, in: Frankfurter Allgemeine Zeitung vom 29. November 2018; Kolja Reichert, Muss das weg?, in: Frankfurter Allgemeine Zeitung vom 14. Januar 2019; Patrick Bahners, Provenienzforschung muss sein, in: Frankfurter Allgemeine Zeitung vom 16. März 2019; Benedicte Savoy, Afrikas Kampf um seine Kunst. Geschichte einer postkolonialen Niederlage, München 2021; Thomas Sandkühler/Angelika Epple/Jürgen Zimmerer (Hg.), Geschichtskultur durch Restitution? Ein Kunst-Historikerstreit, Wien 2021.

7 Vgl. Jürgen Zimmerer, Humboldt Forum: Das koloniale Vergessen, in: Blätter für deutsche und internationale Politik 60/7 (2015), S. 13–16; Horst Bredekamp/Peter-Klaus Schuster (Hg.), Das Humboldt Forum. Die Wiedergewinnung der Idee, Berlin 2016; AfricAvenir International (Hg.), No Humboldt 21! Dekoloniale Einwände gegen das Humboldt-Forum, Berlin 2017; Joachim Zeller, Weltkulturmuseum? Koloniale Schatzkammer? Das Berliner Humboldt Forum in der Krise. Plädoyer für eine radikale Ehrlichkeit, in: Marianne Bechhaus-Gerst/Joachim Zeller (Hg.), Deutschland postkolonial? Die Gegenwart der imperialen Vergangenheit, Berlin 2018, S. 547–570; Daniel Morat, Katalysator wider Willen: Das Humboldt Forum in Berlin und die deutsche Kolonialvergangenheit, in: Zeithistorische Forschungen/Studies in Contemporary History 16 (2019), S. 140–153.

8 Vgl. Nikolaus Bernau, Ein Kreuz für das Berliner Stadtschloss: Auf die Knie gezwungen, in: Frankfurter Rundschau vom 26. Mai 2020; Eine nicht ganz so heilige Inschrift: Goldener Reichsapfel des Berliner Stadtschlosses würdigt Versandhaus, in: Tagesspiegel vom 4. Juni 2020; Palast der Fußnoten, in: die tageszeitung vom 18. Oktober 2021; Gekaufte Geschichte, in: die tageszeitung vom 29. Oktober 2021; Rainer Haubrich, Hört auf, am Berliner Schloss rumzufummeln!, in: Die Welt vom 2. November 2022; Richard Schröder, Humboldt-Forum: Nur Unschuldsengel sagen sich von ihrer Geschichte los, in: Neue Züricher Zeitung vom 7. Februar 2022; Joshua Beer, In Gottes Namen, in: Süddeutsche Zeitung vom 3. November 2022.

Schließlich seien im Namen Christi in Amerika, Afrika und Asien viele Verbrechen begangen worden und hätten die christlichen Missionen für die Kolonisierung unverzichtbare Hilfen geleistet[9].

Und im deutschen Südwesten? Gibt es hier Denkmäler und öffentliche Erinnerung an die Kolonialzeit und kam es hier zu vergleichbaren Protesten? Abgesehen von kleineren, fast unbeachtet gebliebenen Demonstrationen an einzelnen Denkmälern blieb es bemerkenswert ruhig. Kaum eine dieser Aktionen erzielte eine Reichweite über die lokale Berichterstattung hinaus, oft sogar beschränkte sie sich auf die lokale Milieuberichterstattung alternativer Medien, wie etwa der linken Stuttgarter Zeitung „Kontext Wochenzeitung“[10].

Doch während die Black-Lives-Matter-Demonstrationen auch in Stuttgart, Mannheim, Heidelberg oder Freiburg Zehntausende mobilisieren konnten[11], blieben die Debatten um das koloniale Erbe vergleichsweise zahm und wenig sichtbar. Doch warum? Liegt es an einer geringeren Bedeutung, die der Kolonialismus möglicherweise für die Regionen im deutschen Hinterland hatte? Oder liegt es an einer „kolonialen Amnesie“[12], von der einige Wissenschaftler:innen sprechen? Sie beklagen, dass die politischen, sozioökonomischen und kulturellen Folgen des Kolonialismus im kollektiven Gedächtnis der Deutschen nur wenig präsent seien. Meist stünden sie im Schatten der Erinnerung an die beiden deutschen Diktaturen[13].

---

[9] Vgl. Horst Gründer, Christliche Heilsbotschaft und weltliche Macht. Studien zum Verhältnis von Mission und Kolonialismus. Gesammelte Aufsätze, Münster 2004; Ulrich van der Heyden/Holger Stoecker (Hg.), Mission und Macht im Wandel politischer Orientierungen. Europäische Missionsgesellschaften in politischen Spannungsfeldern in Afrika und Asien zwischen 1800 und 1945, Stuttgart 2005; Christoph Marx, Pelze, Gold und Weihwasser. Handel und Mission in Afrika und Amerika, Darmstadt 2008; Rebekka Habermas, Missionen im 19. Jahrhundert. Globale Netze des Religiösen, in: Historische Zeitschrift 287 (2008), S. 629–679; Dies./Richard Hölzl (Hg.), Mission global. Eine Verflechtungsgeschichte sei dem 19. Jahrhundert, Köln 2014.

[10] Vgl. Oliver Stenzel, Der schweigende Kaiser, in: Kontext Wochenzeitung vom 21. Juli 2021.

[11] Vgl. Simone Höhl, 10.000 Demonstranten setzen in Freiburg ein Zeichen gegen Rassismus, in: Badische Zeitung vom 6. Juni 2020; Tausende gehen im Südwesten gegen Rassismus auf die Straße, in: Süddeutsche Zeitung vom 7. Juni 2020.

[12] Vertreten wird die Amnesie-These u. a. in: Jürgen Zimmerer, Deutschlands Tor zur Welt. Weltoffenheit und koloniale Amnesie in Hamburg, in: Ders./Sebastian Todzi (Hg.), Hamburg: Tor zur kolonialen Welt, Göttingen 2021, S. 15–28; Reinhart Kössler/Henning Melber, Koloniale Amnesie. Zum Umgang mit der deutschen Kolonialvergangenheit, in: Standpunkte 9 (2018), S. 1–4. Dagegen argumentieren u. a. Christiane Bürger, Deutsche Kolonialgeschichte(n). Der Genozid in Namibia und die Geschichtsschreibung der DDR und BRD, Bielefeld 2017, S. 268. Wegweisend ist die transregionale Perspektive von Albert Gouaffo/Stefanie Michels (Hg.), Koloniale Verbindungen – transkulturelle Erinnerungstopographien. Das Rheinland in Deutschland und das Grasland Kameruns, Bielefeld 2019, S. 17–19; Ann-Laura Stoler, Colonial Aphasia. Race and Disabled Histories in France, in: Public Culture, 23/1 (2011), S. 121–156.

[13] Vgl. Astrid Messerschmidt, Postkoloniale Selbstbilder in der postnationalsozialistischen Gesellschaft, in: FKW/Zeitschrift für Geschlechterforschung und visuelle Kultur 59 (2016), S. 24–37. Hingegen wird auch die These vertreten, dass das Thema nicht mehr

Zwei Aspekte sind also in diesem Beitrag zu prüfen: Erstens, war Kolonialismus im deutschen Südwesten ein weniger relevantes Phänomen als etwa in Großbritannien, Belgien oder Frankreich? Und zweitens – falls dies nicht der Fall gewesen sein sollte – weshalb ist die Beteiligung am Kolonialismus dann derart in Vergessenheit geraten?

2. Schlaglichter auf den Kolonialismus im deutschen Südwesten

Im deutschen Südwesten sieht es auf einen ersten Blick so aus, als sei die Kolonialherrschaft eher eine politische Angelegenheit des Reiches und der großen Hafenstädte, also von Berlin, Bremen und Hamburg gewesen. Hier liefen die Fäden des Kolonialreiches im Kolonialamt und die kolonialen Lieferketten in den großen Häfen zusammen, man könnte hier bildhaft von Knotenpunkten der Verflechtung sprechen[14].

Auch im sogenannten „Hinterland“, in den Binnenregionen Deutschlands, war die Beteiligung am kolonialen Projekt und die Kolonialbegeisterung zur Zeit des Kaiserreichs und danach kaum geringer. In etlichen Bundesländern haben inzwischen regionale Projekte die historische Aufarbeitung der regionalen Verwicklung in den Kolonialismus aufgenommen[15]. Einige Schlaglichter sollten genügen, um plausibel zu machen, dass in den Jahrzehnten um 1900 die gesamte deutsche Bevölkerung mit dem Phänomen Kolonialismus in Berührung gekommen sein musste. Es war schlichtweg unübersehbar[16].

---

nur Spezialisten bewege, sondern „national relevant“ geworden sei. Thomas THIEMEYER, Deutschland postkolonial. Ethnologische und genealogische Erinnerungskultur, in: Merkur 70 (Juli 2016), S. 33–45.

[14] Vgl. Ulrich VAN DER HEYDEN/Joachim ZELLER, Kolonialmetropole Berlin. Eine Spurensuche, Berlin 2002; ZIMMERER/TODZI (wie Anm. 12); Jürgen ZIMMERER (Hg.), Kein Platz an der Sonne. Erinnerungsorte der deutschen Kolonialgeschichte, Frankfurt 2013; Oumar DIALLO/Joachim ZELLER, Berlin – eine postkoloniale Metropole. Ein historisch-kritischer Stadtrundgang im Bezirk Mitte, Berlin 2021.

[15] Vgl. Schleswig-Holsteinischer Landtag, 19. Wahlperiode, Drucksache 19/3583: Konzept zur Aufarbeitung der kolonialen Geschichte des Landes (26. Jan. 2022); Tagung „Aspekte des Kolonialen in der Geschichte Niedersachsens und Bremens“, Cuxhafen 17.–18. Juni 2022; Tagung Nordrhein-Westfalen und der Imperialismus, Hagen 24.–26.Juni 2021; Universität Marburg, Projekt Hessen (post)kolonial, https://www.online.uni-marburg.de/hessen-postkolonial/doku.php?id=start (Letzter Zugriff: 31.05.2024); Haus der Geschichte Baden-Württemberg/Stadt Stuttgart (Hg.), Die vergessene Ausbeutung. Kolonialismus und der Südwesten, Ubstadt-Weiher 2021; Heinrich-Böll-Stiftung Sachsen, Weiterdenken, https://weiterdenken.de/de/postkolonial (Letzter Zugriff: 31.05.2024); Wissenschaftliche Koordinationsstelle zur Aufarbeitung des kolonialen Erbes Thüringens an den Universitäten Erfurt und Jena, https://www.koloniales-erbe-thueringen.de/ (Letzter Zugriff: 31.05.2024); Markus SEEMANN, Kolonialismus in der Heimat. Kolonialbewegung, Kolonialpolitik und Kolonialkultur in Bayern 1882–1943. Berlin 2011.

[16] Vgl. grundlegend: John Philipp SHORT, Magic Lantern Empire: Colonialism and Society in Germany, Ithaca 2012.

- Tausende Deutsche engagierten sich als Mitglieder in den Kolonialvereinen[17], Hunderttausende im nationalistischen Flottenverein, Jugendliche bei den Kolonialpfadfindern oder den kolonialen Mädchengruppen[18].
- Zehntausende Soldaten aus den süddeutschen Heeren und Landesbeamte meldeten sich freiwillig für den Einsatz in den Kolonien[19].
- Hunderte Theologen und Missionsschwestern verkündeten das Evangelium und arbeiteten in Missions- und Krankenstationen. Sie berichteten darüber nicht nur in ihren Heimatgemeinden, sondern beteiligten sich auch an kolonialen Propagandaveranstaltungen[20].
- Hunderttausende spendeten regelmäßig für die Missionierung der sogenannten „Heiden" und lauschten mit Spannung den Berichten der Missionare und Missionarinnen in den Kirchen. Im Erzbistum Freiburg etwa war die Missionskollekte jedes Jahr die ergiebigste aller Sammlungen[21].
- Unzählige Menschen besuchten die Kolonialausstellungen und die Ausstellungen der Missionsgesellschaften[22], in Stuttgart, Mannheim, Heidelberg, Freiburg,

---

[17] Vgl. Willbald von Stuermer/Erich Duems (Hg.), 50 Jahre Deutsche Kolonialgesellschaft 1882–1932, Berlin 1932; Imre Josef Demhardt, Deutsche Kolonialgesellschaft 1888–1918: Ein Beitrag zur Organisationsgeschichte der deutschen Kolonialbewegung, Wiesbaden 2002.

[18] Vgl. Sebastian Diziol, „Deutsche, werdet Mitglieder des Vaterlandes!" Der Deutsche Flottenverein 1898–1934, 2 Bde., Kiel 2015; Susanne Heyn, Kolonial bewegte Jugend. Beziehungsgeschichten zwischen Deutschland und Südwestafrika zur Zeit der Weimarer Republik, Bielefeld 2015.

[19] Vgl. allgemein: Rudolf Fitzner, Deutsches Kolonial-Handbuch. Nach amtlichen Quellen bearbeitet, Berlin 1901; Susanne Kuss, Deutsches Militär auf kolonialen Kriegsschauplätzen. Eskalation von Gewalt zu Beginn des 20. Jahrhunderts, Berlin 2010. Zu Baden und Württemberg: Heiko Wegmann, Schwieriges Erbe – Linden-Museum und Württemberg im Kolonialismus, in: Tribus 69 (2020), S. 100–142; Ders., Vom Kolonialkrieg in Deutsch-Ostafrika zur Kolonialbewegung in Freiburg. Der Offizier und badische Veteranenführer Max Knecht (1874–1954), Freiburg i. Br. 2019. Zur Abordnung der württembergischen Landesbeamten siehe Landesarchiv Baden-Württemberg, Hauptstaatsarchiv Stuttgart E 151/01 Bü 2667 und Bü 2668.

[20] Vgl. Richard Hölzl, Gläubige Imperialisten. Katholische Mission in Deutschland und Ostafrika (1830–1960), Frankfurt 2021; Catharina Raible, Aus dem pietistischen Württemberg in die Welt – 200 Jahre Basler Mission, in: Schwäbische Heimat (2015), S. 445–451; Rebekka Habermas: Kolonialismus jenseits der Metropole. Missionare, Frauenkolonialvereine und Kolonialbeamte im Südwesten. Die Geschichte eines schwierigen Erbes, in: Haus der Geschichte Baden-Württemberg/Stadt Stuttgart (wie Anm. 15), S. 51–72.

[21] Vgl. Johannes Theisen, Das katholische Milieu und der Kolonialismus, in: Bernd-Stefan Grewe u. a., Freiburg und der Kolonialismus. Vom Kaiserreich bis zum Nationalsozialismus, Freiburg i. Br. 2019, S. 81–105, hier S. 93 f.

[22] Vgl. Katharina Ernst/Margret Frenz, „Um sich die herrlichen Zeiten wieder vor Augen zu führen": Kolonialer Machtanspruch und Stuttgarter Kolonialausstellung, in: Haus der Geschichte Baden-Württemberg/Stadt Stuttgart (wie Anm. 15), S. 159–197; Carsten Gräbel, Tübingen und die Stuttgarter Kolonialwoche 1928, https://www.historischer-augenblick.de/kolonialwoche1928/ (Letzter Zugriff: 31.05.2024); Heiko Wegmann, „Die „Große Deutsche Kolonialausstellung" in der städtischen Festhallte von Freiburg i. Br.

aber auch in Offenburg entstanden Völkerkundemuseen, in denen die materielle Kultur der unterworfenen Bevölkerungen besichtigt werden konnte[23].

- Völker- und Menschenschauen präsentierten ihrem interessierten Publikum ein exotisches Schauspiel, das vom Publikum gerne besucht wurde und sich nicht nur auf die Großstädte konzentrierte, sondern deren Tourneen auch kleinere Städte besuchten[24].
- Zoologische und botanische Gärten – auch diese Institutionen gehörten wie etwa ein Theater zum Inventar einer Stadt, die etwas auf sich hielt – vermittelten Vorstellungen von Fauna und Flora der Kolonien, dabei wurden hier oft auch sogenannte „N***dörfer" eingerichtet, in denen Kolonisierte ein „authentisches" Dorfleben simulierten[25].
- Nahezu jeder konsumierte Kolonialwaren wie Kaffee, Tee oder Kakao, süßte seine Getränke und Backwaren mit Rohrzucker und würzte seine Speisen mit Pfeffer und fremden Gewürzen. All dies konnte man im Kolonialwarengeschäft nahezu allerorts erstehen[26].

1935, https://www.freiburg-postkolonial.de/Seiten/kolonialausstellung.htm (Letzter Zugriff: 31.05.2024); Heiko Wegmann, Die Stadt Freiburg und der Kolonialismus, in: Grewe u.a. (wie Anm. 21), S. 127–142, hier S. 130–136; Bernhard Gissibl, Imperiale Weltläufigkeit, koloniale Inszenierungen. Einführende Perspektiven auf die Provinzialisierung der Metropole, in: Ders./Katharina Niederau (Hg.), Imperiale Weltläufigkeit und ihre Inszenierungen. Theodor Bumiller, Mannheim und der deutsche Kolonialismus um 1900, Göttingen 2021, S. 11–46, hier S. 24.

[23] Vgl. Friedrich Kussmaul: Linden-Museum Stuttgart. Staatliches Museum für Völkerkunde. Rückblick, Umschau, Ausblick, in: Tribus 24 (1975), S. 17–65; Linden-Museum Stuttgart, Geschichte des Völkerkunde-Museums seit 1882, Stuttgart 1994; Martin Schultz, Vom Naturalienkabinett zum Mehrspartenmuseum. Die ethnologischen Sammlungen der Reiss-Engelhorn-Museen in Mannheim, in: Michael Kraus/Karoline Noack (Hg.), Quo vadis, Völkerkundemuseum? Aktuelle Debatten zu ethnologischen Sammlungen in Museen und Universitäten, Bielefeld 2015, S. 135–157; Clara Schlichtenberger, Die Ordnung der Welt. Die Sammlungs-Grammatik Victor Goldschmidts, des Gründers der völkerkundlichen Sammlung der von Portheim-Stiftung in Heidelberg, und die seiner Kuratoren, Pfaffenweiler 1998; Markus Himmelsbach, Das städtische Museum für Natur- und Völkerkunde, in: Grewe u.a. (wie Anm. 21), S. 143–156; Anne Junk/Wolfgang M. Gall, „Der Eingeborene ist ein Mensch gewiß ..." Koloniale Spurensuche in Offenburg, in: Haus der Geschichte Baden-Württemberg/Stadt Stuttgart (wie Anm. 15), S. 127–158.

[24] Vgl. grundlegend: Anne Dreesbach, Gezähmte Wilde. Die Zurschaustellung „exotischer" Menschen in Deutschland 1870–1940, Frankfurt 2005; Hilke Thode-Arora, Für fünfzig Pfennig um die Welt. Die Hagenbeckschen Völkerschauen, Frankfurt 1989. – Regionale Forschungen: Marion Jourdan, Koloniale Spektakel, kosmopolitische Kontaktzonen. Völkerschauen in Mannheim, in: Gissibl (wie Anm. 22), S. 291–335; Heiko Wegmann: Koloniale Massenkultur, in: Grewe u.a. (wie Anm. 21), S. 119–126.

[25] Vgl. Pascal Blanchard u.a., MenschenZoos. Schaufenster der Unmenschlichkeit. Völkerschauen in Deutschland, Österreich, Schweiz, UK, Frankreich, Spanien, Italien, Japan, USA, Hamburg 2012; Balthasar Staehelin, Völkerschauen im Zoologischen Garten Basel 1879–1935, Basel 1993.

[26] Vgl. „Kolonialwaren", Zeitschrift für Ideengeschichte 15/1 (2021); Reinhard Wendt,

- Das beliebteste Kleidungsstück für Jungen war um die Jahrhundertwende der Matrosenanzug, der nicht nur wegen seiner Robustheit beliebt war, sondern auch als Identifikation für die deutsche Flottenrüstung interpretiert werden kann. Matrosenanzüge wurden auch in Stuttgart hergestellt, wo sie etwa für die Stuttgarter Firma Bleyle GmbH für ein halbes Jahrhundert das wichtigste Produkt waren[27].
- In bürgerlichen Kinderzimmern fand man Reisespiele in die Kolonien, Zinnsoldaten in Kolonialuniform im Kampf gegen Aufständische, Abenteuerliteratur und Spielzeugwaffen[28].
- In den regionalen Zeitungen konnte man regelmäßig Berichte über die Kolonialkriege lesen, über die in allen Details berichtet wurde. Kriegsteilnehmer berichteten in veröffentlichten Briefen über ihre „Erlebnisse". Darüber hinaus wurden in Panoptiken und im Wanderkino Bilder und Filme über die Kolonien gezeigt[29].
- Im Reichstag und den Zeitungskommentaren wurde oft über die kolonialen Fragen und die wiederholten Kolonialskandale debattiert. Bei den Reichstagswahlen von 1907, den sogenannten „Hottentottenwahlen" stand die Kolonialpolitik im Zentrum des Wahlkampfes[30].
- Waffen, Uhren, Branntwein, Leinen- und Baumwolltextilien wurden für den Export in die Kolonialgebiete hergestellt[31].

Zucker – zentrales Leitprodukt der Europäischen Expansion, in: Zeitschrift für Agrargeschichte und Agrarsoziologie 61 (2013), S. 43–58; Annerose MENNINGER, Genuss im kulturellen Wandel. Tabak, Kaffee, Tee und Schokolade in Europa (16.–19. Jahrhundert), Stuttgart 2008; Frank TRENTMANN (Hg.), Oxford Handbook of the History of Consumption, Oxford 2012; zu Kolonialwaren in Tübingen und Umgebung vgl. https://www.historischer-augenblick.de/themen/koloniales-erbe/ (Letzter Zugriff: 31.05.2024).

[27] Vgl. Robert KUHN/Bernd KREUTZ, Der Matrosenanzug. Kulturgeschichte eines Kleidungsstücks, Dortmund 1989; zur Firmengeschichte der Firma Bleyle vgl. BLEYLE, Von Kinderkleidung zur Mode für alle Altersklassen, https://www.bleyle.de/geschichte/marketing/produktespektrum/ (Letzter Zugriff: 31.05.2024).

[28] Vgl. Nana BADENBERG, Spiel um Kamerun. Weihnachten 1885: Kolonialismus in Brett- und Gesellschaftsspielen, in: Alexander ARNOLD/Klaus R. SCHERPE (Hg.), Mit Deutschland um die Welt. Eine Kulturgeschichte des Fremden in der Kolonialzeit, Stuttgart 2004, S. 88–94; Klaus GERTEIS, Abenteuerlust. Fernweh und koloniale Träume in deutschen Kinderzimmern. Zinnfiguren aus 2 Jahrhunderten, Trier 1989.

[29] Vgl. Ulrike LINDNER, Koloniale Begegnungen. Deutschland und Großbritannien als Imperialmächte in Afrika 1880–1914, Frankfurt 2011; Thoralf KLEIN (Hg.), The Boxer War. Media and Memory of an Imperialist Intervention, Kiel 2019; Christian METHFESSEL, Kontroverse Gewalt. Die imperiale Expansion in der englischen und deutschen Presse vor dem Ersten Weltkrieg, Köln 2019; Wolfgang FUHRMANN, Imperial Projections: Screening the German Colonies, New York 2015; Wolfgang STRUCK, Die Eroberung der Phantasie. Kolonialismus, Literatur und Film zwischen deutschem Kaiserreich und Weimarer Republik, Göttingen 2010.

[30] Vgl. Wolfgang REINHARD: „Sozialimperialismus" oder „Entkolonialisierung der Historie"? Kolonialkrise und „Hottentottenwahlen" 1904–1907, in: Historisches Jahrbuch 97 (1978), S. 384–417; Frank BECKER, Hottentotten-Wahlen (1907), in: ZIMMERER (wie Anm. 14) S. 177–189.

[31] Vgl. Felix BRAHM, Merchandise of Power. Der Waffenhandel zwischen Europa und Ost-

Insgesamt wird eine rege Beteiligung der Menschen in Baden, Württemberg oder der Pfalz am Kolonialismus dadurch mehr als nur plausibel. Ihre Begeisterung und ihr Engagement für deutsche Kolonien und den Kolonialismus war kaum geringer als jenes etwa in Hamburg oder Bremen, allerdings war dort die wirtschaftliche Bedeutung des Überseehandels viel größer. Das änderte sich für Südwestdeutschland erst in der zweiten Hälfte des 20. Jahrhunderts. Wie die disparate Forschungslage zum Kolonialismus in Württemberg und Baden zeigt, besteht hier ein erhebliches Forschungsdesiderat[32], auch gerade was die Zeit vor und nach der deutschen Kolonialherrschaft (1884–1919) betrifft.

3. Problematischer Umgang mit dem Kolonialismus in der Region und den ethnologischen Museen

Inwiefern (und weshalb) ist dieses koloniale Engagement im deutschen Südwesten in Vergessenheit geraten? Insbesondere in Universitätsstädten wie Freiburg oder Heidelberg haben sich seit der Jahrtausendwende zivilgesellschaftliche Gruppen gebildet, die sich kritisch mit der kolonialen Geschichte des eigenen Ortes auseinandersetzen[33]. Sogenannte „postkoloniale Initiativen" und die Initiative Schwarzer Menschen in Deutschland recherchierten und dokumentierten, wie tief der Kolonialismus in die lokale Gesellschaft hineingereicht hatte. Sie entdeckten, dass Straßennamen an Kolonialverbrecher wie Carl Peters oder Herrmann von Wissmann erinnerten. Während in Berlin die entsprechenden Straßen umbenannt wurden[34],

afrika (1850–1919), Frankfurt 2021; Sebastian-Manès Sprute, Weltzeit im Kolonialstaat. Kolonialismus, Globalisierung und die Implementierung der europäischen Zeitkultur in Senegal, 1880–1920, Bielefeld 2020; Heiko Möhle (Hg.), Branntwein, Bibeln und Bananen. Kolonialismus in Afrika – eine Spurensuche, Hamburg 1999; Klaus Weber, Mitteleuropa und der transatlantische Sklavenhandel: eine lange Geschichte, in: WerkstattGeschichte 66/67 (2014), S. 7–30.

[32] Vgl. Tagung „Baden-Württemberg (post-)kolonial. Geschichtswissenschaftliche und zivilgesellschaftliche Perspektiven", Stuttgart-Hohenheim 10.–12. März 2023: Akademie der Diözese Rottenburg-Stuttgart, Baden-Württemberg (post-)kolonial, https://www.akademie-rs.de/vakt_25045 (Letzter Zugriff: 31.05.2024) und Johannes Kuber, Baden-Württemberg (post-)kolonial. Geschichtswissenschaftliche und zivilgesellschaftliche Perspektiven, https://www.hsozkult.de/event/id/event-132668 (Letzter Zugriff: 31.05.2024).

[33] Für Freiburg vgl. Stadt Freiburg, Freiburg postkolonial, https://www.freiburg-postkolonial.de (Letzter Zugriff: 31.05.2024); die Webseiten der Heidelberger Initiative waren bis Ende 2022 bzw. 2023 noch online verfügbar und sind inzwischen aus dem Internet genommen (rekonstruierbar am 10.6.2024 über Waybackmachine: https://web.archive.org/web/20231128110347/http://www.schwarzweiss-hd.de/ bzw. https://web.archive.org/web/20231209090756/http://www.koloniale-spuren-heidelberg.de/), sie waren verfügbar unter: www.schwarzweiss-hd.de (Letzter Zugriff 29.12.2022) sowie http://www.koloniale-spuren-heidelberg.de/ (Letzter Zugriff: 30.12.2022).

[34] Vgl. Matthias Schulz/Verena Ebert, Kaiser-Wilhelm-Ufer, Wissmannstrasse, Stuhlmann-Straße – Straßennamen im Kontext kolonialer Raumaneignung, in: Axel Dunker/

existieren etwa in Karlsruhe oder München weiterhin Wissmannstraßen oder gibt es in Neustadt/Weinstraße noch ein Afrika-Viertel mit kolonialen Straßennamen[35]. In den letzten Jahren haben zahlreiche Kommunen damit begonnen, ihre Benennungspraxis der letzten 120 Jahre durch „Historikerkommissionen" überprüfen zu lassen. Auch in Stuttgart und Ludwigsburg wurden einige problematische Straßen umbenannt, oft gegen den Widerstand der Anwohner:innen[36]. In Freiburg war die Benennung eines geplanten Viertels nach Kolonialisten wegen des Zweiten Weltkrieges nicht mehr zustande gekommen, in Tübingen legt die Straßennamenkommission noch ihren Abschlussbericht am 9. Januar 2023 dem Stadtrat vor.

Tatsächlich haben die postkolonialen Aktivist:innen, aber auch lokale Geschichtsvereine wie in Heidelberg viele koloniale Spuren erforscht und in unseren Kommunen wiederentdeckt. Sie reichen vom Ehrengrab für den Kolonialsoldaten und Gouverneur Theodor Leutwein auf dem Freiburger Friedhof[37], über den Kolonialstein im Heidelberger Stadtwald[38] bis hin zur Stuttgarter Südsee-Gedenktafel[39] oder dem Löwen-Denkmal für das Grenadier-Regiment „Königin Olga", das im sogenannten „Boxer"-Krieg und am Genozid an den Herero und Nama beteiligt war[40].

Völkerkundemuseen gehörten zu den Orten, an denen die kulturelle Überlegenheit gegenüber den kolonisierten Völkern in Vitrinen und bei Führungen insze-

---

Thomas Stolz/Ingo H. Warnke (Hg.), Benennungspraktiken in Prozessen kolonialer Raumaneignung, Berlin 2017, S. 161–186.

[35] Für die Stadt München prüft inzwischen eine Historikerkommission eine Liste mit 45 als schwierig beurteilten Straßennamen; vgl. Ehre, wem keine Ehre gebührt, in: Süddeutsche Zeitung vom 28. September 2021; zur Karlsruher Wissmannstraße findet sich ein Hinweis im online-Stadtlexikon unter: Stadt Karlsruhe, Wißmannstraße, https://stadtlexikon.karlsruhe.de/index.php/De:Lexikon:top-2994 (Letzter Zugriff: 31.05.2024); auch die Stadt Neustadt/Weinstraße ließ ihre Straßennamen von Historikern prüfen, eine Entscheidung ist noch nicht gefallen, vgl. Stadt Neustadt, Projekt Straßennamen, https://www.neustadt.eu/B%C3 %BCrger-Leben/Stadtarchiv/Projekt-Stra%C3 %9Fennamen/ (Letzter Zugriff: 31.05.2024), dort auch der Abschlussbericht des Instituts für Geschichtliche Landeskunde Rheinland-Pfalz e. V.

[36] Insbesondere in Obertürkheim – und in Stammheim die bisherige Wissmannstraße – wurden viele koloniale Straßennamen geändert, vgl. Geschichte Online – Stuttgart, Straßennamen, https://go-stuttgart.org/de/fakten/strassennamen.html (Letzter Zugriff: 31.05.2024).

[37] Vgl. Heiko Wegmann, Freiburg und der Gouverneur von „Deutsch-Südwestafrika" Theodor Leutwein, https://www.freiburg-postkolonial.de/Seiten/leutwein.htm (Letzter Zugriff: 31.05.2024).

[38] Vgl. Hans Schmiedel, Ein Kolonialdenkmal in Heidelberg, in: Heidelberg. Jahrbuch zur Geschichte der Stadt 10 (2005/2006), S. 197–203.

[39] Heiko Wegmann, Die Stuttgarter Südsee-Gedenktafel und die „Traditionskompanie". Württembergische Polizei, Kolonialbewegung und ein wandernder Erinnerungsort, in: Zeitschrift für Württembergische Landesgeschichte 81 (2022), S. 309–349.

[40] Vgl. Ilja Trojanow, Gelegentlich vom Sockel geholt, in: die tageszeitung vom 22. Juli 2020.

niert wurde[41]. Seit dem Streit um das Humboldt Forum ist das Bewusstsein über die heikle, oft mit Gewaltanwendung verbundene Geschichte vieler Objekte auch in der regionalen Öffentlichkeit gewachsen. Ursprünglich gab es nicht nur auf Seite der Sammler dabei eine enge inhaltliche Verbindung von Natur- und Völkerkunde. In ihren Präsentationen und Sonderausstellungen rückten sie die unterworfenen, oft als „primitiv" dargestellten Kulturen dezidiert in die Nähe zu Tieren. Immer wieder wurden ausgestopfte Tiere neben die Artefakte der Kolonisierten oder sogar ihre dreidimensionalen Abbildungen gestellt[42]. Zwar sind die entsprechenden Abteilungen in den heutigen Häusern inzwischen meist getrennt, doch eine wirklich kritische Aufarbeitung dieser problematischen Geschichte und des massiven Rassismus, der das ethnologische Sammeln und das Ausstellen kennzeichnete, hat meines Wisens noch in kaum einem der Völkerkundemuseen stattgefunden. Erste Versuche dazu gab es zuletzt etwa 2021/22 mit der Ausstellung „Schwieriges Erbe" im Stuttgarter Linden-Museum, die auch über die Region hinaus als eine besonders gelungene Anregung betrachtet werden kann. Doch auch hier setzte man sich noch nicht explizit mit den eigenen rassistischen Praktiken der Vergangenheit auseinander[43]. Übrigens gibt es in Deutschland – wie in den meisten ehemaligen Kolonialmächten – zwar etliche Völkerkundemuseen, eigentlich in jeder Großstadt und an jeder älteren Universität existieren weitere ethnologische Sammlungen, aber ein kolonialhistorisches Museum gibt es deutschlandweit bislang nicht. Vielleicht wäre es an der Zeit, eines dieser rund 20 größeren Häuser in ein Museum zur deutschen Kolonialgeschichte umzugestalten.

Immerhin wird die brutale deutsche Kolonialherrschaft, die mit unzähligen Verbrechen durch die Kolonialherren verbunden war, in den Ausstellungen erwähnt. Trotzdem wird der von den Museen über viele Jahrzehnte praktizierte Rassismus kaum je explizit thematisiert, ebenso wenig wie der Beitrag, den die Völkerkundemuseen für die kulturelle Legitimierung der kolonialen Herrschaft leisteten[44].

---

[41] Vgl. Anja LAUKÖTTER, Von der „Kultur" zur „Rasse" – vom Objekt zum Körper? Völkerkundemuseen und ihre Wissenschaften zu Beginn des 20. Jahrhunderts, Bielefeld 2015; Anna GREVE, Koloniales Erbe im Museum. Kritische Weißseinsforschung in der praktischen Museumsarbeit, Bielefeld 2019; Markus HIMMELSBACH, Das Authentische und das Profane. Koloniale Objektbiographien und Bedeutungsproduktion am Beispiel von Ethnografika in Freiburg, in: Geschichte in Wissenschaft und Unterricht 69 (2018), S. 530–548.

[42] Siehe beispielsweise die Fotografie von der „Großen Deutschen Kolonialausstellung" in der städtischen Festhalle in Freiburg 1935: Städtische Museen Freiburg, Die Geschichte des Museums Natur und Mensch, https://www.freiburg.de/pb/1607158.html (Letzter Zugriff: 31.05.2024).

[43] Vgl. Linden-Museum Stuttgart (Hg.): Schwieriges Erbe. Linden-Museum und Württemberg im Kolonialismus. Eine Werkstattausstellung, Stuttgart 2021. Wie schwierig sich Museen damit tun, den Kolonialismus kritisch aufzuarbeiten: vgl. Katrin SIEG, Decolonizing German and European History at the Museum, Ann Arbor 2021.

[44] Vgl. Rebekka HABERMAS, Die Suche nach Ethnographica und die kunstsinnigen Kannibalen der Südsee. Oder: Was die koloniale Nostalgie im Kaiserreich mit der kolonialen Aphasie heute zu tun hat, in: Historische Zeitschrift 311 (2020), S. 351–386.

Exemplarisch soll diese Kritik im Folgenden an der aktuellen Ausstellung „Freiburg und der Kolonialismus: Gestern? Heute!" (25. Juni 2022 – 11. Juni 2023) im dortigen Augustinermuseum ausgeführt werden. Das mag auf den ersten Blick erstaunen. Erweckt sie doch den Anschein, als setze man sich hier sich kritisch mit der eigenen Kolonialgeschichte auseinander. In der Ankündigung wird erwähnt, dass *damals* [...] *Menschen aller Bevölkerungsschichten von der Rassenideologie überzeugt* waren: *Ein Gefühl geistiger und kultureller Überlegenheit gegenüber anderen, insbesondere nichteuropäischen Menschen war weit verbreitet. Und heute? Welche Vorurteile und Verhaltensmuster wurden – unbewusst oder sogar bewusst – über Generationen weitergegeben?*[45] Im Grunde werden damit genau die richtigen Fragen gestellt. Sieht man aber etwas genauer hin, dann zeigt sich, dass dieser Zusammenhang in der Ausstellung, in ihrer Dokumentation als Ausstellungskatalog und online nirgends thematisiert und diese Fragen nicht wirklich beantwortet werden. Denn die eigene, aktive Rolle des Freiburger Natur- und Völkerkundemuseums bei der Verbreitung und Authentifizierung dieses rassistischen Denkens wird genau wie in den Jubiläumsbänden von 1995 und 2020 ausgeblendet[46]. Im Dunkeln bleibt etwa, auf welche Art und Weise das Völkerkundemuseum das rassistische Denken in Freiburg wesentlich mit verbreitete – durch seine Ausstellungen und die begleitenden Vorträge und Führungen etwa für Schulklassen. Das genau aber unterbleibt.

Institutionen wie die Völkerkundemuseen haben kein intrinsisches Interesse daran, an die große Glocke zu hängen, dass – konservativ geschätzt – mehr als 80 Prozent ihrer Sammlungen unmittelbar aus Kolonien stammten[47]. Kein Ethnologe und keine Ethnologin an einem Museum kann es wollen, dass der Öffentlichkeit vor Augen geführt wird, dass an tausenden Objekten „Blut kleben" dürfte. Immerhin

---

[45] Städtische Museen Freiburg, Freiburg und der Kolonialismus: Gestern? Heute!, Ausstellung, https://www.freiburg.de/pb/,Lde/1827076.html (Letzter Zugriff: 31.05.2024).

[46] Vgl. Städtische Museen Freiburg, Freiburg und der Kolonialismus: Gestern? Heute!, https://onlinesammlung.freiburg.de/index.php/de/alben/freiburg-und-kolonialismus-gestern-heute (Letzter Zugriff: 31.05.2024); Städtische Museen Freiburg (Hg.), Freiburg und der Kolonialismus. Gestern? Heute! Freiburg 2022; Städtische Museen Freiburg, Museum für Völkerkunde (Hg.), Als Freiburg die Welt entdeckte. 100 Jahre Museum für Völkerkunde, Freiburg 1995 (Ausdrücklich ist hier auf die historisch-kritischen Beiträge von Margarete Brüll und Edgar Dürrenberger hinzuweisen, die die höchst problematischen Umstände des „Sammelns" herausarbeiten.); Städtische Museen Freiburg, Museum Mensch und Natur (Hg.), Ausgepackt! 125 Jahre Geschichte(n) im Museum Natur und Mensch, Freiburg 2020. – Als Mitglied des wissenschaftlichen Beirats zu dieser Ausstellung hat der Verfasser wiederholt auf diese Problematik hingewiesen und eine kritische Auseinandersetzung mit dem Wirken des Völkerkundemuseum frühzeitig angemahnt, die sich nicht nur auf die Provenienz der Objekte beschränken dürfe, sondern auch auf ihre zeitgenössischen Inszenierungen eingehen sollte.

[47] Zu noch höheren Ergebnissen kam etwa der vorläufige Befund für das Stuttgarter Linden-Museum; vgl. Linden-Museum Stuttgart, Provenienzforschung im Projekt „Schwieriges Erbe: Zum Umgang mit kolonialzeitlichen Objekten in ethnologischen Museen". Abschlussbericht, bearb. von Gesa Grimme, Stuttgart 2018, S. 18f.

wird in der Freiburger Kolonialismus-Ausstellung darauf verwiesen, *dass unter diesen Gegenständen auch solche sind, die unter Anwendung von Gewalt ihren Besitzer_innen entwendet wurden.* Daher würde *nun ihre Herkunftsgeschichte aufgearbeitet, um sie gegebenenfalls an ihre rechtmäßigen Eigentümer zurückzugeben*[48]. Bei den allermeisten der hier präsentierten Artefakte, die überwiegend von den Nama und Herero stammen, könnte man auf das einschränkende „gegebenenfalls" möglicherweise verzichten. Die Beschreibungstexte der Sektion „Expansion und Krieg" erwähnen zwar den Genozid an Herero und Nama, sie unterlassen aber den expliziten Hinweis, dass auch einige der von Soldaten „gesammelten" und hier präsentierten Objekte von Ermordeten stammen dürften[49]. Diese und ähnliche Formulierungen lassen sich in einer kritischen Lesart als „relativierend" interpretieren.

Das Museum besitzt auch einige der bekannten Benin-Bronzen, die besonders offensichtlich einem kolonialen Raubzug entstammen. Doch es lehnte zunächst den Vorschlag aus dem wissenschaftlichen Beirat ab, diese in der Kolonialismus-Ausstellung ebenfalls zu zeigen (später wurde doch noch eine Benin-Bronze integriert). Verheimlicht wurde dem Beirat dabei, dass diese Bronzen für eine zweite parallele Ausstellung vorbehalten waren, die drei Wochen vor der Kolonialismus-Ausstellung im Museum Natur und Mensch eröffnet wurde. Die Ausstellung „Handle with care – Sensible Objekte der Ethnologischen Sammlung" war vom 1. Juni 2022 bis 22. Januar 2023 zu sehen. Auf die Rückfrage im Januar 2022, was es mit der neu angekündigten Ausstellung auf sich habe, wurde explizit darauf hingewiesen, dass diese ja nichts mit der Kolonialismus-Ausstellung zu tun habe und ein ganz anderes Thema behandle, mithin also nicht in die Zuständigkeit des wissenschaftlichen Beirats fiele. Gleichzeitig wirbt man aber auf der Homepage des Museums explizit damit, diese Kolonialismus-Ausstellung ergänzen zu wollen[50]. „Handle with care" stellt spezifisch ethnologische Fragen etwa nach der kulturspezifischen Bedeutung der Objekte, was beispielsweise gesellschaftliche und religiöse Tabus zu diesen Objekten einschließt. Radikale Kritiker:innen könnten hierin allerdings eine Relativierung der eigenen Beteiligung am Kolonialismus sehen, wenn eine parallele Ausstellung des gleichen Hauses die koloniale Herkunft „sensibler Objekte" gleichberechtigt neben die anderen damit verbundenen Probleme stellt. Diese Muster waren in der Vergangenheit und in den laufenden Restitutionsde-

---

[48] Städtische Museen Freiburg, Freiburg und der Kolonialismus: Gestern? Heute!, https://onlinesammlung.freiburg.de/de/alben/freiburg-und-kolonialismus-gestern-heute (Letzter Zugriff: 31.05.2024).

[49] Vgl. Städtische Museen Freiburg, Freiburg und der Kolonialismus: Gestern? Heute!, https://onlinesammlung.freiburg.de/index.php/de/alben/freiburg-und-kolonialismus-gestern-heute (Letzter Zugriff: 31.05.2024). Auch durch die Datierung auf die Entstehungszeit der Artefakte statt des Erwerbs wird der Zusammenhang mit dem Völkermord eher heruntergespielt.

[50] Vgl. Städtische Museen Freiburg, Handle with care – Sensible Objekte der Ethnologischen Sammlung, https://www.freiburg.de/pb/,Lde/1827104.html (Letzter Zugriff 10.06.2024).

batten auch zu beobachten, denn es handelt sich um ein relativierendes Einordnen und ein relativierendes Vergleichen. Hätte man diese – grundsätzlich legitime und isoliert betrachtet durchaus gelungene – Parallelausstellung zu einem späteren oder früheren Zeitpunkt gezeigt, wäre jeglicher Relativierungsvorwurf haltlos. Doch wie soll man die Unaufrichtigkeit gegenüber dem Beirat interpretieren[51]?

Denn derartige Relativierungen haben unter den südwestdeutschen Völkerkundemuseen eine längere Tradition. Oft werden eigene Beiträge als „Fenster zur Welt" gerahmt und die Sammlungsobjekte aus den Kolonien so in einen Kontext von Weltläufigkeit, des zeitgenössischen Exotismus und der vielfältigen Verbindungen der jeweiligen Stadtgesellschaft mit Übersee gerückt. „Als Freiburg die Welt entdeckte" heißt bezeichnenderweise ein Band zur Feier des hundertjährigen Jubiläums des Freiburger Völkerkundemuseums. Insbesondere Jubiläumsausstellungen und Festschriften schmücken sich dabei gerne mit der „Fenster zu Welt"-Metapher oder ihrer Weltläufigkeit[52].

Am Eingang des Freiburger Museums Mensch und Natur findet sich eine gravierte Stiftertafel aus Marmor mit einer Medienstation, an der man sich über die Sammlungsbiographien informieren und *insbesondere mehr über die Verflechtungen und Hintergründe der deutschen Kolonialgeschichte* erfahren kann. Dass einige der hier geehrten „Sammler" an den brutal geführten Kolonialkriegen in China, auf Samoa, in Ost- und Südwest-Afrika maßgeblich beteiligt waren (Karl Dürr, Eugen Brandeis, Theodor Leutwein, Karl Sauer), kann man zwar erfahren, doch meist finden sich zu ihrer Sammlertätigkeit lapidare Formulierungen wie: *Über die Hintergründe, wie die Objekte vor Ort gesammelt wurden, ist keine Dokumentation erhalten*[53]. Damit unterbleiben Schlussfolgerungen, inwiefern die gesammelten Objekte unrechtmäßig erworben sein könnten. Ein ausdrücklicher Zweifel

---

[51] Für die Studie „Freiburg und der Kolonialismus" (mit Markus Himmelsbach, Heiko Wegmann und Johannes Theisen) hätten die Autoren gerne die im Museumsbesitz befindlichen Beninbronzen auf das Titelbild genommen. Die Idee war es, das Bild einer der Bronzen auf dem historischen Stadtplan so zu platzieren, dass sie auf dem ehemaligen Völkerkundemuseum steht und einen langen Schatten auf den Freiburger Dom und das Rathaus wirft. Doch auf Druck der städtischen Museen und wegen der Nichtfreigabe der entsprechenden Fotografie (für eine im Auftrag der Stadt erstellte Publikation) musste das unterbleiben.

[52] Vgl. Fenster zur Welt. 100 Jahre Museum für Völkerkunde und Volkskunde Basel, Ausstellung vom 14. Mai 1993 bis 20. März 1994; Städtische Museen Freiburg, Museum für Völkerkunde (wie Anm. 46); Museum im Ritterhaus, Offenburg, Ein Fenster zur Welt. Die kolonialzeitliche Sammlung, https://museum-offenburg.de/ausstellungen/detail/nachricht/id/14864-ein-fenster-zur-welt-die-kolonialzeitliche-sammlung/?cb-id=13714 (Letzter Zugriff: 31.05.2024); vgl. Gissibl (wie Anm. 22).

[53] Städtische Museen Freiburg, Karl Sauer, https://www.freiburg.de/pb/1326993.html (Letzter Zugriff: 31.05.2024). Zu Antonie und Eugen Brandeis lief ein Forschungsprojekt, finanziert vom Deutschen Zentrum Kulturgutverluste: Städtische Museen Freiburg, Provenienzforschung zur Ozeanien-Sammlung Eugen und Antonie Brandeis, https://www.freiburg.de/pb/2000662.html (Letzter Zugriff: 31.05.2024).

daran wird zumindest in dieser Dokumentation nicht artikuliert, die Betrachter müssen diesen mitdenken.

Aus Sicht eines Historikers sind noch weitere grundsätzliche Vorbehalte gegenüber den völkerkundlichen Sammlungen aus der Kolonialzeit und ihrer Präsentation in den modernen Museen geltend zu machen. Denn im Grunde handelt es sich längst um historische Museen, weil die ausgestellten Objekte in aller Regel nicht den gegenwärtigen kulturellen Zustand einer Gesellschaft repräsentieren. Es wird nicht explizit unterschlagen, aber auch nicht betont, dass die Sammlungen eher die unterworfene Kultur zum Zeitpunkt ihrer kolonialen Durchdringung erfassen, dass es sich also auch vom Aufbau der Sammlungen eher um kolonialhistorische als dem heutigen Stand der Ethnologie entsprechende Sammlungen handelt[54]. Denn das würde bedeuten, dass man diese Sammlungen stärker historisch und weniger ethnologisch aufarbeiten müsste. Wenn die Ethnografika allerdings so präsentiert werden, als besäßen sie noch immer die gleiche Aussagekraft über eine Gesellschaft wie zum Zeitpunkt ihres „Sammelns", dann wird implizit so getan, als habe sich jene Gesellschaft seitdem nicht mehr wesentlich verändert. Weil in den allermeisten Fällen seitdem mehr als ein Jahrhundert vergangen ist, werden diese Gesellschaften gewissermaßen in einem vergangenen Kulturzustand dargestellt. Konsequenterweise sollten diese Artefakte also als dezidiert historische Objekte präsentiert werden. Sonst riskiert man es, eine koloniale Geisteshaltung aus dem 19. Jahrhundert zu reproduzieren, als man den kolonisierten Bevölkerungen eine eigene Geschichte abgesprochen und sie als „geschichtslose Völker" angesehen hatte[55].

Insgesamt lässt sich feststellen, dass die Aufarbeitung des Kolonialismus in der Freiburger Ausstellung oder in den ehemaligen Völkerkundemuseen nur teilweise gelungen ist. Dabei wird oft nur das betont, was ohnehin nicht mehr zu leugnen ist. Man fokussiert typischerweise nur auf einen kleinen Ausschnitt aus der Geschichte des deutschen Kolonialismus, der sich dann auf die wenigen Jahrzehnte Kolonialherrschaft von 1884 bis 1919 konzentriert. Mehrere Jahrhunderte Beteiligung an kolonialen Unternehmen und am Sklavenhandel, an der Entwicklung, Verbreitung und Authentifizierung kolonialen Denkens fallen dabei unter den Tisch. Denn 1919 war keineswegs das Ende des Kolonialismus erreicht, wie die mit neuem Aufschwung agierende Kolonialbewegung zeigte[56]. Diese nationale Brille, die bei der

---

[54] Vgl. H. Glenn Penny, Im Schatten Humboldts. Die tragische Geschichte der deutschen Ethnologie, München 2017; Ders., Objects of Culture: Ethnology and Ethnographic Museums in Imperial Germany, Chapel Hill, NC [5]2006.

[55] Vgl. Jürgen Osterhammel, „Peoples without history" in British and German Historical Thought, in: Benedikt Stuchtey/Peter Wende (Hg.), British and German Historiography 1750–1950, Oxford 2000, S. 265–287; Andrew Zimmerman, Geschichtslose und schriftlose Völker in Spreeathen. Anthropologie als Kritik der Geschichtswissenschaft im Kaiserreich, in: Zeitschrift für Geschichtswissenschaft 47 (1999), S. 197–210.

[56] Vgl. Marianne Bechhaus-Gerst, „Nie liebt eine Mutter ihr Kind mehr, als wenn es krank ist". Der Kolonialrevisionismus (1919–1943), in: Dies./Zeller (wie Anm. 7), S. 101–122; Karsten Linné, Deutschland jenseits des Äquators. Die NS-Kolonialplanungen für Afrika, Berlin 2008; Dirk van Laak, Imperiale Infrastruktur. Deutsche Planungen für die

Behandlung des Themas nicht nur in der Erinnerungskultur, sondern auch im Geschichtsunterricht dominiert, sie behindert die historische Aufarbeitung bzw. eine echte Auseinandersetzung mit dem Kolonialismus[57]. Es genügt eben nicht, allerorten einfach nur koloniale Spuren zu finden und zu dokumentieren, sondern diese Spuren und die Beteiligung der Badener, Pfälzer und Württemberger am Kolonialismus gilt es auch qualitativ zu bewerten. Das geschieht bislang aber weder in der Freiburger Kolonialismus-Ausstellung noch im baden-württembergischen Geschichtsunterricht[58].

4. Kolonialismus im Geschichtsunterricht Baden-Württembergs

Ein Hauptproblem speziell der deutschen Auseinandersetzung mit Kolonialismus ist die Definition dessen, was unter „Kolonialismus" verstanden wird. Das ist keine akademische Spielerei, sondern hat weitreichende Konsequenzen: Dass ein eigenes Kolonialreich oder die Dauer der Kolonialherrschaft kein notwendiges Kriterium dafür sein muss, wie stark ein europäisches Land vom Kolonialismus geprägt wurde, das lehrt der Blick in die Schweiz. Obwohl die Schweiz bekanntermaßen nie eigene Kolonien besaß, wird seit zwei Jahrzehnten verstärkt die Verstrickung der Eidgenoss:innen in den Kolonialismus erforscht und angesichts politisch motivierter Abwehrhaltungen lebhaft debattiert[59]. Hierbei kommt ein anderes Verständnis

---

Erschließungen Afrikas 1880 bis 1960, Paderborn 2004; Klaus HILDEBRAND, Vom Reich zum Weltreich. Hitler, NSDAP und koloniale Frage 1919–1949, München 1969.

[57] Vgl. GOUAFFO/MICHELS (wie Anm. 12).

[58] Ausführlichere Ausführungen zur problematischen Umsetzung im Geschichtsunterricht finden sich in: Bernd-Stefan GREWE, Geschichtsdidaktik postkolonial – Eine Herausforderung, in: Zeitschrift für Geschichtsdidaktik 15 (2016), S. 5–30.

[59] Vgl. Rea BRÄNDLE, Wildfremd, hautnah. Völkerschauen und Schauplätze. Zürich 1880–1960, Zürich 1995; Hans FÄSSLER, Reise in schwarz-weiß. Schweizer Ortstermine in Sachen Sklaverei, Zürich 2005; Sandra BOTT u.a. (Hg.), Schweiz-Afrika. 18.–19. Jahrhundert. Vom Sklavenhandel zum Ende des Apartheid-Regimes. Münster 2005; Claude LÜTZELSCHWAB, La Compagnie Genevoise des Colonies Suisses de Sétif (1853–1956). Un cas de colonisation privée en Algérie, Bern 2006; Patrick HARRIES, Butterfly and Barbarians. Swiss Missionaries & Systems of Knowledge in South-East Africa. Oxford 2007; Konrad J. KUHN/Béatrice ZIEGLER (Hg.), Die Schweiz und die Sklaverei. Zum Spannungsfeld zwischen Geschichtspolitik und Wissenschaft, in: Traverse 1 (2009), S. 116–130; Patrick MINDER, La Suisse coloniale? Les représentations de l'Afrique et des Africains en Suisse au temps des colonies (1880–1939), Bern 2011; Serge REUBI, Gentlemen, prolétaires et primitifs. Institutionnalisation, pratiques de collection et choix muséographiques dans l'ethnographie suisse. 1880–1950, Bern 2011; Andreas ZANGGER, Koloniale Schweiz. Ein Stück Globalgeschichte zwischen Europa und Südostasien (1860–1930), Bielefeld 2011; Patricia PURTSCHERT/Barbara LÜTHI/Franceska FALK (Hg.), Postkoloniale Schweiz. Formen und Folgen eines Kolonialismus ohne Kolonien, Bielefeld 2012; Bouda ETEMAD/Mathieu HUMBERT, La Suisse est-elle soluble dans sa „postcolonialité", in: Schweizerische Zeitschrift für Geschichte 64/2 (2014), S. 279–291; Patricia PURTSCHERT/Harald FISCHER-TINÉ (Hg.), Colonial Switzerland. Rethinking Colonialism from the Margins,

von „Kolonialismus“ zum Tragen als im deutschen Kontext. Die hierzulande am weitesten verbreitete Definition stammt von Jürgen Osterhammel. Er bestimmte Kolonialismus als eine Herrschaftsbeziehung zwischen zwei Gesellschaften, wobei, erstens, die kolonisierte Gesellschaft ihrer eigenen Entwicklung beraubt und fremdgesteuert wurde. Den Kolonialherren ging es darum, die Kolonie ihren eigenen politischen und wirtschaftlichen Interessen zu unterwerfen und sie für die eigenen Bedürfnisse zu nutzen. Zweitens waren die Kolonialherren kulturell anders und in der Regel nicht bereit, sich den Verhältnissen vor Ort anzupassen. Drittens waren sie überzeugt von ihrer kulturellen Überlegenheit, aus der heraus sie ihre Herrschaft als „Zivilisierungsauftrag“ rechtfertigten[60].

In Frankreich hingegen versteht man unter „Colonialisme“ vor allem eine Ideologie, mit welcher Kolonisierung und koloniale Beherrschung gerechtfertigt wurden[61].

Solche Definitionsfragen sind erinnerungspolitisch von großer Relevanz und auch für den Geschichtsunterricht sehr wichtig: Wird unter „Kolonialismus“ primär die faktische Kolonialherrschaft verstanden, dann begann der deutsche Kolonialismus erst 1884, als das Deutsche Reich die Kontrolle über die ersten „Schutzgebiete“ in Südwestafrika übernahm. Diesem Verständnis zufolge endete der Kolonialismus für die deutsche Geschichte im Grunde mit dem Friedensvertrag von Versailles 1919, als die Kolonien an die Sieger abtreten werden mussten. Solange vor allem die realpolitische Seite von Kolonialismus akzentuiert wird, kann man ihn nach der Unabhängigkeit der meisten ehemaligen Kolonien als ein abgeschlossenes und nach mehr als einem Jahrhundert im Grunde bereits bewältigtes Phänomen begreifen. Das schafft eine sichere erinnerungspolitische und geschichtskulturelle Distanz. Dann lässt sich der Kolonialismus als ein weit entferntes und vergangenes Phänomen verstehen, das wegen seiner Abgeschlossenheit nur eine geringe Relevanz für die Gegenwart in Deutschland besitzt.

Insofern lohnt es sich, die nationalistische Brille abzusetzen und stattdessen die kulturelle Bedeutung von Kolonialismus zu betonen. Begreift man ihn wie in Frankreich primär als eine Form der Sinnerzeugung und als eine Ideologie, dann ergeben sich völlig andere Beziehungen und andere Fragen. Wenn Kolonialismus eine mentale Struktur ist, dann muss nicht mehr nur danach gefragt werden, wer

---

Basingstoke 2015; Eva Keller, Beyond the Lens of Conservation. Malagasy and Swiss Imaginations of One Another, New York/Oxford 2015; Bernhard C. Schär, Tropenliebe. Schweizer Naturforscher und niederländischer Imperialismus in Südostasien um 1900, Frankfurt 2015; Philipp Krauer, Zwischen Geld, Gewalt und Rassismus: Neue Perspektiven auf die koloniale Schweizer Söldnermigration nach Südostasien, 1848–1914, in: Schweizerische Zeitschrift für Geschichte 71 (2021), 229–250.

[60] Jürgen Osterhammel/Jan C. Jansen, Kolonialismus. Geschichte, Formen, Folgen, München [8]2017, S. 18–20.

[61] Vgl. Alain Rey (Hg.), Dictionnaire historique de la langue française, Paris 1998, S. 805f. In der französischen Wikipedia wird „Colonialisme“ als eine Doktrin oder Ideologie definiert, die die Kolonisation und Kolonialherrschaft rechtfertigt, vgl. Wikipedia, Colonialisme, https://fr.wikipedia.org/wiki/Colonialisme (Letzter Zugriff: 31.05.2024).

sich in welcher Form (politisch, wirtschaftlich, sozial, kulturell) an Kolonialherrschaft beteiligt hatte. Sondern dann lautet die Frage: Wie tief hat der Kolonialismus das Denken der Menschen in den Kolonien und in den Metropolen geprägt? Und inwiefern sind diese kolonialen Denkmuster überwunden oder prägen sie uns möglicherweise noch immer? Ist Kolonialismus im kulturellen Sinne überhaupt schon zu Ende gegangen?

Diese Fragen stammen aus einer Theorieströmung, den „Postcolonial Studies", die deshalb von ausschlaggebender Bedeutung für die Auseinandersetzung mit Kolonialismus ist. Sie wurden maßgeblich von Wissenschaftler:innen aus dem Globalen Süden formuliert (u.a. Edward Said, Gayatri Spivak, Homi Bhabha, Dipesh Chakrabarty, Stuart Hall, Paul Giroy, Walter Mignolo, Achille Mbembe)[62]. Diese Intellektuellen konnten zeigen, dass die Wissensordnung, in der auch die Wissenschaft Politik, Gesellschaft, Wirtschaft oder Kulturen beschrieb, zutiefst europäisch geprägt ist. Das Wissen wurde so organisiert, dass es die Andersartigkeit der außereuropäischen Entwicklungen nur unzureichend abbilden konnte. Denn alles wurde am europäischen Maßstab gemessen und erschien deshalb defizitär, nur weil es anders funktionierte und aus europäischer Sicht deshalb mangelhaft war. Die moderne Geschichte wird bis heute meist als eine Ausbreitung europäischer Errungenschaften erzählt, also von Marktwirtschaft, Demokratie, Rechtsstaat, etc. Deshalb sprach man im 20. Jahrhundert von den ehemaligen Kolonien als „Entwicklungsländern", denen man „Entwicklungshilfe" gewähren müsse, damit sie in ihrer Entwicklung aufholen könnten[63].

Solche persistenten und dringend zu überwindende Denkmuster – wie sie die oben kritisierte Freiburger Ausstellung und weite Teile der deutschen Auseinandersetzung mit Kolonialismus prägen – bilden die intellektuelle Grundlage für den baden-württembergischen Bildungsplan Geschichte von 2016. Der gesamte Bildungsplan und die meisten vom Kultusministerium zugelassenen Geschichtsbücher gehen hierbei ganz eurozentrisch von einer grundlegend gegensätzlichen und meist hierarchisch gedachten Beziehung zwischen Kolonisierenden und Kolonisierten aus. Diese Differenz wird heute selbst dann noch oft aufrechterhalten, wenn die Kolonialherrschaft als Ausbeutung und Gewaltherrschaft kritisiert wird. Noch immer wird gerade in Schulbüchern und Lehrplänen der Kolonialismus sehr eindimensional betrachtet: Selbst wenn eine kolonialkritische Bewertung angestrebt wird, werden die Beziehungen zwischen Metropole und Kolonien noch immer als eine Art Einbahnstraße dargestellt, weil man die verändernden Impulse stets als von Europäern ausgehend ansieht und die Kolonisierten damit auf die reagierende Rolle reduziert. Da nützt dann auch das Bemühen um Multiperspektivi-

---

[62] Als einführende Überblicke vgl. Graham HUGGAN (Hg.) The Oxford Handbook of Postcolonial Studies, Oxford 2013; María do Mar CASTRO VARELA/Nikita DHAWAN, Postkoloniale Theorie. Eine kritische Einführung, Bielefeld ³2020.

[63] Vgl. Hubertus BÜSCHEL/Daniel SPEICH (Hg.), Entwicklungswelten. Globalgeschichte der Entwicklungszusammenarbeit, Frankfurt 2009.

tät bei der Materialauswahl oder der unterrichtsmethodisch vorgesehene Perspektivenwechsel wenig, wenn die Kolonisierten immerzu auf eine reagierende Rolle begrenzt werden, nicht aber als eigene Akteure und Gestalter ihrer Geschichte in Erscheinung treten. Wenn ihre Perspektive überhaupt berücksichtigt wird, dann meist in einer Opferrolle – etwa als Ausgebeutete, Unterdrückte oder Versklavte, fast nie aber als Akteure und (Mit-)Gestaltende eines historischen Prozesses. Wer die Darstellungen in unseren Geschichtsbüchern daraufhin untersucht, wird beginnend mit dem sogenannten „Zeitalter der Entdeckungen" bis zur Dekolonisation immer wieder auf diese dichotomischen Rollenzuweisungen stoßen[64]. Demgegenüber zeigen jüngere Forschungen zur Geschichte der Kolonialherrschaft jedoch, dass diese schon aufgrund der personalen Schwäche der Verwaltungen vor Ort meist nur als Interaktion zwischen europäischen und „indigenen" Akteuren funktionieren konnte. Dass trotzdem Gewalt oder zumindest die Androhung derselben immer wieder eine tragende Rolle zur Behauptung des europäischen Herrschaftsanspruchs spielte, steht dazu nicht im Widerspruch[65].

Für die Menschen in den (ehemaligen) Kolonien galt und gilt es immer noch, sich von diesen Diskursen zu emanzipieren, diese zu dekonstruieren und alternative Konzepte und Narrative zu entwickeln. Eine Kolonialkritik, die die diskursive Rahmung und die dabei waltenden (kolonialen) Dichotomien nicht überwindet, bleibt deshalb in der kolonialen Wissensordnung gefangen und bestätigt diese auf indirektem Weg. Das galt bereits für die zeitgenössische Kritik an den Kolonialskandalen durch Reichstagsabgeordnete aus den Reihen des Zentrums, der linksliberalen Parteien oder der SPD. Das gilt aber auch heute noch für die Freiburger Ausstellung und den Bildungsplan. Aus diesem Grund sind viele der gut gemeinten und den Kolonialismus kritisierenden Unterrichtsvorschläge letztlich zum Scheitern verurteilt, weil sie – den nun mit negativen Vorzeichen versehenen – Kolonialismus lediglich als politische Herrschaft behandeln. Eine diskursive Bewältigung des Kolonialismus als Wissensordnung bleibt jedoch aus und führt dazu, dass man die durch ihn geschaffenen Dichotomien in letzter Instanz bestätigt. Genau um deren Überwindung geht es aber der postkolonialen Kritik. Deshalb liegt hier eine der großen Herausforderungen für die Geschichtsdidaktik und den Geschichtsunterricht.

In den Narrativen zum Kolonialismus wird die Entwicklung außereuropäischer Gesellschaften und ihrer politischen Systeme oft als defizitär, in einer „Sprache des Mangels" beschrieben. Die moderne Geschichte wird als Ausbreitung europäischer Errungenschaften erzählt. Das sind dann der Kapitalismus als Marktwirtschaft, die politischen und juristischen Systeme (Demokratie, bürokratischer An-

---

[64] Vgl. Wolfgang GEIGER, Der deutsche Kolonialismus in aktuellen Lehrbüchern. Eine kritische Analyse, in: DERS./Henning MELBER (Hg.), Kritik des deutschen Kolonialismus. Postkoloniale Sicht auf Erinnerung und Geschichtsvermittlung, Frankfurt 2021, S. 163–182.

[65] Vgl. OSTERHAMMEL/JANSEN (wie Anm. 60), S. 57–62.

staltsstaat und Rechtstaatlichkeit), das Christentum und das rationale Denken der europäischen Aufklärung, aber auch die liberalen oder sozialistischen Ideologien, die moderne Medizin sowie Bildungsinstitutionen und die Wissenschaft. Diese Geschichte wird in einer sehr eurozentrischen Perspektive gern als eine Geschichte der Diffusion und des Transfers von den europäischen Metropolen in die koloniale Peripherie erzählt, „eine universale Transformation traditionaler Kulturen durch den „westlichen“ Fortschritt konstatiert“[66]. Europa als Triebkraft der Moderne wird zum Modell einer universalen Entwicklung erhoben.

In unseren Curricula und den darauf aufbauenden Lehrwerken findet sich diese Modernisierungserzählung noch immer. Dass die Modernisierungstheorie, wie sie etwa Hans-Ulrich Wehler im ersten Band seiner Deutschen Gesellschaftsgeschichte[67] entfaltet hat, und Ulrich Herberts Konzept einer durch und durch eurozentrischen „Hochmoderne“[68] noch immer ein Basisnarrativ vieler Lehrpläne bilden, lässt sich beispielsweise am neuesten Bildungsplan Baden-Württembergs von 2016[69] demonstrieren:

Trotz einer gut gemeinten Berücksichtigung außereuropäischer Gesellschaften (die tatsächlich unter dem Titel „Fenster zur Welt“ aufgeführt werden) werden weiterhin kolonial geprägte Denkmuster vermittelt und verstärkt. Das beginnt schon im Anfangsunterricht, wenn der Begriff „Hochkultur“ unreflektiert vermittelt und als Lernziel fixiert wird, dass Schülerinnen und Schüler *das Leben in der Alt- und Jungsteinzeit beschreiben sowie das Alte Ägypten mit Europa während der Steinzeit vergleichen*[70] können. Wenn dieses Lernziel zumindest dahingehend einen gewissen Charme besitzt, dass Europa einmal als „rückständiger“ erscheinen könnte, so bleibt der zentrale Begriff „Hochkultur“ doch sehr problematisch. Denkt man nur ein klein wenig weiter, drängt sich die Frage auf, wie man denn Kulturen ohne eigene Schrift dann zu klassifizieren hat, auf die die Europäer später in Amerika und Afrika trafen? Die hierarchisierende und koloniale Kategorie der „Primitivität“ ist dann nahezu unausweichlich. Aus dieser Unterscheidung in „hochentwickelte“ und „primitive“ (gemeint sind schriftlose und vermeintlich geschichtslose) Kulturen leiteten die Europäer und neo-europäischen Siedlergemeinschaften Amerikas, Afrikas oder Australiens ja den eigenen Anspruch auf „Zivilisierung“ und „Missionierung“ dieser angeblichen „Primitiven“ ab. Im Grunde bedeutet die permanente und wiederholte Bezugnahme auf die europäische Mo-

---

[66] Sebastian CONRAD/Shalini RANDERIA (Hg.), Jenseits des Eurozentrismus. Postkoloniale Perspektiven in den Geschichts- und Kulturwissenschaften, Frankfurt 2002, S. 12f.

[67] Vgl. Hans Ulrich WEHLER, Deutsche Gesellschaftsgeschichte. Bd. 1. Vom Feudalismus des Alten Reichs bis zur Defensiven Modernisierung der Reformära 1700–1815, München 1987, S. 14.

[68] Ulrich HERBERT, Europe in High Modernity. Reflections on a Theory of the 20th Century, in: Journal of Modern European History 3 (2006), S. 5–21.

[69] Vgl. Ministerium für Kultus, Jugend und Sport Baden-Württemberg, Bildungsplan des Gymnasiums. Geschichte, Stuttgart 2016.

[70] Ebd., S. 18.

dernisierungs- und Fortschrittserzählung, dass alle anderen Entwicklungen hiermit verglichen werden sollen. Alle anderen nationalen Geschichten (USA, Japan, Korea) sind dann nur Varianten dieser Meistererzählung[71].

Dass aber das westliche Modernisierungsnarrativ dann als expliziter Wissensstoff für die 11. Klasse (sowohl im zweistündigen als auch im vierstündigen Kurs) bestimmt wird („Wege in die Moderne"), zeigt die ungebrochene Dominanz des westlichen Fortschrittsnarratives[72]. Die „Modernisierung" der USA und Japans werden zwar ebenfalls thematisiert[73], aber umso defizitärer erscheinen die Entwicklungen in den Kolonien und später in den ehemaligen Kolonialgebieten. Vermutlich ist genau das bei der Gestaltung des Bildungsplanes nicht beabsichtigt worden, es gehört aber zu seinen nichtintendierten Nebenwirkungen und illustriert, wie tief dieses Narrativ in unserer Geschichtsvermittlung verankert ist. Wie normativ hier in politischer Hinsicht gedacht und die Inhalte bestimmt werden, wird daran deutlich, dass der (gute) westliche Entwicklungspfad mit seiner liberalen Demokratie explizit *antiliberalen Modernisierungskonzepten*[74] und *Modernisierungsdiktaturen* vergleichend gegenübergesetzt wird. Vor dieser Folie sollen dann *Aktuelle Probleme postkolonialer Räume in historischer Perspektive*[75] behandelt werden. Hierbei geht es in erster Linie um den Prozess der politischen Dekolonisierung und eine fortdauernde wirtschaftliche Abhängigkeit. Vor dem Hintergrund der im vorangegangenen Unterrichtsjahr breit behandelten Modernisierungsgeschichte muss zwangsläufig ein negatives Bild der einst kolonisierten Gesellschaften entstehen. Tatsächlich liefert der Bildungsplan dafür mit *Neokolonialismus, Islamismus, ethnopolitischer Konflikt, failed state*[76] gleich die passenden Stichworte mit. Zweifellos kann ein solchermaßen aufgebauter Bildungsplan koloniale Stereotype nur bestätigen. Vorurteile etwa gegenüber außereuropäischen Entwicklungen sind dann vorprogrammiert und die Vorstellungen europäischer Überlegenheit werden mit einem solchen Bildungsplan eher zementiert als in Frage gestellt.

[71] Vgl. Dipesh Chakrabarty, Europa provinzialisieren. Postkolonialität und die Kritik der Geschichte, in: Conrad/Randeria (wie Anm. 66), S. 282–312, hier S. 283. – Genau dieses Denken lag auch den kolonialen europäischen Zivilisierungsmissionen und der „Entwicklungspolitik" nach der Dekolonisierung zugrunde. Um sich von diesem unidirektionalen Denken zu distanzieren und neue Formen einer helfenden Politik zu benennen, verwendet man heute den Begriff „Entwicklungszusammenarbeit".

[72] Vgl. Ministerium für Kultus, Jugend und Sport Baden-Württemberg (wie Anm. 69), S. 37–39.

[73] Vgl. ebd., S. 39.

[74] Ebd., S. 41 f.

[75] Ebd., S. 47 f.

[76] Ebd., S. 48.

5. Eine ernüchternde Bilanz

Zusammenfassend lässt sich feststellen, dass ein angemessener kritischer Umgang mit dem Kolonialismus im deutschen Südwesten bislang unzureichend ist. Zwar ist einiges in den letzten Jahren in Bewegung gekommen: So wurde die Verwicklung der südwestdeutschen Bevölkerung in die deutsche Kolonialherrschaft inzwischen in vielen Städten herausgearbeitet; so setzen sich verschiedene Wissenschaftsdisziplinen und Universitäten zunehmend mit ihrem kolonialen Erbe auseinander; so wird die koloniale Erinnerungskultur in Form von Denkmälern und Straßennamen vielerorts sehr kritisch diskutiert und teilweise auch korrigiert; auch die sehr problematische koloniale Herkunft der Artefakte in den ethnologischen Museen wird nicht mehr geleugnet und fast überall wird die Bereitschaft artikuliert, geraubte Kulturgüter zu restituieren – auch wenn damit noch zahlreiche rechtliche und politische Probleme verbunden sind. Und trotzdem bleibt die Auseinandersetzung mit dem Kolonialismus oft oberflächlich, auch wenn immer mehr historische Fakten und lokale Verflechtungen mit der Kolonialherrschaft zusammengetragen werden. In mancher Beziehung gleicht sie der Aufarbeitung des Nationalsozialismus in der Nachkriegszeit und bis in die 1960er-Jahre: Was nicht mehr zu leugnen ist, wie die Kolonialverbrechen und besonders offensichtliche Formen von kulturellem Raub, das wird zugegeben und auch kritisiert. Mitunter werden auch geschichtspolitische Konsequenzen gezogen, wie bei der Neubenennung kolonialer Straßennamen oder der Kommentierung entsprechender Denkmäler. Das beschränkt sich dann zumeist auf Benennungen nach Persönlichkeiten, die sich wie Carl Peters eindeutiger Verbrechen schuldig gemacht haben. Schon bei dem zeitgenössisch als Held verehrten Gewaltunternehmer Hermann von Wissmann werden dessen gut dokumentierte Verbrechen oftmals relativiert und mancherorts wird der Straßenname beibehalten, ganz offenbar in Unkenntnis des Forschungsstandes[77].

Woran es aber in der regionalen Erinnerungskultur – jenseits der hier herausgearbeiteten Relativierungen – und insbesondere in der schulischen Auseinandersetzung mit Kolonialismus noch vor allem mangelt, das ist die konsequente Aufarbeitung des kolonialen Denkens. Noch immer wird Kolonialismus als Herrschaftsbeziehung auf die Politik reduziert. Noch immer wird nicht gesehen, wie sehr koloniale Denkmuster, Dichotomien und Überlegenheitsvorstellungen unser Denken bis in die Gegenwart prägen. Es geht darum, den Kolonialismus ernst zu nehmen und zu begreifen, wie sehr er in seinen zutiefst rassistischen Denkformen unsere Kultur, unser Selbstbild und die Wahrnehmung Fremder bis heute bestimmen kann. Das könnte leichter fallen, wenn wir den in Deutschland und in den ehemaligen Kolonien lebenden Nachfahren der Kolonisierten besser zuhören würden, wenn wir also auf ihre, meines Erachtens in den meisten Fällen sehr gerechtfertigte Kritik an unserem Umgang mit der Kolonialgeschichte eingehen würden.

[77] Vgl. Tanja Bührer, Die kaiserliche Schutztruppe für deutsch-Osterafrika. Koloniale Sicherheitspolitik und transkulturelle Kriegsführung, 1885 bis 1918, München 2011.

Das schließt aber auch eine Abkehr von einem auf die nationale Kolonialgeschichte fixierten Narrativ ein, als ein Plädoyer für eine transnationale, europäische Erinnerung an den Kolonialismus[78].

[78] Vgl. Benedikt Stuchtey, „Das schwierige Erbe des Kolonialismus. Die europäische Debatte über den Umgang mit den kolonialen Vergangenheiten", Zeitgeschichte aktuell 2 (2020).

Abbildungsnachweise

Gudrun Litz: Ikonoklastische Aktionen im Reformationsjahrhundert und deren Rezeptionsgeschichte in der Frühen Neuzeit am Beispiel Ulms

Abb. 1: Konrad Dieterich, Zwo Ulmische Jubel und Danckpredigten bey dem auff Christliche Anordnu[n]g eines Ehrsamen Raths den 2. Novemb. 1617. Jahrs hochfeyrlich begangenem Evangelischen Jubelfest/ daselbsten im Münster gehalten. Ulm 1618, S. 19: Stadtbibliothek Ulm 705.

Wolfgang M. Gall: Männer, Frauen und die Erinnerungskämpfe um 1848/49 in der zweiten Hälfte des „langen 19. Jahrhunderts"

Abb. 1: Amalia Struve in Offenburg (um 1848): Stadtarchiv Offenburg 26/02/316.
Abb. 2: Rastatter Gedenkstein für die Toten von 1849: Stadtarchiv Offenburg 19/GF/315.
Abb. 3: Ankündigung der Gedenkveranstaltung mit Wilhelm Blos in Offenburg vom 12.9.1897: Ortenauer Bote vom 10. September 1897.

Oliver Sänger: Kaspar Hauser. Deutungsversuche des „Rätsels seiner Zeit"

Abb. 1: Szene auf dem Cannstatter Volksfest 1835, Radierung: Stadtarchiv Stuttgart 9050/03075.
Abb. 2: Schauspieler Albert in der Rolle des Kaspar Hauser, Lithografie (1838): Haus der Geschichte Baden-Württemberg 1998/373/1.
Abb. 3: Jahresmedaille der B.H. Mayer'schen Kunstprägeanstalt Pforzheim (1983): Badisches Landesmuseum MK 5233.
Abb. 4: Kostümzeichnung zur Kammeroper ‚Ach diese Wege sind sehr dunkel' (1996): Haus der Geschichte Baden-Württemberg 2009/132/1.
Abb. 5: Karlsruher Unterhaltungs-Blatt Nr. 1 (1830): Badisches Landesmuseum 2000/1132
Abb. 6: Anonyme Flugschrift ‚Todten-Gericht' (1848): Badische Landesbibliothek O42B 62,27,4 RH.
Abb. 7: Der Spiegel 48 (1996), Titelseite: Der Spiegel 48/1996.
Abb. 8: Badische Neueste Nachrichten vom 14. Juni 2012, Titelseite: Badische Neueste Nachrichten (BNN).

Franziska Blum: „Ein würdiges Gedenken muss da her!" Die Erinnerung an den Mössinger Generalstreik vom 31. Januar 1933

Abb. 1: Flugblatt der württembergischen KPD vom 30.1.1933: Stadtarchiv Mössingen.
Abb. 2: Der Mössinger Arbeiterturnverein vor der 1935 erbauten Langgass-Turnhalle: Stadtarchiv Mössingen.
Abb. 3: Erinnerungstafel Jakob Stotz-Platz: Stadtmuseum Mössingen.
Abb. 4: Gedenktafel an der Langgass-Turnhalle: Stadtmuseum Mössingen.
Abb. 5: Foto der Aufführung des Theaterstücks ‚Ein Dorf im Widerstand' (2013): Theater Lindenhof, Richard Becker.
Abb. 6: Foto des Erinnerungskubus zum Mössinger Generalstreik im Rathaus Mössingen: Stadtmuseum Mössingen.
Abb. 7: Foto von Mitgliedern des Arbeitergesangvereins, die im Theaterstück ‚Der Postmichel von Esslingen' mitwirkten (1929): Stadtarchiv Mössingen.
Abb. 8: Emma Ayen: Stadtmuseum Mössingen.

Susanne Asche: Erinnerung und Gender im kommunalen Raum am Beispiel von Karlsruhe

Abb. 1: Karlsruhe – Blick vom Turm des Großherzoglichen Schlosses (1906): Haus der Geschichte Baden-Württemberg, Sammlung Metz.
Abb. 2: „Die Marktfrau" von Friedrich Beichel (Entwurf) und Hermann Föry (Ausführung) (1927/28), Fotografie von Karlheinz Bux: Stadtarchiv Karlsruhe 8/Bildstelle IV 051.
Abb. 3: Luise Riegger bei der Verleihung des Bundesverdienstkreuzes (1962), Fotografie von Horst Schlesinger: Stadtarchiv Karlsruhe 8/BA Schlesinger A9a/217/4/1.
Abb. 4: Porträt von Henriette Obermüller, Fotografie von Birgit Bublies-Godau: Privatbesitz Familie Venedey, Konstanz.

Autor*innen- und Herausgeberinnenverzeichnis

ASCHE, Dr. Susanne, Historikerin, Kulturamtsleiterin in Offenburg und Karlsruhe i. R., 2. Vorsitzende von Frauen & Geschichte Baden-Württemberg e. V., Karlsruhe

BLUM, Dr. Franziska, Leiterin Museen und Archiv, Mössingen

BORGSTEDT, Prof. Dr. Angela, Akademische Rätin, Leiterin der Forschungsstelle „Widerstand gegen den Nationalsozialismus im deutschen Südwesten" am Lehrstuhl für Zeitgeschichte der Universität Mannheim

FENDL, Dr. Elisabeth, Mitarbeiterin des Instituts für Volkskunde der Deutschen des östlichen Europa, Freiburg

GALL, Dr. Wolfang M., Historiker, Leiter von Archiv und Museum in Offenburg i. R.

GREWE, Prof. Dr. Bernd-Stefan, Lehrstuhlinhaber und Direktor des Instituts für Geschichtsdidaktik und Public History an der Universität Tübingen

HERKLE, Dr. Senta, Wissenschaftliche Mitarbeiterin in der Abteilung Landesgeschichte des Historischen Instituts der Universität Stuttgart

HOLTZ, Prof. Dr. Sabine, Leiterin der Abteilung Landesgeschichte des Historischen Instituts der Universität Stuttgart, Vorsitzende der Kommission für geschichtliche Landeskunde in Baden-Württemberg, Stuttgart

KNÖDLER, PD Dr. Stefan, Literaturwissenschaftler, Akademischer Rat am Deutschen Seminar der Universität Tübingen

LICHTENBERGER, Dr. Judith, Referentin für Digitalisierung und Koordinatorin zur Umsetzung des Onlinezugangsgesetzes, Universität Mannheim

LIEBIG, Dr. Sabine, Professorin für Neuere und Neueste Geschichte und ihre Didaktik, Pädagogische Hochschule, Karlsruhe

LITZ, Dr. Gudrun, Geschäftsführerin der Kommission für geschichtliche Landeskunde in Baden-Württemberg, Stuttgart

LUHMANN, Dr. Isabelle, Studienrätin an den Zinzendorfschulen Königsfeld

SÄNGER, Oliver, Referat Kunst- und Kulturgeschichte, Badisches Landesmuseum, Karlsruhe

SCHRAUT, Prof. Dr. Sylvia i. R., Vorsitzende des Vereins Frauen & Geschichte Baden-Württemberg e. V., Leiterin des Forschungsprojekts „Aufarbeitung des sexuellen Missbrauchs im Bistum Speyer", Universität Mannheim

Orts- und Personenregister

Rosalie Dörflinger und Pauline Zondler